ЗВЕЗДЫ МИРОВОГО ДЕТЕКТИВА

КНИГИ

Франка Тилье

Адский поезд для Красного Ангела

Комната мертвых

Медовый траур

Фантомная память

Переломы

Синдром Е

Гатака

Головокружение

Атомка

Головоломка

Пандемия

Страх

Сновидение

ФРАНК ТИЛЬЕ

СНОВИДЕНИЕ

АЗБУКА
Санкт-Петербург

УДК 821.133.1
ББК 84(4Фра)-44
Т 40

Franck Thilliez
REVER

Перевод с французского Нины Хотинской

Оформление обложки Вадима Пожидаева

ISBN 978-5-389-13892-6

Дорогой читатель!

Чтение триллера — это путешествие, сотканное из открытий, ощущений, эмоций, которое уведет вас далеко на обширные территории саспенса и страха. На этих землях, теперь хорошо мне знакомых, я буду вашим проводником. Предупреждаю: это путешествие и во времени. Невероятная история Абигэль Дюрнан колеблется, подобно стрелке, между декабрем 2014 и июнем 2015 года, а значит, будут чередоваться главы об этих двух периодах. Прошу учесть ценные указания, расположенные, как правило, в начале каждой главы, они очень важны для того, чтобы все прошло в наилучших условиях. Черная стрелка укажет вам момент, когда разворачивается действие.

Вы хорошо снарядились? Никто не тревожит, свет горит, легкая музыка звуковым фоном, почему бы нет? Итак, приготовьтесь погрузиться вместе с Абигэль в самые темные тайники человеческого разума.

ПРОЛОГ

Дрожащей рукой Абигэль Дюрнан выбила из пачки «Мальборо» сигарету и сунула в рот. Щелчок зажигалки «Зиппо» завладел ее вниманием. Она не курила, но научилась видеть, слушать, ощущать, как никто другой, и на этот раз снова каждая мельчайшая деталь окружения наполнялась смыслом.

Вокруг нее горела заброшенная сортировочно-промывочная станция. Красные языки пламени метались, как десятки чертей, вдоль грязных стен. Они с хрустом пожирали изношенные балки, жонглировали раскаленными углями, выплевывали клубы черного дыма. Не было возможности спуститься по пылающей лестнице и не существовало никакого другого выхода. Абигэль оказалась в западне, на высоте больше пятнадцати метров среди пустоши, и никто не мог услышать ее криков. Скоро она сгорит заживо.

Она залюбовалась формой этих оголодавших языков, их цветом, извилистым и изящным танцем, который они исполняли. Они казались ей такими реальными, такими живыми и трудновоспроизводимыми. Как мог ее рассудок создать их с такой точностью? Совершенно невозможно.

Абигэль закатала рукав свитера, открыв правое предплечье, на котором темнели следы от иглы и, главное, пять бурых кружков. Сморщенные кратеры, глубокие, похожие на свищи. Каждый из этих ожогов сигаретой вел ее к последней встрече, помогал найти дорогу, подсказка за подсказкой, как белые камешки Мальчика-с-пальчика.

Но, не в пример сказке Перро, эта история грозила кончиться плохо.

Ответы крылись где-то в этих стенах. Нужен был последний шрам, чтобы покончить с этим раз и навсегда. Укусам огня на ее плоти можно было верить, так же как и странным татуировкам, спрятанным одна под другой на внутренней стороне ее левого бедра, за которые она цеплялась всякий раз, когда ее одолевало сомнение.

Кто такой Джош Хейман?
Отыскать демонов ДжХ
ДжХ близко знает Леа и Артура. Откуда?
Леа должна была быть четвертой

Рухнула балка, вызвав дьявольский хохот. Дерево трещало, здание скрипело сверху донизу и готово было опасть, сжаться, точно обугленная рука. Пора было с этим кончать. Абигэль с силой затянулась, кончик сигареты заалел. Она поднесла его к запястью и нашла местечко между следами иглы и прежними ожогами.

Если больно не будет, значит ничего этого никогда не было. Абигэль не проснулась сегодня утром в крови, с изрезанным животом. Она не в горящей промывочной, а лежит в своей постели, свернувшись под одеялом, и видит невероятно подробный сон. Положительный момент: она не сгорит, как дрянная тряпичная кукла.

А вот если будет больно, значит Абигэль столкнулась с чем-то невозможным. С парадоксом, связанным с ее автомобильной аварией и мрачными тайнами, которые скрывал ее отец.

Что же это — горящая промывочная или сон о горящей промывочной?

Проворный огонь разгорался все ярче, она, глубоко вдохнув, зажмурилась и, как делала это уже пять раз за последние дни, раздавила пламенеющий кончик о свою руку.

1

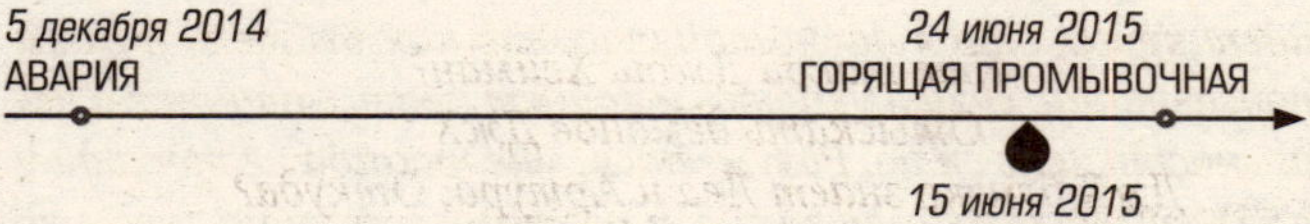

Девятью днями раньше.
Дневник снов Абигэль Дюрнан

Сон № 297, 15 июня 2015 г.

Мой отец всегда говорил, что можно двояко смотреть на деревянный поддон. Можно просто как на деревянный поддон. А можно — как на результат гения наркоторговцев: то, что мозг воспринимает как знакомую и необходимую для транспортировки вещь, оказывается десятью килограммами кокаина, которому талантливые химики придали запах, вид, структуру деревянного поддона. Вот почему контрабанду наркотиков так трудно пресечь. В окружающих нас вещах, таких привычных и очевидных, мы просто не в состоянии их разглядеть.

А мне бы все-таки хотелось сказать отцу, что человеческий мозг куда изощреннее в области снов, чем в наркоторговле. В самом деле, он заставляет нас верить, что сон реален, и когда нас преследует динозавр. Во сне мозг постоянно попадает в собственную ловушку, силясь противостоять уловкам даже самого распоследнего картезианца. И Эйнштейн, и Ньютон, и Декарт однажды поверили, что могут прыгнуть с высокого утеса и полететь. И они это сделали.

Для большинства людей сон кончается с пробуждением. Но мне различать сон и реальность становится с каждым днем все сложнее. Да, в последнее время даже наяву я должна постоянно убеждаться, что не сплю. Быть уверенной: то, что видят мои глаза и слышат уши, РЕАЛЬНО.

С тех пор как «это» усугубилось, я всегда ношу при себе иглу. И когда задаюсь вопросом: «Сплю я или нет?», втыкаю острие этой иглы в кожу. Во сне у меня никогда не идет кровь, это я давно поняла. Это как бы щель в моем подсознании: если я уколюсь и пойдет кровь, значит я в реальности, а не сплю. Разумеется, мне никогда не приходит в голову уколоть себя во сне, и поэтому я не знаю, что это сон, вот в чем вся загвоздка. Здесь, в реальности, мои руки все в точках от уколов.

Все это похоже на речи сумасшедшей, но я не сумасшедшая, поверьте. Потому что сумасшедший не сознавал бы всего этого.

Сейчас 5:08 утра, я только что укололась, и капелька крови выступает на моем большом пальце, течет, падает на письменный стол. Таким образом, я знаю, когда пишу эти строки, что действительно проснулась, и вполне сознаю, что делаю.

Я в реальности. Это важно для дальнейшего.

Реальность, реальность, реальность, реаль...

2

У нее отказала ручка, вот так, вдруг. Абигэль научилась не доверять случайностям, совпадениям: в ее снах их было предостаточно. Она вгляделась в капельку крови на столе, потрогала, понюхала. Медный запах, консистенция, цвет... Не может быть, что она еще спит.

Удостоверившись, она в свете маленькой лампочки достала из ящика другую ручку и продолжила свой рассказ.

Перейдем ко сну, который я только что видела: я стою в комнате моей дочери Леа, рядом с большой пустой кроватью. Простыни смяты. Деревянный вентилятор вращается над моей головой. В кружении лопастей дугой вырисовывается надпись: «Жемчужинка Любви». Это ласковое прозвище Леа, которое она так ненавидела.

Напротив меня трое детей держатся за руки посреди комнаты и водят хоровод, распевая песенку «Оборотень»:

Мне говорят, я это сочиняю,
Мне говорят, я голову теряю,
Он под кроватью у меня, я знаю,
И до утра, боюсь, мне не дожить.

Дети перепуганы, их голоса дрожат, они поют и кружатся очень быстро (не так быстро, как вентилятор, но почти), успокаивая себя. На меня они не обращают внимания. Я узна́ю Алису, Виктора и Артура, похищенных детей. На Артуре футболка сборной Франции с номером 9. Да, и на этот раз тоже все пропавшие дети в той одежде, в которой были в день похищения.

Не хватает четвертого ребенка — похищенной девочки с длинными светлыми волосами, как у моей дочери; ее имени так никто и не знает, в жандармерии ее называют Золушкой, — и я знаю, где она прячется. Я нагибаюсь и нахожу ее скорчившейся под кроватью. И на этот раз тоже у нее нет лица. Как будто ее черты скрыты под плотным чулком. Вид жуткий.

Золушка прижимает к груди черного плюшевого котенка моей дочери. Уже не в первый раз она крадет вещи Леа (ср. сны 232, 216, 198 и 181 из самых последних). Она агрессивна, и я, зная ее реакции — сколько раз они мне снились, — предпочитаю ее не провоцировать. Я встаю. Дети исчезли, но их голоса продолжают петь «Оборотня»:

Каждую ночь мне не уснуть,
Каждую ночь мне страшно, аж жуть...

По-прежнему во сне я выхожу из комнаты в моем бывшем доме в Эллемме и вдруг оказываюсь здесь, в гостиной лилльской квартиры моего друга Фредерика. Я направляюсь к стулу, на котором сижу сейчас. Достаю из ящика стола тетрадь, в которой сейчас пишу, открываю ее и начинаю записывать череду букв. Я помню ее начало: «Puellainferus». Дальше вспомнить не могу.

Я пишу (по-прежнему во сне) и чувствую вокруг себя вибрацию, смотрю на люстру — она качается взад-вперед, лампочка то загорается, то гаснет, как будто происходят микрозамыкания. Это знаки: приближается ТА САМАЯ машина, смертельная авария неминуема, и я паникую. В каждом новом кошмаре, где присутствует черный седан с неработающей левой передней фарой, крепнет опыт моих предыдущих снов. Теперь я знаю, что, где бы я ни пряталась, отцовская машина все равно наедет на меня. Авария и моя смерть неизбежны.

Как правило, когда мной овладевают острые эмоции, например сильный страх, я падаю на землю и не могу пошевелиться (катаплексия). Это происходит со мной и в снах. Но на сей раз я жду, быстро кружась на месте по-

среди комнаты: я говорю себе, что отец, откуда бы он ни появился, узнает меня на этот раз и, может быть, не станет убивать. И тогда он расскажет мне, чтó на самом деле произошло в ночь на 6 декабря 2014-го, почти полгода назад. В ночь, когда разбилась моя жизнь.

Но кружиться становится все труднее, я смотрю на свои ноги, которые на глазах превращаются в корни и не дают мне двигаться. Из рук вырастают ветви, я превращаюсь в дерево. Мои губы врастают в ствол, я уже не могу крикнуть. Седан мчится, светя фарами, все быстрее прямо на меня. Сквозь ветровое стекло я вижу широкую улыбку отца.

Конец сна. Я проснулась с болью в сердце — так быстро и сильно оно колотилось. Не знаю, сколько времени я пролежала в постели, не двигаясь и говоря себе, что все это было только сном.

ЧТО ЭТО НЕ БЫЛО РЕАЛЬНЫМ!

Фред лежал, отвернувшись к стене, я не стала его будить. Я встала и пошла сюда, в кабинет, чтобы записать этот кошмар. Открыла тетрадь на предыдущем сне, 296-м, и приготовилась занести в нее все это.

И тут я остановилась. На этой чистой странице было написано моим почерком:

«puellainferussalutantvos».

Я узнала начало (puellainferus), которое записала в этой самой тетради <u>во сне</u>*. Вот тут-то я и уколола палец. Хотела убедиться, что это уже не сон. Потекла кровь, а буквы по-прежнему были здесь, передо мной, вполне реальные. Я знала, что это невозможно, и все же... Неужели я встала во сне, в полузабытьи, и записала это послание? Приступ сомнамбулизма?*

Я всмотрелась в эту надпись внимательнее и вздрогнула: она мне о чем-то говорила. Я сосчитала буквы. Их было двадцать четыре.

Двадцать четыре... Число, выжженное каленым железом в моей голове, из-за дела Фредди. Месяца два назад жандармы нашли одного из похищенных детей (единственного на сегодняшний день). Похититель вытатуировал двадцать четыре буквы по всему его телу, с головы до ног. Похоже, человек, которого мы разыскиваем, хотел оставить нам послание через посредство этого ребенка, но как мы ни ломали голову, так и не поняли смысла этих двадцати четырех букв. Они наверняка складывались в код, во фразу, но какую?

И вот, обнаружив сегодня утром эти буквы в моей тетради, я посмотрела на фотографии, прикрепленные к пробковой доске надо мной. Особенно внимательно — на снимки спасенного мальчугана, сделанные врачом; я скрупулезно сравнила каждую из двадцати четырех букв на его руках, ногах, спине, затылке с теми, что я записала в тетради: они оказались идентичны. В другом порядке, конечно, но идентичны.

Я перечитала буквы, записанные на странице моего дневника. Из амальгамы букв, казалось, проступили слова: inferus, salutant... *Латынь, язык, который я учила в школе.*

С помощью Интернета, разделив буквы в нужных местах, я получила фразу, и меня чуть не вывернуло, когда я ее перевела. Загадка двухмесячной давности, вытатуированная на теле похищенного ребенка, нашла свое решение самым странным образом. Через сон.

Фредди, злодей-похититель, за которым мы гоняемся уже больше года, оставил нам любопытнейшее послание. И мне кажется, что это намек на девочку из моих кошмаров.

«Puella inferus salutant vos»
«Девочка без лица приветствует вас».

3

5 декабря 2014
АВАРИЯ

24 июня 2015
ГОРЯЩАЯ ПРОМЫВОЧНАЯ

15 июня 2015

— Кто такой Фредди?

Психолог Абигэль Дюрнан стояла в бывшей сестринской комнате психиатрической больницы Байеля перед командой из десяти жандармов, сидевших вокруг стола. Для этой речи, которой ждали все, она оделась соответственно: кремовая блузка, светло-серый костюм, шарфик в тон и удобные лодочки на устойчивом каблуке.

Перед участниками лежало досье — четыре десятка скрепленных страниц. Через маленькое овальное окошко Абигэль могла видеть свою дочь, которая, сидя на койке в бывшей палате, набирала что-то на планшете. Эта временная «казарма», разумеется, не была идеальным местом для тринадцатилетнего подростка, но Абигэль обещала после совещания повезти ее в Лилль пройтись по магазинам. В довершение всего при пожаре сгорела часть помещений настоящей казармы жандармерии — самой большой на севере Франции, — и больше трети личного состава, всего четыреста жандармов, вынуждены были несколько месяцев назад перебраться в эту пребывавшую в запустении бывшую психиатрическую лечебницу, которую они называли Безумной Вдовушкой.

— Я передала каждому из вас наиболее полный итог моих недавних анализов. Как вам известно, здесь учтены последние данные, полученные при внимательнейшем чтении криминальных досье, прослушивании магнитофонных записей, просмотре фотографий и всех важных элементов, имеющих отношение к делу Фредди. Этот новый синтез вырабатывался долго, прошу прощения, но дело имеет исключительный характер, и я не хотела упустить ни единой детали. Я изложу вам устно краткое резюме этого документа, который прошу вас, разумеется, прочесть как можно скорее.

Психолог переглянулась с жандармом Фредериком Мандрие — лицо словно гипсовая маска и свинцовые круги под глазами. После этих трудных и бесплодных месяцев сыщики из отдела розыска, приданные команде «Чудо-51», маялись настоящим похмельем. Этот тип, по прозвищу Фредди, задал им задачку.

— Всегда полезно припомнить факты, — продолжала Абигэль, не понижая тона. — На сегодняшний день, пятое декабря две тысячи четырнадцатого года, похищены трое детей. Алиса, Виктор и Артур исчезли в порядке перечисления. Алиса Мюзье, четырнадцати лет, — первая жертва. Девочка из семьи среднего класса, пропала в Ретеле, маленьком городке на Марне, километрах в двадцати от Реймса, второго марта две тысячи четырнадцатого года, девять месяцев тому назад, между автобусной остановкой и своим домом, находящимся всего в шестистах метрах...

Девять месяцев... вот уже девять месяцев это дело не сходило со страниц газет и будоражило общественное мнение. *Мать-природа родила монстра*, подумал капитан жандармерии Патрик Лемуан, руководитель расследования, крутя обручальное кольцо на пальце.

— ...Есть свидетель, утверждающий, что видел, как девочка разговаривала с мужчиной в каскетке и сером комбинезоне, вроде униформы «Электрисите де Франс», рядом с парковкой у почты, которую Алиса пересекала всякий раз, возвращаясь из танцевальной школы. Свидетельство расплывчато из-за темноты и расстояния, но сопоставление с двумя последующими похищениями ясно указывает, что Фредди — белый мужчина, ростом около метра восьмидесяти, ему от тридцати до пятидесяти лет. Лично я склоняюсь скорее к тридцати-сорока по причинам, ясно изложенным в отчете. Фредди переодевается, гримируется, иногда носит бороду, длинные волосы, иногда — вязаную шапку, очки, шарф, что не позволяет нам получить достоверное описание. В документе вы найдете и другие детали, но по большей части вы их уже знаете. Очень важный факт: мы располагаем его генетическим профилем, который отсутствует в Национальной электронной картотеке генетических отпечатков. А вот отпечатков пальцев нет, он наверняка действует в перчатках, имеет также в своем распоряжении форменную одежду служащего «Электрисите де Франс» и почты. За неимением свидетельств мы не смогли установить тип машины, на которой он ездит.

Завибрировал ее мобильный телефон. Она достала его из кармана, с удивлением обнаружила, что на разбитом экране высветилось «Папа», переключила его в режим ожидания и положила на стол, разволновавшись. От отца, живущего в трехстах с лишним километрах, она не имела никаких вестей вот уже несколько месяцев. Почему он вдруг позвонил? Она постаралась сосредоточиться на своей речи.

— Далее... Виктор Кодиаль, тринадцати лет. Единственный сын матери-кассирши и неизвестного отца, был похищен в Амбуазе, близ Тура, седьмого июня две тысячи четырнадцатого, через три месяца, стало быть, после Алисы. В среду вечером, из дому. Мать всегда оставляет его одного в этот день, чтобы сходить в кино с подругой. Взлома не было, но мебель в гостиной опрокинута: Фредди вошел, Виктор тщетно отбивался, сумев, однако, ранить непрошеного гостя. Так мы смогли получить неизвестную ДНК из крови, не принадлежащей Виктору. При анализе профиля на «Фейсбуке» обнаружена переписка между мальчиком и некой Жюстин Куаффар, якобы тринадцатилетней девочкой...

Абигэль переглянулась с жандармом Жизель Терье, без пяти минут пенсионеркой, единственной женщиной среди сыщиков. Женственность ее была, правда, относительной. С высоким лбом и глубоко посаженными глазами, она напоминала изваяние с острова Пасхи. Жизель открыла контакты мальчика и разрабатывала след в соцсетях. Они с Абигэль ценили друг друга и часто работали вместе.

— ...Мы также обнаружили след похитителя под личиной некоего Грега Паччарелли на странице «Фейсбука» первой жертвы, Алисы. В Интернете Фредди смог собрать множество сведений о повседневной жизни этих детей, узнать их привычки. Похищая Виктора из дому, он знал, что никто ему не помешает. Он знал также, что в пятницу вечером Алиса возвращается с уроков танца с подругой, но девочки расстаются за несколько кварталов до своих домов и что Алиса идет домой через пресловутую парковку.

Она подошла к висевшей на стене большой карте Франции и показала карандашом несколько мест. Два десятка пар глаз пожирали ее. На нее смотрели, как на ключ, который откроет сейф. А она не была ключом, скорее сверлом дрели. Да, это был ее талант — вскрывать сейфы человеческого рассудка, самые замысловатые, в которые трудно проникнуть. В данном случае — преступные.

— Маленький городок близ Реймса — Алиса, Амбуаз — Виктор и Нант — Артур, третья жертва. Мальчик пропал, когда ехал на велосипеде на тренировку по футболу. На «Фейсбуке» его нет, слишком мал, у него был только планшет, подключенный к Интернету, в котором мы не обнаружили никаких следов вторжения Фредди.

Между городами большие расстояния, семьи разного социального статуса и достатка.

— Судя по данным, которыми мы располагаем, дети не были знакомы, мы всех опросили, — вставил Фредерик Мандрие. — В школах, в летних лагерях, в разных клубах...

Абигэль поправила шарфик на шее, чтобы не было видно маленького круглого шрама, похожего на след от раскаленной добела стальной трубки, если прижать ее к коже, точно под кадыком. Что-то вроде гипнотического третьего глаза.

— Мы назвали его Фредди — отсылка к оборотню Фредди Крюгеру из фильма[1], злодею, пугающему детей по ночам. Все трое детей были похищены с наступлением темноты. Но главное — эти исчезновения являются лишь первым этапом криминального процесса, тесно связанного с миром этого оборотня. Вскоре после каждого похищения Фредди потчует нас зловещей мизансценой в лесу на севере Франции.

Она ткнула ручкой в одно из мест на карте.

— Он делает что-то вроде чучела, прибитого к дереву, используя одежду жертвы, вплоть до ботинок. Эта одежда изорвана когтями — вспомните металлическую перчатку Фредди Крюгера — и испачкана кровью ее владельца, но очень своеобразно, как если бы наш человек размахивал кистью, смоченной в крови, и капли попадали бы на одежду.

Она изобразила жест.

— Вот так... Вопреки видимости, я полагаю, что действует он никоим образом не в порыве гнева. Речь идет, скорее, о мизансцене. На двух найденных чучелах количество разрывов от когтей в целом одинаково, располо-

---

[1] Речь идет о культовом фильме ужасов «Кошмар на улице Вязов» режиссера Уэса Крейвена об оборотне Фредди Крюгере. *(Здесь и далее примеч. перев.)*

жение капель идентично. Жест механический, повторяющийся, лишенный всяких эмоций: наш человек умеет владеть собой. Еще одна характерная черта этих чучел — к голове, сделанной из полотняного мешка, приклеены волосы только что похищенного ребенка. На этой голове похититель рисует черным маркером жуткое лицо. Большие глаза в форме звезд, длинные зубы, нос крючком...

— Зачем он это делает? — спросил Фредерик Мандрие. — Я хочу сказать, это чучело, прибитое к дереву.

— Во-первых, это избавляет его от необходимости предъявлять трупы, он сеет сомнение, создавая кошмарную сцену, похожую на подлинную сцену преступления. «Дети у меня, а вот живы они или мертвы?» Речь идет о власти, о доминировании. Поставьте себя на место родителей, вообразите их страдания, когда они видят на фотографиях одежду своих детей, изрезанную ножом и испачканную их кровью. Эти семьи претерпевают невообразимые муки. Алиса пропала девять месяцев назад, и вы могли убедиться еще совсем недавно, в каком психологическом состоянии ее мать...

Патрик Лемуан виделся с бедной женщиной, ставшей тенью своей тени. В случаях исчезновения родители жертв переставали спать, выгорали изнутри, чахли. Иные готовы были все отдать, чтобы выяснить правду, и даже предпочли бы столкнуться с худшим, лишь бы знать. Надежда и уходящее время подтачивали их.

— Фредди забавляется, он дразнит, — продолжала психолог, подняв палец. — Он не дает ни малейшей информации о том, живы дети или нет. «Все решаю я, в моей власти жизнь и смерть детей. Как оборотень, я тот, кто пришел за ними с наступлением ночи, и вы ничего не смогли поделать. Вы в ответе, а я — я властвую над вами...» Делая это чучело, он создает гибридное, лишенное индивидуальности существо, полумонстра-получеловека, персонажа из кошмаров, гермафродита, который может свидетельствовать о сексуальной ориентации, например гомосексуальности или бисексуальности.

Тишина царила под сводами Безумной Вдовушки. Абигэль хотела продолжить, но не смогла сдержать зевок. Она выпила глоток воды, чтобы скрыть внезапное недомогание, но жандармы переглянулись весьма красноречиво. Часто работая с ней, они знали, что сон очень скоро уведет ее к своим темным берегам. Абигэль была уверена, что они уже мысленно держат пари: когда она уснет? Через тридцать секунд? Через две минуты, через пять?

Она еще держала фасон, следя, чтобы ни в коем случае не ослабевало внимание.

— Свидетельства, касающиеся нашего преступника, порой расходятся: Фредди переодевается, конечно, чтобы остаться незамеченным, но, возможно, еще и потому, что ему неуютно в своей шкуре. Он не приемлет своего статуса, отрицает его, он наверняка считает себя неприспособленным к жизни в обществе. Этот гнев на нарисованном лице может быть отражением его собственного детства. Он тоже родился от отца и матери, но, возможно, не имел семьи в аффективном смысле этого слова, в отличие от его жертв. Как бы то ни было, я думаю, что он получил тяжелую травму в ранней юности. Одиночество, дурное обращение... Вспомните кровь и следы когтей. С этим чучелом он открывает нам интимную часть своей личности, грань своего лица... По всем этим причинам я думаю, что он действует один. Его искания — дело слишком личное, оно не касается никого, кроме него. Оно затрагивает самые сокровенные глубины его понятия о человеческом существе.

Снова зевок, едва не свернувший челюсть. На сей раз Абигэль почувствовала глубокое оцепенение до самых кончиков пальцев. И надо же было ножу гильотины упасть сейчас, посреди совещания.

— Прошу прощения, но мне придется опустить ненадолго занавес.

Она увидела, как один из жандармов незаметно глянул на часы и улыбнулся. Он, надо полагать, выиграл пари.

— Очень кстати, — сказал Лемуан, вставая. — Сделаем перерыв и выкурим пока сигаретку-другую.

Абигэль кипела от гнева, но не показала этого. Поставила крестик в своих записях, скупо поблагодарила и извинилась перед этим концентратом тестостерона. Быстрым шагом покидая комнату, она злилась на свое непослушное тело, на эту окаянную сонную болезнь. Почему это случилось прямо посреди ее выступления? Почему в самый важный момент ее последних недель работы?

Она поспешно уединилась в палате, закрыла дверь, легла на старый матрас, глядя в потолок, скрестив на груди руки, в позе трупа в гробу. Безумная Вдовушка дала ей кров. Могло быть хуже: по крайней мере, она в кровати, а не посреди супермаркета и не прячется в туалете своего кабинета, в то время как в кресле ждет пациент.

Не успела она смежить веки, как ее накрыло огромным черным покрывалом. Всегда та же непроницаемая ткань, давящая на лицо, то же ощущение удушья на какую-то долю секунды — и тут же расслабилась диафрагма, и ее дыхание почти мгновенно перешло в автоматический режим.

Секундой позже она отключилась, погрузившись в парадоксальный сон, полный грез и кошмаров.

4

Она вернулась в группу двенадцать минут спустя, подзарядив батареи и поправив воротничок блузки. Жандармы были в курсе ее нарколепсии. Они знали, что иногда Абигэль требуется уединиться, чтобы отдохнуть, и всегда поражались тому, с какой быстротой ее окутывал сон. Как будто выключали из розетки работающий пылесос.

Они знали также, что ее болезнь и медикаментозное лечение, смягчающее ее последствия, стирали ее самые давние воспоминания — на данный момент о детстве, — но никак не сказывались на умственных способностях. За три года Абигэль помогла им распутать шесть дел об исчезновениях и убийствах. Иные зубоскалы говорили, что разгадка является ей во сне, но она просто хорошо делала свою работу, ничего не упуская. В отделе розыска ее прозвали Цеце.

Она заглянула в записи, увидела крестик, вспомнила последние фразы.

— Так... К сожалению, лица Фредди я во сне не увидела, понадобится еще несколько сиест.

Раздался смех. Разговоры смолкли, и она снова завладела вниманием сыщиков.

— Вернемся к серьезным делам. Итак, мы говорили о причинах создания этого чучела. Оно еще и проекция похищенного ребенка. Преступник нападает на это сооружение из соломы и одежды, терзает когтями и пропитывает кровью. Через него он показывает нам свой гнев и решимость. Он провоцирует нас, хочет напугать. Вот почему я думаю, что дети еще живы. Но разумеется, прошу вас принять эту информацию со всеми необходимыми оговорками.

— Все трое детей, говоришь? — отозвался Лемуан. — Даже первая пропавшая, Алиса?

— По всей вероятности... Иначе он наверняка предъявил бы нам тела. Зачем бы ему их прятать и показывать нам чучела?

Это была, наверно, хорошая новость, но она лишь усугубила чувство бессилия у команды.

— Это не обычный преступник, его нет в картотеке ДНК, и поэтому он вряд ли когда-либо сталкивался с правосудием, даже за мелкие нарушения, что и делает его неуловимым. Он такой же, как вы и я. Пока он не выполнил первую часть своей миссии, не дошел до счета «четыре», как сообщил нам в своем письме, он сохранит этим детям жизнь. Ему нужны четверо детей, прежде чем перейти к следующему этапу. Если считать правдой адресованное нам послание, ему осталось похитить одного.

Патрик Лемуан встал и направился к кофеварке. Он наполнил стаканчики.

— Живы, черт побери!

— Со всеми оговорками, повторяю. Но предпочитаю, чтобы вы знали досконально ход моей мысли.

Патрик не первый день служил в жандармерии, но такого даже вообразить не мог. Отыгрываться на детях значило нарушить все правила, делающие нас людьми. Какую участь этот хищник уготовил своим маленьким жертвам? Патрик раздал всем кофе. Многочисленные окурки, раздавленные в картонной тарелке, походили на мертвых мух. Да и все было здесь мертво: стены, палаты, коридоры... Безумная Вдовушка догнивала изнутри.

— Что будем делать с родителями? — спросил Фредерик Мандрие. — Сообщим им, что есть вероятность...

— Нет, — оборвал его Патрик Лемуан. — Этот новый профиль должен оставаться сугубо конфиденциальным, и мы пока ни в чем не уверены. Я не хочу подавать им ложную надежду. Нет ничего хуже, чем... В общем, нет ничего хуже.

Он встал и тоже подошел к карте. Всмотрелся в места, которые знал наизусть.

— Прошло почти девяносто дней с похищения последнего мальчика, Артура, — произнес он. — Велика вероятность, что мы найдем новое чучело очень скоро, на этой неделе или на следующей. И столкнемся с последним исчезновением. Итого будет четыре. Четверо испарившихся детей. Контракт Фредди выполнен. А что дальше? На следующем этапе?

Сыщики были склонны забывать, что Абигэль не волшебница и не ясновидящая и что в свободное от уголовных расследований время принимает пациентов в своем кабинете, как любой другой психолог. Ее территорией были прежде всего познания в криминальной психиатрии и судебной медицине. Кровь, требуха. Конкретика, как и у них.

— К сожалению, я понятия не имею. Я не знаю, какое место занимают дети в его плане, по какой причине они ему нужны и что он с ними сделает потом.

Повисло гробовое молчание. Они тут точат лясы, в то время как дети переживают ад. Иногда Абигэль представляла себе ребятишек, скорчившихся в клетках, голых, подвешенных на трехметровой высоте. А порой видела их лежащими на земле, с почерневшей кожей, рядком, как сардины в банке.

— Мы видим разительный географический контраст между местами похищений и теми, где обнаружены мизансцены. Фредди ищет именно этих детей, он отбирает их, знает их привычки, но не слишком хорошо, иначе не стал бы так рисковать с Алисой. Момент похищения он выбирает почти случайно, но действует без спешки. Он знает минимум о них благодаря социальным сетям, без деталей и подробностей. Это значит, что он не живет поблизости от этих детей. Он живет здесь, к северу от Парижа, где помещает свои чучела после каждого похищения. Почему же он отправляется за детьми так далеко? Почему выбирает именно их? Пересекались ли их пути в какой-то момент его жизни? Быть может, Фредди кочевал, прошел через все эти города, встречал этих детей, а в конце концов осел на севере?

— Что-то вроде ярмарочного торговца, ты хочешь сказать? — спросил Фредерик.

— Не обязательно, он вполне может быть учителем, прорабом, врачом, торговым представителем, просто ему не сидится на месте. Как бы то ни было, сегодня у него стабильное положение, он не маргинал, имеет определенный уровень жизни. Разъезжать, чтобы похищать детей, и потом «содержать» их — это стоит денег. Перед каждым похищением он, возможно, живет несколько дней в отеле, обедает и ужинает в ресторане поблизости. Или же у него приспособленная для этих нужд машина, трейлер, оборудованный фургон...

— Надо продолжать копать в этом направлении, — обратился Лемуан к коллегам.

Абигэль кивнула. Вести расследование значило вечно все начинать сначала, без конца нырять в бездну деталей, и чем глубже, тем больше шансов зацепить новые ниточки, вплоть до следующей детали, и так далее. Самые изощренные убийцы ждали в этой бездне, когда до них доберутся.

— Регулярность похищений — примерно каждые девяносто дней — связана, очевидно, с его работой. Она может, например, соответствовать периодам, в которые он свободен, чтобы без помех совершать свои злодеяния.

— Отпуска...

— Возможно, но отпуска, не связанные с периодикой школьных каникул, если учесть даты похищений. Что вновь дает мне основание полагать, что он холостяк. Он может выйти как днем, так и ночью, не привлекая внимания. В своей работе он очень аккуратен, до мании. Чучела сделаны скрупулезно, волосы острижены машинкой, приклеены точно, однако он оставляет несколько волосков с луковицами, чтобы мы могли сделать анализ ДНК. Он знает нашу работу, и ему нравится не спеша готовить свой ритуал. Это требует мастерства, самообладания, это профессия, в которой нет места эмоциям. В отчете я составила далеко не полный список таких профессий. Обычно подобными людьми владеют импульсы, когда они переходят к действию, что заставляет их совершать ошибки. Но не в нашем случае. Он отлажен, как швейцарские часы, и следует строго по рельсам. Промежутки между похищениями позволяют ему не попасться, «напряжение» успевает упасть, равно как и «внимание». Это и делает его особенно опасным. Будьте уверены, его машина в идеальном состоянии, а место, где он держит детей, абсолютно укромно и звуконепроницаемо. Живет он скорее в деревне, чем в городе.

— Почему?

— Потому что сегодня мы живем в мире, где все на виду, под наблюдением видеокамер. Сколько вы получаете в день звонков от людей, убежденных, что их сосед — Фредди? Человек, который живет один и выгружает слишком много продуктов из багажника, подозрителен в глазах соседей, как и тот, кто выходит из дому по ночам. Я живу в доме на окраине маленького городка, и на днях сосед постучался ко мне, потому что мои ставни были еще закрыты в десять часов утра, тогда как обычно я открываю их около шести. Он хотел убедиться, что все в порядке и что я... не уснула навечно. Кроме шуток, я хочу сказать, что при масштабах нашего дела и количестве похищенных детей Фредди был бы заснят, изобличен, все, что хотите. Но он не мог бы свободно действовать так долго.

Абигэль заглянула в свои записи и вернулась к аудитории.

— Последний важный пункт. Вы получили это послание сразу после первого похищения: «Будут еще трое. Ни одним больше, ни одним меньше». Эксперты, безусловно, опознали почерк Алисы. Фредди заставил ее написать это, чтобы мы приняли его всерьез, чтобы показать нам, что судьба девочки в его руках. Он хочет, чтобы мы интересовались им, чтобы за ним гонялись.

— Он хочет тяжелой артиллерии, — обронил Фредерик Мандрие.

— И он ее получит. Но пока он хитрее нас всех, вместе взятых.

Они проговорили еще не меньше часа, обсудив другие пункты расследования, которые Абигэль представила в новом свете. Она говорила о Фредди как о члене своей семьи. Ей нужна была эта близость, чтобы побороть своего демона, предмет своих кошмаров, того, кто вошел в ее дом — ее рассудок — и спал с ней рядом всякий раз, когда она ложилась одна в свою постель. Парадоксальным образом он был также первым встречным из булочной или супермаркета. Силуэтом без лица. Членом анонимной семьи. Семьи «Чудо-51».

Это название команды, «Чудо-51», предложила Абигэль. *Чудо* — потому что первую пропавшую девочку звали Алисой, и она, четырнадцатилетняя блондинка с голубыми глазами, очень симпатичная, походила на Алису Льюиса Кэрролла; *51* — потому что она была признана пропавшей без вести в департаменте Марна[1], в нескольких километрах от Реймса. Название команды, как и неофициальное название дела, должно было затрагивать какие-то эмоции сыщиков, в противовес Фредди. Так они думали об Алисе постоянно и ощущали привязанность к ней. Считали ее в каком-то смысле своим ребенком.

Психолог попрощалась с жандармами и посмотрела на часы: они с Леа могли успеть на автобус в 12:22 до центра Лилля, чтобы пообедать и пройтись по магазинам. Прослушивая сообщение своего отца, Абигэль присо-

[1] Почтовый индекс департамента Марна — 51.

единилась к дочери, которая уже извелась от ожидания. Трубку она повесила с досадой. Она ничего не сказала Леа, но у нее была масса планов на уик-энд: кино, жареный арахис на лилльской Гран-пляс, колесо обозрения, Музей естественной истории... Из-за этого звонка все планы рушились.

— Мне очень жаль, но шопинг не состоится, моя Жемчужинка Любви.

— Ты что, мам?

— Твой дедушка выехал сегодня рано утром из Этрета, он приедет к трем. Он хочет отвезти нас на уик-энд в Сентер-Парк[1]. Как ты на это смотришь?

Леа широко улыбнулась, открыв металлические брекеты.

— Сентер-Парк? Гениально.

— Да, гениально. Пер Ноэль возвращается...

[1] Сентер-Парк (Center Parcs) — сеть расположенных в различных живописных уголках Европы парков с бунгало и коттеджами, предлагающих новую концепцию активного отдыха на лоне природы. В данном случае герои направляются в аквапарк «Труа Форе», Аттиньи (Мозель).

5

Странные фотоколлажи, подписанные Абигэль Дюрнан, — вот что видел в первую очередь тот, кто входил в ее кабинет, маленькую комнатку в мансарде, смежную с ее спальней. Каждая из них была результатом десятков часов работы, цифровой обработки снимков из банков данных, монтажа, вырезания, склеивания. Они висели на стенах, заключенные в рамки. Безумные, кошмарные фрески. Женщина без рук, с собачьей мордой, с ногами, изломанными на манер пазла, горела в грозе, точно огненная птица. Близнецы-альбиносы с перламутровыми лицами и гладкими белыми волосами, усеянные шрамами от гвоздей, от бритвы, парили над поверхностью воды, черной, как отработанное масло. Чуть дальше, в углу, гигантская тень здания, исхлестанного дождем, то ли усадьбы, то ли старой психиатрической больницы, пронзенная огромными мечами и молниями.

Вода, огонь, разломы, шрамы — всякий раз. Жизнь и смерть, слившиеся в пылком поцелуе. С игрой света и теней эти безумные творения леденили кровь и, казалось, были созданы психопатом. А между тем они являлись плодом работы мозга тридцатитрехлетней женщины, дипломированного криминолога и психолога, специалиста по уголовному праву, эксперта при судах Лилля и Дуэ. Страдающей водобоязнью — в море и бассейне — и нарколепсией.

В глубине этого логова, прикрепленные кнопками к прямоугольной доске над тиковым столом, висели фотографии детей. И это уже были не монтажи. Лоскутное одеяло из открытых улыбок, хрупких фигурок, детских поз. Вот девочка — Алиса — сидит у подножия маяка в Плуманаке, белые зубки и невинный вид под ярким солнцем. Вот мальчик — Артур, — в футбольной форме, под мышкой мяч с подписью Зинетдина Зидана. Срезы жизни, интимные моменты, которые в нормальном мире навсегда остались бы в семейном кругу. Но в этом декабре 2014 года никто не жил в нормальном мире уже давно, и Абигэль знала это лучше, чем кто бы то ни было. Этот кабинет, эти лица, книги о худших преступниках планеты, запертые на ключ шкафы, ломящиеся от дел одно другого страшнее, были тому вопиющими свидетелями.

— Уже три часа утра, Аби, пора. Леа нас ждет.

Абигэль сидела, уставившись на детские лица, которые знала наизусть, — Артур, с его белокурой прядкой и вздернутым, точно стружка, носиком, Виктор, с веснушками на высоких скулах и покатым лбом, Алиса, красавица Алиса, похожая на героиню сказки, — когда голос ее отца раздался гулко, словно из мегафона. Вот и доказательство, что она задремала, на грани сна и яви. Поворот головы. Ив стоял в дверях святилища, не смея войти. Он смотрел на сюрреалистические фотоколлажи, которые его дочь делала терпеливо — и не без таланта — вот уже несколько лет, воспроизводя жуткие сцены своих кошмаров.

— Бери свой чемодан, — сказал он, потирая плечи, словно желая согреться. — Поехали. Шале в Сентер-Парк забронировано с девяти часов.

За два года отец Абигэль изменился до неузнаваемости. Минус десять килограммов, впалые щеки, лысая голова, ни следа короткого ежика, который он носил в годы службы во французской таможне. В пятьдесят шесть лет он выглядел на все десять старше.

— Я не уверена, что это хорошая идея, папа. Ты свалился вчера как снег на голову, втемяшив себе, что мы должны поехать в этот Сентер-Парк или уж не знаю куда. Я работаю над важным делом и...

— С этим важным делом, насколько я понял, жандармы копаются уже годы.

— Не годы, папа. Девять месяцев. Ровно девять месяцев с первого похищения, малышки Алисы. Вот она на фото.

Ив посмотрел на портрет девочки и отвел глаза.

— Я прошу у тебя только уик-энд. Всего два денька. В понедельник утром ты будешь на работе, а я уеду. Хоть в этом ты не можешь мне отказать, верно? Немного времени с дочерью и внучкой, вдали от... всех этих лиц. Боже мой, Аби, как ты можешь работать в таком месте?

— Речь сейчас не о месте, где я работаю. Речь вот о чем: ты являешься, предлагаешь нам уик-энд, а потом опять пропадаешь на много месяцев. Когда ты служил в таможне, было то же самое. Ты просто исчезал, никогда ничего не объясняя.

— Я был на операциях и...

— ...и мы ждали тебя с мамой. Но теперь-то ты больше не на операциях. Видно, привычка — вторая натура.

Она прочла на лице отца такую боль, что прикусила язык: не стоило пререкаться с ним перед дорогой.

— Ладно, едем в Сентер-Парк. Леа рада, что ты приехал, и я, хоть и не показываю этого, тоже.

Она прошла в спальню и стала собирать чемодан. Не в пример кабинету, эта комната смахивала на интерьер морозильника. Белые стены и потолок, односпальная кровать посередине, голая лампочка, никакого убранства. В этой комнате она не спала, а уступала своей нарколепсии.

Она положила в чемодан, поверх детективного романа и рядом со своими лекарствами, тетрадь и ручку.

— Сказано же — никакой работы.

— Это не работа, это дневник. Точнее, тетрадь воспоминаний и снов. Идея моего невролога.

— Ты уже воплощаешь свои кошмары в фотографиях. Зачем еще и записывать их?

— Я тебе потом объясню...

Ив вздохнул:

— Твоя нарколепсия? Но ведь лечение дает результаты, разве нет?

— Давало десять лет. Мне еще хочется спать два-три раза в день, катаплексии случаются все реже, но... с недавних пор появились новые довольно тревожные симптомы. Наверно, придется скорректировать прием лекарств, дозы, молекулы.

Катаплексии были одним из главных симптомов ее нарколепсии. Они не имели ничего общего с желанием спать и проявлялись мгновенной потерей мышечного тонуса в любой момент дня и без потери сознания. Абигэль могла оживленно с кем-то беседовать — и в следующую секунду оказаться на полу, не в состоянии шевельнуться несколько минут. Хорошо хоть не в отключке. Это периодически возникало от любой ее сильной эмоции — радости, печали. Поэтому она избегала водить машину — особенно когда была с Леа — и пользовалась общественным транспортом, в основном автобусом и такси.

Из-за этих катаплексий детство ее было адом. В тринадцать лет она камнем пошла ко дну в море. Остановка сердца, выгибающееся под электрошоками маленькое тело, реанимация на пороге смерти. В пятнадцать в результате падения с велосипеда стальная трубка руля врезалась ей в горло, на два пальца левее гортани. В девятнадцать — перелом коленной чашечки. Необратимый. Падения, аварии, раны. Ее тело — спина, лодыжки, локти — излагало историю ее болезни в шрамах, переломах, металлических пластинах. В школьные годы к ней так и липли клички: Самоделкин, Франкенштейн, Мисс Пазл.

К счастью, с лечением и новыми исследованиями по нарколепсии ее катаплексии стали реже, падения почти прекратились, с девятнадцати лет Абигэль смогла жить более или менее нормальной жизнью, учиться в Лилле, получить дипломы и в одиночку растить дочь. Леа родилась от ночной забавы с сокурсником, который не пожелал признать ребенка. Абигэль любила дочку. Леа... Ее вызов, лекарство, плод ее битвы, ее гнева. Кукиш нарколепсии.

Отец с дочерью присоединились к Леа в кухне, где та пила молоко. Они загрузили чемоданы в багажник черного седана, дрожа от лютого холода. В последний момент Леа убежала в дом и вернулась с потрепанным плюшевым черным котенком. С этой любимой игрушкой, подаренной ей матерью, когда она родилась, девочка никогда не расставалась, хотя теперь, на пороге отрочества, почти стыдилась ее. В такие моменты Абигэль успокаивала себя: дочь — ее большая Леа, стремившаяся поскорее вырасти, — оставалась ребенком.

Леа открыла замок своего розового в цветочках чемодана, сунула игрушку внутрь и заперла. Ключик она спрятала в карман.

— Ох уж эти подростки с их культом тайн, — улыбнулась Абигэль. — Думаешь, у тебя что-нибудь украдут?

Леа скорчила гримаску, поддразнивая ее, и села в машину. Абигэль надеялась, что этот уик-энд сблизит их с дочерью. Этот мерзавец Фредди хуже любовника. Она села рядом с отцом, который уже включил зажигание.

— У тебя левая передняя фара не работает.

— Ты скажешь своим коллегам-жандармам, чтобы арестовали меня за это?

Ив пытался шутить, но юмор таможенника сводился к анекдотам, над которыми смеялись только другие таможенники. Абигэль повернулась к дочери:

— Пристегни ремень, Жемчужинка Любви, милая.

Леа пристроила подушку между своей головой и дверью и поморщилась.

— Что это за «Жемчужинка Любви»?

— Это только наше имечко... Она терпеть не может, когда я называю ее так, и обижается. Влюбленный подросток, да и только.

Ив обернулся:

— Это правда?

— Чушь, — буркнула Леа. — Она сама не знает, что несет, как всегда.

Ив включил обогрев на полную мощность и тронулся. По дороге он открыл термос с горячим кофе, налил в пластиковый стаканчик и протянул его дочери:

— На, выпей капельку, согреешься. Ну и холодина...

Абигэль взяла стаканчик и посмотрела на отца:

— Что происходит, папа? С ума сойти, до чего ты изменился. Похудел, выглядишь усталым.

— Все в порядке.

— Почему ты ушел в отставку?

— А почему ты спрашиваешь меня об этом сейчас?

— Потому что раньше не было возможности.

— Мне было пятьдесят четыре года. Мне осточертела таможня, все эти операции, засады. Бороться с наркоторговлей — это пытаться вычерпать океан ложкой. И однажды это тебе... — Он не договорил, проглотив обиду. — Короче, из-за этой проклятой работы я не видел, как ты росла, а теперь... не могу пробиться сквозь твою скорлупу. У меня не получается с тобой сблизиться.

Абигэль заметила, что его руки на руле слегка дрожат.

— Мне хорошо в моем рыбацком домике. Море рядом, я отдыхаю, живу, как живется. Меня это, знаешь ли, устраивает.

— И ты все бросил всего за несколько лет до пенсии?

— Посмотрим, сможешь ли ты продолжать работать психологом, когда доживешь до моих лет. Во всяком случае, надеюсь, ты поймешь раньше меня, что в жизни есть дела поинтереснее, чем выслушивать жалобы людей и воевать с ветряными мельницами. Работай не работай, а преступления и наркотрафик будут всегда.

— Но я, по крайней мере, заложу свой камешек в постройку. Я буду полезна и, может быть, спасу несколько жизней.

Взгляд Ива скользнул к зеркалу заднего вида, в направлении внучки.

— Она так на тебя похожа. Мне кажется, я вижу тебя, когда ты была маленькой. Та же внешность, тот же характер.

Глаза Абигэль погрустнели. Отец это заметил.

— В чем дело?

— В последние несколько месяцев я прошла уйму тестов, обследований. Я не хотела тебе говорить, пока ни в чем не уверена, но... происходит что-то серьезное...

— Объясни.

— Время идет, и мои самые давние воспоминания стираются целыми кусками. В воспоминаниях детства уже масса пробелов. Я еще хорошо помню себя в тринадцать-четырнадцать лет. Но раньше — все размыто.

— Боже мой...

— Мой невролог считает, что это может быть побочным действием пропидола при долгом приеме, но она в этом не уверена, подобных случаев не наблюдалось. Как будто каждая капля этого снадобья разрушает частицу моего мозга, разъедает нейроны, как кислота, и бесповоротно отключает воспоминания. Мы ищем выход. Но пока мне нужно это лекарство, иначе у меня случается десяток катаплексий на дню, а я не могу так жить. Это одна из причин, по которым я записываю мои воспоминания и сны. Так я веду дневник своей жизни. Заношу на бумагу уходящие дни. На потом, если станет хуже, понимаешь?

Печаль отразилась на лице отца. Он предпочитал держать все в себе и избегал слов. Поэтому она тоже замолчала и уставилась на дорогу, с таким страхом перед будущим, перед этой непредсказуемой болезнью, угнездившейся в ее мозгу. Что мы без памяти, без воспоминаний, без всех этих лиц и голосов, которые были в нашей жизни? Лишь точка на кривой времени? Цветок, который расцвел, но без запаха и цвета? Неужели в пятьдесят лет она не будет помнить себя прежнюю? Забудет всю юность Леа?

Беременность, роды, первые дни рождения? Она смотрела на свет фар, сравнивая себя с этой дорогой, освещенной на тридцать метров. Темный асфальт, где след стирался в темноте, по мере того как машина двигалась вперед.

Сев за руль, отец закатал рукава, — несмотря ни на что, Абигэль помнила, что он делал так всегда, зимой и летом, и она заметила множество следов от уколов на его руках. Это не вязалось с его наружностью воителя. Она предпочла промолчать, но пообещала себе все выяснить попозже, уверенная, что этот уик-энд был лишь предлогом и он тоже намеревался сообщить им что-то важное.

6

Около половины четвертого они покинули маленький городок Эллемм в департаменте Нор. Кристаллики льда висели на кипарисах и поблескивали на дороге. Курс на восток. Сентер-Парк находился в Аттиньи, в четырехстах пятидесяти километрах. В эту ночь Абигэль хотела бодрствовать как можно дольше и не взяла с собой раствор пропидола. Это лекарство, прописываемое очень ограниченно, было оксибатом натрия, наркотиком, близким к гамма-гидроксибутирату, снадобью, хорошо известному в ночных кругах и ассоциирующемуся с насилием. На каждый прием Абигэль растворяла пять капель в стакане воды, ни одной больше, ни одной меньше. От пропидола она «улетала» примерно на четверть часа, а действие его продолжалось от четырех до пяти часов. Принимая его дважды за ночь, она спала крепким живительным сном, и, главное, катаплексии случались у нее редко, не чаще одного-двух раз в неделю. Оставалась неудержимая потребность в микросиестах, но и с этим она научилась справляться.

Немного погодя она ощутила, что звук мотора изменился. Они ехали уже не по автостраде. Ив щурил глаза, пытаясь хоть что-нибудь разглядеть. После сырого дня клубился туман, но на этой дороге хотя бы не было гололеда.

— Нужно заправиться. Мы не проехали и двадцати километров, но я предпочел свернуть, потому что на автостраде ближайшая заправка в сорока километрах.

Абигэль взглянула на горящий сигнал: бензин кончался.

— Что? Мы проехали всего двадцать километров?

— Есть какой-то городишко в шести или семи километрах, там наверняка найдем открытую бензоколонку. Чертов туман. За одно это я ненавижу север.

В машине теперь было жарко, как в печке. Абигэль свернулась клубочком. Она сняла свои старые ботинки «Doc Martens», подобрала ноги под сиденье и, несмотря на ремень, стиснувший грудь, чувствовала себя хорошо, словно под пуховой периной. Сон давил ей на плечи.

Отец остановился на развилке перед треугольным желтым знаком «Дорожные работы». Мигала оранжевая лампочка, предлагая объезд. У Абигэль не было больше сил говорить — так хотелось спать.

— Город должен быть в четырех километрах, — сказал Ив. — Если ехать в объезд, не знаю, куда мы заедем.

— У тебя нет навигатора?

— Нет, терпеть не могу эти штуки. Ну и ладно. По ночам, я думаю, никто не работает.

Отец обогнул стоящий посреди дороги знак и свернул на пустынное шоссе, движение по которому было запрещено. Глаза Абигэль заморгали и широко раскрылись, когда она увидела нечто в свете фар. Это был сгорбленный силуэт, ростом с человека, с острыми ушами. Окутанный туманом.

— Тормози!

Ив резко ударил по тормозам. Потом наклонился к дочери:

— Что случилось?

Абигэль выскочила из машины в одних носках и посмотрела назад, морщась от ледяных заноз. Километровый столбик в красно-белую полоску торчал из травы на обочине, точно кельтская могила. На нем было написано «12». Ни следа странного силуэта. Голые деревья, растрескавшееся дорожное покрытие, мертвая тишина. Она обошла машину, не обнаружив ни малейшей вмятины, ни пятнышка крови. Ив вышел вслед за ней:

— Аби? Ты объяснишь мне?

— Ты ничего не видел? Никого?

— Нет.

Абигэль вернулась в машину и тяжело вздохнула, когда отец садился рядом.

— Можешь ехать.

Мотор фыркнул, и машина тронулась. Абигэль обернулась, чтобы убедиться, что с дочерью все в порядке, и удивилась, увидев, что Леа крепко спит. Она пристегнула ремень безопасности и услышала характерный щелчок, еще под впечатлением этой внезапной остановки.

— Я видела какое-то странное животное, как будто... лису, которая стояла на задних лапах. Это называется гипнагогической галлюцинацией. Вторжение образа из сна в реальность, если хочешь.

— Те самые новые симптомы, да? Вдобавок к слабеющей памяти? Черт побери, ты маешься своей нарколепсией с восьми лет. Почему же эта штука развилась у тебя двадцать пять лет спустя?

— Никто не знает, у моего невролога нет объяснения. Появление гипнагогических образов бывает у меня, к счастью, довольно редко. Когда я устала и засыпаю, они вдруг возникают передо мной. На днях я ехала в такси и испугалась, что шофер задавит женщину, катившую коляску. Он принял меня за сумасшедшую. Но сегодня в первый раз я видела какого-то монстра, то ли человека, то ли животное. Обычно это люди. Мужчины, женщины, кто в пижаме, кто в костюме с галстуком, переходящие дорогу.

— Как на некоторых твоих фотомонтажах?

— Да, точно...

Бывший таможенник ростом метр восемьдесят пять, с кирпично-красным лицом и огромными ручищами, который смотрит на вас, ничего не говоря... Абигэль захотелось оправдаться.

— Я не шизофреничка, папа, ясно? У других нарколептиков тоже бывают гипнагогические видения. Все хорошо. Ну относительно. Задним числом я сознаю, что эти образы и звуки — галлюцинации. Будь я на твоем месте сегодня ночью, я бы резко затормозила, потому что в тот момент, когда я вижу эти образы, я не сознаю, что засыпаю, и не могу знать, реальны они или нет. Я хочу сказать, кто-то, животное или человек, вполне мог бы перебегать перед нами дорогу. Ты понимаешь?

— Думаю, да. И это может случиться с тобой когда угодно? Днем, ночью?

— В основном ночью и когда я устала, как сейчас. Дело, над которым я работаю, вымотало меня. Можно быть нарколептичкой и валиться с ног от усталости. По коварству эта болезнь держит пальму первенства.

Лицо Ива оставалось серьезным, глаза смотрели на дорогу. Его дочь так намучилась в прошлом, пока не поняли, почему она так часто падает, не диагностировали нарколепсию и не нашли правильное лечение. Специалисты, центры сна, терапии... А ведь было еще непонимание людей, насмешливые взгляды одноклассников, когда она засыпала где угодно или падала наземь с застывшим взглядом, точно оглушенная рыба.

— Проклятая болезнь. Все это, должно быть, так тяжело. Черт побери, Абигэль, мне так жаль!

— Не надо...

Несмотря на недавнее происшествие, Абигэль широко зевнула, свинцовая тяжесть давила ей на затылок, кончики пальцев покалывало. Нарколепсия просыпалась, разливаясь в ней ядом. Молодая женщина не взяла с собой пропидол, но сон все равно решил ее похитить и пресек всякие попытки к сопротивлению.

— Через две минуты я усну, потому что мое тело так решило.

— Хочешь еще кофе?

— Я могу выпить цистерну, это ничего не изменит. Прости, папа, тебе придется проехать сколько-то километров одному.

Указатель бензина длинно пискнул.

— Если только бензин не кончится раньше, — добавила она. — Ты можешь пристегнуть ремень Леа, когда остановишься? Я заметила, что она его сняла. И не уверена, что продержусь до тех пор.

— Не беспокойся, все сделаю.

Абигэль пыталась держать глаза открытыми. За окном туман выползал из леса языками игуан. Вверху шелестели ветви, все дальше затягивая машину в бездну тьмы. Молодая женщина спросила себя, где они находятся и в каком направлении едет отец. Мозг ее работал теперь замедленно, словно укутанный в вату. Она видела только белые полосы, уносящиеся назад под седаном, дорожные знаки, предупреждающие о диких животных на дороге, и длинную прямую линию. Он, должно быть, поставил диск: его любимая песня *California Dreamin'* заполнила салон. Абигэль столько раз ее слушала, что знала наизусть. И это тоже она, наверно, однажды забудет... *I stopped into the church, I passed along the way*[1].

Звуки мелодии казались все более далекими, теряясь в лабиринтах подсознания. Ее веки весили тонны, глаза она открывала теперь урывками, пытаясь продержаться хотя бы до заправки, но змей нарколепсии уже разинул пасть, чтобы проглотить ее.

Она сфокусировала взгляд на тени метрах в двадцати впереди. В глухом лесу, на этой ремонтирующейся дороге, стояла машина. Ив быстро проехал мимо припаркованного на обочине фургона. На миг очнувшись, Абигэль посмотрела на черный «кангу» с погашенными фарами.

---

[1] Я остановился в церкви, я пошел вдоль дороги *(англ.)*.

— Кажется, у этой машины проблема. Почему ты не остановился?

Ив не ответил, да Абигэль и не ждала ответа, будучи во власти большого змея. В своем оцепенении, в то время как все ее тело боролось со сном, она скорее угадала, чем увидела вырисовывающийся прямо впереди изгиб. Голоса певцов сливались в хор, музыка убаюкивала. *Oh, California Dreamin' (California Dreamin')*.

Последнее, что увидела Абигэль, прежде чем рептилия сомкнула свои челюсти, были черные стволы, вздымающиеся на вираже, всего в нескольких метрах.

Столкновение было неизбежно.

7

Абигэль Дюрнан проснулась внезапно и едва не вскрикнула.

Отъезд среди ночи, поиски бензина в глухом лесу, потом авария. Каждую деталь кошмара она помнила в точности. Надо было поскорее записать историю в тетрадь. Когда в глазах перестало мутиться, она различила белые стены, подвешенный под потолком телевизор, маленькое окошко рядом...

И сразу ощутила запах антисептиков.

Абигэль не понимала, почему она оказалась в больничной палате. Едва она привстала в постели, как дверь открылась и вошла женщина лет сорока в белом халате, с коротко подстриженными пепельными волосами.

— Здравствуйте, мадам Дюрнан, я доктор Летисия Либер. Сегодня суббота, шестое декабря две тысячи четырнадцатого года, одиннадцать часов пять минут. Вы в отделении травматологии больницы Роже-Салангро в Лилле.

— В... отделении травматологии?

— К нам поступает изрядная часть пострадавших в дорожных авариях. Как вы себя чувствуете?

— Хорошо, я... Как вы сказали? Пострадавшие в дорожных авариях?

Врач заглянула в листок, висевший в изножье кровати, и вернула его на место. Руки как кожа ящерицы, опущенные уголки губ, осунувшееся лицо слишком много работающего человека.

— Вы чудом уцелели. Кроме нескольких порезов от стекла на лице, легкой гипотермии и гематомы на груди, сканер не показал никаких внутренних повреждений. Мы также сделали рентген всего вашего скелета. В истории болезни записано, что у вас нарколепсия. Пришлось вычленить ваши старые переломы, пластины на правой и левой лучевых костях, протез колена, но мы не обнаружили ничего недавнего. Ваши кости и связки явно выдержали этот удар.

Абигэль провела руками по скулам, по лбу, ощутила повязки, боль от каждого нажатия на кожу. Она дотронулась до своего запястья: часов не было.

— А вот они разбились, — сказала врач. — Не работают, но мы можем их вам вернуть, если хотите.

Абигэль повернула голову к коридору, откуда доносились голоса, угадала силуэты за приоткрытой дверью.

— Моя дочь и мой отец... Где они?

Врач глубоко вздохнула:

— Они не выжили в аварии. Мне очень жаль.

Абигэль не понимала, что говорит ей эта женщина и что она сама делает в больнице. Да, она видела этот странный сон, но...

Босиком, в халате, она вскочила и прижала руку к пылающей груди. У двери она наткнулась на жандарма Фредерика Мандрие еще с одним коллегой в форме. Серые, свинцовые лица. Просто похоронные физиономии.

— Фредерик, что происходит? Где они?

Не дожидаясь ответа, она пробежала мимо них и понеслась по коридору, заглядывая в соседние палаты. Разбитые лица, мумии с ногами в лубках, знакомая песня. Ей казалось, будто она парит над полом, ее тело двигалось на автопилоте. Наверно, ей что-то ввели: демерол, кодеин, морфин...

— Папа? Леа?

Медсестра вежливо, но твердо загородила ей дорогу. Нет, решительно она ничего не понимала. Когда она обернулась, Фредерик обнял ее и крепко прижал к себе, ничего не говоря.

Желудок скрутило, все органы сорвались с цепи, но что-то мешало ей отдаться горю. Этот коридор, эти каталки, эти калеки, все, что ей говорили, не могло быть правдой, просто очередной кошмар, злое порождение ее рассудка во сне. Она высвободилась, в полузабытьи вернулась к кровати, села на матрас и уставилась на Фредерика.

— А... авария? Что... что случилось?

Жандарм в форме, который был с Фредериком Мандрие, подошел ближе. Он скользнул глазами по круглому шраму на ее шее — этот кружок притягивал взгляды, как магнит, — потом смущенно посмотрел на нее.

— Я капрал Бартели. Мы получили вызов в жандармерии Сент-Амана в 6:35 сегодня утром. Рабочие, производившие работы на закрытом участке шоссе Д151 сообщили о серьезной аварии на вираже в трехстах метрах от двенадцатого километрового столба. Пожарные и «скорая помощь» уже были на месте, аварийная бригада тоже вскоре прибыла. Машина, черный «вольво» с номером семьдесят шесть, судя по всему... — он помедлил, — врезалась в дерево, перевернулась и натолкнулась на другой ствол, дальше в лесу.

На этот раз Абигэль почувствовала, как прорвало шлюзы. Горячие слезы потекли по израненным щекам. Жандарм мялся. Он покосился на Фредерика, прежде чем продолжить.

— Вас нашли лежащей без сознания в куче листьев метрах в пяти от машины. Ваше лицо было в крови, но вы дышали и были немедленно доставлены в больницу.

— Мой отец... Моя дочь...

Фредерик подошел и принял эстафету. Голос его срывался от волнения.

— Информация дошла до меня, когда узнали имя водителя. Ив Дюрнан... Я помчался туда, Абигэль. И... я видел, что осталось от машины...

Он опустил голову, несколько секунд смотрел на свои ботинки, потом вновь обратился к молодой женщине:

— Ты хоть что-нибудь помнишь об аварии?

— Нет, нет...

— Аварийная бригада сейчас пытается восстановить обстоятельства драмы. Жандармы думают, что... что Ив вылетел через ветровое стекло; его тело лежало под деревом. Что до Леа, она... — глубокий вздох, — пролетела через всю машину с заднего сиденья. Машина была старая, без подушки безопасности. При ее состоянии ты не могла выйти сама после аварии. Пока никто не может понять, как ты оказалась снаружи, почти невредимой.

Казалось, будто он говорит азбукой Морзе. Звуки отдавались в голове Абигэль ударами молота.

— У тебя нет перелома черепа, только несколько порезов от стекла на лице. Тебе повезло, что ты не врезалась ни в какое препятствие и приземлилась на относительно мягкую почву.

— Повезло...

Абигэль скорчилась на кровати и сильно задрожала. Потом вдруг вскочила, пошатнулась и хотела выбежать в коридор, но на этот раз врач ее не пустил. В ответ на ее внезапную агрессивность и крики подоспевшая медсестра сделала ей укол в руку. Через несколько минут она видела лишь смутные силуэты, тени, мелькавшие в ее поле зрения, слышала чьи-то слова и не понимала их.

Леа... Папа... Оба погибли...

Когда она пришла в себя, свет сменился сумраком. В палате стояла влажная жара, как в джунглях, а на оконном стекле оседал иней. Лепестки льда раскрывались один за другим, точно проклятые цветы. Сколько раз всплывала она вот так, когда была моложе, в таких же палатах после нескончаемых хирургических операций? Ее память уже все забыла, но тело помнило.

Фредерик сидел рядом, свесив большие руки между колен. Его короткие темные волосы, обычно так хорошо причесанные, торчали во все стороны. Он о чем-то размышлял, скользя взглядом по линиям стыков между обоями. Абигэль привстала и несколько долгих секунд смотрела на него, ничего не говоря.

— Все это неправда, Фредерик. Скажи мне, что это неправда, что с ними ничего не случилось.

Жандарм встал и подошел к окну. Он мог смотреть на трупы, присутствовать при вскрытиях. Смерть во всей своей неприкрытости его не пугала. Но горе людей, эта бездонная пустота, разливающаяся в их глазах после драмы... этого он вынести не мог. Абигэль не была сегодня психологом. Не была ни матерью, ни дочерью. Лишь несчастной жертвой в мире, превратившемся в руины.

— Прокурор открыл следствие, его ведет Паскаль Пальмери из аварийной бригады Сент-Амана. Я хотел бы, чтобы ты ответила на несколько вопросов. Чтобы ты... помогла нам понять, что произошло. Это очень важно.

Она кивнула, не разжимая губ. Сердце ее было разбито, по образу и подобию ее костей.

— Итак, вы были на пути в Сентер-Парк. И оказались на этой дороге среди лесов, в зоне, где запрещено движение.

— У нас кончился бензин, папа свернул с автострады. Он хотел... не знаю, добраться до ближайшего города. Я почти спала, плохо соображала. Была эта развилка, папа не хотел делать крюк.

— Значит, он все же свернул, несмотря на предупреждающий знак. Решил, что проедет, потому что на дворе ночь. А что потом? Животное? Другая машина?

— Я не помню, все расплывчато. Этого не может быть, Фредерик...

Ее снова накрыло. Фредерик подошел, погладил ее по голове. Но тут же отдернул руку.

— Это важно, Абигэль. Никакого представления, почему вы не вписались в вираж?

Абигэль не ответила, мысли растекались, как чернильные лужицы. От слез болела голова. Эта ночь отсекла от нее две трети ее плоти, ее существа. Сирота и бездетная. Бесполезная точка, искра жизни, затерянная меж двух миров.

— Абигэль, послушай меня хорошенько. Вас было в машине трое.

— Нас было трое. Нас трое... Папа, Леа и я.

— Ив, Леа и ты. Ты едешь с человеком, который двадцать пять лет проработал на таможне, который способен вспылить, если автомобилист не включил поворотник, и никто из вас не пристегнул ремень безопасности?

— Леа спала, она сняла его, чтобы было удобнее, но мы собирались ее пристегнуть на заправке. Кажется... папа пристегнул ремень.

— Тебе кажется или ты уверена?

— Почему бы он его не пристегнул? Он сам всегда говорил мне, чтобы...

Она помотала головой и надолго замолчала, прежде чем продолжить.

— Я ремень пристегнула. В этом я уверена.

— Тебя бы не выбросило из машины, если бы ремень был пристегнут.

Абигэль обхватила голову руками и мучительно напрягла память. Она помнила, как появился этот силуэт, то ли человек, то ли животное, посреди дороги, как она обошла машину, чтобы убедиться, что это странное существо было лишь галлюцинацией. Но действительно ли она пристегнула ремень, когда снова села в машину? Несмотря на полный череп гвоздей, она попыталась вновь увидеть всю сцену. Лес, холод, фары. Спящую на заднем сиденье Леа. Да... Она помнила, она еще слышала щелчок ремня. Она действительно накинула его и пристегнула, в этом никаких сомнений.

— Я вся переломана из-за падений, ни одной целой косточки внутри, хуже пазла. А тут машина врезается в дерево, а у меня ни царапины? Этот ремень я пристегнула, я уверена. Все, что случилось, ненормально. Где Леа и мой отец?

— В Институте судмедэкспертизы. Ими займется мой брат.

Институт судебно-медицинской экспертизы находился в нескольких километрах, недалеко от въезда в Лилль, у ответвления автострады. В каком-то смысле это был второй дом сыщиков из отдела розыска Вильнёв-д'Аск.

— Я еду туда.

— Нет, это плохая идея. Они неузнаваемы и...

— Ты не понимаешь? Я должна их увидеть.

Он удержал ее за руку, когда она уже готова была покинуть палату, несмотря на запрет врача.

— Ты босиком и в пижаме. На улице минус пять. Дай я хотя бы привезу тебе одежду и поеду с тобой.

8

Абигэль замерла, переступив порог Института судебно-медицинской экспертизы. Трупный запах оказал действие электрошока, внезапно заставив ее понять, что ей не снится кошмар. Потому что время длилось, потому что события сменяли друг друга логически, неумолимо, подобно падающим одна за другой костяшкам домино. Потому что она все сознавала. Все, абсолютно все до мелочей было связно.

— Значит, это правда... Все правда. Они умерли, Фредерик?

Она ухватилась рукой за стену, голова плыла.

— Ты не держишься на ногах, мы сделали глупость, что приехали сюда, — ответил Фредерик. — Вернемся в больницу. Там тобой хорошенько займутся, ладно?

— Я хочу их увидеть... Моя девочка... Моя Леа... Ею займется твой брат, ты мне сказал. Это хорошо... Хорошо, что это будет он.

Фредерик понял, что ему ее не переубедить. Железный прут так просто не согнешь.

— Он во втором зале со следователем. Я предупредил их, что мы зайдем. И пересказал Пальмери все, что ты рассказала мне об обстоятельствах аварии.

Абигэль нашла в себе мужество выпрямиться и шагнуть в старый коридор, сумрачный и серый, без окон, похожий на туннель, разделявший два мира — мир света и мир тьмы.

Николя Тевенен, служитель морга, ждал их перед тамбуром. Крепыш лет тридцати, в очках в прямоугольной оправе, с узенькой бородкой и очень близко посаженными черными глазами. Он встречал и провожал трупы, отвечал на запросы судмедэкспертов. Привратник смерти, проводивший больше времени с мертвыми, чем с живыми. Абигэль встречала его иногда, не замечая, но на этот раз подняла на него взгляд, ища капельку надежды, проблеск доброжелательности. Он принял тела ее близких из рук похоронной службы. Наверно, убрал их на несколько часов в ящики морга, как пару старых башмаков в шкаф. Она искала поддержки, но прочла в его глазах лишь привычную холодность. Да было ли у этого типа сердце?

Тевенен открыл дверь:

— Доктор Мандрие вас ждет.

Он молча провел их в зал вскрытий, где было почти так же холодно, как на улице. Пахло смертью, разлагающейся плотью, содержимым желудка. Эрман Мандрие как две капли воды походил на своего брата Фредерика, только на пять лет старше. Глубокая морщина перечеркивала его лоб, точно памятка об ударе ножа. В свои сорок лет он был одним из двух судмедэкспертов, работавших в этом обветшалом институте, в залах вскрытий из прошлого века. На этот раз лицо его было раскалено добела, губы тонкие, как лезвия скальпеля. Рядом с ним стояли еще двое, прямые, будто кол проглотили: аджюдан Паскаль Пальмери, руководивший следствием, и один из его коллег. Прежде всего оба выразили Абигэль сочувствие и поддержку.

Она застыла в дверях, свесив руки вдоль тела. Ей были знакомы эти пропахшие смертью места, она всегда изъявляла желание по мере возможности присутствовать при вскрытиях, связанных с ее делами. Ей даже случалось здесь шутить, смеяться, чтобы снять стресс, потому что эта сука смерть не дает так запросто смотреть себе в лицо и порой надо иметь очень крепкие кишки.

Посреди зала на металлических столах под синими простынями лежали два тела, большое и поменьше. Хиругическая лампа над ними оставляла мало места теням, разве что в складках ткани. Этот избыток света резал глаза, и было в нем что-то неуважительное.

Два шага вперед... Абигэль случалось присутствовать при опознании тел, последнее было не далее как в прошлом году. Сцена до сих пор стояла у нее перед глазами: она молча стоит в углу и смотрит на мужчину, который идет к столу, чтобы опознать свою жену, чье изувеченное тело было найдено на дне канала де ля Дёль. Было чувство, что она вторгается в его интимное пространство одним своим присутствием. Такие моменты нельзя ни с кем делить, а сегодня это выпало на ее долю. Что она делает в этой дыре с трупами? Еще вчера вечером Леа выбирала, какие брюки взять в Сентер-Парк.

Почему она не пристегнула ей ремень безопасности? Она пристегнула свой, его щелчок она помнила с уверенностью. Почему же она оказалась не способна защитить дочь?

Судмедэксперт обошел стол и направился ей навстречу:

— Я должен предупредить: удар был исключительно силен.

Его голос звучал не так, как в другие дни, куда менее уверенно, и Абигэль услышала, как он вздохнул за ее спиной. Она уставилась на простыни, туда, где должна была находиться голова ее отца. Взялась рукой за верхний край и приподняла. Ужас. Кровавое месиво, усеянное стеклом и металлом, — она невольно отвела глаза. Через несколько секунд судмедэксперт вернул простыню на место и показал на маленькие трубочки в опечатанных пакетиках, лежавшие на лабораторном столике в стороне. Некоторые были закупорены фиолетовой пробкой: для токсикологии.

— Хоть опознание и затруднительно, наука, безусловно, установит их личности. Я взял пробы клеток изо рта в присутствии аджюдана Пальмери и капрала Лебона, которые передадут мазки в лабораторию научной полиции для сравнительного анализа ДНК.

— В багажнике машины было три чемодана, — вмешался Пальмери. — Ваш, вашего отца и вашей дочери, я полагаю.

Перед глазами Абигэль стояла Леа, улыбалась ей, сердилась, торопила ее. Калейдоскоп образов и звуков, словно из потрескивающего телевизора где-то в глубине ее мозга.

— Нужно, чтобы вы поскорее подтвердили, что багаж принадлежит вам. Потом мы откроем эти чемоданы и возьмем ДНК с их зубных щеток или расчесок для сравнения с ДНК этих мазков, взятых с тел. Простите за бюрократизм в такой момент, но идентификация затруднительна из-за силы удара, а мы должны быть уверены в том, кто они такие.

Он достал из кармана пакетик с маленьким ключом.

— Этим ключом открывается розовый чемодан в цветочек. Мы нашли его в кармане куртки... — Он кивнул на вторую простыню. — Вам, разумеется, вернут эти чемоданы со всем их содержимым.

Другие картины: Леа прячет в карман ключ от розового чемодана, убрав туда плюшевого котенка. Судмедэксперт отвел ее к противоположному концу первого стола, где лежало большое тело, где она приподняла простыню.

Папа.

— На нем были брюки из серой фланели, черный ремень «Хьюго Босс» с золотой эмблемой на пряжке, — начал перечислять судмедэксперт, — голубая рубашка, пара...

— Да, да, на нем все это было, — перебила его Абигэль. — Этот ремень я сама подарила ему еще давно. Он зарабатывал не так много, но всегда любил красивые вещи. Он тогда еще работал в таможне и...

Судмедэксперт протянул ей зажигалку «Зиппо» с выгравированной на ней шахматной фигурой: слоном.

— Я подумал, что тебе бы хотелось ее получить. Она была в его кармане.

Абигэль повертела зажигалку с ощущением, будто сжимает льдинку. Ее отец никогда с ней не расставался. Он выгравировал слона, потому что был сильным игроком в шахматы, а ее между тем так и не научил играть. Она приподняла простыню, на этот раз снизу. Только одна нога была обута в кожаный сапог. Отец, этакий феодальный судья, такой прямой в этих сапогах, которые он так любил... Она подняла простыню до торса, снова увидела следы уколов на израненных, окоченевших руках. Ткань, казалось, обожгла ей пальцы, она выпустила ее, глаза снова заволокло слезами.

— Это он, мой отец. Ив Дюрнан.

Всем в зале хотелось покончить с этим как можно скорее. Тишина, нарушаемая шорохом ткани и урчанием вентиляторов, билась в висках.

Абигэль шагнула ко второму столу и застыла перед простыней. Она почувствовала, что не сможет ее приподнять. Такой нелогичный, такой бесчеловечный жест. Эрман Мандрие подошел к ней и встал рядом:

— Хочешь, я это сделаю?

— Пожалуйста...

Судмедэксперт повиновался. Длинные светлые волосы обрамляли разбитое, неузнаваемое лицо. Негатив ствола дерева. Абигэль снова не смогла вынести эту пучину ужаса. Она отвернулась и поймала взгляд, которым обменялись Фредерик с братом. Жалость прямо-таки сочилась из всех пор их кожи.

— У нее был отличительный знак на правой лодыжке, — сказала Абигэль. — Маленькая временная татуировка, черно-белая, кошка. Она потребовала это на свои тринадцать лет. Я, вообще-то, была против, но эта татуировка должна была исчезнуть через несколько недель. И потом, я решила ее побаловать, мою девочку. У ее подружек были татуировки, и... она так любила кошек. О боже мой...

Абигэль прижала кулаки ко рту. Каждый вздох разрывал ей грудь. Она направилась к другому концу стола и тихонько приподняла простыню, открыв две голые ноги. Ножки девочки, белые, как тальк. На правой лодыжке была вытатуирована маленькая кошка с черно-белыми ушками.

Абигэль почувствовала, как ослабли ее мускулы, и рухнула на пол.

9

Два часа спустя Фредерик вышел из больницы Салангро и вернулся к аджюдану Пальмери, курившему легкую сигарету перед Институтом судебно-медицинской экспертизы. Двое жандармов не были знакомы, их бригады отстояли друг от друга на три десятка километров. С короткими седеющими волосами, маленький и подвижный, Пальмери был известен среди своих как Бип-Бип. Кличку эту он всегда ненавидел.

— Что нам это дает?

Закутанный в толстую куртку-бомбер, Фредерик снял кожаные перчатки и тоже закурил. Потекший в горло смолистый дым даже не успокоил его. Он слишком много курил, его отец и дед умерли от рака легких, и все его наследство сводилось к этому окаянному бычку, прилипшему к губе, точно язва.

— Она уснула, они накачали ее успокоительными и ждут психолога.

— Психолог лечится у психолога... это из тех дурацких вопросов, которыми я вечно задаюсь. Врач, например, выслушивает сам себя? А дантист ходит к дантисту?

Несколько секунд он смотрел на пламенеющий кончик своей сигареты.

— Сигарета горит сама по себе... Ладно, короче, все это очень печально. Паршивый денек, а?

— Ужасный, вы хотите сказать.

Время близилось к десяти часам, было темно, как в шахте, ветер северных равнин пощипывал пальцы и уши.

Вдали можно было различить ответвление автострады и холодильные склады. Бетон, металл, холодное мясо повсюду. Бездушное, угнетающее место. Подходящее в конечном счете к случаю.

Пальмери выдохнул дым через нос.

— Будь она хоть сто раз психологом, ей будет трудно это пережить. В такие моменты мы — никто. У нее есть родные, кто бы мог ее поддержать?

— Никого. Ее мать давно умерла, болела, она единственная дочь.

Пальмери смотрел, как тают в воздухе серые клубы.

— Много я видел аварий; с травмами выживших, пожалуй, труднее всего работать.

— Синдром выжившего... Чувствуешь себя виноватым, что живешь, вспоминаешь последние часы, последние минуты, снова и снова, пытаясь выработать сценарии, которые позволили бы избежать драмы. «Если бы мы выехали на две минуты позже...», «Если бы в этот день не было дождя...», «Если бы я заменил проклятый поворотник» или «Если бы мы не поехали по этой чертовой ремонтирующейся дороге».

Фредерик уже думал о ближайших днях. Настоящие вехи ужаса. Как будет жить Абигэль одна у себя дома? И потом, через три недели Рождество. Радостный праздник, когда большинство семей собирается вместе.

— Абигэль не просто коллега по работе. Она дочь человека, который однажды спас мне жизнь.

— Ив Дюрнан... Бывший таможенник, да?

— Да, он работал в УТО, Управлении таможенных операций. Специализировался по наркотрафику. В кабинете не сидел, участвовал во многих операциях. Знаете, эти крутые картели, которые завоевывают все большую территорию во Франции... Я думаю, он устал, бросил все два года назад. Он мне никогда этого не говорил, но наверняка денежки у него были отложены. Просто так за два года до пенсии работу не бросают.

— Пресловутая таможенная конфискация... Машина, движимое имущество, наличные, припрятанные под матрасом... А как он спас вам жизнь?

Фредерик все помнил, как будто это было вчера. Двенадцать лет назад службы УТО вызвали команду из двух жандармов для простого обыска на дому, километрах в десяти от порта Дюнкерк. Таможенники подозревали, что человек по фамилии Шамбер выращивает у себя коноплю и толкает ее дальнобойщикам на автостоянке автострады А25. Ничего особенного. Рутинный визит на старую ферму. Фредерик работал тогда в маленькой бригаде близ Вормута, городишки километрах в шестидесяти от Лилля. Грошовая зарплата. Первое оружие. Встреча силы и опыта, наркотрафик, с одной стороны, и молоденький начинающий жандарм — с другой.

Ив Фредерика впечатлил. Весь из мускулов и жил — настоящий буйвол прямиком из Танзании, — много на своем веку повидавший и знавший, куда наносить удар. Из тех, кому не надо слов, чтобы его поняли. Четверо мужчин заколотили в дверь, Шамбер не оказал сопротивления и впустил их. Фредерику было поручено проследить за подругой наркодельца, которая валялась под кайфом на диване, а его коллега-жандарм и таможенники тем временем осматривали теплицу с обогревом и освещением, где росла сотня побегов конопли. Хорошенькая фабрика грез.

Понадобилась доля секунды, чтобы подружка выхватила пистолет, припрятанный между подушками, — MR73 со стертым серийным номером — и с первого выстрела попала Фредерику в плечо, задев кость. В следующую минуту пуля, вылетевшая на скорости триста пятьдесят метров в секунду, раздробила бедро подоспевшего Ива. После чего девушка рухнула, сраженная пулей из револьвера Ива в голову. Ей было двадцать два года, и вскрытие показало четырехмесячную беременность.

— Три недели мы пролежали в больнице в одной палате, — закончил Фредерик. — Со мной все обошлось, а вот Иву вставили металлическую пластину в бедро. С тех пор мы с ним не расставались. У него было много знакомых, и три года назад, незадолго до своей отставки, он нашел мне хорошее место в лилльском отделе розыска. Там, где его дочь регулярно подрабатывала экспертом по криминологии. Он взял с меня слово присмотреть за ней, если вдруг с ней что-нибудь случится. Я человек слова и постараюсь выполнить это обещание.

— Прекрасна и печальна эта ваша история.

Пальмери затянулся в последний раз и загасил окурок в урне у входа.

— Ладно, вернемся к нашим баранам; я получил последние заключения моей бригады с места происшествия. Во-первых, шоссе Д151. Предельная скорость на нем девяносто километров в час, и оно перекрыто на два километра дальше аварии. Дорожные работы ведутся на участке в шестьсот метров. Асфальт снят, техника перегородила дорогу. Короче, если бы Ив ехал дальше, ему все равно пришлось бы вернуться назад.

— Печальная ирония судьбы... Как вы говорите, не сверни они на это шоссе...

— Спидометр показывает восемьдесят пять километров в час. Дюрнан чуть недотягивал до предельной скорости.

— Наверняка осторожничал из-за дорожных работ.

— Да, тем более что в этом лесу темно, хоть глаз выколи. Гололеда не было, но густой туман, по местным метеосводкам.

— Уже есть какие-то выводы?

— Нет еще. В этой истории не одна загвоздка. Во-первых, эксперты не обнаружили на месте аварии никаких следов торможения. Хотя на первый взгляд тормоза были исправны, экспертиза скажет об этом больше. Машина ехала прямо, не тормозя, в первое встречное дерево. И не маленькое дерево...

Фредерик прислонился к стене, держась рукой за лоб. После такого денька голова пухла.

— Может быть, он уснул за рулем? Или был слишком густой туман? Или отвлекся? Абигэль Дюрнан и ее дочь спали, они не могли его предупредить.

— Да, да, это вполне логичный вывод, тем более что из-за дорожных работ указатель поворота убрали. Может быть, он употреблял алкоголь?

— Ив? Он никогда не пил. Да и путь им предстоял неблизкий.

— Посмотрим, что покажут токсикологические анализы. Но есть и вторая загвоздка, посерьезнее: ремни безопасности. Вам часто встречались аварии, в которых ни один из пассажиров не пристегнул ремень?

— А ведь Абигэль утверждает, что ремень пристегнула. Она в этом совершенно уверена.

— Наши эксперты тоже совершенно уверены. Она думала, что пристегнула его, но это физически невозможно. Ее наверняка выбросило, ведь при том, как сплющило машину, выбраться после аварии она не могла. Она ошибается.

Тут вышел закутанный в толстую военного образца куртку служитель морга и направился к своей машине. Он поздоровался с ними коротким кивком. Пальмери посмотрел ему вслед:

— Не знаю, как держится этот парень. На прошлой неделе был пожар в пригороде Лилля. Загорелся многоэтажный дом, и десятка два тел были доставлены сюда, прямо в руки нашего служителя морга.

— Я знаю. Жандармы были на этом деле. Жертвы, отравившиеся угарным газом, сгоревшие... Взрослые, дети, даже целые семьи...

— Вы представляете себе его работу? Убирать трупы в ящики, доставать их оттуда, выгребать дерьмо после вскрытий...

Да, Фредерик хорошо это себе представлял, но порой их ремесло было немногим лучше. Он вернулся к их делу.

— Итак, Абигэль Дюрнан думает, что пристегнула ремень, но она этого не сделала. Возможно, она решила, что сделала это, она ведь наполовину спала. К тому же она страдает расстройствами сна, может быть, и это сыграло свою роль.

— Это как раз и приводит нас к третьей загвоздке.

— Что за третья загвоздка?

— Она, черт побери! Абигэль Дюрнан. Разрази меня гром, вы видели машину, как и я. Конфетти, да и только. Она врезалась в дерево на восьмидесяти пяти в час! На такой скорости все живое должно разбиться в лепешку. Как эта женщина могла отделаться несколькими порезами от стекла и гематомой на груди? Ни единой сломанной косточки, ни одной открытой ранки!

Пальмери взялся за ручку входной двери:

— Что-то в этом есть нелогичное. И конечно же, она ничего не помнит, даже самой аварии.

Фредерик нахмурился:

— Что вы хотите этим сказать?

— Я? Ничего. Но у эксперта по авариям, надо полагать, найдется объяснение. Во всяком случае, надеюсь, я уезжаю на той неделе на Антильские острова, три года не был в отпуске... Ладно, мне пора вернуться к вашему брату и моему коллеге. Терпеть не могу присутствовать на вскрытиях...

— Кто ж это любит?

Аджюдан вымученно улыбнулся. Фредерик понял, почему его прозвали Бип-Бип. Зубы у него были такие мелкие, что почти не выступали из-под губ, и рот походил на клюв.

— Вы чертовски правы. Кстати, как ваше дело о троих пропавших детях, продвигается? Я слежу за прессой, но с некоторых пор нет ничего нового.

Фредерику хотелось ответить ему, что никогда еще они не сталкивались с таким трудным делом, что им остается только ждать, когда похититель проявится снова, и что, судя по его *модус операнди*, он должен похитить еще одного ребенка в ближайшие дни... но он лишь вежливо дернул подбородком и удалился. Он вернется домой, опрокинет большой стакан виски и будет жрать карамельное мороженое столовой ложкой, пока не выблюет все нутро в туалете.

10

6 декабря 2014
АВАРИЯ

24 июня 2015
ГОРЯЩАЯ ПРОМЫВОЧНАЯ

16 июня 2015

Абигэль не знала, что в эту самую минуту она видит сон.

Во сне она шла по одной из узеньких, мощеных, слабо освещенных улочек, что уходят в горловину Старого Лилля. По обеим сторонам теснились бары, старые магазинчики и роскошные бутики, чьи железные шторы падали, точно хищные челюсти. Все казалось застывшим во времени, без жизни, без движения. Над головой полоска неба пробивалась между черепичными и цинковыми крышами зданий. Плыли облака, стремясь, казалось, все к одной точке.

Абигэль шла быстрым шагом, не решаясь обернуться, уткнув подбородок в воротник непромокаемого плаща. Одна в ночи, она миновала Музей разбитых тарелок, потом книжный магазин «Диагональ-151». В руках у нее была книга, роман «Четвертая дверь». Абигэль прижимала ее к себе изо всех сил, как самое драгоценное свое достояние.

Она свернула в проулок, такой узкий, что могла бы коснуться фасадов с обеих сторон, раскинув руки. Потом вдруг побежала так быстро, как только могла. Чьи-то чужие шаги застучали по мостовой. За ней гнался оборотень. Простецкое сооружение из дерева и металла, все в занозах, железных обломках, гигантских гвоздях. Его конечности крепились друг к другу грубыми заклепками, кусками веревки. Холстина, на которой были нарисованы злые глаза, нос, рот с тремя рядами острых зубов, моталась над плечами. В левой руке он держал ржавую косу. Бежал он быстро, рассекая воздух своим смертоносным орудием.

Шшшш... Шшшш... Шшшш...

Абигэль вскрикнула и сосредоточилась на отрезке пути. У стены справа, прислоняясь к ней боком, сидела девочка. Длинные светлые волосы, собранные в пучок, грязные руки, ссадины на коленках. У ног — комикс: *XIII*[1]. А лица нет. Только гладкая розовая поверхность, казавшаяся мягкой.

Девочка дала ей бумажку, на которой был написан код: 4–7–15–24. Абигэль сунула ее в карман и поколебалась долю секунды. Протянула руку:

— Идем! Идем со мной!

Но девочка без лица не двигалась. А оборотень приближался большими шагами, в дырявых башмаках, размахивая изогнутым лезвием. Могла ли Абигэль бросить малышку, оставить ее в лапах чудовища?

Книга была ценнее. Ее надо было сохранить во что бы то ни стало.

Абигэль побежала, свернула влево. Удар в правую лопатку наэлектризовал ее. Через ее плечо протянулась рука, пытаясь вырвать у нее книгу. Оборотень дышал ей в затылок, но застрял в узком проулке. Абигэль рванулась, ее плечи задевали фасады, оставляя на них клочья кожи. Протиснувшись боком, она побежала дальше, высоко задирая ноги. По мере того как она бежала, стены сближались. Вот ее уже стиснуло так, что она не могла повернуть голову, грудная клетка готова была взорваться.

Но оборотень тоже протиснулся боком и нагнал ее.

Она увидела, как лезвие приближается к ее горлу.

Абигэль внезапно открыла глаза и, всхлипывая, поднесла обе руки к шее.

— Что с вами, мадам? — спросил чей-то голос.

---

1 Серия комиксов бельгийского художника Жана Ван Хамме.

Длинная платформа тянулась вдоль окна, о которое стукалась голова Абигэль. В кресле напротив сидела дама лет шестидесяти с журналом в руках. Рядом стояли люди, укладывали багаж в секции.

Абигэль уснула в поезде. И сжимала в руках роман из своего сна, «Четвертая дверь». В него были заложены билеты до Кемпера. Она уже ничего не понимала. Ни малейших воспоминаний о том, как она садилась в скоростной поезд. Часы показывали 21:50.

— Когда отправляется поезд?

— С минуты на минуту. По расписанию.

Абигэль встала и посмотрела наверх.

— Вы не знаете, был ли у меня багаж?

— Вы уже спали, когда я пришла.

Она вышла на перрон. Свисток, поезд тронулся, в направлении через Ренн до Кемпера...

Что все это значило? Она крепко вцепилась в книгу. Откуда взялся этот томик? Как она попала на вокзал Лилль-Европа? И почему собралась в Кемпер? Ноги ее никогда не было в этом городке в бретонской глубинке.

Надо было успокоиться, навести порядок в голове. У нее могло быть объяснение этой бредовой ситуации. Единственно возможное. Присев на скамейку, она достала из кармана иглу в стерильном пакетике, которая всегда была при ней. Она воткнула ее в кожу между большим и указательным пальцем. Выступила капелька крови, словно пузырек реальности, что окончательно вывело ее из равновесия.

Кровь означала, что это не сон.

Фред наверняка мог ей все объяснить. Она поискала свой мобильный телефон, но тщетно. Где же ее сумка, документы? На нее напали? Ограбили? Ударили по голове, и она потеряла память? Она поспешила прочь с вокзала.

Китайские тени еще скользили по улицам города. Абигэль вышла на улицу Федерб, пересекла Гран-пляс, прошла часть Старого Лилля и свернула в тупичок в конце улицы Данель. Поднялась на четвертый этаж жилого дома. Вставила ключ в замочную скважину, но дверь оказалась не заперта.

— Фред?

Из другой комнаты доносилась музыка. Куртка ее друга лежала на подлокотнике дивана, негромко бормотал телевизор. Оставив книгу на журнальном столике в гостиной, Абигэль бросилась в коридор. Мелодия песни теперь звучала отчетливее. В горле встал ком. *He knows I'm gonna stay. Oh, California dreamin'*.

Музыка в салоне машины ее отца перед самой аварией. Боль скрутила живот, подступила тошнота. Слова пыточными инструментами врезались в плоть. Абигэль зажала руками уши и пошла дальше. Звук нарастал. Он шел из спальни. Абигэль вошла, увидела носки и джинсы Фредерика на полу. На кровати спиной к ней лежал, свернувшись клубочком, мужчина. Больше, крепче, чем Фредерик. Он спал и не слышал радиобудильника.

— Кто вы?

Абигэль подошла ближе. Слова застряли у нее в горле при виде крови на подушке. Изогнувшись над кроватью, она закричала.

Мужчина был недвижим, с застывшим взглядом, с перерезанным горлом.

Вдруг он открыл глаза и, улыбаясь, протянул к ней руку.

Это был ее отец.

11

On such a winter's day (California dreamin')
On such a winter's day

Абигэль открыла глаза, на этот раз по-настоящему.

В кровати, под одеялом.

Она глубоко вдохнула, словно вынырнув после апноэ *no limit*. Наволочка промокла насквозь. Фредерик, заворчав, хлопнул ладонью по радиобудильнику, игравшему на полную громкость *California dreamin'*. Посмотрел на часы и поморщился — семь часов, — еще в полусне. Слезы проложили соленые дорожки на щеках его подруги.

— Ты плакала?

Абигэль уставилась на своего друга, как смотрят на привидение. Она прижалась к нему со смесью облегчения и ужаса. Ей приснился очередной многослойный сон, из тех, когда кажется, будто ты проснулся, а на самом деле еще крепко спишь под теплым одеялом. И в этот сон естественным образом вписалась музыка, которую передавали сейчас по радио.

Ее пальцы пробежались по краям шрама на левом плече Фредерика.

— Во сне я проснулась в поезде от другого сна, в котором за мной гнался какой-то разболтанный оборотень. Потом я пришла сюда, в спальню. На твоем месте лежал мой отец. Ему перерезали горло в нашей постели, но он был жив. И опять улыбался. Он всегда улыбается в моих снах.

Абигэль мало-помалу возвращалась в реальность. Последние ноты песни группы «The Mamas & The Papas» еще преследовали ее.

— Мне невыносимо опять видеть тебя в таком состоянии, — сказал Фредерик.

Он ласкал ее еще несколько минут. У него были огромные, внимательные черные глаза. Абигэль любила пропадать в них. Она осторожно высвободилась, накинула халат на ночную рубашку и встала, расправляя затекшее тело.

Вот уже несколько недель она спала не в аквариуме с белыми стенами, а в славной комнате с обоями в черно-серую полоску, под зебру, и видела перед собой большие фотографии животных саванны. Здесь, у Фредерика, пахло Африкой, пыльной охрой, горячим песком, яростным разрывом с красными кирпичами Нора и сыростью его мостовых. Абигэль привыкла. Да и все равно она могла бы спать на гвоздях, пропидол усыплял ее мгновенно.

Носки и джинсы Фредерика валялись на полу, в точности как в ее сне. Вещи, их расположение, их состояние — все было совершенно идентично. Она кинулась в гостиную. Куртка ее друга прикрывала подлокотник дивана. Она до того отчетливо помнила, как вошла в эту дверь совсем недавно! Действие запечатлелось в ее памяти, как будто это было...

Реально...

Абигэль провела рукой по лбу. Образы продолжали сталкиваться, точно электрические частицы. Она вспоминала: девочка без лица с комиксом *XIII* на коленях, улочки Старого Лилля, погоня в проулках. Потом билеты до Кемпера, скоростной поезд... И книга... Та, которую она прижимала к груди. «Четвертая дверь».

Понимая, что это очередной плод ее воображения во сне, она порылась среди журналов и бумаг на столике в гостиной. Фредерик появился за ее спиной, потягиваясь, как кот.

— Что ты ищешь?

— Книгу, роман. Наверняка детективный. «Четвертая дверь», тебе это что-нибудь говорит?

— Ровным счетом ничего. Ты смотрела в шкафу?

Она кинулась к книжному шкафу, ломившемуся от всевозможных романов и трудов по криминологии. Абигэль всегда читала запоем и вновь пристрастилась к чтению через несколько недель после аварии. Способ заполнить пустоту не хуже любого другого. Фредерик же регулярно продавал книги, чтобы освободить немного места и выручить денег, однако Абигэль все покупала и покупала.

Он ушел варить кофе в кухню, переоборудованную для жизни вдвоем — стол пошире, кастрюли побольше, — глядя, как она роется в шкафу.

— Эта книга была в твоих снах?

— Да, ее пытались во что бы то ни стало у меня отнять, а я прижимала ее к себе. Я шла с вокзала Лилль-Европа. Я принесла ее сюда и положила на этот столик. Может быть, эту книгу я уже читала. Я читаю так много, что никогда не запоминаю названий.

— А что ты делала на вокзале Лилль-Европа?

— Я оказалась в поезде на Кемпер. Я же тебе сказала, что проснулась от другого сна. В общем, это сложно.

Ей не хотелось вдаваться в подробности, ее многослойные сны были настоящими головоломками. Она села за письменный стол, поставленный для нее в углу гостиной. За монитором на стене висели рисунки, графики с расписаниями, карта региона с обозначенными маршрутами. Абигэль воссоздала эрзац своего прежнего окружения. Все вертелось вокруг аварии, произошедшей полгода назад, и дела Фредди. Справа от компьютера находились самые важные вещи последних недель, тоже так или иначе связанные с этими событиями. Ее часы, разбитые в аварии... письмо дочери, написанное шариковой ручкой... Короче, результаты ее личных поисков. Наконец, в углу были сложены стопкой рамки со странными фотографиями ее кошмаров. Фредерик находил их «чудны́ми» и предпочел не вешать на стену. Не то чтобы сюда валила толпа — у него мало кто бывал, — но его квартира оставалась единственным местом, где он был защищен от внешней грязи. Он часто говорил, что, если впускать в дом текущие дела, рано или поздно станешь спать с табельным оружием.

Абигэль несколько секунд смотрела на все это, потом достала свою тетрадь снов. Она пометила «Сон № 298, 16 июня 2015» и начала писать. Волоски у нее вставали дыбом — так живы еще были в ней сны. Она переписала код, который дала ей девочка: 4–7–15–24. Задумалась над этой последовательностью цифр. Подошел Фредерик с двумя чашками крепкого кофе. Обязательная подзарядка для начала дня. Он поставил чашки, взял ее за руку и закатал рукав халата.

— Следов от иглы все больше. Это начинает всерьез меня пугать.

Абигэль достала пакетик швейных иголок из ящика стола и внимательно их рассмотрела.

— Я укололась иглой в моем сне. И у меня пошла кровь, хотя обычно во сне кровь не идет. Это означает, что мое подсознание нашло защиту. У меня нет больше надежного теста на реальность. То есть даже сейчас я могу видеть сон. С моего окаянного мозга станется.

— Сон, встроенный в сон, который сам встроен в сон? Ну прямо тебе «Начало»![1] А ты типа Леонардо Ди Каприо, который блуждает из сна в сон и в конце концов начинает сомневаться в собственном существовании?

— Как знать? Как доказать себе, что этот стол, этот стул реальны? Что *ты* реален? Мои сны сильны, Фредерик. Куда сильнее твоих, ты это знаешь?

---

[1] *«Начало»* — научно-фантастический триллер Кристофера Нолана, основанный на идее осознанных сновидений.

Фредерик направил руку Абигэль к своей пробивающейся бороде:

— А это сон? Ты ощущаешь мою кожу, слышишь шорох волосков, когда водишь пальцами по моему лицу?

— Да, но...

Он переместил руку на грудь. Абигэль ощутила биение.

— А это тоже сон? У меня есть душа и сердце, Абигэль. Я не какой-нибудь персонаж из кошмара.

— Я не это хотела сказать.

Он посмотрел на свою чашку с кофе и поднимающийся над ней пар.

— Я даже не уверен, что у тебя есть ко мне чувства. Иногда я спрашиваю себя, не остаешься ли ты со мной просто в благодарность за то, что я поддержал тебя и оторвал от бутылки водки.

— Не говори так. Я многое чувствую.

— Многое? Что же это за многое?

— Ты же знаешь, это очень сложно после того, что произошло. Нужно время. И ты проявляешь незаурядное терпение. Ты действительно хороший человек, Фред. Все это скоро разрешится, я уверена.

— Во всяком случае, я срочно запишу тебя к твоему неврологу. Тебе надо пройти всестороннее обследование, чтобы понять, что с тобой происходит и почему ты колешь себя иголками во все места из-за проблем со сном. И на этот раз я пойду с тобой.

— В этом нет необходимости, уверяю тебя. И ты же знаешь, я всегда справлялась сама.

— Мой отец тоже так говорил. Не хотел ничьей помощи, не желал обследоваться. Не наше дело, вечно бормотал он, жуя свои ириски. Пришлось его чуть не волоком тащить в больницу, а когда мы получили первые результаты, рак уже так разросся у него в легких, что ни для одной здоровой клеточки не осталось места.

Он помял сигарету в пальцах, посмотрел на нее и убрал обратно в карман.

— Я больше не хочу, чтобы ты держала меня в стороне от всего этого. Эта болезнь — часть тебя. С ней ты наша Цеце, чертовски хороший психолог, которого мы все любим, и особенно я.

Она улыбнулась ему.

— Да, я знаю, мне нечем особо похвастаться, — продолжал он. — Я целыми днями копаюсь в человеческом дерьме, ем из кастрюль, поглощаю килограммы карамельного мороженого, а потом блюю в туалете, потому что мне от этого легчает. Я не слушаю опер, не хожу ни в театры, ни в музеи, да и по части женщин я изрядно уступаю сверстникам. Но я влюблен. И просто хочу понять, что с тобой происходит. *Capisce?*[1]

— *Capisce.*

---

[1] Понятно? *(ит.)*

12

Кофе они пили в хорошем настроении. Но Абигэль вновь и вновь возвращалась к своим кошмарам, особенно ко вчерашнему. Хоровод детей в спальне... Золушка, прячущаяся под кроватью... И эта фраза, записанная в ее тетради снов: *Puella inferus salutant vos*...

— Как ты объяснишь, что произошло сегодня утром? — спросила она и показала буквы, записанные в тетради.

— «Девочка без лица приветствует вас». Буква в букву загадка, написанная Фредди на теле Виктора два месяца назад.

Вид у Фредерика теперь был раздосадованный. Перед глазами у него стоял чудом спасшийся мальчик, исхудавший, кожа да кости, найденный два месяца назад на обочине дороги с этими странными татуировками по всему телу.

— Это просто сны, все более многочисленные и навязчивые. У меня нет объяснений.

— Два месяца мне снится девочка без лица, Фред, так отчетливо, что я думаю о ней весь день. В первый раз она появилась в ящике морозильника и пыталась меня утопить. Потом она пряталась повсюду — под кроватью, в шкафах...

Абигэль вытащила одну фотографию из своей коллекции кошмаров. На ней была изображена в тонах сепии девочка с длинными светлыми волосами, с холщовым мешком на голове, завязанным вокруг шеи. Синеватые вены избороздили ее тело, выступая на поверхности кожи. Она стояла среди языков пламени, раскинув руки, точно распятая, но не горела. Абигэль провела рукой по скрытому лицу.

— Ей страшно, она агрессивна и всегда находится поблизости от троих других похищенных детей... Она приходит почти каждый раз, в каждом кошмаре, она не отпускает меня. Вот и сегодня ночью она была и держала комикс моего отца, знаешь, *XIII*? Как может Фредди говорить об этой *девочке без лица*? Можно подумать... не знаю, что он проник в мои сны. Как он может знать?

— Он не может знать, потому что он человек. Он из плоти и крови, как ты и я.

Абигэль положила фотографию на стол и протянула ему бумажку:

— Во сне эта девочка дала мне код, как будто хотела, чтобы я его расшифровала. Смотри.

Фред прочел. 4–7–15–24.

— Аби, Фрейд и компания — это не совсем мое, но я, как все, штудировал «Толкование сновидений» в лицее, эта штука может навсегда отвратить от школы, кстати сказать. И я думаю, что твои сны создали девочку без лица, потому что мы знаем, что похищены четверо детей, но установлены личности только троих. Твой рассудок одержим делом Фредди, ты, как и все мы, корпела над ним дни и ночи, изучала каждую ниточку, каждую деталь, строила гипотезы. Твой мозг попросту материализовал этого четвертого неизвестного ребенка, Золушку, не дав ей лица. Я прав, мадемуазель психолог?

Она всмотрелась в его большие черные глаза, а он кивнул на фотографию:

— Эта светловолосая малышка продолжает преследовать тебя в твоих снах. А тот факт, что Фредди написал эту фразу на теле Виктора, ну... я не знаю.

— У меня такое чувство, будто что-то во мне ведет расследование, с тех пор как я перестала работать с вами.

Может быть, у этой девочки в конце концов появится лицо? Может, мы выясним наконец, кто такая Золушка?

— Ее личность так и не установили. Эти татуировки доказывают только то, что Фредди играет с нами, что он хочет монополизировать наши силы, наши ресурсы зазря. Это просто его очередной чертов фокус. С этим мерзавцем мы теряем время.

Задумавшись, Фредерик отошел к окну покурить. Придя в отдел розыска, он мечтал именно о таких делах, он, простой сельский полицейский, сын и внук рыбаков. (Если бы отец не умер, наверняка ему было бы суждено встать у штурвала судна «Бартавель».) Рутинная работа — гоняться за мотоциклистами да арестовывать пьяниц. Теперь он понимал, насколько далеки были его мечты от действительности. Ходить каждый день в контору с видом побитой собаки и открывать безнадежно пустое досье — вот чем обернулось дело Фредди.

За его спиной Абигэль крутила в руках разбитые в аварии часы.

— Ты передашь Лемуану информацию о расшифровке татуировок?

— Уже. У него глаза полезли на лоб, когда я объяснил ему, как ты решила задачку: во сне. Но когда прошло удивление, все быстро приуныли... Мы ожидали чего-то гораздо большего... «Девочка без лица приветствует вас?» В данной ситуации мы не узнали ничего нового. Ни о мотивах Фредди, ни о месте, где он держит троих других детей. Еще одна ниточка в никуда.

Абигэль снова сосредоточилась на своей тетради и записала продолжение своих многослойных снов, с большой скрупулезностью, обращая внимание на каждую мелочь. Фредерик собирался на работу, когда она подняла голову от исписанных страниц. Он выхватил пачку «Мальборо» из блока, лежащего рядом с компьютером, и быстро поцеловал Абигэль.

— Не глупи с иголками, договорились?

— Я думаю, что попробую снова открыть консультационный кабинет в Лилле. Мне нужно выбираться отсюда, видеть людей, что-то делать, иначе я свихнусь.

— Хорошая мысль, если ты чувствуешь себя в силах, но не спеши, подумай хорошенько, ладно? Раны еще свежи. Ну все, я пошел. Запишу тебя к неврологу.

Оставшись одна, Абигэль долго смотрела на свою тетрадь снов, это отражение ее подсознания, изобилие образов и сценариев, которые она переживала, засыпая. Какие тайны крылись в ее сне? Что пытался ей рассказать ее разум через сновидения?

Она достала из ящика еще пять тетрадей. Они были пронумерованы и содержали куски жизни, обломки прошлого, но главное — сотни страниц рассказов один другого безумнее и нелогичнее. Эти тетради были, возможно, ключом, который позволит ей понять все черные точки ее жизни за последние шесть месяцев. Отец и его ложь... Авария... Расследование похищения детей и связанные с ним странные события...

Абигэль открыла программу ретуши изображений, навигатор с банком фотографий и принялась за работу. Она хотела материализовать свой последний кошмар: сидящая на узкой улочке девочка без лица, «Четвертая дверь» в ее, Абигэль, руках. Гонящийся за ней оборотень с изломанным телом и конечностями на шарнирах. Она отметила про себя, что надо будет показать и код, который дала ей девочка без лица: 4–7–15–24. Что бы это могло значить?

Тут ей пришла в голову идея: заменить числа соответствующими буквами алфавита: А = 1, Б = 2...

Она расшифровала слово: Д-Ж-О-Ш. Джош. Мужское имя. Кто же это был? Кто-то из ее прошлого? Из коллежа или лицея? Знакомый отца? Может, она и знала какого-то Джоша в юности, но память-то сдает...

Она отметила, что надо добавить слово «ДЖОШ» к изображению ее кошмара.

Два часа спустя она закончила работу и пошла в ванную. Пахло одеколоном «Фарина», которым Фредерик освежал щеки, — он брился по старинке опасной бритвой с ручкой из слоновой кости, на которой были выгравированы инициалы его отца: ФМ, Франк Мандрие. За приоткрытой дверцей аптечного шкафчика были видны флаконы с пропилодом, лекарством, которое спасало Абигэль, но и разрушало ее. Она нахмурилась: неужели опять забыла закрыть? Толкнула дверцу, и та сама распахнулась: она всегда плохо закрывалась. Абигэль нажала посильнее и повернула задвижку.

Она всмотрелась в свое белое как мел лицо в зеркале, провела пальцами по длинным черным волосам, которых не стригла после аварии. Кончики высохли и секлись. Такими вот мелочами — новая морщинка в уголке глаза, незаметное бурое пятнышко на тыльной стороне ладони — время прокладывало свой порочный путь. *Когда мне исполнится восемнадцать лет, ты будешь старой, мамочка.* Леа любила ее так дразнить. Абигэль до сих пор отчетливо слышала ее голос. Никогда ее дочери не исполнится восемнадцать лет.

Пустив воду в душе, она сняла халат и ночную рубашку. Змея *нарколепсия* искусала ее всю, превратив тело в безобразное зрелище, выставку шрамов, особенно в местах суставов. Ярмарочный уродец Нового времени. Фредерик никогда ни о чем не спрашивал, он принял ее как есть, с тем же уважением, какое испытывают, ступая впервые на незнакомую землю.

Входя в душ, она увидела в отражающихся друг в друге зеркалах — на стене и на аптечном шкафчике — большое лиловое пятно на своей правой лопатке.

Точно там, куда во сне ее ударил оборотень.

13

6 декабря 2014
АВАРИЯ

24 июня 2015
ГОРЯЩАЯ ПРОМЫВОЧНАЯ

17 июня 2015

— Готово дело, она засыпает.

Фред стоял рядом с Од Дени, неврологом, наблюдавшей Абигэль уже несколько месяцев. Узнав об уколах иглой, врач потребовала немедленной встречи и попросила прийти не в Центр сна, где она обычно принимала, а сюда, в отделение неврологии больницы Роже-Салангро.

По другую сторону стекла Абигэль лежала под сканером ТЕР, большим цилиндрическим аппаратом, набитым электроникой. Молодая женщина сжимала в руке датчик. В последние несколько секунд давление на него уменьшилось — это показывало, что она заснула.

Од Дени посмотрела на экраны, которые показывали в разных разрезах и в реальном времени мозг Абигэль. В последний раз отладила аппаратуру. Фредерик видел на мониторе лицо своей подруги, которое снимала камера.

— Вчера она позвонила мне на работу в панике и сказала про синяк на правой лопатке. Это правда. Я сам видел эту гематому, когда вернулся, здоровенный синячище. Послушать ее, так этот синяк она получила во сне. Ее ударил точно в это место какой-то вымышленный персонаж, оборотень, когда она спала.

Он протянул ей последнее произведение Абигэль, отпечатанное сегодня утром:

— Это еще не совсем закончено, но она работает над этой жуткой сценой со вчерашнего утра.

— Она уже показывала мне свои произведения. Очень мрачно, но способности у нее есть.

Он ткнул пальцем в существо, похожее на марионетку со словно чужими руками и ногами на шарнирах, держащее большую косу:

— Это он ударил ее во сне. Когда она проснулась, опять-таки по ее словам, синяк уже был. Как будто сон действительно оказывает физическое воздействие. Вам встречались такие случаи?

Од Дени долго смотрела на фотографию, потом что-то записала в тетрадь. За ее спиной ползла ломаная линия энцефалограммы.

— Что-то вроде стигматов, раны, появляющиеся сами по себе, вы хотите сказать... Нет, никогда. Она не могла сама удариться?

— Таким местом, мне кажется, это сложно сделать. И потом, она бы помнила, верно? При таких размерах гематомы ей должно было быть чертовски больно.

Невролог с сомнением поджала губы:

— Извините, у меня нет научных объяснений. — Она показала на лицо Абигэль на экране. — Вот, она спит. Посмотрите на ее глаза, они двигаются под веками очень быстро. Это так называемые REM, быстрые движения глазных яблок, которые бывают только в фазе парадоксального сна.

— Я это уже видел. Впечатляет.

Од Дени была женщиной маленького роста, с тонкими изогнутыми бровями и морщинистым лицом. Фредерик сам не знал почему, но ему вспомнилась Люси, австралопитек[1].

— Вы никогда не приходили с ней в центр. Она отказывается говорить с вами о своей болезни, я полагаю?

— Она очень сдержанна на этот счет. Когда она еще работала экспертом в жандармерии, не говорила о своих проблемах никому. Были, конечно, ее сиесты в ходе совещаний, она уходила поспать на несколько минут и возвращалась как ни в чем не бывало. Некоторые мои коллеги над этим подшучивали: они думали, что это все симуляция, штучки психолога.

— Нарколепсия — болезнь, которую людям очень трудно понять. Сейчас, через полгода, как она переносит испытание?

— По-разному. У нее бывают черные мысли, пограничное поведение, типа я хочу выброситься в окно, а иногда ей гораздо лучше. Вы, конечно, знаете, что она все бросила, но сейчас подумывает вновь открыть кабинет. И она это сделает очень скоро, я уверен. Потому что, когда она что-нибудь вобьет себе в голову...

Он кивнул на экран:

— Так, значит, она уже видит сон.

— Да. Это одна из основных характеристик ее расстройства. Вы, наверно, знаете, что есть разные фазы сна: дремота, медленный легкий, медленный глубокий, глубокий, затем парадоксальный, наступающий в конце цикла, примерно через полтора часа после засыпания... Но у Абигэль, несмотря на лечение, непроизвольные засыпания наступают в любой момент дня и погружают ее сразу в парадоксальный сон. Она видит сны, едва закрыв глаза.

---

[1] Люси был назван скелет женской особи австралопитека афарского, найденный французско-американской экспедицией во главе с Дональдом Джохансоном, в то время — куратором Кливлендского музея естественной истории, 24 ноября 1974 г. в долине реки Аваш (впадина Данакиль) в Эфиопии.

Невролог посмотрела на разные мониторы, где светились живые срезы мозга Абигэль. На них взрывался фейерверк красок. Дени ткнула пальцем в один из мониторов:

— Зоны, связанные с внешними возбудителями и расшифровкой сложных визуальных сцен, гиперактивны. Миндалина и гиппокамп доставляют ей в эти минуты очень сильные эмоции.

Все кривые так и метались. Фредерик смотрел на движения энцефалограммы, которые то размахивались, то сжимались, словно аппарат взбесился. Глаза Абигэль вращались под веками с поразительной быстротой.

— Ненормально все это, доктор. Что происходит?

— Она видит свой сон по полной программе. Различные зоны ее мозга сообщаются между собой, идет интенсивный обмен, какого у нас с вами не бывает. Все происходит, как если бы она бодрствовала. Она видит сон, но для нее это реальность, и куда реальнее, чем для любого из нас. Во сне, например, мы не можем читать или писать, все слишком нестабильно, антураж постоянно меняется. А вот Абигэль говорила мне, что ей удается читать и писать. Во сне она нажимает на выключатель, и загорается свет, чего не бывает в ваших снах и в моих. Вдобавок, судя по тому, что я вижу здесь, она, похоже, способна оценивать, мыслить, анализировать.

— Значит, вот почему она колет себя иголками? Чтобы убедиться, что это не сон?

— Да. Чтобы попытаться дифференцировать сон и реальность. Вы только попробуйте представить себе, что́ она переживает: будь вы на ее месте, наш разговор, все эти обследования, вся аппаратура могли бы быть лишь плодом вашего воображения. И вы проснулись бы в своей постели через несколько минут с чувством, что все это было на самом деле.

Фредерик прижал ладонь к стеклу. Абигэль лежала там, в нескольких метрах от него, но разум ее блуждал где-то за тысячи километров.

— Это ужасно.

— Да, тем более что ее сны редко бывают приятными. Все возвращает ее к собственной истории, к аварии, к ее фобиям, в частности паническому страху утонуть, к вашему делу о похищении детей.

— А коль скоро это так интенсивно, не может ли удар, нанесенный ей во сне, возыметь реальное отражение на ее организме? Я никогда не верил в такие вещи, но мне доводилось слышать, что разум может воздействовать на тело.

— Вы опять об этой истории с гематомой… Конечно, в процессе сновидений происходит всевозможный нейропсихологический обмен, и тело реагирует соответственно: испарина, гусиная кожа. Но не до такой степени, чтобы вызвать подобные повреждения.

— И все же синяк-то — вот он… Как сделать, чтобы она не колола себя иголками?

— Вы уверены, что Абигэль принимает свои лекарства, как предписано? В частности, пропидол? Пять капель в десять вечера, потом еще один прием ночью, когда она просыпается. Неправильная дозировка может дестабилизировать ее до такой степени, что сны будут еще реальнее…

— Мне кажется, да. Она всегда делает это в ванной. Лекарства — это ее тайная территория, и я, сказать по правде, никогда об этом не задумывался. Уже сколько лет она глотает все эти вещества, разрушающие ее память.

Невролог вздохнула:

— Пропидол, к сожалению, единственная молекула, способная обеспечить ей нормальную жизнь. Без этого лекарства она бы…

— Я знаю, — перебил ее Фредерик. — Я видел ее шрамы, щупал пластины под кожей. Или — или, потерять память или не иметь возможности выйти из дому, потому что она падает в приступе катаплексии где угодно каждые два часа. На днях это случилось с ней в кухне, я успел ее подхватить, не то она бы сильно ушиблась.

Линия энцефалограммы вдруг выровнялась. Через тринадцать минут после засыпания Абигэль очнулась от дневной дремоты и открыла глаза. Она глубоко вздохнула и огляделась. Специалистка нажала на кнопку.

— Все хорошо, Абигэль. Я доктор Дени. Вы внутри сканера в отделении неврологии, помните?

— Э-э... Да...

— Сейчас придет техник, полежите пока.

Од Дени выключила звук. Заложив руки за спину, она посмотрела на выходившую из аппарата пациентку.

— Я проанализирую все данные, но эти уколы иголками тревожат меня. Их действительно много. А теперь еще эта история с гематомой...

Она снова посмотрела на снимок кошмарной сцены.

— Как будто сны все больше берут верх над ее реальной жизнью. Если эти симптомы усугубятся, мы попробуем найти решение, чтобы не дать Абигэль всерьез себя покалечить.

— Под решением вы подразумеваете...

— Психиатрию.

14

6 декабря 2014
АВАРИЯ

24 июня 2015
ГОРЯЩАЯ ПРОМЫВОЧНАЯ

6 февраля 2015

Пока агент по недвижимости показывал ее дом в Эллемме потенциальному покупателю, Абигэль заперлась в комнате Леа. За два месяца она зашла туда лишь однажды: всего через несколько дней после посещения Института судебно-медицинской экспертизы. Фредерик помог ей выбрать одежду для кремации девочки.

За два месяца после аварии ей не раз доводилось полагаться на Фредерика. В том числе и в непростой период новогодних праздников. Он отменил застолья с коллегами и со своей матерью, чтобы быть рядом с ней. Нелегко в Рождество и Новый год утопать в сожалениях, проклинать весь свет и чувствовать себя виноватой. Без его помощи и поддержки все было бы сегодня гораздо хуже. Если, конечно, *хуже* может быть.

Два месяца, за которые Абигэль бросила все. Работу, друзей, выходы в свет. Когда Фредерика не было с ней — то есть часто, — она брала машину и гнала по пустынным улицам, дразня смерть, под печальные аккорды арии из «Ринальдо»[1] на полную громкость из динамиков. Или же она затворялась в своем кабинете без окон, уродуя лица, терзая плоть, соединяя ДНК, растительность и сталь на

[1] *«Ринальдо»* — опера Г. Генделя.

экране своего компьютера, разбивая виртуальные машины о деревья и распечатывая композиции все в большем формате, а потом голова ее падала на клавиатуру, разом, в катаплексии, и она глушила пропидол, смешанный с алкоголем и всевозможными разноцветными таблетками. Она вновь и вновь переживала начальную сцену «Апокалипсиса сегодня» — почему именно ее, она не знала, — где Мартин Шин, запершись в своей комнате в Сайгоне, терзаемый демонами, кружит в странном гипнотическом танце. Умопомрачение в чистом виде. Абигэль *на самом деле* видела, как делает то же самое, в такой же влажной жаре, посреди своей спальни, и это не было сном. Она тронула кончиком пальца раздвоенный хвост безумия.

И вот она снова в комнате Леа. Указательный палец устало скользит по мебели. Пыль уже легла тонким слоем на поверхности. Как решиться продать кровать, в которой на глазах у Абигэль росла Леа? Или этот ночной столик, на который дочь выкладывала свои фантазийные побрякушки? Ее психолог посоветовала ей сохранить только несколько вещей, дорогих для Леа, и избавиться от всего остального. А не пошла бы ее коллега на хрен! Вся комната дышала присутствием малышки.

Абигэль открыла ящик, куда ее дочь складывала свои писания. Письма, стихи, признания девочки, которой случалось два-три раза в месяц буквально отскребать собственную мать от пола, внизу лестницы или посреди кухни, в припадке катаплексии. Дочь-мать, зрелая, сформировавшаяся, умом уже взрослая. Абигэль пробежала глазами несколько писем, смахивая слезы.

И утром, и вечером думаю я,
Когда тебя снова увижу.
Мама, эта болезнь твоя,
Как я ее ненавижу.

Девять долгих месяцев ты меня носила,
А потом тебе на ручки дать меня просила.
Ты лежала, не вставала, это ведь судьба
Пожелала, чтобы ты так была слаба.

Вот лежишь ты раной сплошной,
А на мне ни царапины нет.
Ты меня вырастила, дышала мной,
Я не дам тебе умереть, нет!

Она убрала листок на место в ящик и бросила читать. Каждое слово, написанное дочерью, было ей ножом в сердце. Невыносимо.

Она занялась помятыми чемоданами, извлеченными из разбитой машины и возвращенными ей бригадой из Сент-Амана через три дня после аварии. До сих пор ей не хватало духу их открыть. Пальмери вернул ей ключик Леа от розового в цветочек чемодана. Она достала его из кармана, вставила в замочную скважину и открыла защелку. Вещи Леа были свалены кое-как, эксперты из научной полиции рылись в чемоданах в поисках зубной щетки и расчески для сравнительного анализа ДНК, чтобы формально опознать тела.

Осторожными движениями она переложила одежду, косметику, шкатулку с украшениями на кровать. Взрыв воспоминаний, запахов и звуков. Плакать не хотелось, но слезы текли сами собой. Смесь медикаментов с алкоголем давала порой любопытные реакции. В последнее время Абигэль ходила к своему неврологу не лечиться, а за драгоценными рецептами, сезамом к лекарствам. Настоящая наркоманка. Она ездила к ней на машине. Разобьется? Туда и дорога.

Затем она перешла к чемодану отца, состояние которого лишний раз свидетельствовало о силе удара. Замки, однако, выдержали. Она достала одежду, туалетный несессер, три комикса *XIII* о загадочном персонаже с этим числом, вытатуированным у ключицы, без имени, без памяти. Ив давно был фанатом этой серии. Хоть Абигэль редко видела отца, она знала, откуда у нее вкус к чтению. Но может быть, и это она однажды забудет.

Из одного из комиксов, под названием «Приманка», выпала фотография. На снимке была луна-рыба, покрытая шипами, снятая крупным планом; его использовали как закладку. Абигэль нашла фотографию очень странной, как-то она не вязалась со всем остальным. Зачем ее отец сфотографировал эту рыбу крупным планом, он ведь вообще никогда не фотографировал? И почему воспользовался ею как закладкой в комиксе? Она перевернула снимок. На обороте было написано черным фломастером по диагонали: *«Я надеюсь, что ты отыщешь истину, так же, как желаю, чтобы ты никогда ее не нашла»*.

Что хотел сказать ее отец? Какую истину он имел в виду? И к ней ли обращался? Она снова посмотрела на странную рыбу, что-то вроде морского ежа с плавниками, ничего не понимая. Заинтригованная, она положила снимок на кровать, и ей захотелось выпить. Водки со льдом и лимоном. Но лучше было подождать, пока уберутся агент по недвижимости с клиентом, чтобы не клевать при них носом.

В кармашке чемодана она нашла еще брелок в виде корабельного штурвала с тремя ключами. На одном из них была приклеена бумажка: «14, улица Оль, Этрета». Адрес дома, который он снимал с тех пор, как ушел из таможни... Абигэль там бывала. Домишко для человека, привыкшего жить в одиночестве. Ей, кстати, несколько дней назад звонил домовладелец и просил приехать за вещами отца. Встреча была назначена на завтра; возможно, она возьмет кое-что на память.

Второй ключ походил на ключ от гаража или от висячего замка. Наверху выгравировано *Матрешка*: название русской куклы. Было ли это как-то связано с предыдущим посланием? Нарочно ли ее отец оставил этот ключ?

Третий был дубликатом ключа от машины.

Машина... Куча покореженного железа... Через несколько дней после кремации обоих Абигэль захотела увидеть снимки с места аварии, чтобы попытаться понять, каким чудом она выжила.

За отсутствием свидетелей и с учетом всех данных Пальмери пришел к выводу, что из-за тумана, отсутствия сигнализации, связанного с дорожными работами, и, наверно, недостатка внимания в этот момент Ив не увидел виража в конце длинной прямой линии. Следователь разрешил головоломку с ремнями безопасности тем фактом, что у Абигэль случилась зрительная галлюцинация в нескольких сотнях метров от аварии: она вышла из машины, Ив тоже, и они не пристегнули ремни, сев обратно, сбитые с толку этим странным видением. Леа же и вовсе не пристегнула ремень, чтобы удобнее было спать.

Чушь! Абигэль отказывалась признать, что не пристегнула ремень в ту ночь. Пусть она теряет память о своей юности, пусть она нарколептичка и ее поэтому могут объявить сумасшедшей, но она точно знала, что сделала это. Несмотря на то, что в отчете жандармерии значилась сия печальная истина: «Абигэль Дюрнан не была пристегнута ремнем безопасности».

Этому наверняка было какое-то объяснение, но Абигэль так и не удалось его найти.

15

Она еще долго сидела, погруженная в свои мысли и воспоминания. Эксперт по авариям, опираясь на чертежи и вычисления, заключил, что ее, вероятно, выбросило из машины между двумя ударами о деревья. Выжить был один шанс из десяти тысяч, впрочем, вероятности на то и существуют, чтобы их опровергать.

Короче, ко всем этим путаным объяснениям она относилась очень скептически.

Она осмотрела туалетный несессер Ива. Его неизменная опасная бритва, мыло, старая зубная щетка и черная расческа... Она разложила все это на кровати, добавила «Зиппо» с выгравированным слоном. Эта горстка вещиц составляла в конечном счете портрет ее отца. Человек из тени, много куривший, довольствовавшийся минимумом и скупой на слова, которого, сколько Абигэль себя помнила, никогда не было дома.

Она ела себя поедом, сознавая, что уход Ива не причинил ей такой сердечной боли, как смерть Леа. Отец стал ей почти чужим в эти последние годы. Она забыла свое детство и не помнила, как он качал ее на коленях, как играл с ней... Потому ли, что он никогда этого не делал, или тому виной была ее слабеющая память?

Вскрытие не показало никаких болезней, ни опухоли мозга, ни единого вышедшего из строя органа. Что же до следов уколов на руках ее отца... медик затруднился объяснить их происхождение. Они походили на характерные отметины наркомана, но токсикологический анализ не выявил никаких следов наркотиков. И потом, чтобы ее отец принимал дурь? Не более правдоподобно, чем сектант-амиш, играющий в видеоигру «Candy Crush». Возможно, он колол себе лекарства, не выявленные стандартными анализами крови. Наверно, надо было копнуть поглубже, провести еще исследования, чтобы понять...

Еще одна тайна, разгадки которой она никогда не узнает.

Взгляд ее снова упал на содержимое чемодана дочери, и ей показалось, что в нем что-то не на месте. Или, точнее, чего-то не хватает. Она попыталась задуматься, но голова была как в тумане. Она спала как убитая, видела все более странные сны, и ей постоянно казалось, будто она парит над землей.

В дверь постучали. Агент по недвижимости Гийом Морель улыбнулся ей и посторонился, пропуская посетителя. Тот, мужчина лет сорока, с длинным и тонким ртом и южноамериканскими чертами, коротко кивнул ей и встал посреди комнаты.

— Отлично. Сколько квадратных метров, вы сказали?

— Шестнадцать, — ответил агент. — Не считая площади гардеробной, встроенной в стену.

Он подошел к окну, выходившему в сад, потом направился к двери гардеробной, собираясь ее открыть. Абигэль подскочила и удержала его за руку:

— Это моей дочери! Не трогайте!

Агент по недвижимости откашлялся. Двое мужчин вышли из комнаты, продолжая свой разговор. Абигэль обхватила голову руками, сознавая, сколь несоразмерна ее реакция. Посетитель, должно быть, счел ее чокнутой, особенно заглянув в ее спальню, не более уютную, чем операционный блок. Наверно, прав Фредерик: лучшим лечением было бы возобновить работу с ними, продолжать поиски Фредди, но Абигэль еще не находила в себе сил. Прошло всего-навсего два месяца. Как расследовать дело о пропавших детях, когда...

18:10. Агент ушел, и вот-вот должен был явиться Фредерик. Он навещал ее три раза в неделю. Поначалу она не хотела его видеть, но теперь ей даже нравились его визиты. Она варила ему кофе, они беседовали... Потом, около десяти, после его ухода, она наспех глотала какое-нибудь готовое блюдо из морозилки и запивала последней рюмкой водки, смешанной с пропидолом. Этот чертовски действенный коктейль усыплял ее до позднего утра. Даже не приходилось вставать ночью, чтобы принять вторую дозу, которая должна была продлевать ее сон.

Она быстро плеснула на донышко стакана сорокаградусной, бросила лед и выжала побольше лимонного сока — пусть вывернет желудок. Два глоточка, вкусовые бугорки в возбуждении, круговерть молекул углерода, водорода, кислорода, умело соединенных, чтобы вызвать выработку дофамина. Круг замкнулся, мозг счастлив. Больше пить и не надо. Через несколько секунд она уже плыла, точно парусник по масляному морю.

Она взяла свой ноутбук и, усевшись у окна, выходившего в сад, положила его на колени. Ввела в поисковик надпись с одного из ключей, *Матрешка*. Быстро отсортировав страницы и страницы о русских куклах, Абигэль наткнулась на прогулочные яхты «Матрешка». Она не помнила, чтобы у ее отца когда-нибудь была яхта, да и не увлекался он особо ни судами, ни навигацией. И потом, это ведь, наверно, стоит целое состояние. Будь Ив владельцем судна, нотариус сказал бы ей об этом, не так ли? Однако этот брелок в виде штурвала...

Она отложила ноутбук и задумалась, глядя на маленький брелок. «Я надеюсь, что ты отыщешь истину, так же, как желаю, чтобы ты никогда ее не нашла...» Могла ли быть здесь связь с ключом от яхты?

Водя пальцем по круглому шраму на шее, она рассеянно взглянула в окно. Ее неухоженный газон зарос сорной травой. Тень кошки скользнула по изгороди. Несколько долгих минут Абигэль смотрела, как она движется в свете фонарей, и вдруг в голове что-то щелкнуло. Она бросилась в комнату дочери. Посмотрела на разложенные на кровати вещи.

Где же плюшевая игрушка Леа?

Она приподняла одежду — котенка не было. А ведь дочь сунула его в чемодан перед самым отъездом в Сентер-Парк. Она даже возвращалась за ним в дом, Абигэль точно это помнила.

Она набрала номер телефона Пальмери и, перекинувшись несколькими словами, спросила его, не находили ли они черного котенка в одном из чемоданов, в багажнике или поблизости от машины. Руководитель аварийной бригады из Сент-Амана поразмыслил вслух, сверился с записями и ответил отрицательно. Не объясняя ему причин своего звонка, Абигэль повесила трубку и закрыла лицо руками. Она ничего не понимала. Если игрушка была в чемодане Леа до аварии, а потом исчезла, значит кто-то ее взял.

Она кинулась к вещам Леа, разбросанным по кровати. Если пропал котенок, то, может быть, и... Она приподняла небесно-голубые брюки в поисках других брюк, в красную и белую клетку, которые ее дочь тоже хотела взять с собой на уик-энд. Она переворошила всю одежду на покрывале.

Брюк в клетку не было.

Абигэль охватила паника: теперь она была уверена, что *кто-то* рылся в чемоданах до приезда жандармов. Из ее чемодана ничего не пропало, насчет отцовского она не знала.

«Вы чудом уцелели. Кроме нескольких порезов от стекла на лице... и гематомы на груди, сканер не показал никаких внутренних повреждений...»

Голос врача из больницы Салангро неотступно звучал в ее голове. Сколько тайн окружало эту аварию. Что произошло в ту ночь, пока она лежала без сознания в листьях? Как плюшевая игрушка и брюки могли исчезнуть из запертого на ключ чемодана? Как Абигэль оказалась в пяти метрах от машины без серьезных ран и переломов, если не имела возможности выбраться после удара о дерево?

Зазвонил ее телефон. Фредерик. Судя по фоновому шуму, он был в машине.

— Я не заеду сегодня, — сказал он нервным голосом. — Мне только что позвонил Лемуан. Фредди снова взялся за свое, Абигэль. Он преподнес нам свой последний подарочек.

16

6 декабря 2014
АВАРИЯ

24 июня 2015
ГОРЯЩАЯ ПРОМЫВОЧНАЯ

6 февраля 2015

Всякий раз, выезжая на место преступления или присутствуя на вскрытии, капитан жандармерии Патрик Лемуан снимал обручальное кольцо и прятал его в карман джинсов. Он никогда не говорил об уголовных делах своей жене и тем более двум детям-подросткам и этим жестом тоже как бы оберегал семью от ужасов, связанных с его профессией.

В этот ранний вечер в феврале 2015 года он был в числе первых прибывших в лес. Деревья стояли голые, черные, выжженные холодом, словно брошенная сюда армия скелетов с того света. Земля похрустывала под ногами. Слой инея окутал все блестящими кристалликами, заморозив всякую попытку жизни. Патрик любил природу, но, с тех пор как работал над делом Фредди, ненавидел леса.

Руководитель расследования приехал со своим руководителем операций Арно Новицки, сорокалетним мужчиной польского происхождения, и еще двумя жандармами из своей группы. Фредерик Мандрие тоже должен был прибыть с минуты на минуту. Команды местной бригады опрашивали прохожих, которые их вызвали. Мощные галогенные лампы заливали все вокруг белесым светом. Эксперты из научной полиции натягивали желтые ленты с надписью «Национальная жандармерия» вокруг места преступления, если можно было назвать это так.

Десятку присутствующих открывалась омерзительнейшая сцена. Трупа не было, была одежда мальчика, набитая соломой для придания объема и приколоченная гвоздями к широкому стволу, — чучело. На сей раз на нем была сине-белая майка сборной Франции по футболу с номером 9 «Оливье Жиру», черные тренировочные брюки и кроссовки 33-го размера. Майка была запятнана кровью, словно брызги разлетелись от резкого взмаха. Вся одежда в разрезах, по большей части на уровне груди. Полотняный мешок, тоже набитый соломой и приколоченный сверху, служил головой. Глаза в форме звезд, рот с острыми зубами и крючковатый нос были нарисованы черным фломастером.

Эта дьявольская голова была увенчана шевелюрой. Явно человеческой. Это был не скальп, но сыщики полагали, что Фредди обривал головы своим маленьким жертвам машинкой для стрижки волос. На этот раз пряди волос, приклеенные к полотну, были белокурыми и жесткими. Судя по их длине, они принадлежали девочке.

Одежда мальчика, волосы девочки.

Патрик Лемуан и его люди видели такую жуткую фреску в третий раз за год с небольшим. Он вспомнил первое чучело, обнаруженное в июне 2014 года, восемь месяцев назад, в Компьеньском лесу, в сотне километров отсюда. Тогда на нем была одежда девочки — платье, забрызганное кровью, изрезанная майка, туфли, носочки, — пропавшей три месяца назад. Ее звали Алисой. Одежда была пропитана ее кровью, но волосы, приклеенные к голове из полотняного мешка, были чужие. Позже выяснится, что волосы эти принадлежали Виктору, тринадцати лет, пропавшему накануне страшной находки.

Алиса, Виктор и Артур...

Эти три имени крутились в голове Патрика днем и ночью. Детишки, черт побери! Как приходить домой, оставляя их историю за дверью или в глубине кармана? Как смотреть на собственных детей, не думая о них? Несмотря на все его усилия, отношения с женой портились, потому что он все держал в себе, ведь изувеченный труп или жертва изнасилования — не то, чем делятся с семьей за воскресным обедом. *Ты не передашь мне курицу? Знаешь, мы нашли женщину, зарубленную топором, сегодня утром у нее дома.* Собственные потемки разъедали его изнутри.

— Надо пошевеливаться, — сказал он, глядя на черное небо и чувствуя, как усиливается ветер. — Скоро опять повалит этот пакостный мокрый снег, и мы все превратимся в сосульки. Осточертела эта дерьмовая погода.

По его распоряжению руководитель операций сделал все необходимые звонки, чтобы подтянуть людей и технические средства в ближайшие часы. Завтра с первыми лучами рассвета лес, пруды, овраги прочешут в поисках тела. В прежних случаях трупа не было, но Патрик Лемуан не хотел ничего упустить. При оказываемом на него давлении и национальном масштабе дела он *не мог* допустить прокола.

Послышался шум машины. В сотне метров, на лесной дороге, едва заметной среди деревьев, он увидел Фредерика, паренька из Вормута. Патрику нравились его спокойный нрав и скромность. Мандрие был не из горлопанов и не любитель повыступать. Не был он и гениальным сыщиком, каких можно увидеть в сериалах, но работу свою делал быстро и хорошо, только и всего.

— Были сообщения о новом исчезновении? — спросил Фредерик, бросив взгляд на жуткую картину.

— До нас пока ничего не дошло. Но очень вероятно, что скоро мы узнаем скверную новость.

Фредерик подошел к черно-желтым лентам, ограждающим место преступления, и посмотрел на чучело. Одежда, полотняный мешок, неизвестно чьи длинные светлые волосы на нем... Все это смахивало на творение безумца.

— Волосы-то, похоже, девочки, — заметил он. — Это значит, что Фредди ее уже похитил и что, если все это подтвердится, исчезновений у нас будет четыре.

— Он выполнил свою квоту.

В голове у Фредерика засело слово в слово послание, полученное бригадой через несколько дней после первого исчезновения: «Будут еще трое. Ни одним больше, ни одним меньше». Он отлично помнил слова своих коллег, помнил, как они негодовали и как все были уверены — в том числе и он, — что возьмут Фредди, прежде чем он успеет снова взяться за свое. Запал новичка, верящего, что изменит мир. И большое разочарование.

Он внимательно всмотрелся в шляпки гвоздей, которыми было прибито чучело. Гвозди диаметра 110, новенькие, стандартные, вероятно, те же, что и на прежних чучелах. Он так в этом поднаторел, что мог назвать цену за сотню и перечислить все магазины в округе, где продавали этот скобяной товар.

Он повернулся к дороге:

— Это же Д151. Тебе это ни о чем не говорит?

Лемуан пожал плечами. Фредерик указал пальцем на вираж:

— А должно бы. Авария, в которой погибли отец Абигэль и ее дочь, произошла меньше чем в сотне метров, вон на том вираже.

17

Патрик Лемуан принял новость Фредерика внешне спокойно.

— Мне сказали, что авария произошла где-то близ Сент-Амана, но я не помнил точного места. В сотне метров, говоришь?

Руководитель операций остался на месте, а Фредерик, вооружившись фонарем, повел своего шефа и одного из коллег через лес к убийственному виражу. Работы были закончены недели три назад. Знак, предупреждающий о вираже, поставили на место, но деревья еще хранили следы удара. Содранная кора, поломанные ветки. Патрик Лемуан обернулся и посмотрел, откуда они пришли.

— Действительно недалеко. А когда бишь была авария?

— Два месяца назад, день в день. Шестого декабря.

Лемуан досадливо побарабанил пальцами по зубам.

— В округе сотни квадратных километров леса. Мне трудно поверить, что это простое совпадение.

Он похлопал по плечу одного из своих подчиненных, Тома Кастелло, тридцати пяти лет, за плечами четыре года в отделе розыска. В группе его прозвали Хорьком.

— Возьми-ка фонарь и пройдись, погляди вокруг. Здесь, вообще-то, никто не гуляет пешком, так близко к департаментскому шоссе. Тротуара нет, опасно... Сделай первый обход и сообщи экспертам обо всем, что найдешь: окурки, мусор, свежие следы. Тщательные поиски оставим до завтра, когда будет светло. Возможно, Фредди завернул сюда, на место аварии, перед тем как повесить чучело. И не спрашивай меня зачем, я понятия не имею.

Хорек сходил за фонарем и приступил к делу, а Патрик с Фредериком вернулись к ограждению. Издали казалось, что на дереве висит настоящий труп ребенка. Эксперты уже окружили это страшное чучело, брали образцы волос, упаковывали обувь, стоящую у корней дерева. Другие фотографировали во всех ракурсах. Все движения были отработаны, точны, словно па балерин из Большого театра. И вправду казалось, будто эти люди в мягких бумажных комбинезонах, с их изгибами и замедленными жестами, танцуют.

Держа руки в карманах, Лемуан нервно крутил обручальное кольцо.

— Похоже на одежду Артура... Не исключено, что и кровь на одежде его... Мать говорила, что на нем была майка сборной Франции по футболу в день исчезновения. С номером девять.

Как и в предыдущих случаях, Фредерик был убежден, что они найдут только то, что Фредди сам хотел им оставить: воображаемый ключ, открывающий ничтожную частицу его извращенного ума.

Предполагаемый хозяин одежды, девятилетний Артур Виллеме, был объявлен пропавшим без вести пять месяцев назад, 5 сентября 2014 года, в Нанте. Он ехал на велосипеде на тренировку по футболу, как и каждую пятницу, в семь вечера. Мальчик беспроблемный, хорошо знакомый всему кварталу, со всеми вежливый. Он жил всего в трех километрах от стадиона и всегда срезал путь через лес, чтобы быстрее. Его спортивную сумку и велосипед нашли в кустах. Криминальная полиция Нанта немедленно открыла дело. Портрет мальчика в футбольной майке обошел все комиссариаты и казармы жандармерии во Франции. Показали его и по телевизору в передаче «Внимание: розыск».

Через три дня после исчезновения Артура команда отдела розыска Лилля обнаружила в лесу департамента Нор, в пятистах километрах от Нанта, чучело в детской одежде, запятнанной кровью, с головой из полотняного мешка с приклеенными волосами, луковицы которых, судя по анализу ДНК, оказались мужскими. Еще через десять дней жандармы из Нора выяснили, что это были волосы Артура Виллеме, мальчика, пропавшего в Нанте. Одежда же с пятнами крови принадлежала третьему ребенку, похищенному в Амбуазе три месяца назад, по имени Виктор.

Алиса, Виктор и Артур...

Фредерик впервые работал по похищению детей, и морально ему было тяжело, как никогда. Нет, не из-за ненормированного рабочего дня, разъездов, поисков. А из-за того, что он чувствовал себя былинкой, попавшей в торнадо. Вновь и вновь стоял в лесу перед чучелом и только и мог, что проклинать автора столь чудовищной затеи.

Крики вывели жандарма из задумчивости. Коллега, обыскивавший обочину шоссе, махал им рукой. Фредерик и Патрик кинулись к нему. Том Кастелло стоял точно на месте аварии, на убийственном вираже, в нескольких метрах от дерева с содранной корой. Он осветил уцелевшее дерево поодаль:

— Взгляните.

Двое сыщиков подошли ближе и увидели надпись, вырезанную на коре, примерно в полутора метрах над землей.

3:43 

Лемуан на несколько секунд задумался.

— По-твоему, это сделал Фредди?

— Кто же еще?

Шеф вытер лоб, на котором уже замерзали капли пота, и поднял глаза к черному грозному небу:

— Ладно, ничего не трогаем. Надо взять пробы сегодня же, пока не повалил мокрый снег. Вызови по-быстрому эксперта.

Кастелло удалился. Руководитель расследования потеребил бородку:

— Замысловато. Похоже на глаз, правда? Зачем этот психопат вырезал глаз на месте аварии? Хотел сказать нам, что он что-то видел? Видел что-то в три часа сорок три минуты в ту ночь?

Фредерик пошел к дороге. Пропустив проезжающую машину, он встал посреди асфальта, не сводя глаз с шефа. Первое дерево, в которое врезалась машина в ночь на 6 декабря, находилось в двух метрах слева. Лемуан подошел к нему, но остался на обочине.

— Похоже, тебе это о чем-то говорит.

Фредерик шагнул к нему:

— Да, кое о чем говорит. Три часа сорок три минуты — это точное время аварии Абигэль Дюрнан.

18

6 декабря 2014
АВАРИЯ

6 февраля 2015

24 июня 2015
ГОРЯЩАЯ ПРОМЫВОЧНАЯ

Абигэль проехала через пропускной пункт казармы жандармерии с комом в горле. Охранник в будке узнал ее и кивнул. Она быстро припарковалась на почти пустой стоянке и пошла вдоль стен Безумной Вдовушки.

Она всегда ненавидела это серое, строгое сооружение, достойное плохого фильма ужасов. Это старое средоточие безумия, построенное в начале 1900-х годов, было лишь временным пристанищем для жандармов. Мрачное, конечно, но практичное, с его административными зданиями, тремя десятками корпусов, связанных между собой крытыми галереями, и «апартаментами» для особо важных пациентов. Здесь был даже обширный парк. Безумная Вдовушка в свои преклонные годы еще пыталась пленять.

Абигэль шла, ступая бесшумно. Не дай бог встретить знакомых, жандармов, которые будут препарировать ее глазами и выражать сочувствие утрате дочери и отца. Ее достала жалость окружающих.

Она сунула в рот мятную конфетку, чтобы освежить дыхание — за вечер она выпила только один стаканчик, но вкус водки еще ощущался на языке, — и вошла в один из многочисленных корпусов, который до сих пор, вот уже лет десять, называли «буйным». Безумная Вдовушка качала на своих тощих руках самые тяжкие патологии и подчас обходилась с ними довольно грубо: она ненавидела собственных детей. Абигэль содрогалась, проходя мимо помещений, где еще лежали стопки смирительных рубашек или стояли кровати с привязными ремнями, мимо просторных пустых душевых.

Она миновала пустые палаты, мельком увидела знакомых в бывших врачебных кабинетах и свернула к сестринской. Их комнате. Остановилась перед синей входной дверью, на которой висел листок с надписью: «Команда „Чудо-51“». Глубоко вдохнула и задумалась, глядя на надпись: кого больше жаль — ее, потерявшую отца и дочь, или родителей Алисы, живущих в ужасе, в неведении уже почти год, страшившихся увидеть труп дочери за каждой открываемой дверью? Как-то они провели Рождество? Купили ли подарки? Положили ли их под елку?

Она готова была повернуть назад, сесть в машину и гнать, пока *это* не случится. Как трудно быть в этих стенах, думать о похищенных детях, бередить рану, которая жгла нутро так же, как водка с лимоном. В глазах всех этих пропавших она всегда видела отсвет Леа. Улыбку, взгляд, складочку у губ...

И все же она дважды постучала и толкнула дверь. Даже в коридоре, ведущем в центральную комнату, стен не было видно под заметками, фотографиями, выписками, планами. Это помещение было их святилищем, их коконом, местом, где они ели, пили, иногда и спали. Они были не просто командой — семьей, жившей под одной крышей и посвятившей все силы единой цели: найти негодяя, похитившего этих детей.

Когда она вошла в бывшую сестринскую, превращенную в командный пункт, все взгляды обратились к ней. Фредерик, шеф Патрик Лемуан и Жизель, их аналитик... Арно Новицки и еще двое жандармов из семьи — *ее* семьи, — вероятно, жандармы из Сент-Амана. Для пущей эффективности часть операций — особенно поисковых — было решено вести из другой казармы.

Патрик чмокнул ее в щеку:

— Спасибо, что пришла.

Она поздоровалась с двумя другими коллегами и несколько секунд обнималась с Жизель, которая похлопывала ее по спине:

— Приятно снова тебя увидеть, моя милая Цеце...

Ей было тягостно смотреть на лица, осунувшиеся от усталости и слишком похожих дней. Два месяца она не была здесь, но казалось, не прошло и суток: ничего не изменилось, разве что бумаг стало больше. Фредерик направился к кухоньке, откуда доносилось урчание разогревающейся кофеварки.

— Я варю кофе. Абигэль, тебе воды, травяного чая?

— Травяного чая, пожалуй.

Абигэль сняла вязаную шапку, шарф, пальто и присела к большому столу, заваленному бумагами и заставленному компьютерами. Фотографии троих пропавших были развешаны повсюду, и с ними — единственное новшество, белый прямоугольник с вопросительным знаком, обозначавший четвертую жертву.

Шеф команды ничего не стал рассказывать ей по телефону. Она прочла последние записи маркером на доске. «Проводится опознание одежды родителями Артура», «Вызваны трое водолазов на завтра».

— Итак, свершилось, вы нашли чучело Артура, — выдохнула она.

— Ждем подтверждения родителей по поводу футбольной формы, но, очевидно, все сходится, — ответила Жизель. — Размер, марка, описание его вещей. Вероятность, что это принадлежит ему, очень велика.

Жизель была одним из лучших аналитиков конторы. Сорок лет беспорочной службы, замужем, четверо детей; жила она всего в нескольких километрах от Безумной Вдовушки и приезжала на велосипеде. Одна из немногих, кстати, кто выиграл от переезда в новое помещение — поближе к дому. Она барабанила по клавиатуре своего компьютера, в совершенстве владея программой «Analyst's Notebook», в которую систематически вводились все параметры, все данные, свидетельства и протоколы дела «Чудо-51». Сегодня только по их досье в ней пересекались тысячи сведений. Жизель никогда не бывала на месте преступления, она ни в коем случае не должна была принимать расследование близко к сердцу, чтобы объективно рассматривать все данные и засекать несоответствия или, наоборот, точки соприкосновения, которые позволили бы продвинуться в деле. Неоценимое подспорье для Абигэль и окружавших ее жандармов.

— Уже известно имя нового похищенного ребенка? — спросила Абигэль.

— Нет еще. Было зафиксировано тревожное исчезновение два дня назад, но оно не связано с нашим делом. Мы отправили волосы с чучела на анализ ДНК. Как знать.

Абигэль взяла снимок, чтобы рассмотреть, но быстро положила его обратно на стол, так как руки ее дрожали. Майка сборной Франции по футболу... Номер 9... Маленькие кроссовки... Она задержала взгляд на длинных белокурых волосах, наверняка женских, приклеенных к полотняной голове: волосы новой похищенной жертвы, пока безымянной.

— Они светлые и длинные. Как волосы Леа.

Патрик забрал фотографию, увидев, как погрустнели глаза Абигэль. Вернулся Фредерик с чашками и кусками пирога с ревенем, которые достал из маленького холодильника, купленного на распродаже подержанных вещей.

— Это Жизель испекла.

Жандармы ничего не ели с полудня, и хоть и не были голодны, сладкое помогало держаться. Жизель робко улыбнулась Абигэль:

— Воздай ему должное. Я со вчерашнего дня на пенсии.

Абигэль встала и снова обняла Жизель:

— Прости, Жизель, я совершенно забыла.

— Ничего страшного. Но сама видишь, я прилепилась здесь, как ракушка к скале.

Абигэль села и удивилась, как быстро звуки, запахи, обстановка вновь стали ей привычны. Будто и не было двух месяцев отсутствия.

— Почему я здесь?

— Иди посмотри.

Абигэль подошла к большой карте региона, занимавшей добрую часть боковой стены. На ней стояли три крестика с датами. Всякий раз это были леса, места обнаружения жутких чучел. Дети пропадали по всей Франции, но мизансцены с одеждой всегда имели место в этом районе. Рем, июнь 2014-го. Соррю, сентябрь 2014-го. Абигэль сосредоточилась на последнем, свежем крестике. Сент-Аман, февраль 2015-го. Она сразу узнала место.

— Что это значит?

— Чучело Артура нашли меньше чем в ста метрах от места твоей аварии.

Абигэль почувствовала, что ей срочно надо сесть. Жизель ласково погладила ее по спине.

— Почему он это сделал?

Фредерик сел напротив нее.

— Это мы и пытаемся понять. Мы посмотрели рапорт об аварии, составленный два месяца назад. Там указано точное время драмы, то, которое показывали часы на приборной панели: 3:51.

Жандарм подвинул к Абигэль фотографию: дерево, снятое крупным планом.

— Ее отпечатали всего несколько часов назад. Это дерево неподалеку от виража. Мы думаем, что это послание вырезал Фредди. Не известно точно когда. Сегодня, вчера, месяц назад...

Абигэль взяла прямоугольник глянцевой бумаги. Увидела наклоненный глаз и вырезанное на коре время: «3:43».

— Мы знаем, что ты ничего не помнишь об аварии, — сказал Патрик. — Но это точное время тебе что-нибудь говорит? Почему 3:43? В рапорте говорится, что у тебя было видение в нескольких сотнях метров оттуда. Ты думаешь, может быть здесь какая-то связь?

— Нет, видение тут ни при чем. В 3:43 мы не ехали. Авария уже произошла.

Коллеги смотрели на нее, не понимая. Абигэль не сводила глаз со снимка.

— Эксперты воспользовались часами на приборной панели, чтобы определить время аварии, 3:51. Но они спешили. У меня были часы на руке. Их сняли в больнице и вернули мне при выписке. 3:43 — точно это время они показывали. Время, когда они разбились.

19

После слов Абигэль наступила тишина траурного бдения. Жизель перестала печатать на компьютере. Патрик сел рядом с Фредериком. Все теперь расположились вокруг стола. Проходившая рядом отопительная труба, стальная кишка Безумной Вдовушки, потрескивала и урчала. Старушка хотела присоединиться к празднику.

Слово взял Патрик. Дождь вперемешку с мелкими льдинками тихонько постукивал в единственное зарешеченное окно. После обнаружения нового чучела руководителю расследования, очевидно, предстояло провести с Вдовушкой ночь, и эта перспектива его совсем не радовала. Вот уже год он не был ни на одном родительском собрании, не отвозил сыновей в лицей и почти не проводил вечеров с женой.

И он все еще не нашел этих окаянных детей.

— Подумаем. Эта надпись доказывает нам, что Фредди знал, когда произошла авария: в 3:43, время, которое показывали твои разбитые часы. На этом этапе я вижу только две гипотезы. Первая: он имел доступ к твоим часам между аварией и моментом, когда тебе вернули их в больнице.

Он быстро листал копию рапорта об аварии, присланную Пальмери несколько часов назад по его запросу.

— Это могут быть пятеро рабочих, работники «скорой помощи», возможно, жандармы из Сент-Амана и все, кто занимался тобой в больнице. Ориентировочно от двадцати до тридцати человек.

— Если он в числе этих людей, это не только было бы колоссальным совпадением, но вдобавок слишком рискованно с его стороны оставлять нам эту надпись — он бы еще ногу себе прострелил, — заметил Фредерик. — Он же знает, что будет расследование.

— А мы знаем, как он осторожен, — добавила Жизель.

Патрик согласился, но все же не мог пренебречь этой ниточкой.

— Мы допросим каждого из них, хотя я больше склоняюсь ко второму варианту: Фредди был на месте в момент драмы, шестого декабря две тысячи четырнадцатого года, в 3:43. И вырезанный глаз говорит нам: он видел, что произошло в ночь аварии.

Гипотезы одна другой ужаснее проносились в голове Абигэль. Она думала о своем открытии с чемоданами, об исчезновении вещей: котенка, брюк. И потом, как она оказалась поодаль от машины, без серьезных ранений, лишь с несколькими порезами на лице?

— То, что он был на месте в ту ночь и там же произошла авария, — не главное совпадение, — продолжал Патрик. — Я хочу сказать, это вполне могло случиться. Главное — тот факт, что Абигэль оказалась одной из тех, кто задействован в этом деле.

— И все же я плохо себе представляю, как можно объяснить это иначе, чем случайностью, — сказала Жизель с полным ртом. — Присутствие машины отца Абигэль в этом месте — результат злосчастного стечения обстоятельств. Он ведь оказался там, потому что у него кончался бензин, да?

Абигэль кивнула:

— Указатель мигал. Он не проехал бы и тридцати километров.

— Если это было предсказуемо, то авария — нет, — заключила Жизель.

Она отложила ложку и направилась к карте Франции, на которой стояли три крестика с датами и именами. Ткнула в них поочередно ручкой:

— Алиса пропала в марте две тысячи четырнадцатого. Ее чучело нашли в июне две тысячи четырнадцатого, то есть три месяца спустя. Затем обнаружили чучело Виктора, тоже спустя три месяца после его исчезновения плюс-минус несколько дней. Теперь вспомните: Артур, наш самый последний пропавший, не подавал признаков жизни с пятого сентября две тысячи четырнадцатого. И что мы делаем три месяца спустя, то есть с начала декабря?

— Ждем, что Фредди, следуя своей логике, проявит себя, — отозвался Фредерик. — Изучаем сообщения о пропавших, ищем новую жуткую сцену в лесах...

— ...которую он выдал нам только сегодня, шестого февраля, то есть с опозданием на два месяца. Что-то нарушило его *модус операнди*. Абигэль показала нам, до какой степени такие типы ригидны: Фредди следует схеме, разработанному до мелочей плану. Почему вдруг пять месяцев вместо трех? А если, в силу чистейшей случайности, он решил выставить чучело Артура в ту ночь, шестого декабря, у шоссе Д151, но авария вывела его из равновесия?

Патрик был на сто процентов согласен.

— На шоссе несколько дней велись работы, он знал, что ему никто не помешает, — добавил он. — Он спрятал свою машину где-то в лесу, начал действовать, готовить инсталляцию своего чучела, но тут разыгралась драма... Был, должно быть, чудовищный грохот. Фредди испугался и сбежал. Но был начеку и два месяца спустя вернулся, чтобы доделать дело.

У шефа были глаза такого глубокого черного цвета, что трудно было отличить радужки от зрачков. Хуже, чем заглядывать в колодец. Как правило, людям, смотревшим на него, становилось не по себе. Абигэль, однако, не сводила с него глаз.

— Он не испугался. Наоборот, он задержался там.

— Почему ты так думаешь?

— Прошло три часа между аварией и прибытием «скорой» и жандармов. Три часа, которые я пролежала без сознания. Из чемодана Леа пропали вещи. Как минимум одна одежка и ее черный плюшевый котенок.

Фредерик посмотрел на нее удивленно.

— Я же был на вскрытии, — сказал он. — Пальмери говорил, что чемодан был заперт на ключ, а ключ лежал в кармане Леа.

— Я знаю. Но я уверена в том, что говорю.

— Уверена, как насчет ремней безопасности? — вставил Патрик Лемуан.

Абигэль бросила на него суровый взгляд. Так вот что они о ней думают? Что она фантазирует? Лемуан осознал свою промашку и поправился:

— Извини, Абигэль, но я просто пытаюсь быть объективным. Если то, что ты говоришь, — правда, это значит, что Фредди взял ключ из кармана Леа, открыл ее чемодан в багажнике, забрал какие-то вещи, запер чемодан и положил ключ на место. Все это после того, как машина врезалась в дерево и в ней лежали трупы.

— Я знаю, что я видела, что пережила. Мы собирались уезжать. Моя дочь положила котенка в свой чемодан.

— Зачем бы Фредди это делать? В этом нет никакого смысла.

Абигэль снова взяла фотографию дерева. Вырезанный глаз... Время... 3:43.

— Для него смысл есть. Мы знаем, что одежда играет важную роль в его образе действий. Это ее мы находим в мизансцене, запятнанную кровью, изрезанную ножом, а не детей. Он, возможно, не устоял перед искушением открыть чемодан Леа и порыться в ее вещах. Мы не знаем, почему он похищает этих детей и что с ними делает, зато знаем, что он любит играть, выводить из равновесия и провоцировать.

— Может быть, но зачем ему было трудиться класть ключ на место?

Она не дала себя сбить и ценой колоссального усилия продолжала свои умозаключения, несмотря на логический сбой, который подчеркивал Патрик Лемуан.

— Чтобы мы задались таким вопросом, может быть? Чтобы поиграть и доказать нам, что у него все под контролем, что он не боится? Если он был там в ту ночь, значит помощь он не вызвал. Наоборот, остался возле машины, спокойно смотрел на тела Леа и моего отца... Мы знаем его самообладание, никогда он не поддается панике, даже перед непредвиденным. А эта авария и была тем самым непредвиденным. Кто угодно среагировал бы, вызвал «скорую» или убежал. А он — нет, он остался... Может быть, в ту ночь он и вырезал надпись на дереве, как знать? Он подошел ко мне, узнал меня... Представьте себе: он знает благодаря прессе, что я работаю над делом, и находит меня там, бесчувственную, лежащую на земле перед ним. Вообразите же, какой восторг овладел им в тот момент. Он держит мою жизнь в руках, имеет надо мной полную власть...

Она задумалась над этой новой гипотезой: Фредди мог бы ее убить, но не сделал этого. Охотника интересует охота, а не сам акт убийства, он — лишь заключение. Пока длится охота, не спадает возбуждение. Патрик сохранял спокойствие, подперев руками подбородок и задумчиво глядя на психолога. Он нащупал интересную, неожиданную ниточку и ни за что не хотел ее упустить, какой бы странной она ни казалась.

— Ты уснула за несколько секунд до удара, — сказал он. — Авария произошла в 3:43. Рабочие нашли тебя без сознания, в пяти метрах от машины, в 6:37, то есть почти три часа спустя. Ты твердила и Пальмери, и Фредерику: ты не знаешь, что произошло, и понятия не имеешь, как оказалась снаружи, невредимая.

Абигэль молчала, не вполне понимая, куда он клонит.

— Я вот что подумал: если он тебя видел, может быть, и ты видела его?

— Нет, нет. Я никого не видела, я это говорила уже много раз. До аварии я дремала, в голове было не вполне ясно. Я помню все спорадически, будто вспышками: автострада, лес, туман... Еще у меня было гипнагогическое видение: померещилось, будто какой-то зверь пересекал дорогу. То ли лисица, то ли человек, с острыми ушами, высокий, но... это все.

— И ты уверена, что это было именно видение? Что это не мог быть, к примеру, Фредди?

— Мой отец ничего не видел.

— И больше ничего после этого гипна... как его, видения? Я знаю, что тебе это трудно, но подумай, Абигэль. Это может очень помочь нам в деле. Даже деталь, которая кажется тебе незначительной, могла бы объяснить присутствие этого вырезанного глаза...

— Нет. Мне очень жаль. Я вам все сказала, больше ничем не могу помочь.

Абигэль глубоко вздохнула и поднялась. Ей надо было выйти отсюда. В последний раз она посмотрела на фотографии детей. И на большой вопросительный знак на белом прямоугольнике.

— Мне надо домой. Держитесь.

Фредерик взялся за телефон:

— Я вызову тебе такси.

— Не стоит.

Он понял, что она приехала на своей машине. Что собственная жизнь больше не имеет для нее значения. Она услышала голос Патрика за спиной:

— Ты можешь вернуться на работу, когда захочешь. Ты нам нужна, знаешь это?

Абигэль помедлила, не оборачиваясь, потом, преодолев колебания, вышла. Разум запрещал ей оставаться здесь. Она оставляла коллег с их вопросами, сомнениями, их мучениями сыщиков. Велика вероятность, что в этот час новый ребенок — возможно, последний в этой жуткой серии — был похищен где-то во Франции, коль скоро чучело предыдущего пропавшего, Артура, им предъявлено. Девочка с длинными светлыми волосами, как у Леа, чья жизнь рухнула навсегда.

Ей не удалось спасти собственную семью, так что же она может сделать для этой новой пропавшей?

Она прошла по длинным пустым коридорам, где гулко звучали только ее шаги. Раскрытый зев Безумной Вдовушки. Так легко поддаться ей, поддаться безумию. Рухнуть по другую сторону...

Снаружи фонари освещали строгие здания красного кирпича с маленькими квадратными окошками. Абигэль увидела в них лица всех пропавших. Этих детей, которые звали, требовали ее помощи. Алиса, Виктор, Артур. И новая девочка без лица.

Повернулся ключ в зажигании, машина тронулась. Ночь поглотила ее. Рой снежных хлопьев ласкал ветровое стекло. Дети водили хоровод и кричали в ее голове. Артур сидел рядом с ней на пассажирском сиденье. Обритый наголо, с кровавыми слезинками на щеках. Она моргнула, и он исчез.

Они всегда будут здесь, все. Никогда они не оставят меня в покое.

Она выехала на пустынную автостраду, прибавила газу, опасно приблизившись к разделительной полосе на скорости больше ста сорока километров в час. «*Lascia ch'io pianga*» из оперы «Ринальдо» звучала на полную громкость. От этого пения на глаза навернулись слезы. Она ослабила хватку на руле и стала ждать, когда парализует ее тело. Когда ее поглотит тьма.

Она была готова.

Но, как и во все предыдущие разы, когда она искушала дьявола, проносились километры, звучало пение, чистый голос, хрустальный напев скрипок, хриплая сила контрабасов. И в эту ночь снова слез не хватило, чтобы вызвать приступ. Змей нарколепсии не посмел укусить, он предпочел дать ей медленно угаснуть в своей постели, вводя себе скупые дозы отравы.

Абигэль глубоко вздохнула.

И в эту ночь ей не суждено умереть.

Нет, ей предстоит встреча с собственными демонами.

20

6 декабря 2014
АВАРИЯ

6 февраля 2015

24 июня 2015
ГОРЯЩАЯ ПРОМЫВОЧНАЯ

Она выключила авторадио. Голоса смолкли, оставив в ушах отзвуки струнных. Двадцатью километрами дальше она свернула с автострады.

Впервые она возвращалась на убийственный маршрут.

Очень скоро лес обступил ее, словно желая взять в плен. Снег перестал, но крошечные льдинки плясали в свете фар и липли к ветровому стеклу. Абигэль опустила стекло со стороны водителя, впустила в машину хлесткий воздух, чтобы взбодриться.

Впереди, еще расплывчатая, виднелась развилка. В ту ночь, 6 декабря, мигал оранжевый сигнал, предупреждая о работах, теперь Абигэль хорошо это помнила. Как ее отец два месяца назад, она свернула на Д151. Длинный асфальтовый ров в чреве леса. Она искала километровый столбик справа, 12-й километр. Высмотрев его наконец, остановилась на обочине и вышла, застегнув молнию своей толстой куртки до подбородка. Ветер пробирал до костей. Гипнагогическое видение посетило ее точно в этом месте. Она всмотрелась в безжизненную картину вокруг, лабиринт ветвей на фоне бездны.

Вернулась в машину, включила до упора обогрев, тронулась. Сотней метров дальше взгляд ее машинально сместился на левую обочину дороги. И в голове вспыхнуло. Она затормозила так резко, что машину занесло.

В ту ночь на обочине, вскоре после видения, она видела машину. Черный «кангу» с погашенными фарами.

«Кажется, у этой машины проблема. Почему ты не остановился?»

Собственный голос звучал в ушах. Этот вопрос она задала отцу, а он не ответил. Еще одна гипнагогическая галлюцинация или там вправду была машина? Чья? Фредди? Она всмотрелась в дорогу. Дерево-убийца вздымалось там, в конце пути. Хозяин «кангу» видел аварию из первых рядов.

Надо позвонить Патрику Лемуану и предупредить его. Все ее мускулы напряглись, когда чуть дальше она увидела тот самый вираж. Отражающие панно предупреждали о повороте дороги. К горлу подступила тошнота. Она припарковалась метрах в десяти от виража, вышла, и ее вырвало.

Лес был насыщен сыростью, на деревьях клочьями висел туман. Команды уже уехали и увезли прибитое к дереву чучело. Осталось, наверно, лишь пустое место, окруженное лентами жандармерии.

Абигэль добралась до освещенного фарами поворота. От следов удара, вывороченных кусков коры, ее снова затошнило. Она представила, как вылетают тела через ветровое стекло, точно пули, как разлетаются, ударившись о ствол, головы. Слава богу, Леа спала, она не мучилась. Но отец... Она поискала на стволах вокруг и наконец в двух-трех метрах наткнулась на вырезанное послание.

3:43 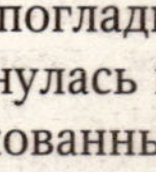

Кончиком перчатки она погладила наклоненный глаз и время аварии. 3:43. Обернулась к дороге, представила себе «Рено-Кангу», припаркованный в двухстах метрах... Фредди... Что видел автор надписи в тот вечер, кроме разбившейся о дерево машины? Если это был Фредди, почему он дал себе труд создать эту загадку?

Она долго всматривалась в рисунок. Глаз, направленный в землю.

3:43, 3:43, 3:43...

Страшное наитие осенило вдруг Абигэль. Вся дрожа, она принялась рыскать вокруг. Фотографии, которые она видела, и пояснения, которые слышала, позволили ей обнаружить место своего приземления после удара: широкое ложе из листьев и перегноя, где не было деревьев. Что-то вроде защитной клетки Фарадея[1].

Точное место, где в 3:43 ее часы, вероятно, ударились о землю и разбились.

Присев на корточки, она принялась ворошить листья и землю. Специалисты вряд ли успели обшарить это место, в шести-семи метрах от дерева с надписью. Ветер еще усилился, и теперь ей казалось, что под его напором все ее кости переломаются одна за другой.

«Вы чудом уцелели». Почему она ничего не помнит об аварии? Почему не проснулась в момент удара? Ее отец, должно быть, закричал, перед тем как врезаться в дерево. Она только что уснула, не могла не проснуться.

Вдруг ее руки что-то нащупали. Из-под ковра из листьев она вытащила плотный белый пластиковый пакет. В нем что-то было. Абигэль направилась к свету фар, раскрыла пакет, достала прозрачный файлик. Внутри лежал листок бумаги.

И тут молодая женщина почувствовала, как пакет и файлик выпали у нее из рук, а в следующую секунду подкосились ноги. Тяжелое падение. Ее левое бедро ударилось о землю первым. К счастью, листья смягчили удар.

---

[1] *Клетка Фарадея* (или «щит Фарадея») — устройство, изобретенное английским физиком и химиком Майклом Фарадеем в 1836 г. для экранирования аппаратуры от внешних электромагнитных полей. Обычно представляет собой заземленную клетку, выполненную из токопроводящего материала.

Правая нога согнута, левая рука вывернута, поза сломанной куклы. Она не могла шевельнуть и кончиком пальца, но была в полном сознании.

Бетонная плита придавила ее, не давая двинуться. Она задыхалась, весила тонны, умирала, как всякий раз, когда змей ее кусал. Ветер хлестал, швыряя в лицо пригоршни гвоздей. Она увидела, как перед ее глазами дохлой рыбы пластиковый файлик улетел, а белый пакет надулся, точно воздушный шар, и скрылся в ночи. Но листок из файлика зацепился поодаль за ветку.

Абигэль сосредоточилась на дыхании, вдох-выдох. Не оставалось ничего иного, как только ждать, когда схлынет избыток эмоций. Когда разлаженный механизм ее тела запустится сам, как часы.

Через несколько минут к ней наконец вернулись ощущения, и ее каменное тело вышло из каталептического состояния. Начался отлив. Едва почувствовав в себе силы, она встала и нетвердой походкой двинулась подобрать листок.

На нем было написано синими чернилами:

Тебе я делать больно не хочу,
Но знаю, очень скоро я умру.
Тебе я редко это говорю,
Но знай, тебя я, мамочка, люблю.

21

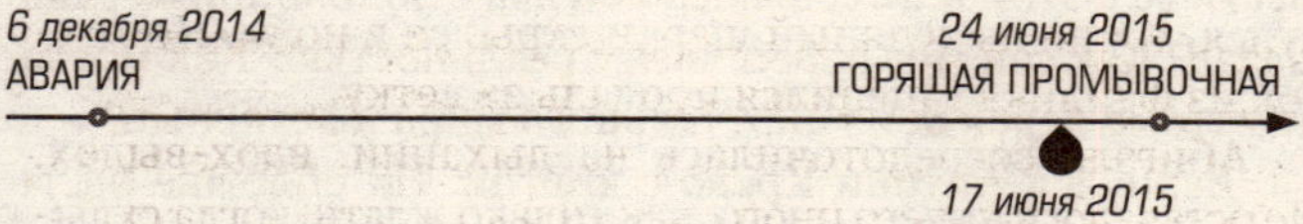

После сканирования в отделении неврологии Абигэль дождалась, когда Фредерик вернется на работу, чтобы выйти из квартиры. Она направилась к ближайшему книжному магазину, на маленькой улочке Старого Лилля. Она бывала здесь минимум раз в неделю и часто уходила, нагруженная новинками.

У нее все еще не выходила из головы обнаруженная вчера гематома на спине. Внушительный синяк лилового цвета северной зари. Как она могла так удариться и не помнить об этом? И почему ушиб именно в том месте, куда ударили ее во сне? Абигэль поискала в Интернете объяснений наличию синяка. Кроме возможного сомнамбулизма и бреда о привидениях на парапсихологических сайтах, она не нашла ничего мало-мальски убедительного.

Она поздоровалась с одним из продавцов, Антони Крево, и спросила, слышал ли он о «Четвертой двери».

— Книга вышла в конце марта. Второй роман Джоша Хеймана. Кажется, к нам ее завезли не так давно.

Мало того что книга существует, Абигэль еще и выяснила, кто такой Джош из ее снов.

— Он написал «Черные камни» в две тысячи двенадцатом году, — продолжал продавец, заглянув в свой компьютер. — Не очень известный автор, лично мне его имя ни о чем не говорило. Мы продали всего два экземпляра. И «Четвертой двери» еще один остался. Возьмешь?

— Да, пожалуйста.

Абигэль стояла у прилавка, задумавшись. Ее сны — и, значит, ее подсознание — служили ей путеводной нитью. Но как история, рожденная в ее голове, могла привести ее к этой книге, вышедшей два с половиной месяца назад? Как сон мог пересечься с реальностью? Как могла гематома перейти из виртуального мира в реальный?

Вернулся Антони Крево с книгой. На обложке была нарисована большая деревянная дверь с висячим замком, как будто в подвале. На двери цифра четыре. Внизу написано: «Триллер». Крево пробежал заднюю сторонку обложки:

— Это о похищениях. Сыщики расследуют дело где-то в Шамбери. Тебе может понравиться, да.

Продавцу было неизвестно, кто такая Абигэль, он знал ее только как читательницу, большую любительницу детективов и триллеров. Она взяла роман и быстро пролистала.

— Ты можешь проверить, не покупала ли я его раньше?

Крево открыл файл в компьютере.

— А, да, смотри-ка, неделю назад. Одиннадцатого июня. Тебе ее продал мой коллега.

— Совершенно не помню.

— Дай я уберу ее и...

— Нет. Я ее возьму. У меня ее больше нет. Фредерик был на блошином рынке в прошлые выходные. Наверно, продал ее с остальными книгами, а я не успела прочесть.

В расстроенных чувствах Абигэль расплатилась и поспешила вернуться к Фредерику. Могла ли она купить этот роман и начисто об этом забыть? Она попыталась припомнить тот день, 11 июня, — тщетно. Ничего не всплывало в мозгу. Прошла всего неделя, как она могла утратить такие близкие воспоминания? Неужели пропидол бьет ее по мозгам наобум и начинает пожирать настоящее?

Она поднялась в квартиру и удивилась, когда, вставив ключ в замок, обнаружила, что дверь уже открыта.

Все начиналось сызнова: она возвращается в квартиру, дверь открыта, а в руках у нее книга «Четвертая дверь». Как в том не дававшем ей покоя сне, в котором она шла с вокзала Лилль-Европа. Так, спальня. К счастью, на сей раз никакого трупа. Она направилась в ванную, увидела свое отражение в зеркале. Идеальное, четкое, без искажений. Реальное.

— Все хорошо, ясно? Ты не спишь, ты в здравом уме. Это просто пропидол играет в кубик Рубика с твоей памятью.

Звук собственного голоса успокоил ее. Она прошла в гостиную, внимательно всмотрелась в обстановку. Ей показалось, что некоторые предметы в буфете стоят не на своих местах. И телевизор как будто сильнее повернут влево, чем обычно. Да еще и кресло отодвинуто дальше, чем она привыкла. Опять.

— Послушай, Абигэль Дюрнан. Это реальность. Ты не спишь, ты в сознании. Фредерик на работе. Ты, наверно, забыла запереть входную дверь. Все нормально и логично.

Но она не вполне верила собственным словам, и, главное, она ведь могла произнести их и во сне. Мебель действительно была сдвинута. Чуть-чуть, конечно, но все-таки. Если все ей снится, как это узнать? А если она в реальности, почему же перемещаются вещи?

Она бросилась в ванную. Аптечный шкафчик был приоткрыт, а ведь она плотно закрыла дверцу и повернула задвижку. Она открыла его настежь, всмотрелась в бутылочки с пропидолом... Все как будто было в порядке. Она закрыла дверцу как следует, заперла и спрятала ключ в выдвижной ящик. В гостиной она взяла иглу, лежавшую у компьютера. Укололась, сознавая, что, хоть кровь и потекла, это все равно может быть сон.

Надо было придумать способ понадежнее, новые тесты на реальность. Снова взяв иголку, она проткнула едва заметные дырочки на деревянной поверхности буфета. И поставила предметы — фотографии в рамках, статуэтки — точно на эти дырочки. Потом проделала ту же операцию черным маркером: четыре незаметные точки на плиточном полу, на которые поставила ножки кресла, тумбочки под телевизором, стола... Так была упорядочена вся обстановка комнаты. Залог вполне реального пространства.

Абигэль закрыла лицо руками, сознавая, как глупы ее поступки и мысли. Дипломированный психолог ползает на четвереньках по полу, отмечая расстановку мебели маркером, как будто играет в морской бой. Боже мой, видел бы ее кто-нибудь, ей бы сразу выписали билет в один конец в психиатрическую больницу! Неужели она совсем свихнулась? Чем все это кончится? Когда ее окаянные кошмары перестанут воплощаться в жизнь? В ее плоть?

Она вздохнула и пошла заварить травяного чая, а потом решила приступить к чтению.

22

Детективный роман начинался с исчезновения ребенка в горной деревушке близ Гапа, в Верхних Альпах, зимой 2008 года. Мальчика звали Вильям Лафонж, ему было одиннадцать лет. Автор вел рассказ от лица полицейского из уголовного розыска, мрачного и загадочного, почти асоциального типа, которому дал в напарницы сыщицу, специалиста по исчезновениям, явившуюся прямиком из Парижа. Валери Лазиньер, тридцати пяти лет. Блондинка с голубыми глазами, довольно высокая, спортивного телосложенная, бездетная. Ее родители оба погибли в автокатастрофе два года назад. Вдобавок в возрасте шестнадцати лет ее изнасиловали.

Тут Абигэль вздрогнула. Если не считать изнасилования, героиня Валери Лазиньер походила на нее, некоторые общие черты прямо-таки бросались в глаза. Однако, хоть она и заметила это странное совпадение, чтение ее не захватило. Стиль оказался тяжеловат, а некоторые ошибки в описании следственных действий раздражали. В случае подтвердившегося исчезновения обычно пускали в ход тяжелую артиллерию: мобилизовывали силы полиции или жандармерии, вертолеты, даже задействовали план «Тревога: похищение». В романе же лишь два главных героя вели расследование в одиночку и, Абигэль уже чуяла это, должны были вскоре переспать.

Двое сыщиков опрашивали родителей, соседей, лавочников... Обнаружили два-три следа, оказавшиеся пустышками. Расследование буксовало, и книга тоже. Герои переспали в седьмой главе. Чтобы оживить интригу, автор время от времени вел рассказ от лица ребенка, запертого в темноте, перепуганного, умоляющего через толстую деревянную дверь — ту, что была изображена на обложке, — выпустить его.

Абигэль хотела было отложить книгу, как вдруг новый сюжетный поворот произвел на нее действие разорвавшейся в животе бомбы: полицейские получили анонимное письмо, присланное в комиссариат. Всего несколько слов, напечатанных на компьютере на белом листе: «На четвертом я остановлюсь. Время пошло. Тик-так, тик-так».

Абигэль кинулась к пробковой доске над компьютером и посмотрела на скан письма, полученного бригадой в самом начале дела Фредди, в марте 2014-го. «Будут еще трое. Ни одним больше, ни одним меньше».

Кто такой этот Джош Хейман? Псевдоним француза? Американец? Пресса в свое время писала о деле Фредди, и это письмо просочилось в СМИ. Что же, Хейман отчасти вдохновился их расследованием? Роман вышел два с лишним месяца назад; если автор писал его в прошлом году, это было вполне возможно.

У Абигэль почти не осталось сомнений, когда два сыщика в романе нашли, вскоре после второго похищения, не одежду на чучеле, но молочный зуб, принадлежавший первой жертве. Похититель послал его напрямую родителям мальчика. Еще более извращенный ход.

Теперь она не могла оторваться от романа. Где-то с середины книги автор ударился в чернейшие ужасы и худшие извращения, в том числе сексуального характера. Стиль письма изменился, стал резче и как-то... *безумнее*. Да, безумный, вот точное слово. Абигэль представила себе блажного писателя, одержимого своими демонами, и снова начальная сцена «Апокалипсиса сегодня» — ласка безумия — пришла ей в голову.

В интриге был задействован садизм, торговля людьми — целая сеть с ответвлениями в Бельгии и Румынии. Запрещенные форумы, на которых мужчины обменивались фотографиями детей. Хейман выдавал описания, от которых тянуло блевать, и все глубже погружался в свои потемки. Продолжение истории он сочинил, удаляясь мало-помалу от их подлинного дела. Логично, ведь сыщики команды «Чудо-51» в конце концов дали задний ход и больше не сообщали прессе никакой информации. И потом, расследование еще продолжалось, а книга уже была опубликована.

Она выпила еще травяного чая и вернулась к роману. Вот-вот должен был прийти Фредерик. Осталось только двое детей из четырех запертых в подвале — последние похищенные, Кантен и Коринна. Двух других забрали «черти». Кантен не знал, куда и зачем. Двадцать дней мальчик томился в этих подземельях. Накануне незнакомый мужчина клещами вырвал ему зуб. А назавтра Коринна, одиннадцати лет, черноглазая брюнеточка, оказалась с ним...

Какую участь им уготовили? Что станется с этими детьми? В этой главе автор сосредоточился на Коринне, все было увидено ее глазами. Перепуганная девочка звала родителей, скребла ногтями землю. Когда она спросила Кантена, сколько времени он томится в своем карцере, и он ответил ей, что долго, она завопила.

Абигэль не могла оторваться от их диалога на странице 387.

«— Тот, кто с нами это сделал, дает нам всем прозвища, — прошептал Кантен. — Я — Кро-Маньон. Не знаю, почему он зовет меня так. А ты? Он уже дал тебе прозвище?»

Абигэль перевернула страницу, нервно царапая ногтями губы.

Она прочла первую строчку, и глаза у нее полезли на лоб.

«— Да, — ответила Коринна. — Он назвал меня Жемчужинкой Любви».

23

Первым, что почувствовал Фредерик, вернувшись домой после этого утомительного июньского дня, был сильный запах антисептиков. Заинтригованный, он шагнул в квартиру, заглянул в кабинет, где стоял его компьютер. Едва начатая сигарета, раздавленная в пепельнице, которой он никогда не пользовался, удивила его: Абигэль не курила.

Бросив куртку на спинку дивана, он пошел по коридору. Из спальни донесся скрип половиц. Его подруга, должно быть, проснулась после сиесты. Проходя мимо ванной, он заметил валявшиеся у раковины бинты в пятнах то ли крови, то ли бетадина. Он кинулся в спальню. Абигэль расхаживала по комнате, прижимая к уху телефон. На кровати были разложены четыре тетради снов. Последняя, под номером 4, открыта. Рядом лежала новенькая книга, «Четвертая дверь» Джоша Хеймана.

— Не отвечают, — сказала Абигэль, вешая трубку. — Я позвоню в издательство Джоша Хеймана завтра с утра.

Она переоделась в бежевый свитер с длинным рукавом, хотя на улице было больше двадцати пяти градусов тепла. На ткани виднелось пятнышко крови. Фредерик подошел, взял ее за левую руку и приподнял рукав свитера. Он увидел повязку.

— Ничего страшного, Фред.

— Ты поранилась?

Она не ответила. Он осторожно отклеил пластырь. От вида маленького ярко-розового кратера на коже у локтя скрутило желудок. Ожог от сигареты...

— Боже мой, Абигэль, не говори мне, что...

— Иголок уже недостаточно. А боль от такого ожога не может сымитировать никакой сон. Когда я обожглась, я убедилась: то, что я пережила, — реальность. Это важно, очень важно для меня — сохранять ясный ум. Потому что происходит что-то такое, что, возможно, поможет мне наконец продвинуться.

Фредерик бережно приклеил пластырь на место. Он подсунул руку под затылок Абигэль и погладил ее.

— Он останется на всю жизнь, этот ожог, ты понимаешь?

— Вот именно.

— Это не должно повториться, Аби. Скажи мне, как тебе помочь?

Она кинулась к кровати, схватила книгу и сунула ему в руки.

— Скажи мне, видел ли ты эту книгу? Я купила ее в первый раз в магазине десять дней назад. И конечно же, принесла ее сюда, положила на стол или поставила на полку. Посмотри на нее хорошенько.

Фредерик перевернул томик, бросил взгляд на заднюю сторонку обложки.

— Первый раз вижу.

— Нет! Не может быть! У меня есть чек от одиннадцатого июня!

Она взяла книгу у него из рук, открыла ее на странице 387, ткнула пальцем в верхнюю строчку. Фредерик прочел реплику. Абигэль уловила искру, блеснувшую на долю секунды в его глазах.

— Ты говорила мне, что называла так Леа. Она нашла крошечную жемчужинку в устрице в прошлом году...

Абигэль энергично закивала:

— Она так этим гордилась. Книга вышла меньше трех месяцев назад. В ней говорится о похищении детей, о преступных сетях, о заточении. Этот Джош Хейман заменил жандармов полицейскими, изменил место действия и мотивации своего преступника, но он взял за основу часть нашего расследования, тут никаких сомнений. Четверо похищенных детей, как у нас. Даже у его сыщицы есть общие черты со мной. И он пишет об автомобильной аварии, в которой погибли ее родители.

В яблочко. Фредерик всегда щипал себя за нижнюю губу, когда бывал озадачен. Она вдобавок показала ему расшифровку имени Д-Ж-О-Ш из своего сна.

— Все ведет меня к этой книге.

Фредерик сел на кровать.

— Эта Жемчужинка Любви появляется еще где-нибудь в книге?

— Нет, я проверяла. Только на странице 387.

— Ладно. Давай спокойно попытаемся во всем разобраться. Какой-то тип пишет роман, который выходит в конце марта, вдохновившись, судя по всему, нашим делом. Кстати, а что сталось с детишками в книге?

— Все кончилось плохо. Их находят мертвыми на бельгийской границе, их тела утопили в частном пруду во владениях главы педофильской сети. Гнусная история в духе Марка Дютру...[1]

— Очень обнадеживает. Короче, дело разжигает страсти, пресса шумит, наши физии маячат в газетах, и твои качества эксперта по криминологии выходят на первый план. Достаточно набрать твое имя в Интернете, чтобы поисковик выдал кучу статей в региональных газетах, в том числе большой портрет на три полосы. Пресса тебя любит и следит за тобой уже несколько лет: психолог-криминолог, страдающий нарколепсией, — такое не каждый день встретишь... Ну вот, автор твоей книжицы использует эти статьи, чтобы выстроить свою интригу. Вдобавок у него могут быть свои источники в жандармерии, как знать? Он пишет книгу и публикует ее, когда наше расследование в самом разгаре. Ты ее покупаешь несколь-

---

[1] *Марк Дютру* (р. 1956) — бельгийский педофил и серийный убийца.

ко дней назад, возможно, читаешь целиком, но не обращаешь внимания на страницу 387? Мало ли, была рассеянна или устала... И потом, эти твои провалы в памяти. До сих пор это касалось далекого прошлого, но, может быть...

Он замолчал. Сел рядом с ней.

— Что бы ни случилось, я тебя не оставлю. Никогда.

Фредерик попал в точку, как это часто бывало. Абигэль посмотрела в его глаза, два больших темных круга, в которых она любила теряться, когда ей было плохо.

— Леа терпеть не могла, когда я называла ее Жемчужинкой Любви. Я знала, что это ее бесит, но именно в наших мелких ссорах мы были особенно близки. Я прижимала ее к себе, гладила по волосам — я не могла этого делать, когда все было хорошо. Какая-то стыдливость разделяла нас. В тринадцать лет она уже была маленькой женщиной со своим характером, знаешь?

Она замолчала, глядя в пол. Фредерик знал, что в такие моменты Абигэль была с дочерью. Что между ними существовала незримая связь. Он оставил ее в покое, ушел в кухню и открыл морозильник. Вздох... Ведерко карамельного мороженого... Большая ложка... Некоторые бегают до изнеможения, чтобы выпустить все скопившееся в голове дерьмо. Он этого не мог из-за невралгии сухожилий левого плеча при любом длительном усилии. Вот он и компенсировал это кайфом от приема сахара, в одиночку склонившись над столом, поставив перед собой ведерко как олицетворение отчаяния.

Абигэль стояла за его спиной и смотрела, как он поглощает мороженое в астрономических количествах.

— Жемчужинка Любви — это было только наше имечко, — сказала она, подойдя ближе. — Откуда же этот Джош Хейман мог его узнать?

— Может быть, Леа кому-нибудь рассказала? — ответил Фредерик перемазанными в мороженом губами. — В школе? В танцевальном клубе? В Интернете? Она ведь пользовалась соцсетями, правда?

— Время от времени.

— Имечко дошло до ушей писателя тем или иным образом, и он использовал его в своей книге. Это просто совпадение, случайность.

Абигэль принялась расхаживать взад-вперед, обхватив голову руками, откинув свои длинные волосы назад. Фредерик глотал без вкуса, без желания, в замедленном темпе. Сахар обволакивал его язык и желудок, и ему казалось, будто горло разбухает, как после укуса осы. Ни дать ни взять парочка психопатов, подумал он. Ее сжигает жар, а его — холод.

— Может, случайность, а может, и нет, — отозвалась Абигэль. — Пятого декабря две тысячи четырнадцатого года машина моего отца врезалась в дерево, и Фредди как раз был там. Через два месяца я возвращаюсь туда и нахожу стихотворение, в котором моя дочь сообщает мне, что скоро умрет. Сегодня в книге о похищении детей, расследование в которой похоже на ваше, я нахожу нечто очень личное, касающееся нас с Леа. Я хочу понять, как это может быть. И я найду этого Джоша Хеймана. Я хочу знать, как он ухитрился написать слова, которые могла произнести только моя дочь.

24

6 декабря 2014
АВАРИЯ

24 июня 2015
ГОРЯЩАЯ ПРОМЫВОЧНАЯ

7 февраля 2015

Абигэль всю ночь не сомкнула глаз. Она без конца переживала свою находку несколько часов назад в лесу близ Сент-Амана, совсем рядом с местом аварии. Вырезанный на дереве глаз... Пластиковый пакет, зарытый в листья... Катаплексия, паралич, улетающие пакет и файлик... И в последний момент пойманный листок. Ужасное четверостишие на нем, явно адресованное ей:

Тебе я делать больно не хочу,
Но знаю, очень скоро я умру.
Тебе я редко это говорю,
Но знай, тебя я, мамочка, люблю.

Вскоре после находки, около полуночи, она вернулась в помещение группы. На месте был только Патрик Лемуан и очень удивился, увидев ее так поздно. Она все ему рассказала: как вспомнила о черном «Рено-Кангу», стоявшем в двух-трех сотнях метров от места аварии на Д151, и, главное, о письме в файлике и пластиковом пакете, зарытом в опавших листьях точно в том месте, где ее нашли без сознания после трагедии двумя месяцами раньше.

На следующий день после ее находки, в одиннадцать утра, Абигэль держалась только на нервах. Она расхаживала вокруг стола в гостиной, где лежали листки — стихи, письма, — написанные рукой дочери, которые она откопала в одном из ящиков в ее комнате.

Приходилось признать очевидное: на первый взгляд письмо, найденное в лесу, было написано тем же почерком.

Абигэль снова припала к кухонному окну. Вот-вот вернется Фредерик и сообщит что-нибудь новенькое по поводу странных вчерашних открытий. Он отказался что-либо объяснить ей по телефону. Что означало, что это важно. Что жандармы ухватили ниточку. Кто написал фразу на бумаге? Один из похищенных детей? Сам Фредди? Но как можно было с такой точностью воспроизвести почерк Леа? И почему обращались к ней?

Ей хотелось ощутить в горле пламя алкоголя, но надо было оставаться трезвой. Услышав так хорошо знакомый ей шум мотора, она кинулась к двери. Настоящая собака Павлова, выделяющая слюну при звоне колокольчика.

Она почувствовала, как взволнован ее гость, когда они поцеловались. Судя по виду, он тоже недоспал. Он указал на стоявший у двери чемодан:

— Ты уезжаешь?

— Мне надо съездить забрать вещи отца из дома, который он снимал в Этрета. После твоего ухода сразу и отправлюсь. Сделаю дело и, наверно, переночую в отеле. Вернусь завтра.

Фредерик бросил взгляд в сторону кухни. Он знал, где найти бутылку водки: между двумя раковинами. Однажды он застал ее, когда она выливала содержимое в слив, в другой раз — пьющей из горлышка. Демоны в ней бились не на жизнь, а на смерть.

— До Этрета путь неблизкий, Абигэль. С твоим лечением и...

— Я знаю, Фред, знаю. Но во-первых, я трезва. А вовторых, несколько часов пути средь бела дня — это не смертельно. По автостраде я не поеду. Если захочется спать, остановлюсь на обочине, подремлю и покачу дальше.

— А в случае катаплексии?

— Я справлюсь.

— Ты не можешь справиться.

Абигэль не ответила. Они прошли в кухню и сели. Фредерик достал из-под куртки папку с тесемками. Внутри лежал листок с написанной от руки фразой. Абигэль налила им черного кофе; они оба любили крепкий.

— Прежде чем перейти к этому письму, я должен сказать тебе кое-что о чучеле, найденном вчера в лесу...

Он подвинул к ней фотографию Артура: мальчуган в футбольной форме с мячом под мышкой. У Абигэль висела такая же в кабинете, но она все убрала в ящик стола, хоть и не выбросила — просто не смогла. Фредерик протянул ей другие фотографии — сделанные вчера, когда обнаружили чучело.

— Итак, во-первых, длинные светлые волосы. Нашли несколько луковиц, и анализ показал, что волосы женские. Их проверили по картотеке ДНК, это ничего не дало. Неизвестно, кому они принадлежат.

— Об исчезновении так и не заявляли?

— Ничего. Если это волосы ребенка или подростка, родители должны были проявиться уже давно. До сих пор Фредди посягал только на семьи. Но может быть, эта девочка из приюта? Из какого-нибудь заведения? Сирота?

— Тем более что Фредди, возможно, хотел выставить свое чучело в ночь моей аварии. А в таком случае девочка с длинными светлыми волосами пропала два месяца назад...

— Мы тоже об этом думали. Лемуан в контакте с прессой. Информация уже циркулирует вокруг этой новой находки. Может быть, кто-нибудь и проявится.

— Пресса вредит нам столько же, сколько помогает. А родители Артура знают про чучело?

— Да... Сама понимаешь, в каком они состоянии.

Она со вздохом взяла письмо:

— Ты должен был начать с этой записки. Что вы обнаружили?

Фредерик помедлил с ответом, отпив глоток кофе.

— У тебя еще остались кое-какие личные вещи в помещении группы. Бумаги, три фотографии дочери и несколько милых записочек, которые она писала тебе, в духе: «Я тебя люблю, я тебя тоже нет. Твоя Жемчужинка Любви».

— Я знаю, они есть и в моем кабинете, и в ящиках в комнате Леа. — Она показала на стол. — Они повсюду... Я зайду за ними... скоро.

— Мы сделали графологический анализ текста, написанного на листке, который ты принесла этой ночью. Сравнили его с другими, написанными твоей дочерью. Наш эксперт дал однозначный ответ: это почерк Леа.

Абигэль прижала ладони к щекам:

— Вы уверены, что это не имитация?

— Никаких сомнений. Эти слова на листке, который ты принесла Патрику, написала Леа.

Абигэль утратила дар речи. Она представила себе, как Леа в своей комнате, заперев дверь, пишет эти четыре зловещие строчки и прячет листок в ящик стола.

— Мы побывали на месте аварии сегодня утром, — объяснил Фредерик. — Ночью навалило много мокрого снега. Все размыто, невозможно отыскать место, где ты будто бы копала...

— Что значит «будто бы»?

— Это письмо... Ты понимаешь, что этого не может быть, Абигэль?

— Тогда что же? Вот эти слова, перед тобой, и почерк моей дочери!

— Есть два варианта. Первый: Фредди был здесь, у тебя, украл этот листок и закопал его в лесу.

Абигэль не вздрогнула. Она только скрестила на груди руки, вдруг ощутив озноб. Фредди ведь побывал и у Виктора, он всегда околачивался поблизости от своих жертв. Но с какой стати он проник к ней, чтобы украсть лист бумаги, о существовании которого она сама не подозревала? Откуда он мог знать?

— Ты не замечала ничего подозрительного в последнее время? — спросил Фредерик. — Следов взлома? Открытой двери? Незнакомца, бродившего вокруг твоего дома?

— Нет-нет... Только покупатели приходили на днях с агентом по недвижимости. Но я всегда была здесь, когда они смотрели комнату Леа. Стихи лежали на дне маленького ящика ее письменного стола. Никто не мог об этом знать.

Абигэль помнила, что заглянула в эти письма, перед тем как открыть чемоданы, но прочла не все. Было ли среди них это зловещее послание? Как она могла его не заметить?

— Если это и вправду Леа написала эти слова, если письмо было в ее столе среди всех этих листков, то как она могла предсказать, что скоро умрет? Откуда ей было это знать? Боже мой, она же спала, когда случилась авария! Я... я не понимаю, Фредерик. Как с ремнями безопасности, опять что-то не укладывается у меня в голове.

— А ты не замечала за Леа странного поведения в последние недели перед аварией?

— Мы меньше говорили, отношения стали напряженными. Я слишком много работала, а она быстро взрослела. Ты же знаешь, что такое подростки в тринадцать-четырнадцать лет. Переходный возраст. Мы сцеплялись иногда, но ничего серьезного. У нас с ней и не такое бывало.

— Она изменилась? Тебе не казалось, что она стала другой?

— Нет, то есть я хочу сказать, она была нормальным подростком. Но мне кажется, она в кого-то влюбилась. Это было видно. Стала более скрытной, лукавой. Может быть, в одноклассника. Но когда я пыталась с ней об этом поговорить, она замыкалась и отмахивалась, мол, не лезь не в свое дело. Я не давила на нее. Леа была полна жизни, я была счастлива видеть ее такой.

Абигэль не понимала: почему ее дочь написала такие слова? «Тебе я делать больно не хочу, но знаю, очень скоро я умру...» Похоже на прощальное письмо. Зловещее предчувствие.

— Я не могу поверить, что Фредди проник сюда, чтобы украсть это письмо. Бессмыслица какая-то.

— Вот именно, мы тоже не верим, по правде сказать, — ответил Фредерик. — Ты же нас знаешь, мы всегда рассматриваем все возможные сценарии. Мы хорошенько обдумали эту историю с пропавшими из чемодана Леа вещами, о которых ты говорила: черный котенок и брюки в клетку. Как ни крути, трудно понять, зачем он взял их из чемодана Леа и сложил все потом, как будто так и было. Если четко представить себе картину, он должен был взять ключ из кармана ее... выброшенного из машины трупа, вернуться к багажнику, открыть чемодан, украсть эти вещи, а потом положить ключ обратно в карман.

— И все же других вариантов нет. Фредди столкнулся с исключительной, неожиданной ситуацией, отчего его быстро охватило возбуждение. Психический процесс, соответствующий четкой схеме, пошел в его голове, и он действовал в соответствии с ним. Словно художник, который смотрит на произведение искусства и добавляет к нему свои маленькие мазки.

— Есть другая гипотеза, и мне очень неприятно тебе это говорить, но представь себе, просто представь, что Леа вовсе не положила свою плюшевую игрушку в чемодан в тот вечер, когда вы уезжали. И брюки в клетку тоже. Это вполне объясняет непонятную историю с ключом: Фредди и не думал рыться в ее чемодане. Лично я считаю, что, когда произошла авария, он испугался и убежал. Это было бы настолько логичнее.

— Логичнее? Я знаю, что я видела в тот вечер, когда мы уезжали. И знаю, что Фредди вполне мог остаться и оценить «зрелище».

— Ты, может быть, просто устала? Тебе показалось и...

— Идем.

Абигэль прошла в комнату дочери и сунула ему в руки фотографию в рамке:

— Что ты здесь видишь?

— Леа... и ее брюки в красную и белую клетку.

Абигэль показала на ворох одежды на кровати. Потом открыла двери гардеробной и стала кидать Фреду сложенные брюки. Он ловил их одни за другими, чтобы они не упали на пол.

— Если я действительно все выдумала, то где же они, эти брюки? Леа положила их в чемодан в тот вечер. Она взяла с собой эти брюки и своего плюшевого котенка... Я в этом уверена.

Фредерик встал:

— Позволь, я взгляну?

Абигэль села на кровать. Фредерик заглянул в ящики, потом перебрал висевшие на плечиках куртки и пальто. Раздвинул их. Ничего. Он снял их с вешалки, действуя методично, как при обыске.

Когда Фредерик обернулся, он держал в руках клетчатые брюки Леа.

— Они были под курткой.

— А ведь я была уверена, что...

— Очень может быть, что черный котенок тоже где-то в доме.

— Я везде искала, Фредерик, клянусь тебе. Его здесь нет.

— Иногда мы не видим того, что у нас перед носом, ты сама повторяешь это целыми днями. Возможно, у тебя в мозгу что-то заклинило и мешает тебе видеть.

Абигэль вынуждена была признать очевидное: рассудок обманул ее насчет брюк. Неужели с котенком то же самое?

— Скажи мне твою версию.

— Это вопрос деликатный, но... придется тебе сказать. Она связана со скверной смесью, которую ты употребляешь: антидепрессанты, алкоголь, пропидол... Извини, Абигэль, я тебя, боже сохрани, не осуждаю, но...

— Давай, не тяни.

— Фредди никогда здесь не был. Ты нашла это странное письмо, разбирая вещи дочери, и это стало для тебя настоящим эмоциональным шоком. Я не сомневаюсь, что ты была на месте аварии вчера вечером. Пытаюсь поставить себя на твое место, должно быть, это было ужасно. Ты видишь символ, толкуешь его по-своему. Принимаешься копать. И вот тут-то думаешь, что нашла это письмо, когда на самом деле оно уже у тебя было.

Абигэль смотрела на него не мигая.

— Значит, вы считаете, что я все выдумала. Как и про ремни безопасности.

— Ты просто объединила две независимые друг от друга вещи: письмо — с одной стороны, символ — с другой. Твой мозг естественным образом связал их и породил что-то вроде ложного воспоминания. Или, может быть, это был сон? Видение из тех, что у тебя бывают? Ты, кстати, рассказывала, что с тобой случился приступ катаплексии и...

— Катаплексия случилась потом, и от нее у меня не бывает видений. Я в полном сознании во время этих приступов. Короче, вы мне не верите, я поняла. И поэтому, полагаю, вы не стали искать черный «кангу», который я видела на обочине в вечер аварии?

Невыносимое молчание Фредерика было красноречивее любого ответа.

25

6 декабря 2014
АВАРИЯ

24 июня 2015
ГОРЯЩАЯ ПРОМЫВОЧНАЯ

7 февраля 2015

Абигэль приехала в Этрета около 15:30, без дорожных происшествий, без единой капли алкоголя в крови — ее первый трезвый день за два месяца. Лишь едва ощущалась боль в запястьях из-за старых переломов. В пути она уступила желанию поспать несколько минут, проехав Нефшатель-ан-Бре.

Физически все было более или менее хорошо, но морально эпизод с письмом и клетчатыми брюками, найденными Фредериком в гардеробной Леа, нанес ей новый удар. Она перевернула весь дом в поисках черного котенка — тщетно. Если Леа не положила его в чемодан, почему же Абигэль не может его найти? И что означают эти зловещие слова: «Очень скоро я умру»?

По дороге Абигэль успела дозвониться по мобильному телефону лучшим подругам своей дочери. Нет, Леа никогда не делилась с ними такими мрачными мыслями, она не принадлежала ни к сатанинской группе, ни к какой-либо секте. Да и не бывала почти нигде. Она училась в пятом классе, боже мой, прилежная ученица, светлая девочка. Как такие слова могли выйти из-под ее пера? Абигэль спрашивала по телефону, был ли у Леа дружок, пять девочек ответили отрицательно. Оставался один вариант: Интернет. Зарегистрировалась ли Леа в какой-то социальной сети без ее ведома? Общалась ли с нехорошими людьми? Узнать это было невозможно: планшет Леа разбился вдребезги во время аварии.

Приехав на место, Абигэль зашла в бистро на краю пляжа, зажатое между скалами. Отец говорил ей, что любил приходить сюда каждый день и, сидя на скамейке, часами смотреть, как катятся по гальке волны. Так сидеть и мечтать — для него это стоило всех на свете путешествий. Абигэль хотелось ему верить, этот меловой мир вертикалей и острых граней, обрывающихся прямо в море, был не лишен магии.

Она посмотрела на разноцветные бутылки за стойкой, и ее слюнные железы заработали в полную силу. Она представляла себе приятный звон льдинок в стакане, кислоту лимона, ожог крепкого алкоголя. Официант подошел принять заказ.

— Пожалуйста... кофе.

Переключатель сработал в ее мозгу в последний момент, и она испытала гордость, что устояла перед зовом бутылок. Маленькая чашка эспрессо была выпита быстро — кофе оказался густым, как гудрон, и крепким, — и она отправилась на машине к дому на улице Оль. Встреча была назначена через полчаса. Ключ у нее был, поэтому она толкнула скрипучую калитку и вошла. Приоткрытая входная дверь скажет хозяину о ее присутствии.

Внутри было так же холодно, как снаружи. Склеп, да и только. Отопление отключено. Гора почты на полу. Реклама, проспекты, конверт из банка...

Она положила все на старый деревянный столик. Интерьер был сведен до жизненно необходимого минимума и овевал холодом, отчего молодой женщине стало не по себе. Телевизор на потертой до дыр тумбочке, древний диван, на котором Ив спал, когда она приезжала к нему с Леа. Полное отсутствие комфорта. Ее отец всю жизнь жертвовал собой ради людей и государства. Он заслуживал лучшего.

Кутаясь в куртку, она заглянула в кухню, потом в спальню. Альбомы комиксов *XIII* стояли в ряд на этажерке. Стена напротив кровати сплошь оклеена фотографиями, которые она рассмотрела заново. Отец и она, вместе... Запечатленные, порой неловко, мгновения жизни. Вот старый снимок, на котором она, восьмилетняя, рядом с темноволосой, коротко стриженной женщиной. Абигэль знала, что это ее мать, но воспоминания о ней у нее сохранились лишь обрывочные и очень расплывчатые. Она записала в своей тетради снов, что ее мать умерла на больничной койке, когда ей, Абигэль, было девять лет. С тех пор пришлось расти одной, с болезнями, переломами и помощницами по хозяйству, которые худо-бедно играли роль матери — без материнского тепла.

Снимков Ива с Леа было гораздо больше, чем Ива с ней. Он обожал внучку и, наверно, перенес на нее все, что упустил с дочерью. Еще на одном снимке, совсем недавнем, он был запечатлен на понтоне, с яхтами на заднем плане. Он улыбался. Была ли у него женщина — или женщины — в эти последние годы? Был ли он счастлив?

Сожаления, горечь... Она сняла фотографии и спрятала их в карман. Просмотрела бумаги, аккуратно сложенные в металлический ящичек в углу шкафа. Тут были все документы, связанные с его бывшей работой таможенника. Платежные ведомости, пенсионные отчисления, страховка, удостоверение об отставке... И выписки из банковских счетов, хранившиеся много лет. Она всматривалась в них, а в голове все крутилась фраза: «Я надеюсь, что ты отыщешь истину, так же, как желаю, чтобы ты никогда ее не нашла...»

Она опустошила шкафы, забрала стопку комиксов, нашла несколько медалей, свидетельствующих о его заслугах в борьбе с наркоторговлей. Была и фотография Ива перед двумя с лишним тоннами кокаина, датированная началом 2000-х годов. Ее отец и его коллеги способствовали ликвидации французской ветви крутейшего мексиканского картеля. Он рассказал ей об этом подвиге восемь лет спустя, из соображений безопасности. Сколько еще операций такого рода провел он, не обмолвившись ей о них ни словом? Сколько тайн унес с собой в могилу?

Она успела сделать несколько ходок к багажнику своей машины, нагруженная бумагами, одеждой и барахлом вроде старого радиоприемника или секстана, когда пришел хозяин. Толстяк в коротковатых брюках, пахнувший жареной картошкой. В руке он держал свернутые в трубочку бумаги.

— Это ужасно — то, что случилось с вашим отцом, мне очень жаль.

Он быстро обошел дом, проверяя, все ли в порядке. Абигэль предложила оставить ему всю мебель и телевизор. Она собиралась переезжать, и ей был ни к чему лишний хлам.

— С удовольствием возьму, — сказал он. — Знаете, что меня встревожило, почему я решил, что с вашим отцом неладно? Первого числа каждого месяца я получал чек — он был в моем почтовом ящике всегда до девяти часов утра. Дюрнан был точен, как швейцарские часы.

— Да, это на него похоже.

— В прошлом месяце я ничего не получил, но не забеспокоился, подумал, человек-то надежный, заплатит в следующем. Когда я не получил чека и в феврале, тут уж сообразил: что-то случилось. Вот и позвонил вам. Он оставил мне ваш номер на договоре аренды.

— Он вам оставил еще какие-нибудь телефоны?

— Нет. Только ваш.

— Вы часто встречались с моим отцом?

— Вот как раз об этом я хотел с вами поговорить. Никогда у меня не бывало такого невидимого жильца. Я смотрю, вы заглянули в бумаги. Нашли вы там счета за электричество и газ, за воду?

— Нет, по-моему, их там не было.

— А ведь должны были быть, вам не кажется?

Абигэль пришлось признать, что он прав, ведь ее отец всегда все хранил. Хозяин направился к столу, положил на него свои бумаги и надел очки. Он протянул ей листки один за другим.

— Я снял показания счетчиков. Вот сколько газа, воды и электричества он израсходовал за последние два года.

Абигэль взяла листки и нахмурилась:

— То есть... ничего?

— Да, почти. Ваш отец платил по тарифу, деньги списывались непосредственно с его банковского счета. Я запросил подробности, хотел знать, почему израсходованы такие ничтожные количества. Есть несколько всплесков, вот на этих датах.

Абигэль посмотрела на выписки и дрожащей рукой положила их на стол. Даты расхода совпадали с теми, когда они с Леа гостили у него.

— Мой отец здесь не жил...

— У меня такое впечатление, что нет.

Когда прошла первая оторопь, Абигэль разозлилась на отца. Зачем он ей лгал? Зачем убедил их, что живет в этом доме? Зачем ему было нужно, чтобы они думали, будто он ведет тихую жизнь в Этрета, если это было не так?

Да, в этот момент она была на него зла: он внезапно появился в их жизни в один прекрасный вечер пятницы и украл у нее Леа, прячась за наружностью любящего деда. Зачем эта ложь?

Абигэль попыталась поставить себя на место одинокого пятидесятишестилетнего мужчины, снимавшего дом, в котором он, судя по всему, не жил. Где же он жил? У кого-то? У женщины? У друга? У бывшего коллеги? Она вдруг вытащила из кармана фотографии, нашла ту, где ее отец был запечатлен на понтоне в порту.

— Как по-вашему, где мог быть сделан этот снимок?

Хозяин внимательно рассмотрел фотографию. Яхты прямо за спиной, многоэтажные дома подальше, на заднем плане...

— Похоже, что в Гавре, где-то в яхтенном порту. Да, это точно Гавр.

Гавр... Что ее отец делал в Гавре? Моряк из него был как из утюга. Абигэль поблагодарила и, уладив последние формальности, вышла. Сев в машину, она поняла, что не способна сейчас ехать в отель, где рискует попросту напиться. До Гавра было не больше тридцати километров. Она положила брелок в виде штурвала и фотографию Ива на приборную панель и тронулась в путь.

Зазвонил ее телефон.

— Да, Фредерик.

— Я... я хотел извиниться за сегодняшнее утро. Я сглупил и...

— Ладно, забыли.

— Как твоя поездка?

— Я кое-что обнаружила, еще не знаю, что об этом думать. Кажется, мой отец вел двойную жизнь. Он не жил в доме, который снимал в Этрета. Это открытие плюс письмо Леа... должна тебе признаться, что... это трудно.

Повисла пауза.

— Ив, может быть, кого-то встретил, — предположил Фредерик. — Женщину, и жил у нее?

— Я об этом думала. Но почему в таком случае он продолжал платить восемьсот евро в месяц за дом? Почему с первых же месяцев не расходовал ни воды, ни газа, ни электричества? Почему уничтожил счета? Нет, тут что-то не сходится. Мой отец снял этот дом, чтобы убедить всех, будто живет иной жизнью, чем на самом деле. И он скверно выглядел, когда приехал ко мне. Вымотанный, похудевший.

— У него всегда был такой темперамент. Слишком нервный, слишком...

— Нет-нет, тут что-то другое, я уверена. Я нашла записку в его вещах, адресованную мне, он пишет что-то вроде «найти истину». Как будто пытается указать мне путь, сам того не желая. Я еду в Гавр. У меня есть ниточка, и я хочу понять.

— В Гавр?

— Среди ключей отца я нашла один с надписью «Матрешка». Это ключ от яхты. Он тебе когда-нибудь о ней говорил?

— Яхта? Чтобы у твоего отца была яхта? Да с каких пор?

— Вот это я и пытаюсь выяснить.

Море мерцало под закатным солнцем. Чайки кружили в воздушных потоках, пикируя торпедами. Абигэль поговорила по телефону еще несколько минут и повесила трубку. Она бросила последний взгляд на высокие скалы, исчезавшие понемногу в темноте, свернула и покатила среди полей. Перед ней на приборной панели широко улыбался с фотографии Ив, позируя перед яхтами.

И веяло жутью от маски лжи, скрывавшей его лицо.

26

6 декабря 2014
АВАРИЯ

7 февраля 2015

24 июня 2015
ГОРЯЩАЯ ПРОМЫВОЧНАЯ

Тьма, казалось, *текла из чернильницы*, когда Абигэль приехала в Гавр. Порт, насколько хватало глаз, штабеля контейнеров, бесплотные краны, пакгаузы, тянущиеся рельсы. Мигали сигнальные фонари, желтые, красные, зеленые, порой скрытые гигантскими силуэтами грузовых судов, отплывавших в Америку. Порт был огромным человеческим муравейником, однако его бесконечные проспекты казались пустыми, лишь продуваемые зимним ветром с запахом соли и водорослей.

Молодая женщина боялась, что никогда не доедет до цели. Она плутала добрых полчаса в этом призрачном лабиринте, спрашивала дорогу у теней, закутанных в матросские парки, и наконец отыскала яхтенный порт на северной оконечности порта промышленного. Она припарковалась в тупике между длинными зданиями и посидела несколько минут, чувствуя навалившуюся усталость: это было снова неодолимое желание уснуть, посещавшее ее каждый день и всегда неожиданно.

Удобно устроившись на заднем сиденье машины, она провалилась в сон. Глаза закрылись. Часы показывали 18:02. Глаза открылись. 18:19. Около четверти часа вынужденной сиесты, на сей раз без снов, и она заметно приободрилась. Допила воду из бутылки, заперла двери и пошла вдоль пирса с ключами и фотографией Ива в руке.

Фонари поодаль давали достаточно света, чтобы можно было что-то разглядеть. В это время года яхтенный порт был лишь кладбищем судов, похожих на могилы. Яхты гроздьями тихонько покачивались на волнах, разбухшие от сырости борта издавали скрипучий звук, точно больные бакланы. Несколько нешироких плавучих понтонов позволяли передвигаться между рядами катеров и яхт. С Абигэль градом полил пот при одной мысли, что придется ступить на них. Вода была черная, угрожающая. Молодая женщина представила, как она засасывает ее, захлестывает и...

Ее затошнило. Она постояла, собираясь с мыслями и с духом. Это был вопрос концентрации; как бы то ни было, повернуть назад она уже не могла. Ссутулившись, дрожа, она пошла по понтону мелкими шажками, как старушка, вытянув вперед руки, чтобы удержаться в случае испуга или катаплексии. Она шла по проходам между кораблями, и это был настоящий путь бойца, крестный путь. Всматриваясь в корпуса, она читала названия торговых марок, написанные мелкими буквами, зачастую в разных местах: «Байлайнер», «Гластрон», «Лаймстоун»... Ей понадобился почти час, чтобы найти то, что ее интересовало, в трепещущем свете далеких фонарей.

Марка «Матрешка». Как на ключе.

Абигэль подняла глаза. Перед ней покачивалась сине-белая прогулочная яхта семи-восьми метров в длину. У этого судна, в отличие от других, не было названия. Оно возвышалось здесь, в самом конце пирса. Безымянное, как ее отец.

Надо было подняться на борт, но она тянула время. Она запомнила номер места, указанный на понтоне, и помчалась в контору порта.

Маленькое помещение, свет... Бородатый мужчина, закутанный в пуховик, встретил ее без улыбки. За его спиной работал допотопный электрический обогреватель, стояли шкафчики, набитые папками. Он разговаривал по телефону голосом заядлого курильщика. Когда он повесил трубку, Абигэль спросила, кому принадлежит яхта на месте 678. Мужчина запустил руку в свою черную бороду, на которой висели крошки чипсов.

— Я дочь владельца, — уточнила Абигэль.

С недовольным видом он направился к бесчисленным папкам, расставленным за его спиной.

— Компьютера нет? — спросила молодая женщина.

— А на кой?

Абигэль сразу поняла. У портов всегда были свои правила, свои неписаные законы и свои тайны. Не потому ли ее отец был здесь? Мужчина достал листок бумаги и подтолкнул его к собеседнице, даже не глядя.

678... На имя Ксавье Иллинуа. Арендовано с марта 2013 года, уже почти два года. Больше никакой информации. Ее отец уволился из таможни в июне 2013-го, три месяца спустя. Значит, у него уже была эта яхта и какой-то план в уме.

Она показала фотографию Ива:

— Вы видели его здесь? Это он Ксавье Иллинуа?

Бородач внимательно рассмотрел снимок и снова уставился прямо в глаза Абигэль:

— А вы уверены, что вы его дочь? Дочь ведь узнала бы своего отца, вам не кажется?

— Это довольно сложно объяснить. Ну?

— Не могу вам сказать. Я не знаю никакого Ксавье Иллинуа. У нас тут до тысячи двухсот судов в год, не считая туристов. И потом, яхтсменов мы видим редко, только если они натворят дел.

Абигэль взяла листок и зажала его между большим и указательным пальцем.

— Не говорите мне, что у вас только эта бумажка. Вам ведь надо предъявить официальные документы, удостоверение личности, чтобы получить место, не так ли?

— Угу, надо. Мы снимаем копию с удостоверения, с прав и...

— Покажите.

Он вздохнул, пошел к шкафчику и стал рыться в другой папке. Достал из нее пластиковый файлик и протянул ей. И тут Абигэль показалось, что она падает в бездонную пропасть. На отсканированном удостоверении личности действительно стояло имя Ксавье Иллинуа и красовалась фотография ее отца. На копии прав — тоже.

Она внимательно всмотрелась в подпись.

Подписано: XIII. X(avier) Ill(inois). Намек на любимого Ивом героя комиксов.

Абигэль казалось, будто земля разверзлась под ее ногами и монстры с оскаленными зубами подстерегают ее, чтобы растерзать.

Здесь, в Гавре, Ива Дюрнана не существовало. Он был Ксавье Иллинуа, призраком.

27

Глядя на бородача, она глубоко вздохнула, чтобы скрыть свое смятение. Взяла бумаги в руки, скатала их в трубочку.

— Этот листок в папке — все, что у вас от него есть?

— А больше ничего и не требуется.

— И платил он вам наличными, я полагаю?

Конторщик не счел нужным ответить. Он протянул руку:

— Вы не можете забрать эти бумаги, они мне нужны для...

— Нет, они вам больше не нужны. Ксавье Иллинуа мертв. Он врезался в дерево на скорости больше восьмидесяти километров в час и убил мою дочь.

Не дав ему опомниться, Абигэль вышла, унося с собой все бумаги. Единственные на данный момент следы существования Ксавье Иллинуа.

Итак, ее отец жил под чужим именем, имел фальшивое удостоверение личности, датированное 2013 годом, фальшивые же права на управление яхтой и, вероятно, другие документы. Стало быть, существовал Ив Дюрнан, мирный пенсионер, снимавший дом в Этрета, владелец черного «форда» под номером 76, с одной стороны, и Ксавье Иллинуа, хозяин большого судна в яхтенном порту Гавра, — с другой.

У пирса снова накатил страх. Черная вода под ногами, понтон, зловещие корпуса судов. Она вернулась к безымянному судну. Безымянному, как ее отец.

Сердце защемила печаль.

Она опустилась на колени — боясь, что засосет, — ухватилась одной рукой за канат, а другой потянула на себя маленькие деревянные сходни, прикрепленные к корпусу. От удара металла о дерево она оцепенела. Преодолела препятствие на четвереньках, прерывисто дыша, с таким трудом, будто взбиралась на Эверест. На палубе у нее закружилась голова. Порт, огни, освещенные бакены — все заходило ходуном. Ее вывернуло наизнанку, казалось, она сейчас умрет на месте. Через несколько бесконечно долгих минут она смогла наконец встать.

Яхта такой модели, должно быть, стоила кругленькую сумму. Сколько? Сто, двести тысяч евро? Как можно было купить такое судно и одновременно платить за дом? Отец наверняка скопил черную кассу за годы службы на таможне. И обзавелся всеми необходимыми связями, чтобы жить под двумя разными именами.

Со скоростью астронавта на Марсе она направилась к запертой металлической двери каюты — ее голгофа только начиналась. От каждого едва уловимого движения яхты голова шла кругом. Ключ «Матрешка» вошел в замочную скважину. Раздался щелчок. Казалось, ее затягивает в параллельный мир — мир лжи. Она осторожно спустилась по трапу — стало еще страшнее — и нырнула под палубу. Пальцы нащупали выключатель.

Пахло старым лакированным деревом и мокрыми снастями. Ей открылось по-настоящему обжитое пространство в полтора десятка квадратных метров. Складная кровать, на которой валялся ворох одежды, гостиная уютнее, чем в Этрета, шахматы на низком столике с опрокинутыми слонами. Маленькая загроможденная кухонька, где еще стояла початая бутылка вина, консервы, мусорный мешок, распространявший сильный запах гнили. Все ящики были выдвинуты и пусты. В коробке лежали русские куклы, открытые, вперемешку. Пресловутые матрешки.

Ив ли уничтожил содержимое ящиков? Или кто-то нагрянул сюда с обыском? Когда? И зачем?

Вдруг палуба скрипнула у нее над головой. Она замерла, затаила дыхание, но не услышала больше ни звука. Наверно, ветер.

Абигэль наполнила легкие воздухом, дыша глубоко и медленно. Она стояла на твердом полу, бояться было нечего. Снова задумалась. Такое впечатление, что отец покинул эту каюту поспешно, оставив все как есть. Что он от чего-то бежал. Боялся? Ему угрожали?

Абигэль попыталась понять: человек, с точки зрения закона не существовавший, жил на яхте в унылом порту. Он покинул судно под именем Ксавье Иллинуа и явился к ней уже как Ив Дюрнан, чтобы вместе провести уик-энд в восточной глубинке. Зачем? Собирался ли отец рассказать ей о своей двойной жизни? Он бежал от кого-то? Прятался? Хотел все ей объяснить?

Она осмотрела все более тщательно, отворачиваясь от иллюминаторов — ей все казалось, будто гигантская соленая пасть хочет ее проглотить, — но не нашла никаких бумаг. Что делал Ив в этих грязных водах? Она вспоминала усталое и осунувшееся лицо отца, его потерянные килограммы, следы от уколов на руках...

Вдруг ее взгляд привлекла большая луна-рыба, круглая, ощетинившаяся шипами, подвешенная в декоративной сетке среди засушенных морских звезд и раковин. Она вспомнила фотографию, найденную в чемодане Ива, ту, что служила закладкой в комиксе *XIII*, с надписью на обороте: «Я надеюсь, что ты отыщешь истину...»

Это была та самая рыба.

Она осторожно выпутала засушенную рыбу из сетки. Зачем было фотографировать это странное существо? Зачем проявлять, печатать и прятать фотографию в комикс? Она осмотрела шипастый шар со всех сторон и встряхнула: внутри находилось что-то очень легкое.

Абигэль принесла из кухни нож и разрезала вздутый живот, ставший твердым и сухим, как кератин. Она обнаружила внутри клочок бумаги, который засунули, вероятно, в своеобразный клюв, служивший рыбе ртом.

Она развернула его и прочла:

10–30 9–13 1–45 6–32 12–12 19–40 1–24 4–4 6–35 5–7 9–26 14–23 10–13 15–45 8–18 7–44 5–7 1–48 8–8 9–34,

7–46 16–12 11–15 8–47 7–12 6–7 12–21 7–44 6–35 20–21 7–7 17–44 16–34 7–34 3–41,

3–24 4–32 8–30 10–9 7–18 6–10 9–16 2–23 4–48 9–9 12–45 3–45 2–23 9–9 14–43 16–37 6–34 8–33,

...

И так далее, больше страницы цифр и тире.

Тайный код. Причина обыска на яхте? Что скрывалось за этой странной чередой номеров? Вероятно, какое-то послание, учитывая наличие запятых.

Вдруг хлопнула дверь, вонзив в ее тело иглы ужаса. Все ее нервы напряглись. В следующее мгновение она услышала электрический сигнал, потом заурчал мотор. Она взбежала по лестнице и кинулась к двери, которая оказалась заперта снаружи.

— Откройте!

Механические шумы перекрывали ее крик. Она колотила в дверь, вопила — все без толку. Пол под ногами закачался, она чувствовала скорость яхты, ярость волн и изо всех сил вцепилась в перила лестницы; нутро крутило. Ей пришлось отчаянно бороться — тело весило тонны, — чтобы добраться до иллюминатора. Тошнота, жжение в желудке, чувство свободного падения... Корабль миновал волнорез, посверкивающий сигнальными огоньками, и вышел из гавани.

Огни порта таяли вдали, все постепенно заволакивала тьма. Корабль шел в открытое море. Ее кладбище. Туда, где она уже однажды утонула.

Она схватилась за мобильный телефон, ценой неимоверных усилий — так дрожали руки — нажала клавиши 1 и 7[1]. Снова затошнило. Гудка не было. В окружении металла, у самой воды аппарат не ловил сеть.

Куда ее везут? За ней следили? Кто стоит у штурвала яхты?

Судно вдруг замерло среди волн. Мотор смолк, вибрация прекратилась. Снаружи бушевало море. Там и сям скрипел металл, и пол раскачивался, как ярмарочные качели. Сейчас ее сбросят в воду. Утопят в бездне под покровом черной ночи. Через год найдут ее тело, обглоданное крабами.

Молодая женщина нашла в себе силы спрятать бумажку с кодом в бюстгальтер. На четвереньках, цепляясь за что только можно, она доползла до крошечной кухоньки. Изо всех сил сжала в руках большой нож.

И в эту минуту погас свет. Темнота непроницаемая, как в гробу. Что внутри, что снаружи. Больше ни единого ориентира. Только эта качка, упорная, неотвязная, раздиравшая ей пищевод. Абигэль спряталась за привинченным к полу столиком в окружении разобранных матрешек.

Дверь медленно, со скрипом открылась. На ступеньке появилась нога. Большой черный ботинок на каучуковой подошве. Мощный фонарь пронзил тьму, обшаривая каждый уголок. Как ни пряталась Абигэль, луч поймал ее сверху. Тень наверху лестницы нависала над трюмом.

Круг света ударил ее в лицо.

— Кто вы? — вскрикнула она, подняв руку, чтобы защитить глаза. — Что вам нужно?

Никакого ответа. Только смешок, словно хрустнуло сухое дерево. Мгновение показалось ей вечностью. Она попалась в мышеловку, и бежать было некуда. Тень спус-

---

[1] Во Франции, кроме номера экстренной помощи 112, существует еще 17 — вызов полиции.

тилась еще на несколько ступенек тяжелой поступью могильщика. Абигэль увидела во тьме вспышку. В ее куртку вонзился электрод. Через долю секунды она лежала на полу среди раскатившихся кукол, пронзенная неописуемой болью.

Не в состоянии шевельнуться.

Тень приблизилась и склонилась над ней, ослепив фонарем.

Потом наступила темнота.

28

6 декабря 2014
АВАРИЯ

24 июня 2015
ГОРЯЩАЯ ПРОМЫВОЧНАЯ

8 февраля 2015

Стук, сначала едва слышный, потом все более отчетливый.

Будто кто-то стучался в стекло.

Абигэль ощутила, как тяжелы ее веки — два раскаленных добела кирпича, — и с трудом открыла глаза. Язык, казалось, распух во рту, губы пересохли и растрескались. Она увидела перед собой два глаза под матросской шапочкой. Гнилые зубы. Разъеденное солью лицо почти расплющилось о стекло.

— Эй, дамочка! Я пять минут уже стучу, хотел вызывать пожарных. Что с вами?

Несколько секунд Абигэль соображала, где находится. Она лежала на заднем сиденье своей машины, мышцы затылка затекли. Часы на приборной панели показывали 8:26.

Ключи от машины висели в зажигании. Моряк снова застучал в стекло:

— Что с вами, мадам?

— Ничего, ничего. Все в порядке.

Нет, все было совсем не в порядке. Абигэль подождала, пока он не отойдет, и вышла из машины, морщась от ломоты. Порылась в карманах. Бумажник, телефон, фотография отца на дамбе — все было на месте. Даже ключ от яхты «Матрешка» висел на брелоке в виде штурвала.

Несмотря на холод, Абигэль распахнула куртку, задрала свитер и стала искать красную точку от электрошока на своей груди. Тщетно.

Этого не может быть!

Она чувствовала себя как буек посреди Тихого океана: потерянной. И на сей раз это был не сон. Она среди волн. Ненасытное море, стремящееся проглотить ее. Звуки, запахи, тошнота — все четко сложилось в ее голове.

Может быть, тазеры[1] и тому подобные штуки теперь не оставляют следов?

Она бегом помчалась к порту. Те, кто видел ее в это утро, должно быть, думали, что у молодой женщины не все дома. Расхристанная, непричесанная, лицо перекошено... Когда воздух врезался ей в грудь ледяным поцелуем, она застегнула молнию куртки до подбородка.

Контора была на месте, та же, что и вчера. Тот же бородач за стойкой. Если он ей только приснился, откуда она могла знать про бороду? Абигэль прошла мимо здания и направилась к пирсу, на котором была вчера вечером. Она знала, что место 678 последнее.

Но оно было пусто.

Абигэль обхватила голову руками и задумалась, уставившись на море. Она так отчетливо помнила шум мотора, плеск волн о борта, шаги на палубе. И этот нутряной страх смерти.

Нет, все это не могло быть плодом ее воображения.

Она вдруг выхватила мобильный телефон и посмотрела журнал вызовов. Ничего. А ведь она точно набирала вчера 17. Даже без сети номер должен был сохраниться в памяти аппарата.

Всплыло еще одно воспоминание. Она расстегнула куртку и, запустив руку под бюстгальтер, нащупала бумажку с шифром.

Значит, она действительно выходила из машины, в самом деле была на судне и нашла там зашифрованное по-

---

[1] *Тазер* — электрошоковое оружие нелетального действия.

слание отца в луне-рыбе. Кто-то пытается свести ее с ума. Напавший на нее человек не хотел ее убивать, он отнес ее в машину, уложил на пассажирское сиденье и закрыл двери, позаботившись о массе деталей, не забыв даже удалить последний звонок. Педант.

Почему он не бросил ее в море? Зачем играл в эту жуткую игру?

Она вспомнила записку дочери, найденную в лесу два дня назад. Пропавшего плюшевого котенка... Ремни безопасности... Неужели она *действительно* сходит с ума?

Нет, она не сумасшедшая. Негодяй позабыл обыскать ее до нижнего белья. Абигэль держала в руках осязаемое доказательство своего здравого рассудка.

Преисполнившись надежды, она вернулась по пирсу назад и вошла в контору. Маленький электрический обогреватель... Отсутствие компьютера... Она узнала конторщика до мельчайших черточек, он, однако, смотрел на нее так, будто видел впервые.

— Вам чего?

Та же невежливость, тот же угрюмый вид. И этот такой характерный голос курильщика трубки. Она достала фотографию отца и сунула ему под нос.

— Я приходила сюда вчера вечером спросить о месте шестьсот семьдесят восемь и об этом человеке, Ксавье Иллинуа. Вы помните?

Он взглянул на снимок и покачал головой:

— Никогда не видал. Ни его, ни вас. Извиняйте.

— Нет-нет, припомните, пожалуйста! Вы достали папки, они вон там, за вами! Я спросила, почему у вас нет компьютера, и вы ответили: «А на кой?» Вы не могли забыть.

— Мог, как видите.

Абигэль почувствовала, как в ней поднимается лава, этот тип просто издевался. Она обошла стойку, направилась к полкам. Конторщик схватил ее за руку и оттолкнул:

— Кто вам разрешил копаться в моих бумагах?

— Почему вы мне лжете? Это вы доложили кому-то, чтобы на меня напали? Кого вы должны были предупредить?

— Да у вас с головой неладно. Вам место в психушке.

— Я вернусь сюда с жандармами и всеми бумагами, какие потребуются.

Абигэль вышла, хлопнув дверью, вне себя. Нет, она не вернется с жандармами. Под каким предлогом? У нее ничего нет против этого типа, и искать больше нечего.

Она в тупике. Одна.

В последней надежде она обошла весь яхтенный порт вдоль и поперек в поисках сине-белого судна. Два-три моряка, которых она встретила, никогда не слышали о Ксавье Иллинуа. Он и его безымянный корабль существовали только в ее памяти.

Теплоходный гудок раздался вдали. Призрачные силуэты грузовых судов вырисовывались под серым небом на горизонте в стиле декорации фильма нуар 1960-х годов. Абигэль никак не решалась покинуть порт. Уехать отсюда значило проститься с надеждой понять. И тогда время похоронит ее убежденность в том, что все было на самом деле.

Она тронулась в путь. Последние краны на набережных вскоре исчезли из зеркал заднего вида. Вернувшись в Нор, Абигэль могла попросить Фредерика поискать в картотеках жандармерии, могла расспросить таможенников, бывших коллег Ива, но она уже знала, чем все это кончится. Никто ничего не знает, никто ничего не скажет. Со временем Ксавье Иллинуа станет крошечной точкой в глубинах ее памяти. А потом однажды совсем исчезнет. Как и все остальное.

Только и останется от него что этот странный шифр, записанный на клочке бумаги.

Она ответила на звонок — это был Фредерик. Ей не хотелось рассказывать ему о своих злоключениях. Когда-нибудь она, наверно, это сделает, но не сейчас, не по телефону. Потому что он ничего не поймет. Фредерик переключился на дело Фредди.

— У меня хорошая новость. Дело приняло неожиданный оборот. И это благодаря тебе. Я тут поискал по картотеке угнанных машин, просто на всякий случай. Об угоне черного «кангу» было заявлено два месяца назад. Это было пятого декабря, в пригороде Лилля.

5 декабря. Накануне аварии. В день приезда ее отца.

Абигэль из осторожности остановилась и включила громкую связь.

— Наверно, этот угнанный автомобиль ты и видела около 3:40, в ночь на шестое декабря, — продолжал Фредерик. — По заявлению владельца, угон произошел после восьми вечера — в это время он вернулся на «кангу» с работы. Мы еще не очень понимаем, какая тут связь с Фредди. Может быть, он угоняет машину после каждого похищения или перед тем, как выставить каждое чучело? Это могло бы объяснить тот факт, что его ни разу не засекли и что нет сходных показаний по поводу машин. Избавляется ли он от этой машины потом? В общем, открылись новые перспективы, мы сосредоточимся на этом.

— Значит, ты мне поверил?

— Конечно я тебе поверил.

На сердце потеплело: она еще не совсем сошла с ума.

29

6 декабря 2014
АВАРИЯ

24 июня 2015
ГОРЯЩАЯ ПРОМЫВОЧНАЯ

18 июня 2015

Абигэль ехала по автостраде А1 с выключенным авторадио, держа курс на издательство, выпустившее книгу Джоша Хеймана. «Четвертая дверь». Эта жуткая книга, проглоченная вчера, в которой на странице 387 можно было прочесть выражение «Жемчужинка Любви», лежала рядом на пассажирском сиденье. Ей удалось добиться встречи с одним из издателей.

До этого она успела пошарить в Интернете и нашла ряд рецензий на две книги Хеймана в блогах. В романе «Черные камни», вышедшем в 2012 году, речь шла о расследовании контрабанды золота во Французской Гвиане, и отзывы были довольно прохладные: читатели упрекали автора в недостатке достоверности и отсутствии стройной интриги.

Мнения же о «Четвертой двери» разделились. Некоторые — очевидно, самые большие любители триллеров — были в восторге, особенно от необузданной, безграничной жестокости романа, другие хаяли книгу за нагромождение ужасов, пристрастие к грязным сценам и издевательствам над детьми.

О самом авторе, Джоше Хеймане, в Интернете мало что нашлось. Ни одного интервью, никакой информации об этом человеке, в том числе и на сайте издательства, где другим авторам были посвящены целые страницы. Абигэль едва наскребла две-три фотографии Хеймана в поисковиках. Высокий, крепко сбитый брюнет лет тридцати, брови домиком, бездонные черные глаза. Явно сильная натура.

Как мог этот человек выбрать выражение «Жемчужинка Любви»? Почему он убил родителей своей героини в автокатастрофе, странным образом приблизившись к личной истории самой Абигэль?

Благодаря навигатору она приехала в центр Парижа около половины второго. Порт-де-Клиньянкур, бульвар Мажента, площадь Республики, площадь Бастилии. Переполненные террасы кафе, повсюду мотороллеры, автобусы, тучи ярких такси. Выходы метро выплевывали толпы людей, точно шарики на стеклянный поднос. С трудом отыскав подземный паркинг и пристроив машину, она отправилась пешком на улицу Рокетт, держа в руках папку с тесемками. Издательство находилось в глубине двора, где соседствовали мастерские художников, независимые студии звукозаписи и продюсерские компании.

Ее встретил стажер и проводил к главному редактору, мужчине лет сорока в маленьких очках, стекла которых были не шире его серо-голубых глаз, с соломенного цвета волосами, собранными в конский хвост. Он сидел, уткнувшись в кипу рукописей, которыми был завален весь его стол, и поднялся, чтобы поздороваться с ней.

— Извините за беспорядок. Я только что вернулся из Соединенных Штатов, и... вот сколько накопилось работы.

Он пригласил Абигэль сесть, снял очки и укусил кончик дужки, когда молодая женщина принялась излагать ему причину своего визита.

— Я хотела бы встретиться с Джошем Хейманом, задать ему несколько вопросов о его книге, которую вы выпустили в марте, «Четвертая дверь».

— Грегуар уже объяснил вам по телефону, что мы не отвечаем на такого рода просьбы, это делается с целью защитить наших авторов. Наши предшественники были гораздо либеральнее нас в этом вопросе, и это порой создавало проблемы. Для встреч существуют книжные салоны. Джош никогда не принимает в них участия. Я думаю, вы поняли, что Джош Хейман — это псевдоним и что автор не хочет раскрывать свое подлинное имя фанатам...

— Я не поклонница, господин Шатильон.

Его имя красовалось на двери большими буквами, на манер артиста цирка. Абигэль открыла свою папку и подвинула к нему фотографии троих из четырех пропавших детей, распечатанные с компьютера Фредерика.

— Меня зовут Абигэль Дюрнан. Я психолог и работаю над делом о похищении четырех детей вместе с группой оперативно-разыскного отдела Вильнёв-д'Аск. Делом, которым, похоже, изрядно вдохновился ваш автор.

Абигэль предпочла дать ему понять, что причастна к расследованию. Людовик Шатильон уставился на нее большими глазами. Его, как и всех, кто видел Абигэль впервые, притягивал красноватый круг на ее шее. Наконец он подвинул к себе фотографии и рассмотрел три лица, одно за другим. Алиса, Виктор и Артур...

— Как продвигается это ваше дело? Говорят, одного мальчика нашли.

— Да, два месяца назад.

— А остальные? Есть новости?

— Следствие идет своим чередом.

Он как будто смутился, возвращая снимки своей собеседнице.

— Надеюсь, вы найдете того, кто это сделал. Знаете, авторы детективов очень часто черпают вдохновение в действительности, мадемуазель Дюрнан. Они падки до хроники происшествий, жареных сенсаций, реальных драм и строят на них свои сюжеты. Почему вы хотите встретиться с Джошем Хейманом? Он сделал что-то плохое? Вы собираетесь подать на него в суд? Мы, знаете ли, фирма маленькая.

Теперь он выглядел огорченным.

— Ни о каком суде речи нет, — успокоила его Абигэль. — Просто некоторые детали в его книге касаются лично меня. Это такие вещи, о которых я никогда никому не говорила. И мне необходимо знать, как ваш автор добыл эту информацию.

Издатель хранил молчание духовника. Глаза его бегали по лицу Абигэль, словно читая на нем строчки рукописи.

— Я не нашла ничего о Джоше Хеймане на вашем сайте в Интернете, — продолжала Абигэль. — Ни биографии, ни библиографии, в отличие от других авторов вашего издательства. Я не уйду из этого кабинета, пока не узнаю почему.

Шатильон опустил глаза на лист бумаги, который читал перед приходом Абигэль. Осторожно взял его и положил поверх стопки. Потом он встал, закрыл дверь и снова сел с серьезным видом.

— Вы правы. Джош начал работать над романом во второй половине две тысячи четырнадцатого года. Но тогда он и словом не обмолвился, что взял за основу ваше дело. Я обнаружил это, когда он прислал мне рукопись в начале года. Я не мог не сопоставить его с этим расследованием, широко освещенным прессой. Но роман тем не менее остается чистым вымыслом, и мы решили все же его опубликовать.

Он помахал кому-то, кто заглянул в кабинет с кипой бумаг, давая понять, что занят.

— В конце марта Джош пришел на небольшую вечеринку по случаю выхода книги, на которую мы пригласили читателей и блогеров. Он очень плохо выглядел в тот вечер. Не в форме, усталый, грустный, хотя выход книги в свет — событие радостное, завершение долгой работы.

Он рассеянно поговорил с парой-тройкой человек, после чего уехал в загородную резиденцию, унаследованную от родителей, где он имеет обыкновение писать свои страшные истории...

Зазвонил стационарный телефон. Шатильон снял трубку, сбросил звонок и оставил ее лежать на столе.

— У Джоша было нелегкое прошлое. Его родители оба погибли в авиакатастрофе. Сто сорок восемь жертв... Ему было тогда восемь лет. Мальчишка в одночасье осиротел, воспитывал его дядя. Такое трудно пережить.

Теперь Абигэль поняла истинную причину гибели родителей в романе: Джош опирался на свой личный опыт, на свою утрату. Она, видимо, ошиблась, сопоставив эту линию с собой. Но это не объясняло использования их с Леа выражения «Жемчужинка Любви».

— Через неделю после выхода книги мы попытались с ним связаться, чтобы попросить встретиться с журналистами и блогерами, прочитавшими его роман, но он не подходил к телефону и не отвечал на мейлы. Как в воду канул. Я встревожился. Сел в машину и поехал к нему в Бретань.

Бретань. Абигэль стиснула пальцами края стула. Она вспомнила билеты на поезд из своего сна — до Кемпера. Возможно, совпадение, но ей хотелось верить в обратное.

Литературный директор между тем продолжал, вспоминая:

— На Большом острове, в Кот-д'Арморе[1], находится каменный дом, его убежище. Вилла под названием *Kroazhent*, на берегу моря, рядом с орнитологическим заповедником, где единственные соседи — бакланы да колония тюленей. Именно так представляют себе писателя-затворника, исписывающего страницы своей будущей книги. Вот там... там я и увидел эти ужасы.

---

[1] *Кот-д'Армор* — департамент на западе Франции, в регионе Бретань.

Несколько мгновений он подбирал слова, словно боялся поранить губы, произнося их.

— Когда я приехал, стояла тьма-тьмущая, было всего пять часов, но погода ужасная... Остров выглядел жутко, и я думал, что умру от холода, когда вышел из машины. В окне наверху горел свет, но, сколько я ни стучал в дверь, никто не откликнулся. Я повернул ручку, и дверь открылась. Внутри было почти так же холодно, как снаружи... И тишина. Ни звука, как будто дом пуст, необитаем. Я прошел в комнаты и увидел на полу гостиной кровь. Тогда я побежал наверх, громко зовя Джоша по имени. И...

Он со вздохом положил перед собой очки. Пальцы его дрожали, выдавая волнение.

— Джош лежал на кровати скорчившись, в позе эмбриона. Его руки были закутаны в простыню, красную от крови. Он не двигался, был очень слаб, но еще жив. Я кинулся к нему, сразу вызвал «скорую», не знал, что делать. Я думал, что он пытался покончить с собой или на него напали. Подошел, размотал простыню...

Он поморщился и с усилием договорил:

— Я увидел ужас в чистом виде.

30

Издатель Джоша Хеймана опустил рукава рубашки, словно вдруг замерз. Он продолжал свой рассказ:

— Джош лежал скорчившись на окровавленных простынях, и у него не было пальцев. Ни одного. Все отрезаны до второй фаланги. Вот так.

Он изобразил жест, ударив ребром ладони правой руки по пальцам левой.

— Все десять пальцев, мадам Дюрнан.

— Он отрезал их сам?

— Да.

Шатильон встал и налил себе воды. Он предложил стакан и Абигэль, и оба выпили, чтобы прогнать привкус ужаса. Молодая женщина прекрасно представляла себе, какая страшная картина открылась ее собеседнику на этом острове, смахивающем на про́клятую землю. Шатильон промокнул губы носовым платком.

— Вдобавок его руки были обожжены. Я думаю, он прижигал раны огнем. Приехала «скорая», жизнь ему спасли, но не могли сохранить пальцы. По их словам, Джош не протянул бы и двух суток. Пальцы он отрезал приборчиком вроде миниатюрной гильотины, который сконструировал сам. Хитрая штука с ножом, рычагом, системой шкивов, емкостью для отходов...

Абигэль мотала все на ус. Что же произошло в голове Джоша Хеймана, чтобы он дошел до зверства, достойного фильма ужасов? Психической болезнью от этого так и шибало. Приступ безумия? Параноидальная шизофрения? Издатель смотрел на свои собственные руки, растопырив их перед собой и бережно поворачивая, точно две святыни.

— Если то, каким образом он изувечил себя, не оставляло сомнений, то среди прочих насущных и неотложных вопросов оставался следующий: где его пальцы? Емкость стояла рядом с гильотиной, перепачканная кровью, но пустая. Врачи «скорой» знали, что на приживление надежды мало, но все-таки хотели найти их, эти десять пальцев... Вопрос принципа, понимаете?

Абигэль кивнула, ум ее усиленно работал. Писатель явно не хотел убить себя, только покалечить.

— Где же они были?

— В камине, обугленные, под пеплом. Джош ухитрился запястьями подхватить емкость гильотины и высыпать ее содержимое в огонь.

— То есть он совершил ряд вполне продуманных, спланированных действий, невзирая на боль, которая, должно быть, была ужасной. Он не объяснил причин своего поступка?

— С тех пор он не произнес ни слова.

Абигэль попыталась навести порядок в мыслях после столь неожиданных откровений. Писатель, который отрезает себе десять пальцев прибором собственного изготовления, сжигает их, после чего ложится в свою постель и ждет медленной и мучительной смерти...

— К какому же заключению пришли? Расследование было?

— Расследование не понадобилось. В гостиной, где это произошло, была камера. Джош... он все заснял.

— Вы видели этот фильм?

— Нет, но, по словам его психиатра, Джош смотрел в камеру, когда нож упал на его руки. Никакой паники, никакого страха — ничего.

Он покачал головой, как бы не веря собственным словам.

— Джош изувечил себя сам, его случай относится к области психиатрии. Потом я узнал, что у него уже были кое-какие проблемы в юности, но мы этого не знали, когда публиковали его книги. У меня нет информации о его истории болезни, знаю только, что он до сих пор находится в специализированном лечебном учреждении.

Абигэль чувствовала острый вкус соли на губах: вкус охоты. Ей хотелось понять, вскрыть череп Хеймана и воочию увидеть все его тайны.

— Джош ни за что не хотел, чтобы ему приживили пальцы, поэтому он их сжег, не так ли? Он уничтожил главный инструмент, позволявший ему писать.

— Да. Я не знаю, почему он это сделал и зачем устроил эту омерзительную мизансцену. Писатели, рассказывающие подобные истории в своих книгах, часто бывают одержимы демонами, но чтобы до такой степени... Как жаль! Джош не был великим писателем, но он умел держать читателя в напряжении и мог бы со временем достичь большего.

Абигэль провела рукой по правому запястью, там, где был ожог от сигареты. Огонь клеймящий... Огонь разрушительный... Огонь — свидетель худшего. Она представила себе, как этот человек, которого она видела на фотографиях, сидит перед камином с окровавленными руками и смотрит, как сгорают его пальцы, а камера снимает. Она видела языки пламени в глубине его людоедских глаз. Какую тайну скрывал его больной ум? За что он так себя наказал? Была ли это вправду кара или чистый акт безумия?

— Мне нужно знать его подлинное имя.

— После всего, что я вам рассказал, у меня нет больше причин скрывать его от вас, вы и сами его быстро отыщете. Его зовут Николя Жантиль. Печальная ирония судьбы носить такое имя, вы не находите?[1]

— И он содержится...

— ...в больнице Эжен-Дебьен, в бретонской глубинке, в городке под названием Плогоф. Там, где мыс Пуэнт-дю-

[1] Жантиль (Gentil) по-французски означает «милый, славный».

Ра. Быстрый поиск в Интернете выдаст вам точный адрес. Я смотрел фотографии, никогда не видел более мрачного места. Больница словно сошла со снимка тысяча девятисотых годов.

Мыс Пуэнт-дю-Ра, расположенный километрах в тридцати от Кемпера, места назначения, указанного в билетах на поезд из ее окаянного многослойного сна. Абигэль попыталась скрыть свое смятение, выпив воды из стакана, но Шатильон заметил ее нервозность.

— Вы говорили о деталях в его книге, напрямую касающихся вас, — напомнил он. — Объясните мне?

— Объясню, если сама пойму, обещаю вам.

Она встала, прощаясь. Шатильон надолго задержал руку Абигэль в своей.

— Мы могли бы сделать рекламу вокруг всей этой истории, — сказал он. — Писатель, отрезающий себе пальцы, — такой факт из хроники происшествий повышает продажи книг. Но хоть нам и трудно выжить, мы предприятие порядочное. Эта жуткая история, к счастью, не просочилась в прессу, и я рассчитываю на вас, чтобы этого не случилось и впредь.

— Положитесь на меня.

Она еще раз поблагодарила его. Он проводил ее до лестницы.

— Самый последний вопрос, господин Шатильон, — сказала Абигэль двумя ступеньками ниже. — Джош уже начал новый роман на момент драмы?

— Нет-нет. То есть я не думаю. «Четвертая дверь» только что вышла, было еще слишком рано. Прошло три года от «Черных камней» до его второй книги. Джош писал быстро, когда разгонялся, но он делал большой перерыв между двумя историями.

— В таком случае... Джош, возможно, изувечил себя не для того, чтобы не писать.

— Почему же тогда он это сделал?

— Может быть, он наказал себя за то, что написал.

31

6 декабря 2014
АВАРИЯ

9 марта 2015

24 июня 2015
ГОРЯЩАЯ ПРОМЫВОЧНАЯ

Прошел месяц после случившегося в Гаврском порту, но Абигэль все отлично помнила: силуэт незнакомца на сине-белой яхте, выход в открытое море, нападение, электрошокер. И пробуждение в машине, как будто все было сном.

Весь этот месяц Абигэль пыталась отыскать следы Ксавье Иллинуа, личины ее отца. Целыми днями она обшаривала Гаврский порт вдоль и поперек, расспрашивала моряков и рабочих, морозила кости на пирсе между дождем и туманом в поисках этой яхты, исчезнувшей с лица земли, как в сказке, которую никто, кроме нее, не видел. Она заканчивала свои вечера в одиночестве в баре отеля за коктейлем с водкой, лимоном и пропидолом, а потом дрожала под одеялом, мучаясь кошмарами: оборотень, мчащаяся на нее машина отца, девочка без лица, увлекающая ее в морские глубины, — которые скрупулезно записывала в тетрадь рано утром. Она вернулась в Нор, как матрос с путины: усталая, похудевшая, вымотанная.

Она, однако, съездила в таможню Дюнкерка, бывшую вторым домом ее отца больше четверти века, и услышала от всех один ответ: как Ив, который был безупречным таможенником, всю жизнь боролся с бандитизмом и наркоторговлей, мог жить под фальшивым именем? Пусть-ка приведет доказательство своих слов!

Служители закона смотрели на нее косо, особенно когда она предполагала, что он мог воспользоваться старыми связями, чтобы раздобыть фальшивые документы. Двери закрывались перед ней одна за другой. Французская таможня не желала такой рекламы.

Фредерик был рядом. Он пытался ей помочь по мере своих возможностей, но картотеки жандармерии безмолвствовали: Ксавье Иллинуа не существовало нигде. Через три месяца после аварии он исчез с лица земли, оставив Абигэль одну с ее демонами. Что до мобильного телефона Ива Дюрнана, того, что был у него в день аварии, расшифровка звонков мало что дала. Кому-то он звонил, но ничего особенного. Если ее отец был последователен в своей двойной жизни, то у Ксавье Иллинуа наверняка был свой мобильный телефон, с несколькими сим-картами.

Около половины шестого в начале марта 2015 года в дверь постучали. Абигэль выглянула в окно, ожидая увидеть Фредерика, немного раньше времени, но это оказался ее агент по недвижимости в сопровождении еще двух человек. У нее совершенно вылетел из головы этот визит. Она пошла открывать, поздоровалась с Морелем. Один из пришедших с ним мужчин, широкоплечий и усатый, держал в руках коробку с инструментами. Другой же... он кого-то ей напоминал.

— Со мной Марк Земан, — сказал агент по недвижимости. — Вы его помните? Он был здесь месяц назад и теперь хочет повторно осмотреть дом со своим шурином. Взглянуть на водопровод, стены, чердак и крышу. Убедиться, что нет скрытых изъянов.

Точно, вспомнила Абигэль, Земан. Под пальто на мужчине был темный костюм с галстуком в тон, и Абигэль не оставляло стойкое ощущение, что она его уже где-то видела помимо его прошлого визита.

— Да-да... Входите, прошу вас.

Она впустила их, и они начали осмотр. Все трое были тепло одеты, в шерстяных перчатках, а Земан еще и в черной вязаной шапке. В этом марте температура упорно не желала повышаться.

Высокий усач с громоздкой коробкой изъявил желание осмотреть подвал. Из-под его толстой кожаной куртки исходил неприятный запах пота. Вдвоем они спустились в сводчатое помещение, в то время как Земан поднялся на второй этаж, донимая агента по недвижимости техническими вопросами.

— Сколько лет у вас этот котел? — спросил усач.

Абигэль этого не знала и знать не желала, она просто хотела поскорее покинуть этот дом, в котором не могла больше жить, и готова была сбавить цену. Мужчина обошел подвал, осмотрел водопроводные и сточные трубы, провел рукой по стенам и посмотрел на пальцы своих перчаток. Желтоватая кожа и рябое лицо. Апач, да и только.

— Сырости, похоже, нет, это плюс.

Абигэль молча следовала за ним. Почему он все делает, не снимая перчаток? Он подошел к коробкам с вещами Ива, которые она забрала из его дома в Этрета: одежда, радиоприемник, немного посуды, письма, шахматы, его коллекция комиксов *XIII*. Усач наклонился и взял один альбом.

— Я это читал. Ваши?

— Они принадлежали моему отцу.

Абигэль было не по себе. Ее не покидало чувство, что что-то не так, но что именно? Она взяла комикс из рук мужчины и положила на место.

— Вы закончили?

— Нет еще. Надо все хорошенько проверить. Мой брат не хочет покупать кота в мешке.

— Я думала, что это ваш шурин.

Усач ничего не ответил и повернулся к ней спиной. Он не спешил, внимательно осматривал каждый уголок, доставал измерительные приборы непонятного назначения. А она наблюдала за ним со странным ощущением, что он что-то ищет.

Когда они наконец поднялись наверх, Земан с агентом по недвижимости как раз спустились со второго этажа. Абигэль заметила, как переглянулись потенциальный покупатель — этот человек с ледяными глазами, уже приходивший месяц назад, — и его «шурин»-апач. Они отошли в сторонку и перекинулись несколькими словами. Гийом Морель незаметно похлопал свою клиентку по плечу, будто говоря: «*Все хорошо, дело в шляпе*».

Земан подошел к ним через несколько минут.

— Ваш дом меня заинтересовал. Я сделаю вам твердое предложение до завтрашнего вечера.

Агент по недвижимости улыбнулся ей широкой улыбкой торгаша.

— Вот и отлично! Не так ли, мадам Дюрнан?

Абигэль пришлось сделать над собой усилие, чтобы изобразить радость, но все это выглядело в высшей степени фальшиво. Где, черт побери, она видела этого Земана? При каких обстоятельствах? Когда они ушли, она посидела немного на диване, размышляя, а потом кинулась наверх. Она поняла, увидев открытые двери всех комнат, что Земан с апачем учинили у нее самый настоящий обыск.

Она подбежала к письменному столу, взяла блокнот, лежавший рядом с компьютером. Все как будто было в порядке. Вот и первая страница. Бумажка с шифром, найденная на яхте отца месяц назад, лежала на месте.

10–30 9–13 1–45 6–32 12–12 19–40 1–24 4–4 6–35 5–7 9–26 14–23 10–13 15–45 8–18 7–44 5–7 1–48 8–8 9–34,

7–46 16–12 11–15 8–47 7–12 6–7 12–21 7–44 6–35 20–21 7–7 17–44 16–34 7–34 3–41...

Слава богу... В блокноте были все ее изыскания, все анализы, проделанные над этим окаянным шифром, значения которого так и не поняли ни она, ни Фредерик, ни Жизель. Абигэль даже посылала это зашифрованное послание на форумы по криптографии, и тоже безуспешно. Эта череда цифр оставалась тайной.

Она легла на кровать, закинув руки за голову, и сосредоточилась на лице Земана. Полузакрыв глаза, припоминала кое-какие прошлые события. И места. Психиатрическая больница в Байеле... Кабинет психологии... Может быть, он был ее пациентом? И вдруг она вспомнила, где видела Земана в первый раз: на кремации ее отца и дочери.

Картинка отчетливо встала перед глазами. Этот человек скромно стоял в глубине зала среди толпы. Весь в черном, в безупречном, как и сегодня, костюме... Она тогда решила, что это служащий крематория или кто-то из родителей друзей Леа.

Кто были эти двое? Что скрывал окаянный шифр? Было ли это связано с письмом Леа, найденным в лесу: «Очень скоро я умру»?

В дверь постучали. Фредерик... Она вскочила, бегом спустилась вниз, отперла замок и чуть приоткрыла дверь, накинув цепочку.

В проеме маячило холодное, решительное лицо: Земан.

Он вернулся один. И явно не с намерением преподнести ей цветы.

Абигэль поспешила захлопнуть дверь, опередив Земана, и заперла замок. Она услышала, как два кулака заколотили по дереву, потом все стихло. Под окном промелькнула тень: сейчас он обойдет дом и проникнет сзади. Абигэль ощутила кислый ожог в желудке. Она повернулась и кинулась в гостиную, но поздно: второй, апач, открыл раздвижную дверь, выходившую в сад.

И уже стоял одной ногой в доме.

32

Абигэль бросилась к лестнице. Голова ее вдруг запрокинулась, когда чья-то рука схватила ее сзади за волосы. Усатый индеец бесцеремонно повалил ее на пол, прижав щекой к холодной плитке.

— Закричишь — убью.

Он нагнулся к ней, дыша в затылок, и занес нож. Его дыхание пахло остывшим табаком. Подоспевший Земан оттащил его назад:

— Полегче, дружище. Не попорть малютку.

Злобно фыркнув, усач взял бутылку водки, стоявшую на журнальном столике, и отпил из горлышка, а Земан тем временем поднес к глазам Абигэль экран телефона. На нем был тот самый тайный код ее отца, вероятно сфотографированный в ходе визита.

— Объясни-ка мне, что означает этот чертов шифр.

Абигэль не реагировала, рот ее был открыт, глаза закатились. Земан приподнял ее и встряхнул, — казалось, он держал тряпичную куклу. Мышцы ослабли, руки и ноги бессильно болтались. Он отпустил ее, и она рухнула как мертвая.

Индеец смотрел на нее, почесывая в затылке.

— Что это с ней?

— Понятия не имею, но она еще дышит.

— Думаешь, она нарочно?

Земан перевернул ее и несколько раз провел перед глазами острием ножа.

— Не похоже. Может быть, в обмороке, только глаза открыты. Ладно, по крайней мере, не будет нам мешать. Иди принеси вещи старика.

Тот поставил бутылку водки, спустился в подвал и, вернувшись с двумя коробками Ива Дюрнана, вывалил их содержимое на пол.

— Это все, что есть.

— Давай-ка разбери.

Он принялся рыться в одежде, заглянул в бумаги. Абигэль не могла шевельнуться. Нос расплющился о плитку, адски болел сустав правого запястья, на которое она навалилась всем своим весом. Земан наклонился к ней:

— Я не знаю, что с тобой, но знаю, что ты меня слышишь. Твой отец — хитрец еще тот. Слишком умный, чтобы быть честным, ты это знаешь? Ты должна была бы быть уже мертва. Но вместо тебя разбился твой отец. Легко отделался, паршивец. И ты тоже.

Запертая в своем теле, как в гробу, Абигэль ничего не понимала. Разбился вместо нее?

Земан оставил ее лежать и поднялся наверх. Он вернулся с блокнотом, в котором она анализировала шифр, и стал внимательно его листать.

— Она не врет, ей не удалось. Все, что она смогла, — обратиться на чертов форум по криптологии. Она записала здесь ответы пользователей. Вот, например, послушай: «Дорогая Абигэль, я использовал разные стандартные алгоритмы, более или менее сложные, но ничего обнадеживающего они не дают. Замена цифр буквами с разной степенью сложности тоже не принесла результатов. Мне очень жаль. Ив Жоффруа».

Земан со злостью отшвырнул блокнот:

— Тупицы!

И он принялся помогать своему коллеге. Внимательно изучил банковские выписки и тоже отшвырнул их. Выйдя из себя, он сорвал злость на своем напарнике, который сидел, уткнувшись в комиксы *XIII*, и пил из горлышка.

— Тебе больше делать нечего, кроме как пить и читать?

Усач посмотрел на него с ледяной улыбкой, словно расколовшей лицо надвое. С каменным спокойствием он закрыл комикс и достал из кармана сигарету. Потом не спеша поднялся и указал за плечо своего сообщника:

— Она смывается, парень...

Абигэль бежала к лестнице. Она заперлась в ванной и перевернула аптечный шкафчик в поисках оружия. Стоя на полу на четвереньках, нашла только пару маникюрных ножниц. Смешно. Она сжала их в кулаке и, пятясь, укрылась в углу. По ее щекам текли слезы.

Лестница вдруг заскрипела. Абигэль прерывисто дышала на грани истерики. Сейчас они войдут, и ей крышка. Возможно, ее изнасилуют, будут пытать. А потом перережут ей горло и подвесят голову на вешалке для полотенец.

Дверная ручка перед ней начала медленно поворачиваться. Абигэль закричала.

33

— Абигэль?

Ручка поворачивалась все быстрее.

— Абигэль? Это Фред. Что случилось?

Молодая женщина затаила дыхание. Не ослышалась ли она?

— Фредерик?

— Да. Открой дверь!

— В доме двое мужчин! Они...

— Нет, тут никого нет.

Абигэль кинулась к двери и открыла засов, оставаясь настороже. Фредерик мягко отстранил ножницы, которые она опасно наставила на него. Ее дыхание чуть отдавало водкой.

— Скажи мне, что случилось. Входная дверь была приоткрыта.

Она попыталась успокоиться и рассказала ему о вторжении в дом двух незнакомцев.

— ...Их интересовал шифр моего отца.

Она быстро провела его в гостиную. Содержимое двух отцовских коробок валялось на полу. Шахматы раскатились по всей комнате. Комиксы лежали веером. Фредерик убедился, что ничего не пропало, и успокоил Абигэль. Потом он наклонился и поднял блокнот с изысканиями по шифру. Оттуда выпала сложенная бумажка.

— Этот шифр? Это они хотели?

Абигэль закивала изо всех сил.

— Один из них, тот, что называл себя Земаном, приходил на кремацию папы, я уверена. Он стоял в глубине зала. Почему он там был? Следил за мной?

— Успокойся, ладно? Все хорошо, они ушли.

— Сине-белую яхту обыскивали, помнишь, я тебе говорила? Они искали там этот шифр, я уверена. Они нашли его на моем столе, сфотографировали телефоном и сбежали с ним.

Фредерик взял открытую бутылку водки и заткнул пробкой. Сколько раз он делал это, приходя к Абигэль? Потом он довел ее до дивана.

— Сядь.

После этого Фредерик осмотрел все двери, обследовал замки, ни к чему не прикасаясь.

— Следов взлома нет. Ты сама им открыла?

— Нет, они вошли сзади. Один из них, наверно, отпер заднюю дверь, пока я была занята с другим в подвале в ходе осмотра. Они планировали вернуться без агента по недвижимости.

Абигэль представились два тираннозавра, которые сначала играют со своей жертвой, зажимая ее в тиски, а потом приканчивают острыми челюстями. Фредерик посмотрел на дверную ручку:

— В таком случае, возможно, остались отпечатки.

— Нет. Они были в перчатках. Не снимали их даже во время осмотра.

Жандарм принес ей стакан воды, потом присел над коробками, подперев рукой подбородок.

— Они сфотографировали шифр, говоришь? Почему же тогда не унесли с собой блокнот? Такие молодчики, каких ты описываешь, не из тех, что церемонятся.

Абигэль с трудом удерживала стакан — так ее трясло.

— Ты не веришь мне, да? Ты думаешь, я опять сочиняю?

— Конечно нет, я просто пытаюсь немного упорядочить то, что ты мне рассказала.

— Может быть, они хотели сделать, как на яхте? Не оставить никаких следов своего присутствия? Чтобы меня приняли за чокнутую?

— Дашь мне номер телефона твоего агента по недвижимости?

Фредерик позвонил. Через пять минут он повесил трубку с недовольным видом.

— Они действительно были здесь и ушли все трое примерно за четверть часа до моего прихода. Агент говорит, что эти двое некоторое время следовали за ним на своей машине, потом они разъехались на перекрестке, в нескольких километрах от твоего дома.

— Оттуда они, должно быть, повернули назад.

— У твоего агента по недвижимости нет никаких координат этого Земана. Ни мейла, ни номера телефона. Земан сказал ему, что никому не дает своего номера, что он осматривает много недвижимости и не хочет, чтобы его донимали звонками. Он сам заходил в агентство, когда в этом была необходимость.

— Значит, о нем ничего не известно?

— Ничего. Это хитрый лис. И я готов держать пари, что он такой же Земан, как я — Джонни Холлидей.

Фредерик подошел к ней и ласково погладил ее по спине.

— Теперь ты в безопасности, поняла? Они поняли, что ты ничего не знаешь о шифре. Больше они не придут. Взлома не было, не будет и расследования, но ты все же подай жалобу, пусть останется хоть какой-то след.

Абигэль кивнула.

— Есть еще кое-что. Земан сказал мне, что умереть должна была я, а не мой отец. Почему он выдал мне такое? Может быть, это связано с письмом Леа? Моя дочь знала что-то такое, чего не знаю я? Это бы объяснило, почему она стала такой скрытной.

Абигэль не могла больше быть зрительницей, пассивной участницей событий. Будь она одна, наверно, забылась бы с бутылкой спиртного. Водка не приносила ответов, но она хотя бы стирала вопросы.

— Мой отец говорил об истине. Он надеялся, что я ее найду, и в то же время хотел, чтобы мне это не удалось.

Он направил меня к этому зашифрованному посланию с помощью фотографии. Но почему было не объяснить мне прямо, о чем идет речь? Зачем играть в эти жуткие игры?

— Может быть, это он и собирался сделать в тот уикэнд? Поговорить с тобой.

Ее нервы сдали, и она расплакалась. Фредерик присел, чтобы видеть ее лицо. Он взял ее руки в свои, погладил их кончиком большого пальца.

— Все будет хорошо. Я с тобой.

— Я не могу больше оставаться здесь. Мне слишком страшно и...

Она прижалась к нему всем телом в поисках защиты. Фредерик уткнулся подбородком в ямку на ее плече и закрыл глаза.

— И я не хочу оставлять тебя здесь одну, — прошептал он. — Знаешь что? В моей квартире хватит места, хоть ты и ни разу не зашла туда выпить кофе, с тех пор как мы знакомы. Есть гостевая комната, которой никогда не пользовались, и... э-э... она даже не оклеена обоями. Белые стены, а если захочешь, я сниму люстру и поставлю кровать точно посередине, как тебе нравится. Ты можешь пожить там, пока не продашь дом и не подыщешь себе что-нибудь. Повар я неважный, у меня только одна зубная щетка и одно зеркало в ванной, которая давно требует ремонта. Но я готов оказать тебе гостеприимство.

Абигэль задумалась. Предложение Фредерика было неожиданным.

— Я не хочу тебя стеснять.

— Я это переживу, поверь.

Он встал и со вздохом провел руками по лицу:

— Если ты откажешься, клянусь, я постригусь в монахи.

К ней наконец вернулась улыбка.

— Смотри, с меня станется отказаться только ради того, чтобы увидеть это...

34

6 декабря 2014
АВАРИЯ

27 марта 2015

24 июня 2015
ГОРЯЩАЯ ПРОМЫВОЧНАЯ

Керамические фигурки, деревянные маски, найденные на блошином рынке, украшали мебель и стены. Величавые животные саванны на фотографиях, казалось, пожирали зрителя своими большими глазами цвета африканской земли. Маленькая куколка вуду[1], утыканная иголками, добавляла всему этому нотку магии.

А между тем Фредерик вырос в Кале, в семье рыбаков, где только тонны бьющегося в сетях морского окуня или сельди имели значение. Но Абигэль знала, что пять лет назад у него был роман с уроженкой Заира, с которой он познакомился окольным путем на одном интернет-сайте. Она буквально околдовала его, увезла в Африку и хотела, чтобы они поженились. Фредерик бежал, позабыв дышать.

Здесь было множество дисков с записями африканских исполнителей — Ману Дибанго, Альфа Блонди, Эдди Вата, — а вот книг не хватало. Фредерик не был читателем, в его семье не читали. Абигэль быстро заполнила пустые полки книжного шкафа детективными романами.

---

[1] *Вуду* — африканская религия, имеющая статус государственной в ряде стран Западной Африки. Куклы традиционно используются в колдовстве вуду.

Уже три недели она жила здесь и с легкостью освоилась в столице Фландрии[1]. Этот лилльский квартал нравился ей, люди ей улыбались, зима и пасмурные дни отступали. Коротать вечера с Фредериком было ей на пользу. Они говорили обо всем и ни о чем, постепенно узнавая друг друга. Она теперь гораздо меньше пила лекарств и алкоголя. Почти через четыре месяца после аварии уже могла выпить аперитив, не рискуя сорваться, а пропидол принимала, соблюдая график и дозы, что свело к минимуму ее катаплексии.

Что касается ее дома в Эллемме, она снизила цену на двадцать тысяч евро за неимением серьезных предложений. Снова приходили потенциальные покупатели, но не могло быть и речи о том, чтобы присутствовать при осмотрах.

Само собой разумеется, от Земана и усача больше не было ни слуху ни духу, и в жизнь Абигэль вошла еще одна загадка, связанная с ее отцом. Тайный код так и остался нерасшифрованным, хотя она продолжала получать мейлы от участников различных форумов, куда посылала свою головоломку. Но ни одно из этих посланий не давало мало-мальски серьезной ниточки.

Усталый Фредерик вернулся поздно. Как всегда, его выматывало топтание на месте. Абигэль, хоть и не участвовала больше в деле, была в курсе развития — вернее, неразвития — ситуации. Дети были где-то взаперти, и в молодой женщине все еще жило глубокое убеждение, что они живы. Фредди больше не подавал признаков жизни, все ниточки заводили в тупик. Абигэль научилась определять настроение своего гостеприимного хозяина по количеству карамельного мороженого, которое он поглощал — и исторгал обратно. И на данный момент он

[1] Имеется в виду Лилль — крупнейший город французской части Фландрии на севере Франции.

был близок к тому, чтобы истощить запасы ближайшего Häagen-Dazs[1].

Он вошел в кухню и поцеловал ее в щеку.

— Пахнет вкусно.

— Я попыталась приготовить тайское блюдо. Но не очень получилось.

Она расставила на столе блюда, и они начали есть. Уткнувшись в тарелку, Фредерик глотал машинально, погруженный в размышления.

— Ты что-то немногословен.

— Отец Артура приходил сегодня в Безумную Вдовушку. Он проделал весь путь от Нанта с футбольным мячом своего сына на пассажирском сиденье. Помнишь, тот мяч с автографом Зидана? Но он не просто положил его рядом с собой, Аби. Дорожный регулировщик сказал, что он пристегнул его ремнем безопасности.

Абигэль замерла.

— Чего он хотел?

— Отдать нам этот мяч, чтобы мы его бережно хранили. Он рассказал, что прошлой ночью мяч заговорил с ним голосом Артура. Теперь он не хочет держать его у себя. Пока Артур не вернется.

Он отложил вилку и вздохнул:

— Абигэль, я все время думаю об этих детях. Они всегда со мной, где бы я ни был. На днях я катил тележку в супермаркете, а ребятишки шли за мной по проходу гуськом. Эти дети молча ждут, чтобы мы их нашли.

— Мы их найдем. Я уверена.

— Знаешь что? Сегодня с полудня я думаю о Золушке, из-за дурацкой рекламы Уолта Диснея, которую увидел на автобусной остановке. Мы до сих пор не выяснили, кто она. Нашли длинные светлые волосы на мерзком чучеле и два месяца спустя так и не знаем, кому они принад-

---

[1] Марка популярного американского мороженого, а также сеть одноименных магазинов этой фирмы.

лежали. Эта девочка, которой Фредди обрил голову, откуда-то же она взялась? Какие-то люди должны были заметить ее исчезновение, даже если она из приюта или интерната? Есть же у нее школьные друзья? Так почему никто ничего не говорит? Почему никто не придет в комиссариат или в любую бригаду жандармерии во Франции и не скажет: «Эту девочку, которую я видел на днях, я часто встречал, а теперь знаете что? Она исчезла»?

Он отодвинул тарелку. Есть больше не хотелось.

— А если все это так и кончится? — Он щелкнул пальцами. — Если мы никогда не выясним правды? Если эти дети пропали с концами и мы не узнаем почему? Не сможем им помочь? Почему Фредди оторвал их от семей, почему держит в плену, чему подвергает?.. Ты представляешь, Абигэль? Как я смогу не пережевывать это всю оставшуюся жизнь? Не думать об Алисе, Викторе, Артуре и... о Золушке? Черт побери, мы даже имени четвертой не знаем! Она лишь вопросительный знак, приколотый к толстому вонючему животу Безумной Вдовушки.

Он встал, чтобы убрать со стола. Она тоже поднялась.

— Ты ведь не опустишь руки, если даже я потихоньку выкарабкиваюсь?

— Не знаю. Все так сложно. Может быть, я просто не создан для этой работы.

Фредерик повернулся к ней, оба чуть помедлили, а потом губы их встретились. И все закружилось вокруг них. Абигэль увлекла его в спальню, где он ночевал. Она хотела его, потому что это было человеческое тепло, потому что он всегда был с ней, вытащил ее из ямы и сам тоже нуждался в нежности. Она не испытывала к нему глубокого чувства — пока, во всяком случае, — но от всего сердца надеялась, что любовь придет. Ибо этот человек в самом деле того стоил.

Молодая женщина разделась не раздумывая, разом обнажив истерзанное болезнью тело, казалось прошедшее через руки сварщика.

— Тебе не страшно заниматься любовью с чудовищем Франкенштейна?

— Ты не была бы Абигэль Дюрнан без этих шрамов. И мне они нравятся.

Они упали, голые, на постель и бежали от всего, перемешав нежность и неистовство, просто чтобы побороть своих демонов, отринуть тьму и зверство этого мира, который день ото дня давил им на плечи, лишал надежды, уничтожал их порой. Фотографии львов, жирафов и зебр заплясали вокруг Абигэль под вспышки и обрывки звуков, словно от сминаемого железа, под завывания, пока она кончала и муть в ее голове смешивалась с гормонами удовольствия, словно героиновый кайф в зловонной темнице.

И когда ее окутало оцепенение, когда пропидол захватил клетки ее мозга, управляя сном и отодвигая нарколепсию в дальний уголок организма, Абигэль уже не знала толком, было ли все, что она пережила в объятиях Фредерика, реальностью или сновидением.

Назойливо зазвонил телефон, лежавший на радиобудильнике. Ей показалось, что Фредерик заворчал и перегнулся через нее. Она с трудом подняла веки, наполовину одурманенная лекарством, закрыла глаза, вновь открыла их несколько минут спустя. Рядом никого. 2:25 ночи. Она встала, на автомате пошла на шум в ванной. Фредерик натягивал свитер с высоким воротником. Глаза его походили на два воздушных шарика.

— Кто это звонил среди ночи?

— Лемуан. Водолазы обшаривали вчера дно Скарпа между Дуэ и Сент-Аманом. Вечером они нашли под водой твой черный «кангу». Делом занимается местная бригада, информация дошла до отдела розыска всего несколько часов назад...

Точно сквозь туман Абигэль увидела, как лицо Фредерика исказилось перед ее глазами. Оно корчилось, сжималось. Она вскрикнула, когда он протянул к ней руку.

— Ох... что с тобой?

Абигэль покачала головой. Лицо вновь обрело нормальный вид.

— Ничего. Это от пропидола. Мне вредно просыпаться среди ночи, когда лекарство еще действует.

— Лучше ляг.

— Все уже прошло.

Он нежно поцеловал ее в шею.

— Кстати, мне было очень хорошо вчера вечером. Я надеюсь, что это подвигнет тебя перебраться в мою спальню.

Она оперлась о край раковины.

— Куда ты?

— В Институт судмедэкспертизы.

— Почему? Почему ты едешь туда?

Абигэль почувствовала, что Фредерик что-то скрывает. Она насела на него и добилась ответа.

— В багажнике «кангу» нашли тело.

35

6 декабря 2014
АВАРИЯ

24 июня 2015
ГОРЯЩАЯ ПРОМЫВОЧНАЯ

18 июня 2015

Поездка в издательство Джоша Хеймана оказалась плодотворной. Писатель изувечил себя, и Абигэль должна была во что бы то ни стало выяснить причину. Что-то выше ее понимания руководило ею и вело. Но к чему именно? Леа и отец мертвы, и последний унес с собой все свои тайны. Так что же она в конечном счете ищет? Какая неодолимая потребность толкает ее вперед? Наверно, та же сумрачная ярость, те же горячие жизненные соки, что с отрочества помогали ей преодолевать препятствия. Когда узнаёшь, что тебе, скорее всего, предстоит жить с нарколепсией до конца дней, есть два варианта: разбиться о стену или пробить ее.

Итак, она уже знала следующий пункт назначения: психиатрическая больница Эжен-Дебьен. Внятно объяснив по телефону свои мотивы, она сумела добиться встречи с врачом, который вел Джоша Хеймана. Она увидит писателя, посмотрит ему в глаза.

Она вернулась в Лилль в седьмом часу с мыслью собрать чемоданчик и выехать в Бретань завтра с утра пораньше. Приступы катаплексии случались теперь даже не каждую неделю, и за рулем она могла быть почти спокойна.

Она завела машину на парковку Марсова поля и отправилась на улицу Данель. Перед тупиком, который вел к ее дому, стояла полицейская машина. Присутствие этого автомобиля могло быть связано с любым из жильцов, но Абигэль почему-то сразу уверилась, что это касается ее.

Она бросилась к лестнице и взбежала на четвертый этаж с неотвязной мыслью, что с Фредериком случилось несчастье. Дверь квартиры была распахнута настежь. Ее друг стоял там, слава богу, на своих ногах. Он беседовал с полицейским посреди гостиной. Еще один человек — Абигэль признала эксперта из научной полиции по перчаткам и маске — снимал отпечатки с дверных ручек. Все было вверх дном. Ящики выдвинуты, диванные подушки перевернуты, бумаги рассыпаны по полу. Фредерик кинулся к ней, увидев ее застывшей на лестничной площадке:

— Нас обокрали!

Абигэль двумя руками зажала рот. Фредерик прижал ее к себе, успокаивая.

— Главное — мы с тобой в порядке...

Он показал на дверной замок:

— Его взломали. Я вернулся из Безумной Вдовушки всего час назад. И нашел квартиру в таком виде.

— Что украли?

— На первый взгляд — твою шкатулку с украшениями и деньги, хоть я и хорошо спрятал их в кухонном шкафчике. Там было около пятисот евро. С техникой связываться не стали, не взяли ни мой фотоаппарат, ни компьютеры.

Абигэль медленно прошла в квартиру. Украли золотое колье матери и ее кольца. Полицейский подошел поздороваться с ней.

— Скверный сейчас период для жителей. Банды из восточноевропейских стран совсем обнаглели. Очень часто орудуют воровки. Они берут только деньги и драгоценности, все остальное оставляют. Десять минут — и готово дело.

Вся мебель была передвинута, а Абигэль еще помнила свои метки. Теперь все было вверх дном. В их спальне одежда из гардеробной валялась на полу, как и матрас.

Фредерик увел ее в кухню и налил черного кофе без сахара.

— Печально, но это обычное явление в наши дни. Посиди пять минут, пусть они закончат свою работу.

Он сел напротив нее. Абигэль закатила глаза, констатируя хаос. Все казалось ей таким жестоким и... нелогичным. Первая кража в ее жизни.

— Почему ты не позвонил мне, не предупредил?

— Знаешь, все произошло очень быстро. И потом, я не хотел, чтобы ты переволновалась за рулем.

— Ты думаешь, это могли быть *они*?

— Кто — они?

— Те, что выдавали себя за потенциальных покупателей моего дома и напали на меня в марте. Этот Марк Земан и тип, похожий на индейца...

— И они украли деньги и драгоценности? Нет-нет. Им был нужен шифр твоего отца. А блокнот на месте, на письменном столе. Эта кража — из того разряда, что со всеми случаются, ясно? В казарме мы разбираемся с ними что ни день. Дом стоит в конце тупика, для воров лучше не придумаешь. Через час придет слесарь, поменяет замок. Скоро я установлю стальную дверь, если тебя это успокоит...

Абигэль вдруг вскочила, кинулась в гостиную и встала перед письменным столом. Нашла блокнот, но ящик был выдвинут. И пуст. Она бросилась на пол и стала рыться в бумагах под вопросительными взглядами мужчин.

— Мои фотомонтажи и мои тетради с воспоминаниями и снами! Где они?

Она выпрямилась, озираясь как безумная, и принялась искать повсюду. Хлынули слезы, когда до нее дошло, что они исчезли.

— Они забрали их у меня!

Она поворачивалась, глядя на окружавшие ее лица, зловещий круг глаз, носов, ртов.

— Ты не могла положить их в другое место? — спросил ее Фредерик.

— Нет, они были в этом ящике, я уверена.

Пошатываясь, она прошла в спальню и заперлась на ключ. Все услышали, как она там плачет.

— Они унесли тетради с... чем? — спросил полицейский.

— Картины и тетради, в которых она записывает свои сны, — серьезно ответил Фредерик. — Что-то вроде бортовых журналов, если угодно. Она наверняка положила их в другое место. Извините нас, но когда такое творится...

— Все нормально. Но почему она так расстроилась? Это же всего лишь тетради.

— Для нее они значат много больше.

Сыщики закончили осмотр, Фредерик проводил их в коридор и пожал каждому руку.

— Держите меня в курсе, если что-нибудь найдете.

Он запер дверь, как мог, и поспешил в спальню. И тотчас напрягся, учуяв запах горелого мяса. Опять. Он заколотил в дверь:

— Открой!

Не сразу, но Абигэль открыла. Потеки макияжа на щеках делали ее похожей на грустного клоуна. На руке ниже локтя розовел второй блестящий след, маленький кратер обожженной и вздувшейся плоти. Слезы боли застилали ей глаза. Особенно больно ей было за Фредерика, потому что ему приходилось все это выносить. Он, однако, не стал ее ругать. Помог сесть, осторожно взял сигареты и «Зиппо» с кровати и положил на тумбочку поодаль. Потом скрылся в ванной.

— Антисептиков больше нет, — сказал он, вернувшись. — Сбегаю в ближайшую аптеку, я быстро. Болит?

— Ноет, но я потерплю.

Фредерик помчался как одержимый вниз по лестнице. Вдруг его словно пронзило током: от резкого движения он потянул левую дельтовидную мышцу. Держась за плечо, он побежал по улице и через десять минут вернулся с полными руками бинтов, компрессов и антисептиков. Он распаковал их и очень осторожно обработал поврежденную руку. Достаточно было коснуться ожога, чтобы Абигэль скорчилась от боли.

— Ты всегда мне помогаешь. Даже когда я делаю большие глупости.

— У меня нет детей, но мне кажется, что с тобой я получил по полной программе. Почему ты не говоришь мне, что с тобой творится, Абигэль? Зачем подвергаешь себя такому?

Она смотрела на бинт, которым он обматывал ее руку.

— От меня оторвали кусок, они резали по живому, забрав эти тетради. Но если их могли украсть, то никто не украдет у меня мои ожоги. Эти метки — мой единственный якорь спасения. Уверенность в том, что все пережитое, все, что рассказали мне в издательстве, — правда. Сигарета выжгла это каленым железом в моем мозгу. Я не хочу проснуться завтра и спрашивать себя, приснилось мне это или нет. Благодаря этим ожогам я *знаю*, что не приснилось.

— Что такого важного произошло в Париже, чтобы оправдать твою выходку? Объясни мне.

Она рассказала ему все подробно: о встрече с издателем... о Джоше Хеймане и его десяти отрезанных пальцах, о больнице близ Кемпера и его молчании о причинах своего поступка...

— Кемпер, говоришь... И ты никогда не слышала об этой истории раньше?

— Нет, конечно же нет.

— Это могло бы объяснить один из твоих странных снов, с поездом и билетами до Бретани. Вещих снов не бывает. Это невозможно, должно быть какое-то объяснение.

— Объяснение что-то заставляет себя ждать. Завтра у меня встреча с психиатром Джоша Хеймана. Мне нужно увидеться с писателем.

Фредерик серьезно посмотрел на нее:

— А потом? Что ты будешь делать? Наносить себе новые ожоги? Опять и опять?

Взгляд Абигэль скользил по разбросанной на полу одежде.

— Что-то не так с этой кражей. Зачем было красть мои тетради и мои картины? Деньги, драгоценности — ладно. Но почему все, что связано с моими воспоминаниями, с моим сном? Как будто кто-то хочет забраться в мою голову и стереть мое прошлое. Помешать мне вспоминать. А что, если это не *только* кража?

— Что же еще?

— Не знаю. Но это случилось точно в тот момент, когда происходят события, которых я пока не могу понять. Когда мне больше всего нужны эти тетради, чтобы двигаться вперед. Без них я боюсь... что у меня не получится... Я записала важные вещи. Обо мне, о моей жизни, о моих кошмарах. Они стали моей памятью, Фред. Той самой памятью, которая все больше подводит меня.

Она обхватила голову руками.

— Как подумаю о том, что произошло на яхте моего отца в феврале, об этой тени, которая напала на меня, а потом положила в машину, как будто ничего не было. Мне кажется, что она и сейчас бродит вокруг меня. Следит за мной и хочет свести с ума. Из головы не идет этот тип, Земан. А что, если он вернулся? Что, если это он...

Фредерик крепко обнял ее:

— Все будет хорошо, ясно? Нет никакой тени, Аби.

Тут пришел слесарь, сменил замок, а Фредерик и Абигэль тем временем навели порядок в квартире. Всю мебель, все вещицы она поставила на сделанные прежде метки, но Фредерик ничего не заметил. Ожог на руке ритмично пульсировал, и это успокаивало.

Реальность.

Позже, когда квартира обрела почти нормальный вид, Фредерик пил вино и курил у открытого окна, глядя на перекресток, где мелькали на несколько секунд прохожие, точно китайские тени. Он любил смотреть на людей сверху, пытаясь представить себе их жизни, их судьбы. Фредди ведь тоже, должно быть, ходил по улицам, делал покупки в магазинах, платил за парковку, как любой другой. Он мог работать в большом офисе и встречал каждый день десятки коллег. А возвращаясь домой, становился чудовищем.

Сидя на диване, Абигэль молча смотрела на него. Его поза и загадочный, уверенный взгляд напоминали Орсона Уэллса в «Гражданине Кейне»[1], облокотившегося на подоконник окна в своей большой нью-йоркской квартире. О ком он думал, тихонько покачивая бокалом? О ней? О пропавших детях? О Фредди? Наверно, обо всех понемногу.

Абигэль встала и ушла в спальню. Она потеряла несколько лет снов, отрезков жизни, размышлений; вернуться назад она уже не могла, но при всем, что происходило сейчас, чувствовала себя достаточно сильной, чтобы начать все сначала и идти вперед.

Она взяла лист бумаги и записала:

Все, что написано на этом листке, — РЕАЛЬНОСТЬ.

**Ожог 1: Джош Хейман, писатель, существует. Знал ли он Леа? Я должна выяснить, кто он.*

---

[1] *«Гражданин Кейн»* — фильм Орсона Уэллса (1941).

** Ожог 2: У Джоша Хеймана на совести есть какая-то тяжкая вина.*

Она долго смотрела в задумчивости на свои записи. Бумага — она мнется, она теряется, она недостаточно надежна. Ее пропавшие тетради тому доказательство. Как быть уверенной, что такое больше не повторится?

Она всмотрелась в стены спальни и нашла решение, глядя на полоски зебры.

Ее тело будет лучшей на свете бумагой.

36

6 декабря 2014
АВАРИЯ

24 июня 2015
ГОРЯЩАЯ ПРОМЫВОЧНАЯ

19 июня 2015

Плогоф был так же черен, как небо Бретани в этот предполуденный час. Завеса косого дождя секла город и, казалось, отрезала его от остального мира. Абигэль думала о кусочке Франции, оторванном от континента, затерянном посреди океана и исхлестанном брызгами соли и серой пены.

Семь часов назад она зашла к татуировщику в Лилле, в нескольких кварталах от дома. Тот удивился ее странной просьбе, но, в конце концов, многие наносят себе непонятные порой фразы на разные части тела. Будучи адептом боди-арта, он был впечатлен шрамами на ногах Абигэль. И написал очень мелко, синими чернилами, на внутренней стороне левого бедра:

Кто такой Джош Хейман?
Отыскать демонов ДжХ

Абигэль предупредила татуировщика, что может еще не раз прийти к нему с подобными просьбами. Эти метки на ее теле так ее успокаивали. Они были надежны. Разумеется, Абигэль знала, что даже во сне эти татуировки могли существовать, как и ожоги на ее руке: достаточно было ее мозгу «скопировать» реальность и воспроизвести ее в мире сновидений. Но во сне она не могла помнить боль от каждого ожога, эту горячую пульсацию, которая билась в голове, стоило только представить себе пламенеющий кончик, раздавленный о ее кожу.

Она ехала вдоль извилистой линии побережья. Океан ревел и плевался пеной, волны разбивались о скалы с таким грохотом, что, казалось, дрожала земля. Не дорога, а конец света, и все же она наконец увидела впереди психиатрическую больницу Дебьен, прилепившуюся сбоку к утесу. Старая постройка сливалась с гранитом. Те же серо-черные тона, то же уныние, острые грани, выступающие углы, словно здание было вырезано гигантскими ножницами.

Абигэль вдруг стало нехорошо. Страх, всплывший из далекой юности, заставил ее съехать из осторожности на обочину. Она дышала часто, прерывисто и ожидала, что упадет с минуты на минуту. Больница прямо по курсу что-то ей напоминала. Она порылась в недрах своей обрывочной памяти и увидела на долю секунды табличку «Центр сна». Горы в снежных шапках вокруг... Альпы? Была ли она в подобном месте, где ее лечили от нарколепсии? Как долго? И в каком возрасте?

Картинка исчезла. Абигэль тряхнула головой, воспоминание было мимолетным, как дымок в порыве ветра. Возможно, Фредерик прав: гоняться за призраками бывает опасно.

Она заехала на парковку, где стояло несколько машин. Требовалось изрядное мужество, чтобы работать в этой могиле, отрезанной от города. Психиатрии в этом плане предстоял еще долгий путь. Курс на холл-приемную с книгой Джоша Хеймана под мышкой. По сравнению с этой больницей Безумная Вдовушка могла бы соперничать с мисс Франция. Абигэль подумалось, что, если бы архитекторы могли построить это каменное чудовище на острове посреди океана, тем самым окончательно отрезав его от людей, они бы это сделали.

Мишель Симон оказался маленьким коренастым человечком с обезьяньим лицом, лысой головой и ушами как у Голлума во «Властелине колец». На первый взгляд возраста он был давно пенсионного. На нем был белый халат, в котором он утопал и, казалось, парил внутри, точно призрак. Они поговорили несколько минут, и очень скоро речь зашла о Николя Жантиле.

— За почти три месяца его здесь никто не навещал, — сказал врач. — Его родители погибли в авиакатастрофе несколько лет назад. С остальными родственниками он порвал все связи.

— Я знаю.

— К сожалению, боюсь, что вы проделали такой путь зря. Он не станет говорить. Николя — одиночка, настоящий. Он не произнес ни единого слова, с тех пор как попал в наши стены. Ни с нами, ни с другими пациентами. Он нашел убежище в рисовании. Малюет целыми днями. И не без таланта. Надо сказать, терапия не всегда препятствует творчеству...

— Я все же попытаю счастья. Но прежде я хотела бы узнать, что произошло в тот злополучный вечер, когда его нашли у него дома. Мне говорили о видео, которое снял Николя Жантиль. Можно его посмотреть?

— Кто вам сказал об этом фильме?

— Его издатель.

— Это, боюсь, будет сложнее. Я связан профессиональной тайной.

Абигэль подвинула по столу визитную карточку, их еще было достаточно в ее бумажнике.

— Я ваша коллега, доктор. Что такое профессиональная тайна, я знаю. Мои отец и дочь погибли в дорожной аварии, когда Николя Жантиль работал над своим романом. Я проехала семьсот с лишним километров, чтобы попытаться понять, как он ухитрился использовать в своей книге выражение, которое могла знать только моя дочь.

А именно «Жемчужинка Любви». Согласитесь, не самое расхожее.

— Я искренне сожалею о вашей дочери и вашем отце, но то, о чем вы просите, невозможно. И коль скоро мы коллеги, я думаю, вы легко поймете мою позицию.

— Это еще не все. Книга Джоша Хеймана имеет очень много общего с расследованием, над которым я работаю в качестве эксперта при жандармерии.

Выражение лица психиатра изменилось.

— Вы хотите сказать, что работаете над делом о похищенных детях?

— Да. Я помогаю сыщикам. Трое детей похищены, доктор, и один отпущен, но сохранит отпечаток пережитого заточения до конца своих дней. Я не знакома с Николя Жантилем, я никогда его не видела, но знаю, что в его руках ключ, который я ищу уже много месяцев. Не спрашивайте меня, что за ключ и почему, я понятия не имею. Но этот ключ может помочь нам найти остальных детей. Я здесь, перед вами, и это не случайно. Прошу вас, в виде исключения, освободитесь от профессионального запрета.

Психиатр на несколько секунд сложил ладони у рта, размышляя. Глядя на него, Абигэль представила себе больного прогерией, этим редким недугом, при котором человек выглядит на семьдесят лет, когда ему только стукнуло тридцать. Годы психиатрии, копания в извращениях человеческого ума, состарили его до срока. Он наконец встал и подвинул стул, приглашая свою собеседницу сесть на него.

— Я не расскажу вам ничего о его психиатрическом прошлом, договорились? Это не представляется мне необходимым для ваших... изысканий.

— Хорошо. Но Жантиль уже имел в прошлом проблемы, верно?

— Да, были кое-какие тревожные звоночки.

— В своей книге он описывает с клинической точностью, как его главная героиня, которая служит в полиции, была изнасилована в молодости… На такие вещи вы намекаете, когда говорите о звоночках?

Психиатр поджал губы и запустил фильм.

— Ладно, сядьте поудобнее, зрелище, которое вы увидите, не из приятных.

37

На экране появилось лицо Николя Жантиля. Сидя посреди гостиной, он выглядел печальным, но спокойным. Он явно недавно плакал. Он повернул камеру так, чтобы самодельная гильотина, стоявшая за его спиной на полу, попадала в кадр. Чуть дальше плясали в камине языки пламени. Абигэль даже угадывала порой треск полена, но неотчетливо.

— Я поставил вам оригинальное видео, — уточнил врач. — Как вы можете убедиться, звук очень плохой. Камера у него была невысокого качества.

Стараясь оставаться в кадре, Жантиль направился к камину. Ссутуленная спина, тяжелая походка. Он поднял с пола кипу листков и стал бросать их один за другим в огонь.

— Это его рисунки, — объяснил психиатр. — Десятки рисунков, но мы никогда не узнаем, что на них было.

Когда все было сожжено, писатель опустился на колени перед инструментом собственного изготовления. Он потянул за белый шнурок, который поднял тяжелый нож на высоту больше метра. Абигэль была впечатлена совершенством механизма. Острое лезвие, направляемое двумя металлическими рельсами, припаянными к цоколю, блестело, как белозубая улыбка в ярком свете. Жантиль достал из кармана зажигалку и поджег середину шнура, изолированную двумя металлическими колечками, чтобы избежать слишком быстрого распространения пламени. Он хотел держать под контролем сроки и, главное, быть уверенным, что исполнит задуманное.

— Ни одного резкого движения, — заметила Абигэль. — Пламя зажигалки не дрогнуло. Он выглядит спокойным, точно знает, что делает. Вы не подумали, что его действиями... руководили?

— Голоса, вы хотите сказать?

Абигэль кивнула. Такое поведение типично для многих шизофреников, которыми управляет нечто существующее лишь в их голове. Скрупулезность, с которой он соорудил свой пыточный инструмент... эта мизансцена... этот безмятежный взгляд...

Симон как будто прочел ее мысли.

— То есть вы спрашиваете, шизофреник ли он... Не совсем. Николя окружил себя стеной молчания, сквозь которую трудно пробиться. Вы сами увидите, глаза его чаще всего пусты, лицо, как правило, ничего не выражает, лишено эмоций. Это не шизофрения в полном смысле слова, скорее распад психики, без галлюцинаторного аспекта, свойственного большинству видов шизофрении. Какая-то часть рассудка Николя пытается оторваться от реальности, в то время как другая остается с ней связанной, в частности через рисование. Мы считаем, что, несмотря на лечение, он продолжает разрушать себя психологически. Со скоростью этого пламени, сжигающего шнурок на видео.

На экране между тем Николя стоял на коленях в молитвенной позе. Он положил обе ладони плашмя на дощечку над емкостью. Потом поднял голову к камере и уставился в объектив. Абигэль затаила дыхание. Словно желая помешать неотвратимому, она сосредоточилась на пламени, которое плясало и разъедало мало-помалу нейлоновый шнурок. Смотреть этот фильм было само по себе пыткой.

И вот шнурок разорвался, и нож упал с молниеносной быстротой. Абигэль не упустила ни одной мелочи. Одни пальцы раскатились, как сигары, другие остались лежать на полу, когда Жантиль поднял изувеченные руки. Потом все произошло очень быстро: писатель зажал емкость запястьями и направился к камину. Капала кровь, отмечая его страшный путь.

— Боли еще почти нет, — сказал психиатр. — Так часто бывает у тяжелораненых: срабатывает какая-то система защиты и конечности несколько минут находятся как бы под анестезией. Он это знает и потому торопится.

Жантиль наклонил емкость. Пальцы покатились в огонь, похожие на маленькие сосиски. Писатель поставил емкость на место. Потом он подошел к камере. И наступила темнота.

— Выключив камеру, он, вероятно, сунул руки в огонь, чтобы прижечь раны, — объяснил психиатр, — после чего поднялся в спальню и больше оттуда не выходил. Я думаю, что в дальнейшем боль была так сильна, что Николя потерял сознание и пребывал в полузабытьи. Если бы его не нашли, он бы, скорее всего, умер. — Он запустил фильм сначала, нажал на «паузу». — Ясно, что это *наказание* имеет отношение к его работе, к творческому процессу, ведь руки — это продолжение мысли для писателя, — сказал он.

— Уничтожая их, он уничтожает себя. Он не приемлет себя больше таким, каков он есть.

— Вот именно.

Психиатр кивнул на лежавший перед Абигэль роман:

— Вы прочли «Четвертую дверь», вы не могли не заметить, как меняется почерк где-то в середине повествования.

— Да. Слог более отрывистый, фразы сухие, описания немыслимой жестокости, какой-то беспредельный ужас. Особенно в сценах изнасилования и надругательств над детьми. Как будто что-то жуткое и глубоко бесчеловечное вселилось в него и осталось навсегда.

— Вы совершенно правы. Я читал первый роман, в нем уже чувствовалась эта тяга к ужасам, но, конечно, не до такой степени. Уединившись в этом доме, Николя, должно быть, несколько недель пребывал в очень нестабильном психологическом состоянии после написания книги. Его издатель, наверно, сказал вам, что он был печален и молчалив на вечеринке по случаю выхода романа. Вы видели результат...

— Финальный акт разрушения. Нанесение себе тяжкого и необратимого увечья. Николя Жантиль больше не хотел быть Джошем Хейманом.

— Он отделил себя от него. Этот фильм я смотрел десятки и десятки раз. Я хочу показать вам еще кое-что в этом видео, чего вы, скорее всего, не заметили. Кое-что, заставляющее крепко задуматься.

38

6 декабря 2014
АВАРИЯ

24 июня 2015
ГОРЯЩАЯ ПРОМЫВОЧНАЯ

28 марта 2015

Занимались любовью с Фредериком... Звонок среди ночи... Тело, найденное в багажнике «кангу»...

Абигэль старалась быть сильной, подходя к Институту судебно-медицинской экспертизы, мрачной бетонной глыбе на выезде с автострады А1. Несмотря на сомнения Фредерика и свое коматозное состояние, она во что бы то ни стало хотела присутствовать при вскрытии тела, найденного в багажнике «кангу», который она видела в сотне метров от места аварии.

Погода была сухая, небо усыпано звездами, но ветер, поднявшийся в окрестных полях, далеко за холодильными складами, пронизывал насквозь. Молодая женщина ёжилась под пальто, уже окончательно проснувшись. Фредерик дожевал кусок хлеба — не стоит приходить в такие места с пустым желудком, — положил руку ей на плечо и растер, согревая. Потом он обнял ее за талию — чтобы поддержать, если она вздумает упасть.

— Все хорошо?

У Абигэль стоял ком в горле, ноги были свинцовые. Она-то надеялась, что больше никогда ноги ее не будет в этом кошмарном месте. Рядом с Фредериком она шагала, стараясь ни о чем не думать, по коридору, который служитель морга размашисто мыл половой тряпкой. В ушах у него были наушники. Черный линолеум блестел под агрессивным неоновым светом. Было три часа ночи.

— Можно пройти? — вежливо спросил Фредерик, щуря глаза.

Служитель вытащил из ушей наушники, выключил плеер и кивнул. На нем был халат, резиновые перчатки и бахилы.

— Да, проходите. Парень, которого нашли в воде через несколько месяцев, хуже слизня, все кругом изгадил. И если не отмыть сразу, останутся следы.

— Вы, значит, никогда не спите?

— Редко.

Он достал из кармана ментоловый бальзам и протянул Абигэль:

— Намажьтесь. Просто дружеский совет. Там не сказать чтобы красиво.

Она диву давалась, как он сам мог выносить эти запахи. Разложившийся труп пропитал все вокруг, вонь стояла даже снаружи. Она взяла маленькую баночку, смазала ноздри прозрачной мазью и передала ее Фредерику. После этого она толкнула дверь, ведущую в один из двух залов вскрытия.

Она приветствовала Патрика Лемуана и Эрмана Мандрие робким «здравствуйте». Капитан жандармерии, похоже, обрадовался ее присутствию. Он, разумеется, был в курсе ее отношений с Фредериком — в личной жизни жандарма для его команды не существовало тайн. Судмедэксперт коротко кивнул ей, и она перевела взгляд на бесформенную массу, лежавшую на стальном столе.

Тело достигло такой стадии разложения, что уже трудно было определить, мужчина это или женщина. Куски кожи, казалось, соскальзывали с мускулов, сморщиваясь гармошкой. Там и сям торчали сухожилия и кости. Левая нога была отделена от тела и лежала на другом столе. От головы осталось нечто вроде миски овсяной каши. Череп был проломлен в нескольких местах и зиял отверстиями, из которых еще вытекала белесая жидкость. Куски черепных костей лежали по обе стороны головы на столе, точно детали пазла.

Фредерик поздоровался с братом и пожал руку Патрику Лемуану, после чего повернулся к куче плоти. Он остался на почтительном расстоянии, размазывая слой бальзама под носом.

— Где его одежда?

— Его так и нашли, совершенно голым.

— Голый, в багажнике машины... Где эту машину выловили?

— Между Риеле и Маршьеном, километрах в пятнадцати от места аварии и, стало быть, от того, где обнаружили последнее чучело. Местечко уединенное, между лесом и полями. Водитель, должно быть, съехал с департаментского шоссе сразу после Риеле, попетлял немного и выехал на асфальтированную дорогу, что идет несколько километров вдоль Скарпа. Автомобиль там вполне пройдет. А потом он сбросил машину в воду.

— И ее нашли случайно?

— Да, повезло. Это место раз в год обследуют водолазы, из-за очистной станции неподалеку... Они делают это перед весной. «Кангу» передан нашим экспертам для анализов.

Лемуан вздохнул. Абигэль не видела его почти два месяца, он еще больше похудел. Его лицо, казалось, состояло из одних острых углов. Он дернул подбородком в сторону брата Фредерика.

— Ты можешь коротко ввести их в курс?

Эрман Мандрие подошел к трупу справа; его белый халат был в пятнах снизу доверху, бурых, серых, желтых, точно шкура коровы. Каучуковые подошвы его ботинок поскрипывали на полу, куда стекали вязкие реки. Он откашлялся и начал:

— Субъект кавказского типа, мужского пола, приблизительный возраст от сорока пяти до шестидесяти пяти, но надо еще дождаться заключения антрополога для большей точности, потому что на глаз определить трудно. Резиновая перчатка, да и только. Левая нога отделилась, когда его укладывали на стол. Рост около метра восьмидесяти. Волосы черные с проседью, цвет глаз неопределим. Трудно также установить дату смерти из-за долгого пребывания в воде, причем стоячей, в запертом багажнике, и состояния тела. От нескольких недель до нескольких месяцев. Но на его левой руке было вот это. — Он показал на часы, лежавшие на лабораторном столике. — Часы со стрелками, указывающими дату и время. И не водонепроницаемые, спасибо производителю.

Абигэль и Фредерик подошли посмотреть. Часы были недорогие, малоизвестной марки, на черном пластмассовом браслете. Эрман подошел к ним.

— Они остановились, когда в них попала вода, на 6, 4:37. Это 4:37 утра, потому что шестерка еще чуть выше центра диска. Стало быть, он умер шестого... Не шестого марта — он бы не был в таком состоянии. Шестого февраля, шестого января...

— Или шестого декабря, — выдохнула Абигэль, не сумев скрыть своего смятения.

Она повернулась к Патрику Лемуану:

— Моя авария произошла в 3:43, шестого декабря. Если я правильно поняла, меньше чем через час черный «кангу», который я видела на обочине как раз перед трагедией, оказался на дне реки в двадцати километрах оттуда с трупом в багажнике. Я верно излагаю или что-то пропустила?

Лемуан извлек на свет давнее воспоминание:

— Это напоминает мне загадку, которую мы любили, когда были детьми. Однажды нашли водолаза, в маске, в ластах и с аквалангом, посреди полностью сгоревшего леса близ Монпелье. Не маленькой рощицы — большого леса на сотни и сотни гектаров. Пожар выжег все, но парень остался невредим. Знаете почему?

Он всмотрелся в лица. Никто не ответил.

— Так вот, он плавал себе спокойно в море, и его засосало в самолет, который черпал воду, чтобы тушить пожар...

Ему не удалось разрядить атмосферу. Лица остались мрачными, замкнутыми.

— Этим я хочу сказать, что мне кажется, здесь мы имеем такой же бред. И я терпеть этого не могу, потому что эти чертовы загадки никогда не умел разгадывать.

Судмедэксперт вернулся к телу.

— Ты-то — нет, но наука умеет, — сказал он. — Вскрытие показало бы разрывы органов вследствие резкого уменьшения скорости движения, раздробленный скелет, вероятно, немного остаточного азота в крови из-за глубины. Проанализировав воду, которую он, по всей вероятности, проглотил в небольшом количестве, когда брал в рот редукционный клапан, могли прийти к выводу, что плавал он в Средиземном море... — Он сдвинул в сторону то, что осталось от головы. — Вернемся к нашему другу. Входное отверстие в форме звезды на левой височной кости, а также наличие того, что называют эрозивным венчиком, обычно связывают с проникновением и трением пули.

Абигэль подошла ближе, сцепив руки. Она видела тела отца и дочери на этом самом столе четыре месяца назад. Хирургическая лампа вскрывала плоть все так же жестоко.

— Расправа.

Эрман Мандрие пожал плечами:

— Трудно сказать с уверенностью в таких условиях. Однако выходного отверстия я не нашел. Пуля осталась внутри, такое бывает, зависит от расстояния, от угла стрельбы, от оружия, здесь скорее пистолет или револьвер, чем ружье, которое нанесло бы больше повреждений.

— Ты нашел пулю? — спросил Фредерик.

— Нет, зато мы нашли вот это, — вмешался Лемуан.

Капитан жандармерии протянул ему свой мобильный телефон. На экране была фотография «кангу», вытащенного из воды лебедкой. Эксперты уже открыли багажник, и был виден голый скорчившийся труп внутри, наполовину погруженный в воду непонятного цвета. Точно гигантская прозрачная личинка. Фредерик легко представил себе, в каком состоянии были те, кто сделал это жуткое открытие.

— Взгляни на следующую фотографию, — продолжал Лемуан.

Палец Фредерика скользнул по экрану. Абигэль приникла к нему. Теперь она видела снятый крупным планом домкрат, лежащий на синем брезенте, разостланном на земле. Эрман Мандрие отошел в угол выпить воды.

— Водолазы нашли его на дне в нескольких метрах от машины, — уточнил Лемуан.

— Череп весь в проломах и трещинах, — добавил судмедэксперт, вернувшись к ним. — Осколки костей застряли в разлагающейся плоти. Выражаясь вашим языком, он был проломлен с особой жестокостью. Я не полицейский, но мне кажется, нетрудно заключить, что это было сделано домкратом.

Фредерик провел рукой по лбу:

— Убийца хотел извлечь пулю во что бы то ни стало...

— Похоже на то.

Абигэль принялась размышлять вслух:

— Так действуют, когда знают, что пуля может привести к оружию. Нарезка ствола, траектория полета пули — все равно что отпечатки пальцев для оружия. А оружие приведет прямиком к владельцу, если оно зарегистрировано.

— Или если уже засветилось в другом деле, — добавил Фредерик.

— Либо наш убийца не хочет его засветить, либо он крайне осторожен и хорошо знает средства идентификации, имеющиеся у полиции.

— Надо все же задаться вопросом, не Фредди ли этот труп. Хоть мы и нашли одежду Артура два месяца спустя.

Но ведь чучело мог сделать и сообщник — возможно, тот, кто совершил преступление.

— ДНК Фредди есть у нас в базе, — вмешался Лемуан. — Сравним ее с ДНК трупа и все узнаем.

Еще несколько минут они говорили об этом пункте расследования. Эрман Мандрие тем временем положил прядь волос в пробирку и заткнул ее пробкой.

— Это еще не все: тот, кто это сделал, разбил и лицо, — сказал он, вернувшись к телу. — Он превратил его в месиво тяжелым предметом, вне всякого сомнения этим же домкратом. Он снес челюсти и выбил зубы. И на сей раз он не пулю искал, не было никакого резона так усердствовать, если только он не...

— ...хотел сделать невозможным опознание, — перебил его Фредерик. — Это объясняет и наготу. Мясник, да и только.

Абигэль легко представила, какая жуткая драма разыгралась в ту ночь. Пуля в голову. Убийца, разбивающий череп и лицо домкратом... Хруст костей... Кровь, брызжущая бенгальским огнем... Все это могло произойти, пока она лежала без сознания в нескольких метрах от машины, разбитой в лепешку, как это лицо. Патрик Лемуан почесал нос и поморщился:

— Не могу больше выносить этот запах, боже мой!

Эрман Мандрие дружелюбно улыбнулся ему:

— Я вас избавлю от продолжения осмотра. Возьму пробы на ДНК, на токсикологию, все необходимое. Подождите в коридоре или снаружи, если хотите.

— Я останусь до конца, — бросил Фредерик.

Абигэль и Лемуан не заставили себя долго просить и вышли. На улице капитан жандармерии вытер платком мазь с носа и понюхал свою куртку.

— Не выношу утопленников, особенно долго пролежавших в воде. Что за вонь! Даже после душа ты все равно пропитан этим запахом. Лежишь в постели с женой, а она спрашивает, вынес ли ты мусорное ведро.

Он вздохнул и закурил сигарету. Глубоко затянулся и выпустил дым из ноздрей.

— Как твои дела?

— Как видишь. Ты, конечно, в курсе, что мы с Фредом живем вместе после той истории, когда громилы вломились в мой дом.

— Да, он что-то такое говорил. И мне кажется, он в восторге.

Он улыбнулся ей короткой улыбкой.

— Мы часто справляемся о тебе, ты знаешь? Нехорошая какая история с твоим отцом. Эта двойная жизнь... Ты так и не выяснила, что значит тайный код, который ты будто бы нашла на яхте?

— Я регулярно получаю мейлы от форумчан, которые пытаются его расшифровать, но все впустую. Это мог сделать только мой отец, а его больше нет.

Абигэль сунула руки в карманы и загляделась на Северную автостраду. Желтые и красные огни уносились во тьму. Она всегда задавалась вопросом: куда едут эти люди так поздно ночью?

— В моей жизни есть пробел в три часа в ночь на шестое декабря. Три часа, за которые я в лучшем случае должна была истечь кровью при такой силе удара. В эти три часа мой отец, живший под фальшивым именем, и моя дочь, написавшая письмо, в котором она сообщает мне, что скоро умрет, погибли на дороге, по которой мы не должны были ехать. В это же самое время какой-то тип оказался голым в багажнике машины, с разбитым черепом и лицом, а Фредди — я по-прежнему в этом уверена — зачем-то рылся в чемодане моей дочери, украл ее плюшевого котенка, да еще позаботился запереть чемодан и положить ключ обратно в ее карман...

Она выдохнула облачко пара.

— Это как твоя загадка про водолаза. Я должна понять, что произошло, Патрик. Должна распутать эти узлы вокруг аварии, потому что иначе это сведет меня с ума.

39

6 декабря 2014
АВАРИЯ

24 июня 2015
ГОРЯЩАЯ ПРОМЫВОЧНАЯ

30 марта 2015

Два дня после визита в Институт судебно-медицинской экспертизы Абигэль сидела безвылазно в квартире Фредерика за маленьким письменным столом, который он поставил для нее в углу гостиной. Она купила большую пробковую доску и прикрепила к ней все данные, которыми располагала об аварии. Настоящая сеть нейронов и связей, полностью отражавшая хаос, царивший в ее голове.

Первым делом она начертила временну́ю ось, на которую нанесла различные события, связанные с трагедией, и повесила ее перед собой.

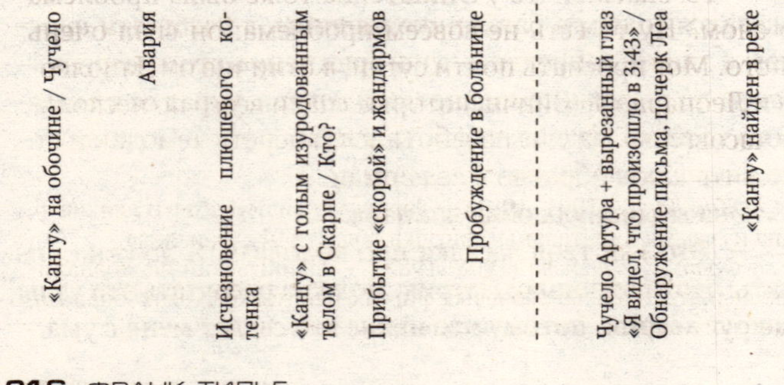

Кроме того, она собрала воедино все, что удалось выяснить об отце после его смерти. Фотографию, на которой он позировал перед яхтами, с подписью черным маркером «Ксавье Иллинуа». Были тут и до сих пор не расшифрованный тайный код отца, и его банковские выписки, и счета, которые она забрала в Этрета... Целая туча самоклеящихся листочков покрывала часть стены. На них были вопросы типа «Зачем украли плюшевого котенка?» или «Кто неизвестный, найденный в багажнике?». Была у нее и копия рапорта об аварии, несколько фотографий разбитой машины, имена пожарных и врачей «скорой», прибывших на место, а также всего медперсонала, занимавшегося ею в больнице. Справа от себя она положила на стол ксерокопию письма Леа, найденного в лесу, и свои разбитые часы со стрелками, застывшими на 3:43.

Абигэль наклеивала очередные листочки, когда пришел с работы Фредерик. Он поцеловал ее, сварил себе на кухне крепкого кофе и сел рядом с ней. Глаза его полезли на лоб при виде этого множества информации и стрелок, образовавших огромную паутину.

— Что ж, если это отражение того, что творится у тебя в голове, — страшновато.

— Я пытаюсь найти связи, детали, которые от меня ускользнули. Знаешь, как говорил Эйнштейн, «задача без решения — это плохо поставленная задача».

— Обычно ты цитировала, скорее, Лакана[1] или Дольто[2].

— Ты знаешь, что у Эйнштейна тоже была проблема со сном? Ну то есть не совсем проблема: он спал очень много. Мог проспать почти сутки, в отличие от Наполеона и Леонардо да Винчи, которые спали всего по нескольку часов.

---

[1] *Жак Лакан* (1901–1981) — французский философ и психиатр, одна из самых влиятельных фигур в области психоанализа.

[2] *Франсуаза Дольто* (1908–1988) — французский психоаналитик, педиатр, одна из ключевых фигур французского психоанализа, и детского психоанализа в частности.

Она наклеила последний листок поверх своей тучи бумажек.

— Вы получили заключение экспертов? Выяснили, кто тот человек в багажнике?

— Нет, не выяснили. Его ДНК не соответствует ни одной из зарегистрированных в Национальной автоматизированной картотеке генетических отпечатков. Стало быть, он не Фредди: их генетические профили не совпадают.

— Это можно было подозревать.

— Теперь мы имеем научное подтверждение. Мы заглянули в картотеку пропавших без вести в наших краях, с этой стороны тоже пока ничего. Антрополог осмотрел скелет. Нашему трупу лет пятьдесят, рост около метра восьмидесяти. Есть несколько старых переломов, но никаких зацепок для точного поиска. В остальном — большой вопросительный знак. Этот тип остается совершенным анонимом.

Абигэль скрипнула зубами. Еще одна загадка.

— Узнали еще что-нибудь об обстоятельствах убийства?

— Эксперты нашли осколки костей, прилипшие к смазке винтов домкрата, а также в салоне «кангу». Застряли в пассажирском сиденье.

— Этот человек, по словам твоего брата, получил пулю в левый висок...

— Да, это значит, что Фредди был за рулем, а тот, другой, сидел рядом. Эти двое были знакомы. В какой-то момент Фредди достал оружие и выстрелил.

Фредерик отпил глоток кофе.

— Эксперты также распылили внутри багажника Bluestar[1]. Следы крови были повсюду, даже на потолоч-

---

[1] Реактив для обнаружения замытых, стертых или невидимых невооруженным глазом следов крови, использующийся в уголовном розыске. *(Примеч. авт.)*

ной лампочке. И опять осколки костей. Видимо, там он разбил ему домкратом череп, чтобы извлечь пулю, и расквасил лицо.

Абигэль взглянула на свой график событий:

— О'кей... *Некто* убивает нашу жертву в салоне машины из огнестрельного оружия, разбивает ей череп, чтобы сделать неузнаваемой и извлечь пулю, после чего засовывает ее в багажник, очевидно, потому, что ему надо еще проехать какое-то расстояние и он не хочет рисковать. Готова держать пари, что убийство произошло поблизости от места моей аварии, что тело положили в багажник именно там, а потом этот *некто* помчался к Скарпу. Добрался меньше чем за час, времени не терял. Да и вообще, все произошло очень быстро.

— Почему ты называешь его *некто*? Почему не скажешь: Фредди?

— Потому что, даже если это кажется очевидным, у нас нет никаких доказательств, что убийца — он. Я пока не хочу его так называть. Есть кое-какие элементы, не совпадающие с его профилем.

— Например?

— Для меня Фредди действует в одиночку, он похищает детей и делает чучела, чтобы разрешить некий личный конфликт. Он холост и одинок. Когда он вешает чучела, он должен быть один, это его творение, момент наивысшего возбуждения для него. Он как художник, наносящий последний мазок на свой холст. Это что-то такое, чего он не может разделить с сообщником.

— В таком случае объясни мне, откуда взялся труп и кто убийца?

— У меня нет ответа.

— Мы хорошенько обмозговали это все вместе в казарме. Мы думаем, что у Фредди был сообщник и что-то пошло не так. Это наверняка связано с непредвиденной аварией, которая и посеяла между ними раздор. Представь себе: возможно, один все же хотел повесить чучело Артура или задержаться на месте аварии, а другой нет. Короче, страсти накалились. В итоге Фредди достал пушку и убил своего спутника. Разбил ему лицо, чтобы сделать неузнаваемым. Ни одежды, ни возможности опознать по зубам. И, сбросив его в воду, он надеялся, что найдут его не скоро. К тому же не ты ли говорила, что у Фредди нестандартная сексуальная ориентация? А что, если это был его любовник?

Абигэль пригладила волосы с глубоким вздохом. Эти открытия ставили под сомнение целый пласт ее работы. Чета гомосексуалистов по жизни. Чета похитителей, один имеет над другим власть... Абигэль не помнила случаев с гомосексуальными парами — и, насколько она знала, в анналах полиции такого зафиксировано не было. Зато примеров преступных дуэтов любовник/любовница хоть отбавляй: Дениза Лаббе и Жак Алгаррон, Поль Бернардо и Карла Хомолка, они же Барби и Кен, Мишель Фурнире и Моника Оливье...

— В таком случае они будут первыми.

— У всего есть начало.

Она посмотрела на карточку на пробковой доске и ткнула пальцем в вырезанный на стволе глаз:

— Что видел Фредди в 3:43 в ту ночь? Что там можно было увидеть, кроме машины, разбившейся о дерево?

Она вскочила и стала нервно расхаживать взад-вперед.

— Когда я смотрю на эту таблицу, сопоставляю все элементы, у меня не идет из головы мысль, что роль случая слишком велика. Фредди и я, участвующая в расследовании его дела, оказываемся в одном месте в одно время...

Она снова бессильно опустилась на стул.

— Я не могу, Фред! Не могу проникнуть в его тайну, понять его мотивации. Он, точно мыло, проскальзывает между пальцами. У нас нет на него ничего конкретного, только пустые предположения. Ни одного реального следа, ни единого описания. С ума можно сойти. Не призрак же этот тип, черт побери!

Фредерик погладил ее по волосам, он чувствовал, что она на пределе.

— Знаешь, что мы сделаем? Я сейчас приму душ и поведу тебя в ресторан. Выпьем немного вина и поедим чего-нибудь острого. А если останутся силы, пойдем промотаем несколько евро в казино.

— В казино? Ты?

Он поцеловал ее в макушку.

— Ты говорил об Эйнштейне. Есть такая история с Богом, который играет в кости. Это напомнило мне крэпс[1]. Ты знаешь, что мой отец обожал эту игру?

— Крэпс? Ты никогда мне не говорила.

— Игра — это была его слабость. Однажды он выиграл почти две тысячи франков в крэпс, целое состояние. И знаешь, что он мне на это купил?

— Не знаю... Новую рыболовную сеть?

Фредерик скрылся в коридоре и вернулся через несколько секунд. Он показал ей опасную бритву с острым лезвием из дамасской стали. И улыбнулся ей.

— Так как насчет нашей маленькой вечеринки?

— Ты прав, нам это пойдет на пользу. Ради такого случая я отложу прием пропидола.

— Хорошая идея. Будет жаль, если ты уснешь за столом.

Она смотрела ему вслед, когда он скрылся в коридоре, с болью в сердце, с надеждой однажды полюбить его так, как он ее любил. Потом, вздохнув, она снова сосредоточилась на своем лоскутном одеяле из фактов и мест. Два дня она собирала все воедино, ломала голову, вспоминала ужас той драмы, пыталась понять. Она написала на листке слово «Авария», добавила время, 3:43, и обвела красной ручкой. Потом приписала большими буквами: СЛУЧАЙ?

[1] *Крэпс* — один из видов игры в кости.

Абигэль знала, что случай — это не «Бог, прогуливающийся инкогнито», как говорил Эйнштейн, что он бывает вызван процессами, зачастую независимыми друг от друга, внезапно совпадающими во времени и в пространстве. Вот и в ту ночь случай проистекал из пересечения двух траекторий, a priori не пересекающихся: их поездки на восток Франции, с одной стороны, и присутствия Фредди и его гипотетического сообщника — с другой.

Абигэль убедилась окончательно: надо проследить эти две траектории шаг за шагом, минута за минутой.

Решение, возможно, крылось в шести буквах этого слова.

Случай.

40

Абигэль занялась сначала пунктом «Фредди». Какие обстоятельства привели его на шоссе Д151 в ту ночь? Во-первых, дата: 6 декабря совпадало со сроком выставления нового трофея, поскольку прошло два месяца с последнего похищения. Время тоже подходило: Фредди всегда вывешивал свои чучела ночью. Что касается места, дорожные работы гарантировали практически полную уверенность, что ему не помешают и никто его не увидит. Абигэль заглянула в рапорт об аварии: там было указано, что работы велись больше месяца, о чем сообщалось в газетах и на различных интернет-сайтах. Фредди, таким образом, мог быть в курсе и заранее спланировать свою акцию.

Все сходилось, все было логично: похититель вполне мог оказаться в этом месте в ту ночь.

Теперь надо было сосредоточиться на второй траектории: ее отца. Абигэль заново пересмотрела все имеющиеся в ее распоряжении элементы. Ив позвонил ей 5 декабря около полудня, когда она знакомила команду «Чудо-51» с профилем Фредди. Была пятница, отец ехал к ней, заранее забронировав уик-энд в Сентер-Парк. Абигэль нанесла эти сведения на новую временну́ю ось. Когда Ив его забронировал? До сих пор она не задавалась этим вопросом.

Она позвонила в Аттиньи, и через несколько минут ей удалось получить информацию: платеж был произведен банковской картой через Интернет 5 декабря 2014 года в 8:07.

Абигэль повесила трубку в сомнении. Отец все устроил накануне их отъезда. Поздновато, учитывая предусмотрительность таможенника. Она вспомнила состояние сине-белой яхты, уверенность, что ее обыскивали, вероятно в поисках зашифрованного послания. Это подтвердило ее подозрение: Ив приехал к ней в Нор, чтобы бежать из Гавра и, очевидно, от двоих громил, позднее напавших на нее в ее доме.

Что же произошло потом, 5 декабря? Абигэль постаралась припомнить. Она вернулась с совещания с Леа, Ив приехал около пятнадцати часов, усталый и вымотанный. По его словам, в Сентер-Парк надо было быть к девяти часам назавтра, 6 декабря. Около 16:30 он вышел прогуляться по Лиллю, один, и вернулся к 18:30 с подарками для Леа.

Они выехали около трех часов в ледяную ночь.

Абигэль не упустила ни одной детали, Интернет подтвердил, что добираться до Сентер-Парк действительно пять-шесть часов и что заселение в бунгало, снятые на уик-энд, начинается в девять утра. В этом Ив не солгал: отъезд из дома в Эллемме в 3 часа ночи был вполне логичным.

Далее — загрузка в машину Ива и отъезд. С этого момента Абигэль не могла ничего вспомнить отчетливо. Она, кажется, задремала вскоре после отъезда и не сразу заметила, что Ив свернул с автострады в поисках бензина. Помнился красный сигнальный огонек, показывающий, что бак почти пуст.

Она проследила их путь по карте. Выезд из Эллемма... Автострада A23... Поворот у Орши... Она пометила фломастером департаментское шоссе до ремонтирующейся дороги. Посмотрела, где поблизости есть заправочные станции: Ив выбрал ближайшую. Тоже логично. Все сведения были занесены на листок бумаги.

Далее... Гипнагогическое видение, этот странный человек-лисица... Остановились на несколько минут... Поехали дальше. На развилке отец решил ехать по дороге, закрытой для движения. Иначе их путь удлинился бы на семь километров, если верить карте. Когда надо проехать больше четырехсот километров, не хочется терять время на поиски бензина, напрямик предпочтительнее. Итак, Ив свернул на Д151. Дальнейшее известно...

Абигэль откинулась на стуле. В конечном счете у Ива были все основания оказаться в этом месте в это время. Он был вымотан, устал, не спал ночь. И врезался в дерево, вот и все.

Две независимые друг от друга траектории сошлись, породив этот зловещий случай. Точка, абзац.

Разочарованная и приунывшая, Абигэль приколола листок вместе с остальными, как вешают некролог в коридоре предприятия. Она бросила последний взгляд на это лоскутное одеяло из вопросов, на все странные элементы, вроде рукописного письма Леа:

Тебе я делать больно не хочу,
Но знаю, очень скоро я умру.
Тебе я редко это говорю,
Но знай, тебя я, мамочка, люблю.

Она шла в кухню, как вдруг остановилась посреди гостиной, пораженная новым вопросом. До сих пор она не задумывалась о событии, спровоцировавшем случай со стороны Ива: нехватке бензина.

Все дальнейшее было следствием окаянного пустого бака.

Почему отец не заправился перед отъездом, зная, какой долгий путь им предстоит проделать до Сентер-Парк? Возможно ли, что он просто не подумал об этом или решил, что они заправятся по дороге? Ив, с его предусмотрительностью... Он-то как раз никогда не полагался на волю случая, так неужели он не залил бы полный бак перед дальней дорогой?

Абигэль вернулась к письменному столу и записала вопрос на самоклеящемся листочке: «Почему в машине кончился бензин?» Она порылась в банковских выписках отца, поискала декабрьскую за 2014 год, но не нашла. Где же она? Подумав, Абигэль догадалась.

Она вскочила со стула, схватила ключи от машины.

— Я съезжу в дом в Эллемме! Я быстро, туда и обратно!

Не дожидаясь ответа Фредерика, она убежала. Через час вернулась, нагруженная двумя коробками с вещами отца. Фредерик ждал ее с нетерпением, свежевыбритый, элегантно одетый, в белой рубашке без галстука, серых фланелевых брюках и начищенных мокасинах.

— Ты можешь объяснить мне, что случилось? — Он помахал телефоном. — Ты даже не взяла свой мобильник, я не мог с тобой связаться. Сказать, что я беспокоился, — ничего не сказать.

— Я кое-что нашла.

Она положила коробки и достала открытый конверт.

— Его последняя банковская выписка, за декабрь две тысячи четырнадцатого. Она была в почте, когда я приезжала в Этрета. Я оставила ее в этой коробке.

— Уже почти восемь, Абигэль. Ты бы лучше отложила это на завтра и собралась. Как тебе такой план?

— Две секунды.

Она кинулась к компьютеру и вывела на экран интерактивную карту. Набрала «Боск-Мениль». Появился город и его окрестности.

— Боск-Мениль, на автостраде А28, между Руаном и Амьеном, этой дорогой мой отец ехал из Гавра в Нор. Здесь есть площадка для отдыха и заправочная станция. На ней он покупал бензин в последний раз. Расплатился банковской картой в 10:32, четвертого декабря.

Фредерик нашел строчку в банковской выписке.

— И?..

— Дата и сумма, Фред! Это было накануне его приезда ко мне, и всего на двадцать два евро бензина, а ведь от Боск-Мениля больше двухсот километров до Лилля! Почему он не залил полный бак?

Фредерик нахмурил брови. Абигэль не дала ему времени подумать.

— Он приехал ко мне только на следующий день в 15:30. И посмотри на предпоследнюю строчку в выписке... Уплата дорожной пошлины в Аррасе, тоже четвертого декабря. Он ехал, по идее, со скоростью около ста тридцати километров в час от Боск-Мениля до Арраса. И когда ему осталось всего тридцать километров до меня, он исчез с экранов радара на полтора дня. Счета из гостиницы в выписке нет. Где он ночевал? Он и тут солгал мне, Фред. В тот день, когда он постучался в мою дверь, он сказал, что выехал из Этрета этим же утром.

Абигэль схватила самоклеящийся листок: «Что делал папа с 4 по 5 декабря?» Она приклеила его на соответствующее место в цепи событий.

— Он еще раз исчез пятого декабря после обеда. Сказал, что пойдет прогуляться по Лиллю. Он вернулся с подарками для Леа, но мне кажется, что ему нужно было уладить какое-то дело. Часть ответа здесь, я уверена.

Фредерик взял сигарету из пачки, лежавшей у клавиатуры, и прикурил.

— Согласен, это странно — и исчезновение, и, главное, история с бензином. Какой же ты из всего этого делаешь вывод?

— Есть два варианта. Или мой отец залил полный бак в Боск-Мениле, потому что знал, что ему предстоит еще много ездить до меня, колесить по дорогам, уж не знаю, черт побери, зачем. И когда он приехал ко мне, бак был почти пуст.

— Или?..

— Он залил ровно столько, чтобы, переночевав не знаю где, приехать ко мне с пустым баком.

Абигэль почувствовала, как большая костлявая рука пробежалась по ее позвоночнику.

— Он сам спровоцировал случай.

41

6 декабря 2014 *24 июня 2015*
АВАРИЯ ГОРЯЩАЯ ПРОМЫВОЧНАЯ

4 апреля 2015

— О! Мадам! Что с вами?

Абигэль широко раскрыла глаза и огляделась. Квадратная комната... Люди, сидящие на стульях с бесстрастными лицами или уткнувшись в журналы... Ей понадобилось несколько секунд, чтобы покинуть болота Флориды из своего сна и вспомнить, что она находится в приемной больницы Салангро ранним утром.

Она слабо улыбнулась мужчине, который поддержал ее под руку, чтобы не дать упасть:

— Ничего, все хорошо. Я задремала. Простите.

«Задремала» — это было слабо сказано: она провалилась в глубокий парадоксальный сон в мгновение ока. В себя она пришла быстро. После того как она обнаружила эту историю с заправкой в Боск-Мениле, Абигэль казалось, что все пошло вкривь и вкось. Она все чаще внезапно засыпала средь бела дня, и ей постоянно снился отец. Каждый раз он бросался на нее и убивал, широко улыбаясь, — на этом сон кончался. Как будто в глубине ее существа подсознание не давало ей приблизиться к цели.

Она все время возвращалась к одному и тому же вопросу: сам ли он спровоцировал случай? Что он делал с 4 по 5 декабря 2014-го? Нарочно ли выехал с пустым баком, чтобы оказаться на этой ремонтирующейся дороге в ту злополучную ночь 6 декабря?

Она копала во всех направлениях, но упиралась в стену: невозможно было ни проникнуть в голову отца, ни понять связь между разными событиями, которые вот уже четыре с лишним месяца сводили ее с ума.

Не желая ничего упустить в своих поисках и пробуя все, что приходило в голову, она теперь ждала приема в стенах той самой больницы, где очнулась в день аварии. Ей необходимо было проверить одну деталь.

Наконец доктор Летисия Либер пригласила ее и усадила на стул в своем кабинете. Абигэль было не по себе. Это лицо она увидела первым, когда очнулась утром после трагедии.

— Как вы, выкарабкиваетесь? — спросила Либер.

— Это непросто, но... меня есть кому поддержать.

Врач подперла руками подбородок:

— Объясните мне, почему вы здесь.

— Чтобы прояснить точные обстоятельства аварии.

— Разве жандармы не составили рапорт?

— Составили, но многое неясно. Я полагаю, вы сделали массу анализов, в частности токсикологических, когда я поступила в больницу.

— Разумеется.

— Мне бы хотелось, чтобы вы заглянули в мою карту и сказали мне, были ли обнаружены токсины или психотропные препараты в моей крови или моче.

Либер явно удивилась. Все же она надела очки и уставилась на экран своего компьютера. Несколько манипуляций — и у нее был готов ответ.

— Действительно, обнаружен пропидол в моче в концентрации четыре целых семь десятых микрограмма на миллилитр.

Абигэль показалось, что она получила прямой удар в челюсть. Почти пять микрограммов — такую дозу показывали анализы, когда она регулярно принимала лекарство.

— Сколько времени пропидол сохраняется в моче после приема?

— Около шести часов в моче и три часа в крови.

Абигэль почувствовала, как в горло хлынул поток раскаленной лавы.

— Почему вы не сказали мне, что обнаружили пропидол, черт побери?

— Почему? Да потому, что в вашей истории болезни написано, что вы страдаете нарколепсией с восьми лет и лечитесь пропидолом с две тысячи пятого года. Так что было вполне логично, что его нашли в вашем организме, не так ли?

Абигэль вскочила со стула. Ей пришлось опереться на спинку, чтобы не упасть.

— Нет, не логично. Я знала, что мы выедем глубокой ночью, и хотела бодрствовать хотя бы часть пути. Когда... когда мы покинули дом, я не принимала пропидол уже почти тридцать часов. Вы не должны были обнаружить его в моем организме.

Абигэль почти выбежала из кабинета. Села в свою машину и разрыдалась. Вывод ясен: отец, ее родной отец опоил ее пропидолом. Она с криком заколотила кулаками по рулю и рухнула, привалившись виском к стеклу, широко раскрыв рот от ужаса. Ее нижняя губа вывернулась, образовав странный S-образный изгиб. Но паралич не мешал ее мозгу работать на полных оборотах. Она вспоминала, как Ив предложил ей кофе в машине. Теперь она лучше понимала и неодолимое желание спать сразу после, и огромную черную дыру вокруг аварии.

Зачем он это сделал?

Через две-три минуты прилив отхлынул, и Абигэль вновь ощутила свое тело. Она несколько раз сжала руки, заставила поработать лицевые мышцы, после чего тронула машину с места и помчалась в лилльский Институт судебно-медицинской экспертизы.

Эрман Мандрие печатал отчет, когда она ворвалась в его кабинет без стука. Он сразу понял, что она чем-то взбудоражена.

— Абигэль? Что случилось?

— Моя дочь... Моя Леа... Я хочу, чтобы ты сказал мне, выявили ли токсикологические анализы наличие пропидола в ее организме.

— Успокойся, ладно?

— Я не могу успокоиться! Мой отец опоил меня моим же лекарством в ночь аварии. Леа тогда быстро уснула. Мне надо знать, опоил ли он и ее тоже.

Эрман посмотрел на нее удивленно:

— Зачем бы твоему отцу это делать?

— Анализы, пожалуйста.

Судмедэксперт нашел результаты токсикологических анализов в своем компьютере. Посмотрел записи и покачал головой:

— Нет никаких следов психотропных препаратов в организме Леа.

Абигэль обошла стол, чтобы посмотреть на экран собственными глазами. «Леа Дюрнан»... Результат отрицательный на психотропные препараты, наркотики, монооксид углерода, металлы в крови.

Теперь она уже ничего не понимала. Почему отец опоил лекарством ее, но не ее дочь? Все закружилось у нее в голове. Она вспоминала историю с ремнями безопасности, вырезанный на дереве глаз, «Я видел, что произошло в 3:43», записку Леа. Вспоминала и слова Земана, когда он напал на нее: «Ты знаешь, что должна была бы быть уже мертва? Но вместо тебя разбился твой отец. Легко отделался, паршивец. И ты тоже».

Что за история, хоть головой о стенку бейся. Она извинилась перед Эрманом и вернулась домой. Прикрепила к пробковой доске новое звено в цепи событий: «Папа опоил пропидолом меня, но не Леа». Потом позвонила Фредерику, чтобы поделиться своими открытиями. Он снял трубку, шумно дыша. Похоже, бежал.

— Извини, Абигэль, нет времени, мчусь к машине.

— Это важно, я...

— Нашли мальчика. По описанию похоже, что это Виктор.

Абигэль застыла посреди комнаты:

— Виктор?! Где? Где находится труп?

— Это не труп, Абигэль. Виктор жив!

42

6 декабря 2014
АВАРИЯ

24 июня 2015
ГОРЯЩАЯ ПРОМЫВОЧНАЯ

19 июня 2015

Плогоф... В кабинете психиатрической больницы видео, на котором Николя Жантиль наносил себе увечье, застыло в стоп-кадре. Психиатр склонился над клавиатурой и вывел запись на тот момент, когда Николя Жантиль положил руки под нож гильотины.

— Сосредоточьтесь на его глазах и губах.

Он пустил фильм на замедленной скорости. На экране Николя Жантиль смотрел в камеру, но вдруг на полсекунды глаза его метнулись влево и снова вернулись к объективу. В уголке глаза выступила слеза, а губы чуть заметно шевельнулись. Абигэль ничего не заметила в первый раз, сосредоточившись на пламени, пожиравшем шнурок.

— Его взгляд как будто что-то привлекло.

— Точно. А теперь слушайте хорошенько.

Он отмотал назад, увеличил громкость до максимума и пустил запись. Звук был плохой, слышно лишь гудение. И все же Абигэль что-то расслышала за секунду или две до того, как Жантиль отвел глаза влево и шевельнул губами.

— Что это было?

Симон кликнул на другой файл в папке, содержавшей видео.

— Я попросил одного знакомого попытаться обработать звуковую дорожку. Удалить этот фоновый шум, связанный с плохим качеством микрофона... И вот что получилось. Это далеко от совершенства, но все же лучше оригинала. Звуковая дорожка начинается примерно за десять секунд до того, как Николя отвел глаза. Сейчас будет звук без изображения. Откройте пошире уши.

Он кликнул на файл mp3. Абигэль закрыла глаза и сосредоточилась. Негромкое гудение, тишина, нарушаемая треском дров в камине. Через десять секунд она расслышала тот самый звук. Звуковая дорожка кончилась, Абигэль запустила ее сначала, чтобы убедиться.

— Это длится всего секунду, но, кажется... это плач.

— Плач, всхлипы...

Абигэль не была ни в чем уверена. Она снова прослушала файл, но на этот раз ее рука на мышке дрожала. Дрожь охватила все тело.

— Да, плач, но я не совсем уверена. Это может быть и что-то другое.

— Например, кровля скрипит от ветра, балки потрескивают, — объяснил психиатр. — Это может также идти из камина, тяга дает такой странный звук. К сожалению, узнать это мы никак не можем. Микрофон был слишком скверного качества. Мне тоже послышался плач.

— Но есть еще этот взгляд влево и движение губ.

— Я дал послушать эту звуковую дорожку Николя. Хоть он ни на что не реагирует и утратил связь с внешним миром, что-то блеснуло в глубине его глаз в самый первый раз, когда он услышал этот звук. Какая-то искра — такую же искру я видел в ваших глазах, когда вы слушали запись. Увы, в дальнейшем этой искры я больше ни разу не видел.

Звук повторялся в голове Абигэль, невнятный, то ли всхлип, то ли сопение. Она была почти уверена, что издает его человеческое существо. *Плач.*

— А вы знаете, что значит движение губ сразу после того, как он отвел глаза?

— Я спрашивал специалиста по чтению по губам, она специально приехала из Бреста. Ответ однозначный. Николя сказал: «Прости».

Прости... Это подтверждало гипотезу о каре: Жантиль хотел наказать себя. Доведенное до крайности самобичевание, где нож заменил плеть.

— Точно установлено, что в доме никого, кроме него, не было? — спросила Абигэль.

— Никого. Николя был один в уединенном доме на оконечности Большого острова. Если кто-то и был рядом с ним в момент акта, во всяком случае, два дня спустя его уже не было. И этот кто-то не вызвал «скорую».

— У вас есть теория?

— Никакой.

Вопросов у Абигэль было еще больше, чем до приезда в больницу. Она словно шла сквозь туман, который становился все гуще. Симон выключил компьютер и позвенел ключами в кармане.

— Идемте? Вы по-прежнему готовы с ним встретиться?

Абигэль встала и взяла роман Джоша Хеймана в правую руку.

— Больше, чем когда-либо.

43

Абигэль и лечащий врач Николя Жантиля поднялись по винтовой лестнице, которая привела их на третий этаж психиатрической больницы. Молодая женщина следовала за своим провожатым, ничего не говоря. Ей казалось, будто она идет по готическому замку, со стенами из неровных камней, высоченными потолками в сводах и изгибах. Это место казалось ей настолько необычным, что она спросила себя, не видит ли снова сон. Она ощупывала неровности гранита, вслушивалась в шорох своих шагов, вдыхала запахи сырости, стимулируя все органы чувств. Ощущала она и силу тяжести, вес своих ног и рук, требующееся для подъема усилие. Все эти знаки успокаивали.

Симон объяснил ей, как надо разговаривать с Николя Жантилем — спокойно, без нажима, — как будто она сама не знала, что такое шизофреник или душевнобольной. Дождь стучал по стеклянной крыше над их головой, как будто разбивалось о дерево ветровое стекло. Ветер выхаркивал свои легкие. Сквозь зарешеченное оконце Абигэль различала только мерцание далекого маяка — глаз циклона[1] в потемках. В четыре часа уже стемнело.

Они шли мимо закрытых дверей с маленькими прямоугольными окошками. Об одну из них бился головой человек — не причиняя себе особой боли, но достаточно сильно, чтобы звук разносился по всему коридору в рит-

---

[1] *Глаз циклона* — область прояснения и относительно тихой погоды в центре тропического циклона.

ме их шагов. Безумие сочилось из всех щелей, липкое, обволакивающее, точно язва, готовая заразить все формы жизни.

Мишель Симон открыл ключом одну из дверей. Он прошел перед Абигэль в комнатушку, где были только кровать, стул и стол, привинченные к полу, телевизор под потолком, защищенный плексигласовым кубом, и крошечное окошко, должно быть выходившее на океан.

Пациент сидел за столом и что-то рисовал в большой тетради. Абигэль с трудом узнала человека с фотографии. Жантиль поправился, стал еще внушительнее и еще больше походил на людоеда. Лицо его, казалось, было надуто гелием, кожа лоснилась. Лысина, выступающая над венчиком темных с проседью волос, делала его похожим на жутковатого монаха. От кистей рук же остались две обгорелые культи. Абигэль представились щупальца.

— К тебе гостья, Николя. Ее зовут Абигэль Дюрнан, она приехала из департамента Нор, чтобы увидеться с тобой.

Жантиль никак не отреагировал и продолжал рисовать, с удивительной ловкостью сжимая карандаш запястьями. Психиатр остался у двери, а Абигэль шагнула в эту дыру над океаном. Она встала перед пациентом, держа роман так, чтобы он попал в его поле зрения. Его брови домиком шевельнулись, карандаш на долю секунды остановился и тотчас задвигался снова. Писатель рисовал морской берег и волны. Троянский конь со множеством крошечных монстров внутри выходил из вод, свирепо раздувая ноздри.

— Я прочла вашу последнюю книгу, господин Хейман. Хороший роман, хоть и очень жестокий.

Абигэль присела, положив локти на стол, напротив Жантиля. Она хотела быть на одном уровне с ним и решила говорить без обиняков, действуя как бы электрошоком. Столкнуть Николя Жантиля лицом к лицу с тем, кем он был когда-то и кем, возможно, до сих пор оставался в глубине души: Джошем Хейманом.

— Я психолог и работаю с жандармерией над делом о похищении детей, тем самым, которым вы вдохновились. И не стану скрывать, что была очень удивлена, обнаружив, как похожа на меня героиня Валери Лазиньер. Она сыщик, я психолог. Общие черты характера... И дело, близкое к тому, что веду я вот уже год.

Восковое лицо Жантиля не дрогнуло, сосредоточенное на рисунке. Ни малейшей слабины, никаких особых эмоций. Лишь какая-то неизбывная печаль в глазах, в складке губ, в каждой черточке, вплоть до бровей, нависших над веками точно два надгробия.

— Что побудило вас? Газеты? Хроника происшествий? Обо мне было много статей в Норе. Там были мои фото, рассказывалось о моей личной жизни, о профессиональной деятельности. Тамошние журналисты меня любят. Вы читали эти статьи, я полагаю? Почему эта история, а не другая? Тем более что дело до сих пор не закончено. Вас заинтересовали исчезновения детей и вывешенные в лесах чучела? Сюжет вашего первого романа, «Черные камни», так не похож...

Она не читала эту книгу, но хотела дать ему понять обратное. Он поднял голову, лицо словно вышло прямиком из музея восковых фигур. Абигэль попыталась в эту долю секунды, когда их взгляды встретились, уловить огонек в глазах пациента, искру человечности, которая сказала бы ей, что он ее знает. Но она увидела лишь бездонную пустоту.

Жантиль вернулся к рисунку.

— Ваша история очень мрачная, вы не пощадили детей, их участь в вашей книге печальна. Мы же до сих пор ищем троих из этих четверых детей, поскольку один из них, Виктор, был найден два месяца назад. Вы это знали? У вас есть мысли о том, что могло статься с остальными?

Это было все равно что обращаться к стене. Абигэль решила зайти с другой стороны. Она осторожно протянула руку к тетради, в которой рисовал Жантиль.

— Вы позволите мне взглянуть на ваши рисунки? Я тоже немного художница. Создаю картины, представляющие мои кошмары, из фотографий... И у меня есть тетради, вернее, были тетради, в которых я записывала мои сны и отрезки жизни. К сожалению, их у меня украли не далее как вчера.

Она потянула на себя тетрадь очень осторожно, чтобы не спугнуть его. Жантиль остался в той же позе, не выпуская карандаша. Он сидел, уставившись в стол, вялый, неподвижный, ни дать ни взять черепаха в панцире. Абигэль перевернула несколько страниц. Монстры были повсюду, прятались в замысловатых пейзажах. Ни солнца, ни света, ни ярких красок. Только потемки, кусочки ада. Что думал психиатр об этих рисунках? Анализировал ли он их? У Абигэль было столько вопросов об этом пациенте, которого она не знала и вряд ли могла когда-нибудь узнать.

— Я хотела поговорить с вами об одном пассаже в вашей книге. Вы должны помнить Кантена и Коринну, двух последних похищенных детей по вашему сценарию. Они заперты в разных комнатах. Это происходит...

Слова застряли, точно камни, у нее в горле. Она перевернула очередную страницу. На большом листе Жантиль нарисовал бурную реку, волны которой бились об огромный утес. А на этом утесе...

Нечто невероятное.

В ней пылал огонь. Густая разрушительная магма. Она ожидала, что вот-вот окажется на полу, — некое шестое чувство, свойственное нарколептикам, — но змей дремал, свернувшись в своем логове. Тогда ей захотелось схватить Жантиля за горло и вытрясти из него правду. Вот только если он замкнется, всему конец, второго шанса не будет.

Она положила тетрадь на кровать, вернулась к нему, наклонилась, чтобы заглянуть в глаза. Он не смотрел на нее.

— Леа Дюрнан, — прошептала она.

Ничего. Мертвые глаза. Абигэль сказала себе, что, если он действительно знал ее дочь, если встречал ее, в Интернете или вживую, хоть слабенькая вибрация в недрах его больного ума должна была вызвать реакцию.

— Это моя дочь. Она погибла вместе с моим отцом в автомобильной аварии полгода назад. Я тоже потеряла дорогих мне людей. Это нас сближает.

Жантиль едва заметно шевельнул губами. Это был один из первых признаков того, что слова Абигэль проникали сквозь его скорлупу. Он слышал их, понимал. Абигэль ринулась в эту щель:

— На странице 387 вашего романа вы употребляете выражение «Жемчужинка Любви» — такое прозвище дает ваш похититель маленькой Коринне, убитой через тридцать страниц. Вы помните?

Снова никакой реакции.

— Где вы это слышали? Откуда вы знаете мою дочь Леа Дюрнан? Я знаю, что вы можете мне ответить, сделайте же это. Сделайте это, пожалуйста!

Голос ее уже дрожал. Сдерживать свои эмоции становилось все труднее. Ручка, которую Николя Жантиль держал запястьями, вдруг отскочила и покатилась по полу. Психиатр на всякий случай отошел от стены, готовый вмешаться. Даже лишенный пальцев, Жантиль был способен убить их обоих. Но пока он сидел, сжав губы, опустив голову, мрачный бык в углу арены.

Абигэль увидела, как скатилась и разбилась о столешницу слеза. Время словно остановилось. В эту минуту ей показалось, что он наконец заговорит с ней. Но больше ничего не последовало. Снова невыносимая неподвижность.

Тогда она бросилась к кровати и сунула ему под нос тетрадь с нарисованной рекой и утесом посередине.

На этом утесе сидела кошка с черно-белыми ушками.

— Где вы видели эту кошку?

Психиатр подошел ближе, видя, что молодая женщина начинает терять самообладание.

— Почему вы ее нарисовали? Где вы ее видели? Это была татуировка на ноге моей дочери! Моей дочери, которую я видела мертвой на столе в морге! Отвечайте! Отвечайте же, черт побери!

Николя Жантиль поднял на нее влажные глаза.

Он открыл рот и вдруг надсадно закричал.

44

6 декабря 2014
АВАРИЯ

24 июня 2015
ГОРЯЩАЯ ПРОМЫВОЧНАЯ

4 апреля 2015

Виктор жив! Через год после исчезновения он вернулся в мир живых.

Абигэль с нетерпением ждала Фредерика перед тупиком на улице Данель. Она ходила взад-вперед, нервничая, как никогда, мозг ее буквально кипел. Она думала об открытиях, сделанных в психиатрической больнице, о пропидоле в своей крови в ночь аварии, о Леа, о Викторе. Все смешалось. Подъехала машина Фредерика. Он едва притормозил, только чтобы Абигэль успела сесть, и резко рванул с места.

— Мчимся в больницу Дюнкерка, туда доставили Виктора. Патрик вылетел на вертолете. Больше я ничего не знаю, но новость суперская.

Он был возбужден, глаза вновь горели огнем, как будто надежда возрождалась из пепла.

— Ты плакала?

— Мой отец... Мой отец был негодяем.

Фредерик остановился на светофоре.

— Ты не должна так говорить. Это твой отец.

— Я посмотрела свою историю болезни в Салангро. В ночь аварии обнаружили пропидол у меня в моче, притом что я не принимала его больше суток, а это лекарство выводится из крови за несколько часов. Мой отец опоил меня пропидолом.

Фредерик вытаращил глаза:

— Нет, ты наверняка ошибаешься. Ив никогда бы такого не сделал.

— Результаты анализов доказывают, что сделал.

Повисла долгая пауза, которую Фредерик нарушил первым, поворочав языком во рту.

— Ты совершенно уверена, что... что не принимала пропидол в тот вечер?

Она испепелила его взглядом.

— Ладно, снимаю вопрос, — пошел на попятный Фредерик. — Это была просто гипотеза, ясно? Ив, твой родной отец, опоил тебя пропидолом. Как? Стакан воды перед отъездом?

— Он налил пропидол в кофе. Пустой термос Пальмери нашел в салоне машины.

— А Леа?

— Она быстро уснула. Поэтому ее он оставил в покое.

— Зачем, Абигэль? Зачем твой отец это сделал?

— Я все время об этом думаю. История с ремнями, Фред, ты помнишь? Никто не был пристегнут, ни один из нас троих. Леа и я спали. А что, если это он их снял? Это объяснило бы мою уверенность в том, что я пристегнулась, перед тем как уснуть. Он хотел, чтобы мы погибли наверняка.

Она увидела, как Фредерик с трудом сглотнул. Возбуждение сменилось недоумением.

— Ты понимаешь, что говоришь?

— Думаешь, я над этим не размышляла?

— Тогда получается, это что-то вроде... акта самоубийства?

— Да, все сходится. Стереть семью Дюрнан с лица земли. Увлечь нас в свое безумие. Большое дерево на вираже подходит как нельзя лучше. Он, наверно, мог бы сделать это на автостраде, но не хотел, чтобы пострадали другие машины, другие люди. И вот он под предлогом нехватки бензина съезжает с автострады... Может быть, четвертого и пятого декабря он как раз ездил искать место, где устроить аварию. И потом, это письмо Леа: «Очень скоро я умру». Она... она, может быть, что-то знала?

Ее глаза наполнились слезами.

— Эти типы, что его преследовали... Его двойная жизнь... Измученный вид... Он наверняка был в депрессии — отсюда суицидальные настроения. Такие семейные самоубийства, увы, явление типичное. Человек боится порицания, не хочет оставлять свою семью на произвол судьбы — и истребляет ее. Сколько мужчин убивали детей, жену и, только наведавшись во все спальни дома, пускали себе пулю в лоб? Это подлинная драма, Фред.

— Это какое-то безумие. Твой отец взял бы пистолет, ружье. Почему автомобильная авария?

— Мой отец всю жизнь боролся с преступностью, служил примером. Когда я была в таможне, его фотографии висели повсюду, мне говорили о нем как о мессии. Он участвовал в самых крупных операциях по ликвидации сетей наркоторговли, иногда рискуя жизнью. Я думаю, он не хотел нести бремя двух убийств и самоубийства. Хотел, чтобы его образ остался в памяти у всех незапятнанным. Что-то вроде кодекса чести, понимаешь?

— Значит, он выбрал аварию... Так оно «чище». Но как ты объяснишь эту адресованную тебе записку в его вещах? Истину, которую ты должна найти?

— Понятия не имею.

Она вздохнула:

— Я обижалась на него за то, что он был недостаточно близок с Леа и со мной. За несколько месяцев я так и не разглядела, что он страдает, и все из-за этого дела. Это не он был эгоистом, эгоистка — я.

— Не говори так. Ив всегда был очень сдержан, он не из тех, что вываливают на других свои проблемы. Ты не могла догадаться. Все это только ужасные гипотезы.

— Я знаю... Но это серьезная ниточка.

— Хочешь, поговорим с шефом аварийной бригады, расскажем эту историю про пропидол в твоей крови? Он может пересмотреть аварию под другим углом и...

— Нет, пока не стоит. Мне надо все это переварить, прежде чем чернить память отца.

45

Остаток пути прошел в тягостном молчании, сообщение о нашедшемся Викторе и жуткие гипотезы вокруг аварии к разговорам не располагали. Ив унес с собой все ключи, которые могли бы открыть сейф его разума, и как ни пыталась Абигэль его взломать, все ее инструменты натыкались на несокрушимую сталь. Всю свою жизнь ее отец соблюдал культ тайны.

Через три четверти часа они встретились с Патриком Лемуаном в отделении педиатрической скорой помощи больницы Дюнкерка, расположенной примерно в семидесяти километрах от Лилля. Капитан жандармерии расхаживал перед кофейным автоматом, прижав к уху мобильный телефон. Он дал отбой, пожал руку Фредерику и расцеловал Абигэль в щеки.

— Как Виктор? — спросила она.

Они вышли из здания, чтобы поговорить спокойно. Абигэль снова оказалась втянута в круговерть расследования. Виктор был членом семьи «Чудо-51». Его фотографиями много месяцев были оклеены стены ее кабинета. Он был с ней ночами, и ему до сих пор случалось водить хоровод с другими детьми в ее кошмарах.

— Скоро узнаем больше, его забрали на обследование, — объяснил Лемуан. — Я сообщил его матери, она приедет из Амбуаза через несколько часов. По телефону она закатила настоящую истерику.

Он взглянул на машину с надписью «Вуа дю Нор», пытавшуюся припарковаться поодаль.

— Журналисты уже в курсе. Будет трудно долго придерживать информацию. Нам не стоило покидать здание больницы. Вернемся.

Они скрылись в больничном коридоре.

— Виктор был в сознании всю дорогу, но нес какой-то бред, — продолжал капитан жандармерии. — По словам врачей «скорой», он ударился в панику, стоило им закрыть двери машины. Пришлось ввести ему успокоительное.

Фредерик посторонился, пропуская двух оживленно беседующих врачей.

— Где его нашли? Здесь, в Дюнкерке?

— Неподалеку. Было несколько звонков с сообщениями, что мальчишка в пижаме и кроссовках бродит по шоссе Д601 в 6:10 утра. Туда отправили десяток человек, и его быстро нашли по указаниям прохожих; он прятался в саду. Он, конечно, исхудал, но это тот самый Виктор.

— Д601? — повторила Абигэль. — Департаментское шоссе между Гравелином и Гранд-Синтом?

— Да, то самое. Откуда ты знаешь?

— Я жила в тех краях до двадцати лет. Точнее, в Лон-Пляж. И я не так давно ездила туда повидаться с нотариусом и уладить бумажные дела после смерти отца.

Патрика Лемуана эта новость изумила.

— И правда, я как-то не связал одно с другим. Была ведь статья в газете о тебе, где рассказывали и о твоих корнях, год или два назад?

— Да-да. «Вуа дю Нор» посвятил мне целую полосу за несколько месяцев до дела Фредди. Я тогда не работала ни над каким делом, и они выдвинули на первый план мою деятельность криминального аналитика. Я упомянула Лон-Пляж, места, где я выросла. Мы даже ездили туда с журналистом и фотографом. Они снимали меня на дамбе.

Абигэль принялась расхаживать взад-вперед, сложив руки на переносице. После ее откровений у двух жандармов возникли вопросы.

— Черт, нехорошо это, — обронил Лемуан. — Фредди наверняка следит за тобой благодаря прессе, значит он читал и эту статью. Поэтому думается мне, мальчишка не сам убежал, это Фредди привез его в эти края...

— ...чтобы в очередной раз подразнить нас, — закончил за него Фредерик.

— Похоже на то. Он продолжает свою игру. Показывает нам, что у него все козыри на руках, да еще и издевается.

Абигэль пыталась понять поступок Фредди. Вправду ли он продолжает свою страшную игру, выбрав мишенью именно ее, потому что она им интересуется? Он пытается привлечь к ней внимание? Хочет, чтобы она вернулась к расследованию? Если да, значит он в курсе ее ухода из команды «Чудо-51» после гибели родных. Так или иначе, он за ней наблюдает. Подумала она и о трупе в багажнике, об извлеченной Фредди пуле, о разбитом лице. Убийца, возможно, был рядом, в среде полиции или правосудия.

Патрик Лемуан протяжно вздохнул и положил конец своим размышлениям:

— Даже если он снова нас поимел, мальчишка жив, а это самое главное. Мы ничего не упустим. Наши люди прочешут окрестности, подкрепление уже едет. Приложим все силы, чтобы выяснить, откуда взялся Виктор. Ты была права, Абигэль. Дети живы.

— Во всяком случае, Виктор.

Снова зазвонил телефон, и Патрик Лемуан, поговорив, коротко попрощался с ними.

— Я еду в Лон, будем держать друг друга в курсе, — сказал он, удаляясь. — С прессой не говорите. Врача, который занимается Виктором, зовут доктор Фабьен Эро. Третий этаж...

Абигэль и Фредерик вошли в лифт.

— Ты думаешь, Фредди намеренно его отпустил? — спросил Фредерик, поправляя перед зеркалом воротничок рубашки.

— Если так, то пока я не могу понять его мотивов. Зачем держать ребенка у себя десять месяцев, а потом просто выпустить его на свободу?

— Убежал он или нет, Виктор расскажет, что он пережил, и, если повезет, опишет место, где его держали. Мы наконец-то продвинемся. Сил моих больше нет сидеть за компьютером и ждать.

Они пошли навстречу доктору Эро, высокому, худому мужчине в маленьких круглых очках под Джона Леннона. Он пригласил их следовать за ним.

— У мальчика не выявлено никаких серьезных травм, — начал он. — Сканирование показало, что все в норме. Анализы крови и мочи ушли в лабораторию, их сделают вне очереди. Он истощен, очень слаб, давление низкое, но угрозы жизни нет.

— Вы не нашли видимых следов сексуального насилия, я полагаю, — сказала Абигэль.

Фабьен Эро посмотрел на них с любопытством, очевидно задаваясь вопросом, откуда они знают.

— В самом деле, на первый взгляд ничего, посмотрим, что расскажет сам ребенок.

Они ничего не найдут. Мотивы Фредди были не сексуального характера.

— Нет также ни следов иммобилизации, ни видимых признаков недоедания, — продолжал врач. — Зато есть царапины и небольшие гематомы на локтях, коленях и боках, очевидно связанные с условиями содержания, а возможно, и с физическими издевательствами типа щипков. И гигиена самая плачевная.

— Он что-нибудь сказал? — спросил Фредерик.

— Ничего мало-мальски внятного. Что-то о демоне, о ползающих тварях, о лисе... Все время хочет спрятаться.

— О лисе? — повторила Абигэль.

Она быстро повернулась к Фредерику, который тоже уловил связь: Абигэль рассказывала ему о своем видении — человеке-лисице, пересекавшем дорогу в вечер аварии.

— О других похищенных детях ничего? — спросил он врача.

— Нет. Очевидно, что мальчик пережил психологическую травму, связанную с заключением. Капитан Лемуан сказал мне, что он пропал...

— ...седьмого июня две тысячи четырнадцатого года. Десять месяцев назад.

— Целая вечность. Похоже, Виктор панически боится уснуть. Он даже не звал мать. Нет, все, чего он хотел, — чтобы ему не дали спать. Он отказывался лежать в кровати.

В глубине души Абигэль, не в состоянии определить это точно, ощутила какую-то связь с тем, что переживала она в большинство своих ночей. Боялся ли Виктор кошмаров?

— Он сказал вам почему?

— Он ничего не говорил, только кричал. Ему вкололи легкое успокоительное, он проспит час или два. Этот мальчонка доведен до крайности. Идемте, я хочу вам кое-что показать.

Они молча пошли за ним по коридорам. Эро завел их в палату, освещенную неоновой лампой. Фредерик шагнул с некоторой торжественностью, сознавая, что наступил поворотный момент расследования. Освободив Виктора, Фредди запустил счетчик бомбы замедленного действия. Тик-так, тик-так... Абигэль подошла к лежавшему под капельницей мальчику, которого столько раз видела на фотографиях. Лицо исхудало, скулы выступали под кожей, уже не детской, хоть и кожей взрослого человека ее нельзя было назвать. Она провела рукой по его щеке, погладила материнским жестом. Он боролся и выжил после трехсот дней ада. Как ему это удалось? Где держали других жертв? Общался ли он с ними?

Сколько вопросов, на которые она надеялась когда-нибудь получить ответы. Она чувствовала себя такой виноватой. Разве не бросила она на произвол судьбы Виктора и остальных, отказавшись продолжать работу при отделе розыска? Она могла бы помочь ему, бороться за него. Могла, но не сделала этого.

Отступив, она пропустила врача, который приподнял простыню. Зрелище было ужасающее. Повсюду на теле Виктора были грубо вытатуированы синим буквы алфавита. Абигэль вспомнились кустарные татуировки, которые делают себе зэки иглой и простыми чернилами.

— Я насчитал двадцать четыре, — сказал Эро, протягивая Абигэль лист бумаги. — Они есть на спине, на торсе, на руках, на ногах. Везде. И потом, посмотрите вот здесь, на груди, на эти следы.

Они увидели два красно-лиловых отпечатка возле каждого соска, примерно четырех сантиметров в диаметре.

— Похоже... на отпечатки копыт, — констатировала Абигэль.

Она дотронулась пальцем до шрама на своей шее. Это были похожие отметины, как будто два копыта раскалили добела и приложили к груди Виктора.

— Копыта, ноги животного, да. Как будто, уж не знаю, коза, что ли, лягнула его прямо в грудь. Во всяком случае, какое-то животное давило ему на грудь достаточно сильно, чтобы остались эти отпечатки.

Фредерик фотографировал своим мобильным телефоном.

— Виктор не убежал, — сказал он. — Он — посланник. Он должен что-то нам сказать.

Эро достал из кармана лист бумаги:

— Я пока записал все буквы, начиная с верхней части тела и до ног. Ничего внятного.

Абигэль взяла у него из рук листок и прочла буквы: *e i t a f r*... Виктор отмечен этими стигматами на всю жизнь, даже если их попытаются удалить лазером. Все равно останутся белые пятнышки, которые будут напоминать ему о днях плена. Татуировка была не только на теле. Она была на душе.

Фредерик наклонялся, кружил вокруг кровати, снимал во всех ракурсах. Потом он остановился и постоял несколько секунд перед Виктором, ничего не говоря. Но его большие кошачьи глаза все сказали за него: фотографировать несчастного мальчишку, точно зверя на ярмарке, ему было омерзительно.

— Мы останемся в больнице, — бросил он наконец. — Дайте нам знать, как только он придет в себя. Мы должны с ним поговорить. Это срочно.

Они вышли подождать в холл. Съели по сэндвичу без всякого аппетита — Фредерик одолел только половину. Говорили они немного. Абигэль не переставала думать о своем отце, об аварии и о том, что он опоил ее пропидолом. Почему ее, а Леа — нет? Она хорошо помнила стакан молока, который ее дочь выпила перед отъездом, присев на кухне. Ив мог тогда подлить в него пропидол.

Пришел Эро в сопровождении женщины-психолога, занимавшейся мальчиком. Абигэль оторвалась от своих размышлений. Виктор наконец проснулся. Психолог проинструктировала их, как себя вести: разумеется, ни в коем случае не давить на мальчика и все прекратить, если он замкнется.

Они снова поднялись на третий этаж. Фредерик глубоко вдохнул и первым вошел в палату, врач и психолог последовали за ним. Виктор сидел на кровати, сбросив простыни на пол, и расчесывал ссадину на правом колене. На его затылке была видна буква «l». Он поднял голову и скорчился при виде их, взявшись руками за щиколотки.

— Все хорошо, Виктор, все хорошо, — сказал Эро как мог мягко. — Этот человек из жандармерии, он здесь, чтобы тебе помочь.

Фредерик выдавил улыбку. Виктор пробежался пальцами по голым, покрытым буквами ногам и вернулся к ссадине. Он смотрел затравленно и поводил носом, как зверек, желающий убедиться, что поблизости нет никакого хищника. Фредерик посторонился, пропуская Абигэль.

Увидев ее, Виктор надсадно закричал.

46

Полчаса спустя машина Фредерика миновала Гранд-Синт, направляясь к Лон-Пляж. Пейзаж сводился к череде облезлых складов, серых заводских зданий и высоких труб, из которых вырывалось сине-зеленое пламя. Arcelor Mittal, Air Liquide, Total...[1] Промышленная империя, обеспечившая когда-то процветание этому региону, которое финансовый кризис обрушил как карточный домик.

Абигэль была еще под впечатлением происшедшего в больнице. Ей пришлось выйти из палаты, чтобы Виктор перестал кричать, но мальчишка так испугался, что даже пытался убежать. Сестрам пришлось привязать его к кровати. Поговорить с ним так и не удалось.

— Как ты объяснишь такую реакцию? — спросил Фредерик.

— Не понимаю. Психолог — женщина, бóльшая часть персонала тоже, так что не образ женщины привел его в такое состояние. Нет, дело во мне. Это я напугала его до такой степени. Почему? Я до сегодняшнего дня видела его только на фотографиях, мы незнакомы. Может быть, что-то во мне напомнило ему о мучительном эпизоде его заключения. Мои волосы, одежда, походка, цвет...

---

[1] *Arcelor Mittal* — крупнейшая металлургическая компания мира, на конец 2008 г. контролировавшая 10% мирового рынка стали. Зарегистрирована в Люксембурге; *Air Liquide* — французская компания по производству технических газов, основанная в 1902 г.; *Total S. A.* — французская нефтегазовая компания, четвертая по объему добычи в мире после Royal Dutch Shell, BP и Exxon Mobil.

Она все еще вздрагивала, нервно теребя листок бумаги, на котором были записаны вытатуированные буквы.

— Мы должны попытаться понять смысл этих татуировок. Возможно, они составляют какое-то послание, указание. Похоже, Фредди перешел к следующей фазе своего плана.

Она замолчала и уставилась на горизонт из стали и бетона справа. Предприятия тянулись вдоль дороги, насколько хватало глаз. Фредерик чувствовал, что его спутница на пределе.

— Я знаю, что ты переживаешь. После того, что ты узнала об отце, ребенок, похищенный почти год назад, при виде тебя зашелся в крике. Это просто злосчастное стечение обстоятельств. Ничего больше.

— Мне было так больно от его криков. Я хотела поговорить с Виктором, успокоить его. Ты знаешь, этого мальчика я... близко узнала за эти долгие месяцы, я слушала его любимых певцов и могу зачитать тебе полную дискографию Maître Gims[1]. Он любит самолеты и животных — особенно собак. Хочет стать летчиком или ветеринаром и мечтает встретиться с Кевом Адамсом, потому что обожает «Соду»[2]. Этот мальчуган полон жизни. Но вместо того чтобы идти к свету, он столкнулся с тьмой. С такой холодной, такой страшной тьмой, что никогда ее не забудет. Он видел большую черную дыру, в глубине которой ревут чудовища, разбивая каждый его сон. И мне кажется, что я — одно из этих чудовищ.

— Мы найдем объяснение, Аби. Обещаю тебе.

Они подъезжали к промышленному порту. Пятнадцать лет спустя Абигэль вернулась в места своего детства, преследуя зловещего похитителя детей.

---

[1] *Maître Gims* (наст. имя Ганди Джюна; р. 1986) — французский певец, рэпер и композитор. Родился в Киншасе, Заир.

[2] *Кев Адамс* (р. 1991) — французский артист, сценарист, продюсер, который снялся во французском телесериале «SODA: американская мечта».

Силы жандармерии, развернутые вдоль дамбы и в окрестностях, впечатляли. Десятки машин, собаки, даже вертолет, круживший над округой. Журналисты приплясывали от нетерпения, сдерживаемые офицерами из отдела внешних связей. Абигэль и Фредерик присоединились к Патрику Лемуану, который беседовал с другими жандармами на дороге, зажатой между городом и морем. Белые и серые облака плыли в небе, гонимые ветром, который щипал щеки.

— Мы сопоставляем разные свидетельства, — объяснил Лемуан, — и продвинулись на добрый километр между тем местом, где нашли Виктора, и этим. Если предположить, что он не сбежал из заточения, его, очевидно, привезли сюда. Здесь легко высадить кого-нибудь ночью так, что никто не увидит. Дюны, промышленный порт, большие пустыри, выбор богатый...

Абигэль огляделась вокруг. Разноцветные контейнеры, сложенные штабелями, как детали тетриса. Поодаль дорога уходила в пустоши, где лишь росла высокая трава да была разбросана горстка частных домов. На заднем плане раскинулось море в серо-голубых тонах.

— Я хорошо знаю это место. И мне повезло, что оно еще не стерлось из моей памяти, потому что мне тогда было лет пятнадцать.

Лемуан угостил Фредерика сигаретой. Тому пришлось нагнуться, чтобы прикурить, заслоняя пламя зажигалки рукой.

— Расскажи, — попросил он, затянувшись.

— Был заброшенный дом в трехстах-четырехстах метрах отсюда, и все здешние подростки любили туда забираться. Говорили, что в этом доме водятся привидения. Боялись мы его до чертиков. Однажды и я туда пошла. Этого не стоило делать, потому что потом мне много недель снились кошмары. Вообще-то, в нем не было ничего особенного, но атмосфера и эти городские легенды, которые ходили на его счет...

Капитан жандармерии сделал знак группе людей подойти ближе. Поговорив с ними, он обратился к Абигэль:

— Ты рассказывала об этом доме журналистам, которые брали у тебя интервью?

— Н-нет. Я не стала говорить об этом.

— Пойдем все же глянем на этот дом. Ты отведешь нас?

Абигэль кивнула, и они пошли. Она засунула дрожащие руки в карманы. Мужчины шли, держась на расстоянии, она слышала, как они шептались. Фредерик и Лемуан наверняка говорили о реакции Виктора, о том, как он закричал, встретившись с ней глазами. Какой вывод они из этого сделают? Что она и мальчик знакомы, хотя это вовсе не так? Еще одна странность, которая поставит ее в неловкое положение перед членами группы?

Дом стоял в стороне от дороги, всего в нескольких метрах от дюн и старой ограды из колючей проволоки; он постепенно разваливался. Провалившаяся кровля, стены в скверном состоянии, плющ, затянувший кирпичи, проникал в щели, точно зеленый яд. Абигэль подняла воротник пальто, прикрывая лицо. Западный ветер швырял песок в глаза хлесткими залпами. Люди быстро окружили дом с оружием наготове.

Жандармы вошли тесным строем. Не прошло и двух минут, как один из них позвал Патрика Лемуана и надолго увел его внутрь. Абигэль поняла, что они что-то обнаружили. Обхватив себя руками, чтобы согреться, она прошлась, глядя на далекий горизонт. Этот город, море, ледяной ветер — все это было ее детство.

Зачем понадобилось Фредди приводить их сюда?

Капитан вышел и раздал всем латексные перчатки, после чего они вошли в дверь, державшуюся на одной петле. Абигэль охватила тревога, нахлынули детские страхи. Она точно наяву увидела себя девочкой, дрожавшей как осиновый лист, и своих приятелей, зажигавших свечи и произносивших дурацкие заклинания.

Они оказались в помещении, видимо служившем когда-то гостиной; пол был разломан, из земли под ним прорастала трава. Абигэль застыла перед надписью на стене. Серой краской большими буквами было написано:

ОТРИНЬ СНЫ
И НОЧНЫЕ ФАНТАЗИИ
СРАЗИ ВРАГА
ДАБЫ НЕ ЗАМАРАТЬ СВОЕ ТЕЛО

— Люди обошли дом, — сказал Патрик. — Нет ни цепи, ни комнаты, которая запиралась бы на ключ. Эта развалина не приспособлена для пленников. Стало быть, как и следовало ожидать, Виктора держали не здесь.

Абигэль внимательно смотрела на надпись. Эти слова были написаны совсем недавно.

— Этот текст тебе о чем-то говорит? — спросил ее Лемуан.

Она потерла лоб. Это место, крики Виктора, ее открытия об отце...

— Нет, нет. Абсолютно ничего. Похоже, что это имеет отношение ко сну, сновидениям, кошмарам. Виктор боится спать и боится темноты. Наверняка есть какая-то связь.

Патрик присел в метре от надписи и задумался.

— Если ты никогда не говорила об этом доме в прессе, то откуда Фредди мог узнать?

— Не знаю. Я ничего не говорила. Это было погребено в моем прошлом.

— Фредерик сказал мне, что Виктор закричал при виде тебя и, только когда ты вышла из палаты, замолчал. Почему он так отреагировал, как ты думаешь?

— Я уже говорила Фредерику: я понятия не имею. Казалось, он знает меня, но я никогда его не видела, только на фотографиях.

— Ты вся белая, неважно выглядишь.

— Мы ищем человека, который похищает детей, и оказываемся в доме, стоившем мне немало бессонных ночей. Трудно прыгать от радости.

— Ты уверена, что больше сюда не возвращалась?

— Никогда.

— Но ведь ты говорила, что приезжала в Лон-Пляж повидаться с нотариусом. Ты погуляла по городу или сразу уехала?

— Прошлась немного по берегу...

— Пляж — вот он, в полусотне метров. Ты, случайно, не заходила в этот дом?

— Говори прямо, Патрик. Это что, допрос? Ты думаешь, что я написала это послание?

— Я просто пытаюсь рассуждать здраво. Ты гуляешь по пляжу, память об аварии еще свежа, ты не в себе и вполне могла бы...

— ...сделать это сама? Как с письмом, которое я взяла из стола Леа, а потом думала, будто нашла его в лесу?

Патрику Лемуану казалось, что он держит в руках осиный рой в тонкой оболочке; надо было действовать осторожно.

— Я бы хотел, чтобы ты рассказала мне как можно точнее об эпизоде с плюшевым котенком.

— С плюшевым котенком?

— Да... В вечер аварии.

— Я уже все рассказала. При чем тут это?

— Пожалуйста, Абигэль...

Абигэль глубоко вдохнула и точно вспомнила каждый этап.

— Леа забыла своего плюшевого котенка дома перед отъездом. Мы уже погрузили чемоданы в багажник. Она вернулась за ним в дом и положила его в свой чемодан.

— Еще эта история с ключом. Расскажи.

— Леа открыла чемодан своим ключом, положила котенка, заперла чемодан, спрятала ключ в карман и села в машину.

— И после аварии нашли ключ в кармане твоей дочери и запертый чемодан в багажнике. А ты утверждала, что котенок исчез.

— Он исчез!

— Так же, как брюки в клетку. Которые Фредерик нашел в гардеробе Леа. Я заблуждаюсь, Абигэль? Не ты ли была так же убеждена, так же уверена, что эти брюки тоже «украдены» Фредди из чемодана вместе с котенком?

— Да, но...

— Не ты ли была так же уверена, что пристегнула ремень безопасности перед аварией? Ты же знаешь, что всего этого не может быть?

— Мы об этом уже говорили много раз. Куда ты клонишь, черт побери? Зачем снова вытаскиваешь это на свет?

— Ты нарколептичка, Абигэль. Ты прекрасный психолог — наверно, лучший из всех, с которыми мы работали, — но в эти последние недели ты утверждаешь и то и это, якобы все правда, а ведь мы... мы знаем, что у тебя случаются провалы в памяти. Вот я и думаю, что ты могла вернуться в этот дом, например когда прогуливалась по пляжу, и забыть об этом. Всего лишь каких-то десять минут стерлись из твоей памяти.

— Надеюсь, ты шутишь?

— Идем.

Фредерик ласково приобнял ее за плечи, чтобы поддержать. Они пошли по коридору, в котором осыпалась со стен штукатурка, а сквозь дыры в потолке был виден пол верхнего этажа.

Они вошли в помещение, которое, должно быть, изначально было спальней.

Абигэль почувствовала, как тело ей отказывает. Фредерик едва успел ее подхватить, чтобы она не упала.

Прямо перед ними, на уровне глаз, висел на веревке черный плюшевый котенок Леа.

47

6 декабря 2014
АВАРИЯ

24 июня 2015
ГОРЯЩАЯ ПРОМЫВОЧНАЯ

19 июня 2015

— Эрман? Это Абигэль...

Абигэль покинула психиатрическую больницу в Плогофе час назад. Николя Жантиль впал при виде рисунка в такую истерику, что пришлось привязать его к кровати и вколоть успокоительное. Это было настоящее буйство. Почему одно упоминание об этой кошке вызвало у него такую реакцию?

Молодая женщина ехала на север Бретани, дворники сновали по ветровому стеклу с максимальной скоростью. Большие капли разбивались об асфальт, как яйца, ветер швырял машину то вправо, то влево, заставляя Абигэль выворачивать руль. Горизонт прорезали ослепительно-белые молнии.

Голос брата Фредерика раздался в салоне — она включила громкую связь, чтобы не выпускать руля.

— Абигэль? Как ты? Фред говорит мне о тебе время от времени, но мне приятно тебя слышать.

— Мне тоже. Извини за шум, но тут льет как из ведра, а я в машине.

— Я действительно плохо тебя слышу.

Продолжая крепко сжимать руль, она заговорила громче, на грани крика.

— У меня к тебе довольно странная просьба! Ты еще в институте?

— Да, еще на часок. Ты же знаешь, дела всегда найдутся, я здесь только что не ночую.

— Можешь прислать мне на мобильный снимки тела Леа? Только те, где фигурирует татуировка?

На несколько секунд повисла пауза.

— Да, но зачем?

— Окажи мне эту услугу, пожалуйста! И не говори ничего Фредерику! Я не хочу его тревожить!

— Что ты затеваешь, Абигэль? Это тоже связано с тем, что ты накопала о твоем отце? Я вскрывал тело больше полугода назад и...

— Не задавай вопросов, Эрман, пожалуйста! Я могу на тебя рассчитывать?

— Ладно. Пришлю их тебе сегодня же. Но тебе все равно придется все объяснить мне на днях.

— Обязательно! До скорого!

Она дала отбой и поехала в направлении Племер-Буду в Кот-д'Арморе. Ее одолел нервный смех: в образе нарколептички-катаплексички, уткнувшейся носом в ветровое стекло в попытке добраться до цели, было что-то трагикомическое.

После трех часов, показавшихся ей десятью, фары наконец осветили маленький двухзвездный отель недалеко от щита, уведомляющего о въезде в коммуну. Представив себя на месте Джанет Ли в «Психо»[1], она побежала к зданию с чемоданом под мышкой и вошла почти насквозь мокрая, с растрепавшейся прической. К счастью, портье совсем не походил на Нормана Бейтса. Скорее, из тех, что, поглаживая кошку, пьют пиво и смотрят очередную серию «Крутого Уокера»[2].

---

[1] *«Психо»* — культовый фильм Альфреда Хичкока (1960).

[2] *«Крутой Уокер. Правосудие по-техасски»* — знаменитый американский телесериал.

— Скверная погодка, — сказал он, глядя на нее вопросительно. — И не скажешь, что через несколько дней лето. Обещали ветер до ста километров в час к ночи, скажу я вам, задувать будет неслабо.

Абигэль это знала: центр грозы следовал за ней.

— Уже изрядно задувает. Номер, пожалуйста.

Он записал ее данные и протянул ключ на брелоке размером с шар для боулинга. Убежать с таким ей не светило.

— По работе? Сюда мало кто забредает в начале июня, только те, кто работает в центре телекоммуникаций. Вы приехали заниматься антеннами?

— Нет, не совсем. Скажите, Большой остров отсюда далеко?

— Три-четыре километра. А, так вы за тюленями, что-то в этом роде?

— Да, тюлени, птицы. Я орнитолог. Можно чего-нибудь перекусить в отеле? Я не ела с утра.

— Кухня уже закрыта, извините. Но у меня остался хлеб и свежая ветчина в холодильнике. Могу сделать вам сэндвич.

— Отлично.

Поблагодарив его, Абигэль устроилась в своем скромном номере. Старые обои, допотопная мебель, одноместная кровать, запах прошлого. Лучшего и желать нельзя. Она опустилась на матрас и запрокинула голову. Шум дождя еще стоял в ушах.

Фредерик несколько раз пытался ей дозвониться, пока она ехала, но Аби лишь посылала эсэмэски и обещала перезвонить, что и сделала теперь. Она объяснила ему, что не в состоянии вернуться сегодня вечером в Нор, это слишком опасно, она может уснуть за рулем, а погода скверная. Она переночует в отеле в Кемпере и отправится в путь завтра утром. Это была ложь, но ложь во спасение: не стоило его тревожить, чтобы он, повесив трубку, набросился на мороженое.

— А как твоя встреча с писателем?

Абигэль увидела, что ей поступило MMS-сообщение: фотографии от судмедэксперта. Эрман не заставил ее долго ждать.

— Довольно странно, но я тебе все расскажу, когда вернусь. Сейчас перекушу, приму пропидол и лягу.

— Только один вопрос, Абигэль. Я искал зажигалку твоего отца и не нашел. Зачем ты увезла ее с собой?

Абигэль достала из кармана «Зиппо», провела большим пальцем по выгравированному слону. Брызнул язычок пламени, заблестев перед ее синими глазами.

— Мне нравится носить ее с собой, она меня успокаивает.

— А меня нет.

— Не беспокойся, Фред, я не собираюсь ее использовать, разве что выкурю сигаретку-другую после двойной водки с лимоном.

— Не смешно.

— Знаю, буря выдула из меня чувство юмора. Но все хорошо, Бретань прекрасна, номер великолепный. Увидимся завтра, ладно?

— О'кей... Береги себя. Я люблю тебя, Абигэль.

— До завтра, Фред.

Она поспешила открыть почту, вывела на экран крупным планом лодыжку Леа, такую белую, такую... *холодную*.

На долю секунды Абигэль вновь оказалась в Институте судебно-медицинской экспертизы перед двумя трупами. Подкатила тошнота. Она глубоко вдохнула и рассмотрела татуировку. Сравнила ее с ксерокопией рисунка Жантиля, сделанной психиатром, и у нее не осталось никаких сомнений: они были идентичны.

Она не понимала: как Николя Жантиль мог воспроизвести татуировку Леа с такой точностью? Откуда он знал ее прозвище? Все это были интимные подробности. Леа не показала бы свою татуировку первому встречному. Знал ли Жантиль ее дочь до аварии? Приезжал ли он когда-то в Нор?

Абигэль не собиралась на этом останавливаться. Она снова посмотрела видео Жантиля, которое психиатр любезно записал на ее телефон. Прибавив звук до предела, расслышала странные всхлипы. Кто-то был рядом с Жантилем. Зловещий наблюдатель, который смотрел, как тот калечит себя, и никого не позвал на помощь.

Быстро съев сэндвич, она покинула отель под любопытным взглядом портье, у которого попросила фонарь.

— Стоит ли идти смотреть на птиц в такую бурю? По телевизору советовали всем сидеть дома. Ветер такой, что с ног валит, уж поверьте мне.

Абигэль не хотела ждать до завтра; желание знать жгло ей нутро. По словам издателя, вилла писателя находилась на оконечности Большого острова, рядом с орнитологическим заповедником.

Несмотря на апокалиптический прогноз, она села в машину и, направившись к побережью, добралась до дороги, которая вела на полуостров. Она поехала по ней, светя фарами, крепко вцепившись в руль. Вода хлестала отовсюду: сверху, снизу, сбоку, смешивая небо и землю, лишая ориентации. Под завесой дождя волны бились с обеих сторон, заливая асфальт. Абигэль вскрикнула, когда пенный гребень хлестнул по двери.

Она никого не встретила на дороге. Люди сидели по домам. Порывы ветра гнули сосны, путали телефонные провода, срывали кровлю с домов. Через десять минут она подъехала к границе заповедника — хаос острых скал и бушующее море. Казалось, она приземлилась на враждебной планете. Пейзаж, достойный кошмара. Дорога сузилась, ехать стало труднее, под колесами застучали камни, заскрипел песок. Без внедорожника здесь было не проехать.

Абигэль остановилась и пошла дальше пешком, кукла на шарнирах под порывами ветра. Согнувшись пополам, она миновала два-три внушительных строения и наткнулась на деревянный щит, изъеденный солью, перед запертыми на висячий замок воротами, на котором было написано: *Kroaz-hent*.

Она была у цели.

48

С фонарем в руке Абигэль перелезла через ворота. Порыв ветра погнал ее к дому, островку одиночества на этих доисторических землях. Николя Жантиля увезла «скорая», дом остался как был, но кто-то все же позаботился запереть дверь. Она обошла его, сгибаясь под ветром, с чувством, что стеклянные занавеси хлещут ее по лицу. Войти было невозможно, но не отступать же. Она подобрала камень и бросила его в одно из окон сзади. Через две минуты, осторожно удалив острые осколки, она проникла внутрь.

Кровля трещала и ходила ходуном. Первым делом Абигэль обследовала гостиную. Стены украшали картины в строгих рамах, все на одну тему — рыбаки и море. Глядя на них, она прямо-таки чувствовала запахи трюма, рыбьих потрохов. Чуть дальше возвышался внушительный каменный камин. Гильотины не было, но остались пятна крови на полу. Абигэль присела, потом снова посмотрела видео на своем телефоне. После этого она встала точно в том месте, где был писатель, когда положил ладони плашмя под свое орудие пытки.

«Из всех потемок те, что душат мою душу, самые темные», — написал Николя Жантиль в своем романе. Это была мысль его героя-полицейского, но, вне всякого сомнения, так считал и он сам. Какие потемки накрыли писателя в тот вечер? Абигэль прокрутила видео на телефоне до того момента, когда Хейман отвел глаза влево, на всхлип. И сама посмотрела в том направлении.

Перед ней был огромный экран телевизора.

Значит, этот звук исходил просто-напросто из телевизора? Ну конечно. Жантиля, должно быть, отвлекла программа, которую передавали в тот вечер. Абигэль выпрямилась и закинула волосы назад, разочарованная. Как она об этом не подумала? На что надеялась?

Теперь, когда она разбила окно и ступила в бездну… курс наверх. Легко представить себе бесконечное одиночество Жантиля. Этот дом с темными стенами из больших тесаных камней, со сводчатыми потолками, походил на монастырь. Она заглянула в разные комнаты и проскользнула в спальню, где нашли писателя у врат смерти.

Одна стена была целиком покрыта знаками, нарисованными черным фломастером. Квадраты, треугольники, круги, звезды, на несколько метров в высоту и ширину. Выражение некой навязчивой идеи, внутреннего хаоса. Почему эти следы крови среди знаков? Почему Жантиль нарисовал эти тысячи странных фигурок?

Она осмотрела кровать, обошла вокруг. И здесь тоже кровь. Испачканные простыни унесли, но никто не потрудился отмыть пол. Да и кто бы это сделал?

Далее, книжный шкаф. Детективы, ужасы, документальные книги о серийных убийцах, мерзейшее собрание хроники происшествий. Она хорошо представляла себе атмосферу, царившую в доме, когда Жантиль погрузился в свой роман. Настоящий колодец, открытый во тьму. Она направилась к большому системному блоку и монитору на письменном столе. Включила. Доступ не был защищен паролем.

Абигэль села и рылась в компьютере добрый час. Она нашла папки, связанные с произведениями писателя, разные варианты его романов. Электронная почта была почти пуста. История интернет-экскурсов тоже мало что дала, кроме легальных сайтов, на которых Жантиль, очевидно, проводил свои изыскания.

Абигэль зевнула, глаза ее наполнились слезами. Почти полночь, ей следовало принять пропидол два часа назад и давно быть в постели. И конечно же, без препарата расстройства, связанные с ее нарколепсией, быстро вступали в свои права. Она поспешила спуститься. До отеля четверть часа пути, есть надежда успеть вернуться и лечь.

Она вышла через застекленную дверь сзади, отперев ее изнутри, и вновь окунулась в бурю. Когда она бежала к машине, что-то вдруг остановило ее. Издатель Николя Жантиля не упоминал, что был включен телевизор, когда он пришел в дом. Он говорил о «полной тишине». Это означало, что телевизор был выключен или, во всяком случае, не издавал звука.

Значит, всхлип не мог исходить оттуда. Если только...

Возможно, она нашла разгадку. Она вернулась в дом, поискала пульт, нашла его на тумбочке. Заметила в нескольких сантиметрах пятнышко крови: Жантиль, должно быть, воспользовался им, чтобы выключить телевизор — например, локтем, — после того как отрезал себе пальцы.

Когда подвергают себя такой пытке, вряд ли думают о том, чтобы выключить электроприбор, — разве только есть что скрывать.

Она включила телевизор пультом. Экран показал, что он не принимает никакого сигнала, надо было подключить антенну. Абигэль заглянула за экран. Никакой антенный кабель не был вставлен в нужное гнездо. Зато свисали провода для связи с компьютером.

Новый зевок, полное оцепенение до кончиков ног. На этот раз у Абигэль оставалось не больше тридцати секунд: сейчас она провалится в сон. Она поспешно направилась к дивану и легла, обхватив руками плечи.

Что-то хрустнуло позади нее. Она села. Всмотрелась в тени вокруг. Схватила кочергу и насторожилась, убежденная, что в доме кто-то есть. В разбитом окне метались занавески, точно руки, зовущие на помощь. Абигэль шагнула в темноту, ощутила быстрое движение за спиной и острую боль внизу тела. Она взвыла и замахнулась кочергой.

Входная дверь скрипнула и захлопнулась.

В панике Абигэль щелкнула выключателем и заперла дверь на засов. Она была в доме не одна. Согнувшись от боли, она спустила брюки. Кровь потекла на ее руки и на пол. Она взяла подушку и потерла кожу, пытаясь что-нибудь разглядеть. Текло из паха, Абигэль буквально истекала кровью.

Она кинулась в ванную, схватила душ и направила на ляжки струю ледяной воды. Красный водоворот закружился у сливного отверстия, и Абигэль смогла наконец разглядеть свой пах: разрез в форме дуги рассекал плоть. Как будто ее ударили маленьким серпом.

Оборотень.

Абигэль завернула кран и уставилась на приоткрытую дверь ванной, затаив дыхание. Она прижала к ране полотенце. Где-то внизу снова хлопнула дверь. А что, если Фредди здесь, с ней? Что, если он за ней следил?

И эта кровь, рубиновой рекой стекавшая по ее ногам. Она выбежала голая в коридор и, дойдя до лестницы, увидела ее. Девочку без лица. Малышка стояла неподвижно внизу лестницы, длинные светлые волосы, голубое платье, в котором она, казалось, парила над полом. Она стала подниматься по ступенькам, руки протянуты, пальцы скрючены, как орлиные когти, готовые задушить. Абигэль так испугалась, что...

...ее глаза широко распахнулись.

Диван... Она села, вскрикнув, с пылающим горлом. Осмотрелась вокруг: она на Большом острове, в доме Николя Жантиля. Одетая. Сухая. Никаких следов крови на брюках.

В доме никого. Ни Фредди, ни девочки без лица.

Кошмар... Опять проклятый кошмар... Ее часы показывали, что проспала она всего пятнадцать минут. Она засучила рукав свитера: ожоги от сигареты были на месте.

Несколько минут она приходила в себя. Она не помнила, как уснула, не было никакого перехода между реальностью и сном. Здесь, лежа на этом диване, она была такой уязвимой.

В смятении она подобрала фонарь и продолжила свои поиски. На чем она остановилась? Да, телевизор... Она снова подошла к нему, уже уверенная, что Николя Жантиль использовал его как видеопроектор или гигантский экран. Отрезав себе пальцы, он наверняка отключил компьютер от телевизора. И это не мог быть системный блок из кабинета, он слишком тяжелый.

Писатель где-то спрятал второй компьютер.

Она попыталась мысленно проследить его путь. Жантиль отрезал себе пальцы... Он бросил их в огонь, выключил камеру, прижег раны. Но кровь еще капала. Потом он выключил телевизор, выдернул провода компьютера. Он, должно быть, ужасно мучился и знал, что не продержится долго на ногах.

Она осмотрелась, заглянула в несколько мест, показавшихся ей подходящими, чтобы спрятать ноутбук. Потом поднялась наверх, следуя по кровавой дорожке. Следы вели прямо к кровати. Под ней ничего, под матрасом тоже. Она оглядела комнату, провела рукой по странным символам, как, наверно, сделал это Жантиль, прежде чем скорчиться на матрасе.

И тут она увидела деревянный стул у левой дверцы гардероба. Она влезла на него и, привстав на цыпочки, ощупала верх шкафа.

Всплеск адреналина. Ее пальцы наткнулись на что-то гладкое и холодное. Она потянула на себя ноутбук и провела ладонью по поверхности, чтобы убедиться, что на шкафу больше ничего не завалялось. На пол упали два рисунка и тетрадь.

Она слезла со стула и подняла их. Открыла тетрадь. И здесь Жантиль нарисовал квадраты, треугольники, полумесяцы, как на стене... Тысячи знаков, покрывавшие десятки и десятки страниц. Внизу каждой страницы стояла дата. 18, 19, 20 марта текущего года... Все дни, до последнего перед его актом.

Абигэль взяла рисунки и посмотрела на первый. Жантиль нарисовал карандашом тяжелую деревянную дверь, закругленную сверху. Немного соломы на полу... Стены из темного кирпича... Такая же дверь, как на обложке «Четвертой двери».

Она перевернула второй рисунок. Жантиль набросал мальчика с грубоватыми чертами лица, сидящего у кирпичной стены. На нем была футбольная майка с большой девяткой на груди.

Артур.

Внизу листка было написано большими буквами «КРО-МАНЬОН». И это слово она видела в книге Хеймана. Кро-Маньон — это было прозвище Кантена, похищенного мальчика из романа.

Между Хейманом и Фредди существовала связь. Так или иначе, писатель был замешан в похищениях. Оставалось понять, каким образом впутали во все это ее дочь, ее Жемчужинку Любви.

Абигэль взяла ноутбук, тетрадь, рисунки и выбежала из комнаты. Она уже знала следующий этап. Нант, родители Артура...

49

6 декабря 2014
АВАРИЯ

24 июня 2015
ГОРЯЩАЯ ПРОМЫВОЧНАЯ

5 апреля 2015

Фредерик загасил сигарету у входа в больницу Дюнкерка, увидев своего шефа. Он провел часть ночи в больничном коридоре, сгорбившись на стуле в полудреме, с матерью Виктора, измученной, сломленной женщиной, не перестававшей благодарить Бога за то, что Он вернул ей сына.

Но Бог был тут ни при чем.

— Ну что? — спросил Патрик.

— Всю ночь ему делали новые обследования. Бедный малыш... К счастью, его мать здесь.

— Что показали обследования?

— В его крови нашли следы кетамина. Это обезболивающее, использующееся в ветеринарии, его довольно легко достать. Предполагают, что Виктора накачали лекарством и бросили в районе промышленного порта в Лон-Пляж.

Он зевнул, прикрыв ладонью рот.

— Извини, я почти не спал. Следов сексуального насилия нет, так что на первый взгляд никакой связи с педофилией. Абигэль была права. Мотив похищений другой.

— Как Абигэль после вчерашнего?

— Неважно, сам понимаешь. Подвешенная игрушка, мальчишка, который орет при виде ее... Она уже не знает, на каком она свете. Но убеждена, что права насчет котенка: это Фредди повесил его там, не она.

— А ты что обо всем этом думаешь?

— Я доверяю ей.

— Очень может быть, что ты ей доверяешь, а она ошибается. Ладно, пошли.

Фредерик открыл дверь и пропустил вперед своего шефа.

— Я поговорил с его матерью вчера вечером, — сказал он. — Это было непросто, она в шоке. Ее сын вопит, стоит только погасить свет. Виктор немного успокоился у нее на руках, он разговаривает, но отвечает невпопад и по большей части несет околесицу. Он ест руками, сидит на полу, а не на кровати и щиплет себя, если зевает или чувствует, что его клонит в сон. Психолог говорит, что лечение ему предстоит долгое. Недели, месяцы.

— Это можно было предвидеть, — отозвался Лемуан.

— На нас давит пресса, и родители других жертв хотят знать... Как нам реагировать?

— Приказ ничего не разглашать, пусть служба связей с общественностью делает свою работу, а мы сосредоточимся на мальчике. Это наша самая важная ниточка.

Они направились к лестнице.

— Прежде чем мы увидимся с Виктором, врач должен рассказать нам, что было этой ночью. Они записывали его сон, — добавил Фредерик. — Кстати, эти вытатуированные буквы на его теле, вы начали с ними работать?

— Корпим над ними. Жизель загрузила все данные в генераторы слов и все такое, но пока это ничего не дает. Да, и насчет двух отметин у него на груди... Все, кто видел фотографии, говорят, что это следы животного. Чертовы козьи копыта...

Доктор Эро встретил их на втором этаже и пригласил следовать за ним. Выглядел он встревоженным и очень усталым.

— Как я уже сказал жандарму Мандрие, у нас есть специализированное отделение расстройств сна, — объяснил он. — В нем три палаты, в которых мы можем наблюдать по ночам пациентов, страдающих бессонницей, лунатизмом, апноэ... Сегодня ночью мы поместили Виктора под наблюдение. Я никогда не видел больного, настолько усталого и так борющегося со сном. Мать была рядом с ним, это его успокоило, и мы смогли поставить эксперимент.

Он вошел в кабинет с компьютерами. Три экрана на стенах показывали три разные палаты. На других мониторах, стоявших на столе, бежали кривые линии. В одной из палат спала пациентка, утыканная электродами.

— Виктор был подключен так же, как эта женщина, страдающая гиперсомнией. Мы записывали данные его мозга, его мышц и снимали его, оставив включенным свет, чтобы ему было спокойнее. Мальчик не переносит темноты. Стоит только погасить свет — кричит. Он явно пытался противиться сну, но усталость взяла свое.

Врач сел за компьютер и вывел на экран папку с данными Виктора. Он открыл один из многочисленных файлов. Пошло видео. Часы показывали 1:34. Виктор лежал на кровати, сжимая руку матери, сидевшей рядом. Его широко открытые глаза смотрели в потолок, на камеру. По соседнему экрану ползли кривые.

— Все это — деятельность его организма на момент записи этой ночью. Посмотрите на Виктора, его зрачки расширены, свет слабый. Он нервничает, обильно потеет, но он уже устал бороться, и теперь предпосылки сна берут верх.

Доктор промотал две минуты в ускоренном режиме и снова пустил видео. Он указал пальцем на один из мониторов:

— Кривая, связанная с мышечной активностью, выпрямляется, его мускулы больше не посылают никаких электрических сигналов, они парализованы. Виктор теперь не в состоянии шевельнуться.

Лицо мальчика оставалось неподвижным, нижняя губа обвисла, точно лопнувшая шина. Глаза застыли. Фредерику вспомнилась Абигэль в приступе катаплексии.

— Впечатляет. Что с ним происходит?

— Это так называемый паралич сна, естественный механизм, который не дает спящему переживать свои сновидения физически, бегать или драться в реальном времени, когда он спит. Обычно паралич наступает, когда человек крепко спит, как минимум после часа сна. У вас, как и у меня.

— Он спит или нет? — спросил Лемуан.

— И то и другое, вот что особенно впечатляет. Для его мозга он спит, отсюда полный паралич мышечной системы. Но Виктор сейчас в сознании. В этом весь парадокс. Я спрашивал у его матери: у него никогда не наблюдалось особых расстройств сна до похищения.

Через несколько секунд движения груди мальчика стали чаще, а зрачки сузились. Включилась деятельность мозга.

— Его мозг переходит в парадоксальную фазу сна в мгновение ока. Пропуская все другие этапы цикла. Напоминаю вам, что он по-прежнему бодрствует.

Фредерик подошел ближе к экрану. Зрачки Виктора едва заметно двигались.

— Он как будто что-то видит.

Врач выглядел таким же растерянным, как и они.

— Точно. Температура его тела понизилась на полтора градуса менее чем за две минуты, это очень быстро. И посмотрите на его грудь: она опускается, как будто на него давит невидимый груз.

Действительно, торс втянулся на уровне диафрагмы. Фредерику доводилось смотреть видеозаписи экзорцизма, где тела одержимых бесом извивались и деформировались. Здесь было что-то похожее. Непонятное.

— Как вы объясните этот феномен? — спросил капитан жандармерии.

— Я говорил об этом с коллегой, специалистом по сну; ему редко случалось видеть нечто подобное. Температура тела во время сна понижается, но куда более постепенно. А при параличе есть момент, когда дыхание переходит в автоматический режим, отсюда легкое движение груди. Но чтобы до такой степени... У него есть единственное объяснение: Виктор подвержен гипнагогическим галлюцинациям, причем настолько интенсивным, что они действуют на его организм и сильно сдавливают грудь. Это...

— Мы знаем, — перебил его Фредерик. — Женщина, которая была с нами вчера, — нарколептичка. Она тоже переходит в парадоксальную фазу сна, как только засыпает. К тому же у нее время от времени случаются приступы катаплексии.

Врач выразил на пару секунд свое удивление и продолжал:

— Видения у Виктора, похоже, жуткие. Смотрите, он переживает их как нечто абсолютно реальное, и самое ужасное, что он не в состоянии ни шевельнуться, ни закричать. Только его глаза могут вращаться в орбитах... Эти картины, которые видит он один, врезаются в его память и глубоко его травмируют. Он не сознает, что засыпает, и не сознает, что просыпается. В его голове все, что он видит, реально существует.

Через несколько минут кривые, связанные с мышечной активностью, вдруг поползли вверх. На экране мальчик закричал и забился, сорвав часть проводов, присоединенных к его телу и голове. Перепуганная мать прижала его к себе и позвала на помощь. Виктор проснулся и плакал горючими слезами. Фредерик и Лемуан не находили слов перед этой страшной картиной.

— За ночь это повторилось трижды, — объяснил Эро. — Несмотря на страх, он не в состоянии противиться сну. Но каждый раз все идет по одному и тому же сценарию. Паралич, испуг в глазах, опускающаяся грудь, фаза парадоксального сна, продолжающаяся максимум две минуты, и пробуждение... Механизм сна у него совершенно разрушен. Поле битвы в руинах.

Эро выключил мониторы.

— Сон очень важен для нашей жизни, для нашего равновесия. Те, кто думает, что спать — это потеря времени, глубоко заблуждаются. Наше тело нуждается в различных фазах сна, в частности глубокого и парадоксального, чтобы восстанавливаться, отдыхать, расти, запоминать одни дневные действия и забывать другие. Без них множатся галлюцинации, подрывающие душевное и физическое здоровье.

— Виктор может... так и не оправиться?

— Без лечения он может умереть от усталости, в полном смысле слова. Ставились опыты на крысах, которых лишали глубокого и парадоксального сна, оставив им остальные фазы. Они вскоре погибали... Мы, разумеется, сделаем все, чтобы спасти Виктора. Есть методы лечения, препараты, вы должны это знать, если знакомы с нарколептичкой. Но Виктору придется научиться побеждать свои страхи, если он хочет выкарабкаться и вернуться к нормальной жизни. По крайней мере, с психологической точки зрения.

— Вы долго продержите его в больнице, я полагаю?

— Сколько потребуется.

Он отошел на несколько минут, чтобы ответить на звонок своего мобильного. Двое жандармов ждали в коридоре. Патрик Лемуан тяжело провел рукой по лицу:

— Какой ужас... Ты видел глаза мальчишки, как и я. Его зрачки... они сузились, хотя над ним был только потолок. А как запала грудь... — Он помолчал, долго не решаясь договорить. — Как будто в самом деле *что-то* было с ним в этой палате. Что-то невидимое, повергавшее его в ужас и способное причинить физическую боль.

50

После долгой беседы с двумя жандармами и психологом Эро пригласил их зайти в палату Виктора. Там они застали его мать, Беатрис Кодиаль, тридцатидвухлетнюю женщину, превратившуюся в бледную тень, слепок пустоты. Она выживала с таким же трудом, как и ее сын.

Жандармы — но в основном Абигэль — собрали массу информации. Виктор рос без отца: Беатрис сама не могла сказать, от кого именно ребенок. Она знала только, что забеременела в восемнадцать лет, во время летних каникул.

Она коротко кивнула им и осталась в углу палаты с психологом. Виктор сидел на стуле у окна, выходившего на комплекс серых административных зданий и дома из красного кирпича. Ему, похоже, нравилось, что свет ласкает его лицо. Увидев двух приближающихся к нему мужчин, он вскочил и съежился в углу слева от окна. Фредерику представился раненый зверек. Под глазами у мальчика залегли черные круги, губы шелушились. Ничего общего с жизнерадостным подростком, улыбавшимся со стен помещения команды «Чудо-51».

— Нет, нет... Я не пойду... Я не пойду... Пусть другие, не я...

Виктор бормотал, ни к кому не обращаясь. Патрик Лемуан стянул обручальное кольцо с пальца и сунул его в карман. Потом он присел на корточки, чтобы быть на одном уровне с мальчиком, но чуть в стороне. Фредерик остался стоять поодаль в расслабленной позе. Надо было дать Виктору простор, не заслонять поле его зрения, чтобы он не почувствовал себя запертым.

— Меня зовут Патрик, а это мой коллега Фредерик. Мы оба жандармы, мы хорошо знаем твою маму. С тех пор как ты пропал, мы не переставали искать тебя повсюду, днем и ночью. Мы очень рады, что ты здесь, с нами.

— Свет... Свет — это хорошо. Я люблю свет.

— Света не было там, где ты был?

Виктор стал лихорадочно чесать голову, словно пронзенный электрическим разрядом.

— Желтый квадрат. Я жду желтого квадрата, тогда дадут есть. Нет желтого квадрата — нет еды, понимаешь?

— Примерно, но ты объясни получше. Что это за желтый квадрат? Люк? Отверстие, через которое тебе передают поднос с едой?

— Нет желтого квадрата — нет еды.

Фредерик подошел поближе справа, со стороны кровати.

— Тебя нашли вчера на обочине дороги в Лон-Пляж, — начал он мягко. — Ты знаешь, как ты туда попал? Где ты был, прежде чем оказался на этой дороге?

— Не знаю... Откуда мне знать, темно, всегда темно. Я не люблю темноту... Там всегда было темно. Темно, темно...

Виктор вскочил и прижался лицом к оконному стеклу. Он смотрел на солнце, пока не заслезились глаза. Потом закричал, стиснув ладонями лоб:

— Не надо больше темноты! Не надо!

Матери позволили подойти успокоить его. Патрик и Фредерик переглянулись. Дело обещало быть непростым. Когда Виктор успокоился, жандармы продолжили допрос. Психолог предупредил их, что, если подобная сцена повторится, придется все прекратить.

— Никогда больше не будет темно, Виктор, потому что мама с тобой, и мы тоже, — успокоил его Фредерик. — Мы не дадим тебя в обиду. Но ты должен помочь нам поймать того, кто это сделал, понимаешь?

— Солома. Солома колется, когда в ней спишь.

— Вы спали на соломе. А были там животные? Звуки, запахи животных?

Виктор помотал головой, как Джефф Голдблюм в «Мухе»[1] незадолго до финального превращения. Нервный тик или ответ на вопрос? Фредерик не знал.

— Там вас было четверо детей, так?

— Были мы четверо. Когда он хотел поиграть. Без толку прятаться под соломой, он нас все равно находил... Он уводил нас на машину...

— На машину?

— Там вода... Черная вода... И остров. Засыпаю — он наклоняется, а я не хочу утонуть...

Фредерик хотел положить руку ему на плечо, но Виктор испуганно отпрянул:

— Не трогай меня!

Жандарм поднял руки и попятился. Эстафету перехватил Патрик:

— Ладно, ладно, мы не будем тебя трогать. Вчера, перед тем как ты оказался на дороге, вас еще было четверо там, в соломе?

— Четверо, ага.

Патрик оглянулся на Фредерика и снова обратился к Виктору:

— Две девочки и два мальчика...

— Номер один, Номер два, Номер три и Номер четыре. Номер один... Я не Виктор, я Номер два...

— Так он велел вам себя называть? А ты знаешь имена твоих товарищей? Номера четыре, например?

— Плакса... Плакса... Не то что Номер один. Номер один никогда не плачет... У нее глаза пустые... Разговари-

---

[1] *«Муха»* — фильм ужасов режиссера Дэвида Кроненберга (1986) о превращении человека в муху.

вать нельзя... Не разрешается... Нет, я ничего не сказал, клянусь вам. Не спать, не спать... Хорошо, я не буду спать... Нет, пожалуйста...

В духоте палаты Патрик думал о своих двоих детях. Они могли бы оказаться на месте Виктора, а он — на месте несчастной женщины, стоящей в углу. Он представлял себе, как разряжает целую обойму в человека, которого преследовал. Эти жестокие видения осаждали его все чаще. Он, однако, постарался делать свою работу наилучшим образом и продолжал:

— Все хорошо, Виктор. Мы знаем Номер один, ясно? Это девочка по имени Алиса.

— Тсс, спятил? Ее зовут Номер один, не Алиса.

— Ты ее знал? Раньше видел?

Виктор помотал головой.

— Не знаю Алису. Только Номер один.

Патрик порылся в кармане и достал фотографии. Показал ему Алису.

— Это она — Номер один, — сказал жандарм.

Таким же образом он показал фотографию Артура.

— Ты Номер два. А это Номер три, не так ли?

— Да, остался еще один номер, у него нет лица.

— Было слишком темно?

— Темно, темно, темно... Слишком темно, да.

Патрик сделал знак Фредерику, тот достал из кармана фотографию и снова подошел ближе.

— Виктор, сейчас я тебе кое-что покажу. Не забывай, что это всего лишь фото, ладно? И что с тобой больше ничего не случится. Женщина, которую ты увидишь на этом снимке, помогает нам с самого начала нашего расследования. Она хорошая.

Он осторожно повернул снимок к мальчику. Это была фотография с паспорта Абигэль. Виктор отпрянул, но на сей раз не закричал.

— Вот ее ты уже видел. Где?

Виктор всхлипнул и, морщась, потер нос:

— Везде. Везде.

— Как это — везде?

Он зажмурился и сжал указательными пальцами виски:

— В моей голове... Маленькие улыбки, большие... Дюны и железный лом. Способность предотвращать правонарушения... Эффективность полицейских и уголовных мер в борьбе с преступностью... Сравни национальные критерии криминализации и декриминализации актов...

Фредерик обернулся к своему шефу в недоумении. Он ничего не понимал. Он спрятал фотографию в карман.

— Хочешь чего-нибудь попить? — спросил Патрик. — Воды? Кока-колы? У меня двое детей, твои ровесники, они обожают колу. Я уверен, что ты с ними подружишься.

Виктор начал раскачиваться, обхватив руками колени:

— Номер пять и Номер шесть...

— Ладно... Оставим воду и колу. Расскажи мне лучше, как это было, когда тебя привезли. Когда ты присоединился к Номеру один.

— Холодно, темно. Номер один — она с другой стороны... За стеной... Стены... ей нельзя разговаривать, не то он придет... Лучше, чтобы он не приходил, это всегда не к добру.

Виктор уставился на луч солнца на стене, казалось заворoживший его.

— Я так люблю свет.

— Был еще кто-нибудь с человеком, который запер вас четверых?

— Не знаю. Кажется, нет.

— Постарайся вспомнить наверняка, Виктор, это важно.

Виктор уже расчесал голову до крови. Глаза его наполнились слезами.

— Не могу, не могу, не могу...

Психолог уже готова была прекратить допрос, но Патрик попросил еще немного времени. Она дала им пять минут. Он вернулся к мальчику.

— Почему он освободил тебя прежде Номера один?

— Не знаю.

— Остальных он тоже отпустит?

— Не знаю.

— Ты слышал звуки? Ты можешь описать мне все, что видел? А того, кто не давал вам разговаривать, опиши мне его. Это очень важно, если ты хочешь, чтобы мы его поймали.

Виктор как будто отключился. Веки его упали, точно театральный занавес. Он замотал головой и очень сильно ущипнул себя:

— Не спать, только не спать... Никогда.

— Почему? Почему ты боишься спать? — спросил Фредерик.

Мальчик погладил ладонью солнечный луч:

— Какой он красивый и теплый... свет. Демон... Он не может прийти, когда светло.

Светлые волоски на его руках встали дыбом, словно притянутые статическим электричеством. Лицо мальчика исказилось, когда он уставился на квадрат тени в углу комнаты.

— Демон приходит, когда ты засыпаешь, да? Это его ты видишь, когда лежишь в кровати и чувствуешь, что близок сон?

Виктор вздрогнул и снова съежился:

— Когда солнце... Когда его не будет, вы не гасите... Не гасите свет, а?

— Никогда больше не будет темноты, Виктор. Обещаю.

— Никогда... Не будет темноты, хорошо...

— Ты можешь рассказать мне, как он выглядит, этот демон?

Виктор попытался стереть одну из букв, вытатуированных на его запястье. Он лизал пальцы и тер, тер. Его мать в углу чуть не плакала.

— Не хочу о нем говорить. Нельзя. А то он придет... Я не закрою глаза. Ты меня не возьмешь... Не возьмешь, чудовище... Не возьмешь, понял?

Патрик отошел поговорить с врачом и психологом. Вернувшись к Виктору, он положил перед ним бумагу и карандаш и зашептал ему на ухо:

— Не спеши, подумай хорошенько и нарисуй его, мы с Фредериком будем здесь, за дверью палаты, вернемся через несколько минут.

Двое жандармов вышли в коридор. Патрик глубоко вздохнул, чтобы снять напряжение, и вытер бумажным платком взмокший лоб.

— Боже мой, мальчонка-то совершенно раздавлен!

— Год просидеть взаперти, в страхе, быть сведенным к номеру. Как тут обойтись без тяжелой психологической травмы?

Фредерик стукнул кулаком о стену:

— Я не понимаю, Патрик... Зачем творить такое с ребенком? Держать его взаперти, кормить долгие месяцы, сломить психологически и потом выпустить на волю. Взять мерзавца вроде Дютру, у того-то хоть цель была гнусная — сексуальное удовлетворение, и никогда ему в голову не приходило освобождать своих жертв. Да за ним целая сеть стояла, трах, деньги. А тут, как я ни ломаю голову, не могу понять. Где связь, черт побери? А если мы ничего не вытянем из Виктора, что будем делать? Ждать и надеяться, что этот подонок отпустит остальных? Но сколько еще придется ждать? Сколько чертовых бессонных ночей?

Патрик уже несколько недель чувствовал, что его коллега на грани срыва. Их профессия многих состарила до срока, и сам он в сорок пять лет уже причислял себя к выжившим.

— Ты что-нибудь понял в том, что говорил Виктор, когда увидел фотографию Абигэль?

— Ничего. Похоже было, что он цитировал дефиниции.

Патрик прислонился к стене, скрестив руки.

— Я все думаю о ветеринарном обезболивающем... Еще эта солома... Следы копыт на груди... Не знаю, мне приходит в голову ферма. Детей, возможно, держат в старом хлеву или в индивидуальных боксах. Знаешь, где спят животные?

Из палаты вышла психолог. Она протянула им листок, весь в дырках от грифеля. Вместо демона Виктор нарисовал большой черный клубок. Патрик раздраженно вздохнул:

— Как вы думаете, когда он будет в состоянии рассказать нам, что произошло?

— Через неделю, через месяц, может быть, никогда. Его рассудок сделает все, чтобы защитить его. Возможно, он поглотит воспоминания и превратит все это в... — она кивнула на листок, — настоящую черную дыру.

51

6 декабря 2014
АВАРИЯ

24 июня 2015
ГОРЯЩАЯ ПРОМЫВОЧНАЯ

5 апреля 2015

Стоя в дверях спальни, Абигэль смотрела на спящего Фредерика. Они поужинали без аппетита за разговором о Викторе, вместе выпили травяного чая, и ее друг уснул как убитый после бессонной ночи в больнице. Он выглядел таким умиротворенным, когда спал, как будто сложил все свои заботы в шкаф, чтобы забрать их завтра. Глядя на него, свернувшегося клубочком, Абигэль спросила себя, какие ему снятся сны. Веселые или грустные? Или страшные?

Она прошла мимо ванной и приостановилась, заметив, что аптечный шкафчик приоткрыт. Он плохо закрывался, и Абигэль всегда поворачивала ручку до упора. Вот и на этот раз она закрыла его как следует. Она сознательно решила пропустить прием пропидола, ей нужна была ночь, чтобы продолжить свои изыскания, пусть даже несколько раз одолеет дремота.

Она зажгла настольную лампу и принялась за дело. Поисковик заглотал фразы, написанные на стене дома с привидениями в Лон-Пляж.

ОТРИНЬ СНЫ
И НОЧНЫЕ ФАНТАЗИИ
СРАЗИ ВРАГА
ДАБЫ НЕ ЗАМАРАТЬ СВОЕ ТЕЛО

Но поиск дал слишком много ничего не значащих результатов. Абигэль использовала разные зацепки, искала в словах песен на специализированных сайтах, все тщетно. В задумчивости кусая ручку, она подняла глаза на куколку вуду на полке и вздрогнула: ей показалось, что декорации сместились. Обычно куколка лежала слева, под африканской маской, а тут она оказалась сдвинута сантиметров на тридцать вправо. Казалось бы, пустяк, но и другие предметы — статуэтки, стаканчик с карандашами — тоже слегка переместились. Абигэль не понимала, в чем дело, она была дома весь день и не помнила, чтобы Фредерик что-нибудь трогал, когда вернулся.

Несмотря на эту странность, она снова сосредоточилась на своих поисках. Виктор, с его разбитым сном и паническим страхом уснуть, возник из ниоткуда. Фредди сильно рисковал, отпустив его. Что он хотел сказать? Какое событие послужило толчком к освобождению? Почему именно сейчас? И почему Виктор, второй похищенный ребенок, а не Алиса? По логике вещей она должна была быть отпущена первой.

Фредди следовал некоему плану и, выполняя его поэтапно, шел к своей цели. Как ныряльщик, который, задержав дыхание, опускается все ниже, метр за метром, до самых бездонных глубин, где кроется смысл его существования. Понять, почему Фредди отпустил Виктора, а не Алису, значило разгадать часть загадки.

Алиса... Первая похищенная, 2 марта 2014 года, Ретель. Мать — медсестра, отец — прораб на стройке, женаты двенадцать лет. У девочки есть единокровный брат, Жослен, семнадцати лет, от первого брака отца.

Виктор, второй пропавший, 7 июня 2014 года, Амбуаз. Мать — кассирша в магазине, не замужем, отец неизвестен.

Абигэль достала один из своих фотоколлажей кошмаров — в рамке под стеклом. На ней был Фредди Крюгер — настоящий, детище Уэса Крейвена, с обожженным лицом, в полосатом свитере, в перчатке с когтями, — который нависал над маленькой девочкой без лица, скорчившейся в гигантском аистином гнезде. Железная рука занесена, в глазах злоба — знаменитый оборотень явно готовился ее растерзать.

— Тебя интересует их сон, а, Фредди? — прошептала она. — Ты проникаешь в головы этих детей, ты пугаешь их, даже когда они спят. Как ты это делаешь? Я знаю, у тебя все спланировано. Ты тщательно отбирал этих детей. Ты их знаешь, ты вообще дока. Ты проводишь с ними время. С Алисой, Виктором, Артуром и Золушкой. Недели, месяцы... Ты отдаешь им всю твою энергию. Твои ночи тоже? Ты мало спишь, Фредди? Тебе тоже снятся кошмары?

Абигэль погладила лицо на глянцевой бумаге, пробежалась пальцами по кратерам и шрамам, по полю страданий, всмотрелась в самую глубину глаз, в которых жило зло.

— ...Потом наступает момент, когда ты решаешь освободить Виктора... Не Алису, нет, Виктора. Почему? Потому что он готов выйти в мир света? Потому что тебе еще надо поработать с Алисой? Она не так дисциплинированна, не так послушна? Но что это за работа, Фредди? Скажи... Расскажи мне... Нам с тобой столько надо друг другу сказать.

Абигэль долго сидела, глядя на портрет. Фредди Уэса Крейвена был лишь фантазмом, но их Фредди реально существовал. Наконец она отложила снимок в угол и снова занялась посланием из дома с привидениями. Вошла в Интернет, порылась в сказках, легендах, цитатах, все безуспешно. Откуда взялся этот проклятый текст? Неужели Фредди его выдумал от начала до конца? «Сны и ночные фантазии...» Все вело ее ко сну, к ночи. Абигэль подумала о Викторе, о том, как он боялся закрыть глаза, в голове у нее звучали слова Фредерика о гипнагогических галлюцинациях. «Замарать свое тело». Ей вспомнились две отметины копыт на груди мальчика.

Вдруг послышалась тихая музыка. Она шла из колонок компьютера. Детские голоса пели:

Мне говорят, я это сочиняю,
Мне говорят, я голову теряю,
Он под кроватью у меня, я знаю,
И боюсь не дожить до утра...

Абигэль содрогнулась, слушая эту дьявольски зловещую песенку. Она заметила окно рекламы на интернет-странице, восхваляющее серию детских книг. Она закрыла страницу, и голоса смолкли.

Со вздохом она отодвинулась в кресле от стола и подняла глаза на пробковую доску. Все эти фотографии, стрелки, вопросы, копившиеся неделями... В конечном счете они мало что давали. Часы показывали 3:05, ее последние дни были адом, тут и открытия, связанные со сном, и крики Виктора, и его откровения, и черный плюшевый котенок, подвешенный в пустом доме...

Черный котенок... Он теперь у жандармов, но Абигэль была убеждена, что, если бы Лемуан мог снять его и отдать ей тогда, минуя процедуры, он бы это сделал. Ей был ненавистен его взгляд, его вопросы о ключе и чемодане Леа. Неужели он думает, что она способна пойти в эту старую халупу, чтобы подвесить там игрушку дочери, и *забыть* об этом? Да и зачем бы ей было это делать?

Абигэль услышала шорох в кухне. Словно чья-то рука скреблась о лед. Она встала, прошла через гостиную погруженной в темноту квартиры. Со странным ощущением: ей почудился запах гниющей воды.

— Фред? Ты здесь?

Ответа нет. Абигэль запахнула халат, вдруг почувствовав, что замерзла. Изо рта ее вырвалось облачко пара. Она вспомнила рассказ Фредерика о Викторе, когда ему виделось *что-то*: понижение температуры тела.

Она не знала, успокоиться ей или нет при виде распахнутой настежь дверцы морозильника. Может быть, Фредерик плохо ее закрыл? Абигэль подошла к холодильнику и замерла: звук повторился и шел он из одного из трех отделений. Дрожащей рукой она потянула на себя верхний ящик. Ничего. Средний зато был полон темной, почти черной воды, пахнувшей падалью.

Вдруг на поверхности появилось лицо без черт. Длинные светлые волосы обрамляли рельеф розовой кожи, как будто на настоящее лицо натянули латекс. Абигэль было попятилась, но натолкнулась на огромный ствол во всю ширину кухни. Голова отца торчала из коры, рот кривился, он кричал, но из горла не вырывалось ни звука. Костлявая рука высунулась из черной воды морозильника, схватила Абигэль за шиворот и потащила, силясь утопить.

52

Абигэль резко привстала в постели. Дыхание перехватило. Она перекатилась на бок и широко открыла рот, чтобы вдохнуть побольше воздуха. Приток кислорода как освобождение. Фредерик заворочался рядом, не просыпаясь. Как она оказалась в постели? Когда легла?

Часы на радиобудильнике показывали 3:30. Она встала, держась руками за горло. Вода в трахее, в легких, вкус соли на языке... Она тонула в своем кошмаре и была, наверно, единственным человеком на земле, которому дано делать это бесконечное множество раз. Ее сны имели такую силу, такую власть над ней. Абигэль не могла больше выносить свои кошмары.

Она с опаской заглянула в кухню. Ничего необычного. А чего, собственно, она ожидала? Лужи на полу? В гостиной все вещицы красовались на своих местах. Компьютер на письменном столе был выключен. Она включила его, вошла в Интернет. В истории — никаких следов ее ночных поисков.

Абигэль казалось, что она идет, как по канату, по ленте Мёбиуса — невозможной фигуре без конца, с одним краем. Она была убеждена, что шарила в Интернете не далее как десять минут назад. Она набрала фразы, которые — она это знала — уже вводила в поисковик.

И как в ее сне — но вправду ли это был сон? — поисковик выдал сотни результатов. Она оттянула назад кожу лица. Кто сказал, что это ей снова не снится? Что она не проснется опять и так далее? Как быть уверенной, что на этот раз она в реальности?

Абигэль задумалась, и ей пришла в голову идея, когда взгляд ее упал на куколку вуду справа. Она вытащила иголку и приподняла рукав халата, открыв левую руку, чистую, без всяких следов. Поколебалась, сознавая все безумие своего поступка, и впервые в жизни в эту ночь, 6 апреля 2015 года, уколола руку. Выступила капелька крови. А во сне кровь никогда не текла, даже если ее резали на куски.

Она была горда своей находкой. Достаточно одного укола, чтобы не верить больше в подобные злоключения, буде это повторится. Теперь надо всегда иметь при себе иголку. И пусть ее мозг попадется в собственную ловушку.

Она вытерла кровь и нырнула в Интернет, на этот раз по-настоящему. Через час слова, введенные в поисковик, — «замарать свое тело», «сразить врага» — привели ее на форум, где люди говорили о своих кошмарах. Она заинтересовалась, в частности, одним из них, рассказывавшем о давлении на ребра, затрудненном дыхании, невозможности пошевелиться и жутком видении чудовища, сидящего на груди, которое пришло, чтобы «замарать его тело». По его собственным словам, этот человек не знал, что видит сон, будучи совершенно уверен, что бодрствует. Он говорил, что провел худшую ночь в своей жизни и еще долго потом боялся засыпать. Это было очень похоже на рассказ Фредерика о Викторе.

В ответах на его пост один из пользователей предлагал ему пройти по ссылке. Абигэль кликнула на нее и вышла на сайт фаната сверхъестественного.

Рубрика «Демонология».

В трубе, идущей от радиатора прямо у ее ног, затрещало, и Абигэль вздрогнула. Она решила включить полный свет, не из страха, но... В кухне она налила себе стакан воды и ощутила легкое головокружение. В горле опять появился вкус соли. Не удержавшись, она снова взглянула на морозильник и открыла его, просто чтобы проверить. Она казалась себе глупой, как глупым казалось ей колоть себя иголкой. Ее кошмары вторгались в реальность и начинали руководить ее действиями. Пятьдесят лет назад Безумная Вдовушка раскрыла бы вам объятия и за меньшее.

Она вернулась на сайт, посвященный сверхъестественному. Наткнулась на рубрику под названием «Нападение невидимок». Текст, связанный с демонами сна: инкубами и суккубами.

Инкубы, демоны-самцы, нападали в основном на спящих женщин, а суккубы — на мужчин. По словам пользователя, вера в них существовала во все времена, от Древней Греции до наших дней. Очевидно, автор в них крепко верил и приводил десятки свидетельств людей, которые воочию видели и подвергались нападению этих демонов. Без конца приводились одни и те же симптомы: лежа в постели, жертвы не могли шевельнуться, когда приходили демоны. Одним из немногих способов бороться с ними было спеть гимн, перед тем как уснуть: тот самый, что был написан в доме с привидениями в Лон-Пляж.

Продолжая свои поиски, Абигэль вдруг почувствовала чью-то руку на своем плече. Она вскрикнула:

— Черт, Фред! Ты меня напугал!

Ее друг стоял позади, полузакрыв глаза, с отпечатком подушки на щеке.

— Пятый час утра, Абигэль... Что ты делаешь?

— Я нашла. Фразы со стены дома с привидениями — это гимн, который надо петь, перед тем как уснуть. Он отгоняет демонов сна, инкубов и суккубов.

— Боже мой...

— Послушай меня! По легендам и верованиям, эти демоны появляются, когда их жертвы становятся уязвимы, засыпая. Они входят в их спальню, чтобы надругаться над ними сексуально или... посмотри, здесь написано.

— Они давят им на грудь, чтобы задушить.

— В точности то, что ты говорил мне про Виктора. Пользователи рассказывают, что пережили подобные нападения, свидетельств масса, Фред! Ты читал «Орля» Мопассана?

— Как все.

— Послушай, что он пишет: «Я прекрасно чувствую, что лежу и сплю. ⟨...⟩ Я чувствую также, что кто-то приближается ко мне, смотрит на меня, трогает меня, вскакивает на кровать, становится коленями мне на грудь. ⟨...⟩ Я сопротивляюсь, но связан той страшной немощью, что парализует нас во сне. ⟨...⟩ ...задыхаясь, делаю невероятные усилия, чтобы повернуться, сбросить с себя существо, которое давит и душит меня, — и не могу!»[1] В некоторых жизнеописаниях говорится, что Мопассан действительно переживал такое во время паралича сна. Он видел демонов.

Фредерик помнил глаза Виктора, видевшие *что-то*, его вдавленную грудь. Его самого бросило в дрожь, и он поймал себя на том, что осматривает комнату, которая, однако, была пуста. Демон. Он ткнул пальцем в линк «Картинки»:

— Покажи-ка мне, как выглядят эти демоны.

Абигэль кликнула. Суккубы были женщинами с дьявольскими лицами, инкубы же имели разные обличья, но наиболее часто встречающееся было смесью лисицы, обезьяны и козла, с рожками и острыми ушами... На одной картинке инкуб человеческого роста сидел на груди спящей женщины и смотрел на нее похотливыми глазами.

Фредерик наклонился вперед, а Абигэль откинулась в кресле, взявшись рукой за лоб.

— У него козлиные ноги... копыта... и когтистые руки.

— Я его уже видела, Фред. Я видела этого инкуба.

— Что ты плетешь?

— В вечер аварии. Мое гипнагогическое видение... Я видела странное существо, пересекавшее дорогу. Был туман, но... мне представилась смесь лисицы и человека,

---

[1] *Ги де Мопассан.* Орля. Перевод К. Локса.

не пойми что. Теперь я уверена: вот это я видела. Вот такого инкуба. Демона сна.

Демоны на экране были нарисованы Гогеном, Курбе, Абильгором[1]. Они прошли сквозь века. Каждый раз были конкретные и серьезные свидетельства людей, панически боявшихся засыпать, которые описывали их с большой точностью.

— Мы лопухнулись. Фредди не оборотень, который приходит к детям по ночам, чтобы их наказать, тут совсем другое. Его должны были бы звать Самаэль или Лилу, потому что он мнит себя инкубом. Это его я видела в ночь аварии. Фредди, в лисьей маске на лице и с когтями на руках. Это не было гипнагогическое видение.

— Ты говорила мне, что твой отец ничего не видел.

— Может быть, он просто не обратил внимания и вообще толком не смотрел на дорогу. Он где-то витал, погруженный в свои мысли. Естественно — притом что он собирался сделать.

Она встала и принялась мерить шагами комнату.

— Инкуб, — повторила она. — Демон, имеющий отношение к ночи, к кошмарам. Пьющий сон. Страшное создание, которое терроризирует и не дает спать. Вот чего добивается Фредди: разрушить сон своих маленьких жертв. Запугать их до такой степени, чтобы они поверили, что демон существует на самом деле и придет за ними, если они уснут.

У Абигэль закружилась голова. Фредерик поддержал ее под руку, чтобы она не упала.

— Не надо бы тебе быть на ногах среди ночи.

С Абигэль градом лил пот, и она вся дрожала.

— Есть какие-то детские страхи в психике Фредди. Я вижу испуганного ребенка, чьи ночи, должно быть, были пыткой. Может быть, он видел чудовищ, засыпая, или

---

[1] *Николай Абрахам Абильгор* (1743–1809) — датский художник, основатель датской школы живописи.

страдал какой-нибудь болезнью, связанной со сном. Бессонницей, повторяющимися кошмарами, параличом, сомнамбулизмом. Сегодня он решил отыграться на этих детях, сделав их ночи кошмарными. Он уничтожает их сон, сталкивает их с демоном, с которым, возможно, встречался сам через свою болезнь или свои расстройства. Вот где надо копать, и не забывай также, что Фредди бродит вокруг нашего расследования, знает наши методы.

— А что он делает, чтобы довести их до такого состояния? Специалист по сну сказал, что никогда не видел ничего подобного.

— Понятия не имею. Но если Фредди отпустил Виктора, а не Алису, то это потому, что он был готов, а она нет.

— Готов увидеть демона?

— Думаю, да. Этих детей Фредди метит, как вещи, которые ему принадлежат. Татуировки, эти два следа копыт на груди — это печать, подпись, призванная еще сильнее запугать ребят, доказать им, что демон существует, что он придет за ними, если они уснут. Виктор здесь, с матерью, но он все еще под властью Фредди в своей голове. Когда этот мальчик не спит, он постоянно боится уснуть. А когда его одолевает сон и уносит в мир сновидений... за ним приходит демон. Фредди отпустил Виктора, но малыш все еще принадлежит ему.

53

6 декабря 2014
АВАРИЯ

24 июня 2015
ГОРЯЩАЯ ПРОМЫВОЧНАЯ

20 июня 2015

Наведавшись в дом Джоша Хеймана на Большом острове, Абигэль вернулась в отель в Племер-Буду с ноутбуком писателя, тетрадью, исписанной непонятными знаками, и двумя рисунками. Но на сей раз Хейман защитил доступ к данным в своем компьютере паролем.

Абигэль легла в час ночи, вся разбитая от боли: заехав по дороге в дежурную аптеку, она добавила третий ожог к двум имеющимся на руке, одна в четырех стенах, сидя на кровати. Обработав ожог, она выпила стакан воды с пропидолом: только бы не забыть поездку в Бретань и свои открытия. На листке бумаги она записала новую фразу, которую предстояло вытатуировать по возвращении в Лилль. Это была гарантия реальности.

Лекарство подействовало, и она провалилась в сон, несмотря на ноющий ожог. Проснулась утром и, умывшись, отправилась в путь, в Нант. Город, где Артур, девяти лет, жертва Номер три, пропал 5 сентября 2014 года.

Пробило полдень, когда она постучала в дверь красивого частного дома на окраине города. Женщину, которая ей открыла, звали Катрин Виллеме. Абигэль знала всю ее подноготную наизусть: сорок лет, учительница, четырнадцать лет замужем за Бенжаменом, пятидесяти двух лет, коммерческим представителем в области охранной сигнализации. Единственный сын, Артур. Образцовая семья, социально интегрированная, с хорошими доходами. Абигэль знала также, что на момент их последней встречи с Катрин та лечилась от депрессии и прекратила профессиональную деятельность: трудно учить детей, когда собственный сын пропал.

И сегодня она выглядела скверно. Горе лишило ее лицо былой красоты и погасило глаза, ставшие двумя мертвыми камешками линяло-голубого цвета, слишком долго тонувшими в слезах.

Появление Абигэль удивило Катрин, но женщина знала, что, если бы ей должны были сообщить *что-то* об Артуре, это произошло бы в присутствии жандармов. Она впустила ее, усадила в кресло и выключила телевизор, где шло кулинарное шоу без звука. Абигэль положила на журнальный столик папку с тесемками.

— Прошу прощения за... — Катрин обвела рукой вокруг, — за весь этот беспорядок, но я не ждала вашего визита.

Гладильная доска посреди комнаты, корзина с бельем на полу. Ставни были наполовину закрыты, и комната тонула в тени. Оторвавшаяся от карниза занавеска висела, точно приспущенный флаг. Десяток памяток об Артуре — фотографии в рамках, футбольные кубки и медали, брелоки в виде мячей — заменил безделушки и фарфор в большом буфете. Он хотел быть великим футболистом. А будет в лучшем случае таким, как Виктор.

— Я, кажется, слышала, что Виктор Кодиаль чувствует себя хорошо, — обронила Катрин, усаживаясь напротив Абигэль.

— Скажем так, ему немного лучше.

Аби лгала. Виктор был все еще травмирован, его лечили, чтобы наладить сон. Инкуб продолжал преследовать его по ночам.

— Уже месяц, как он выписался из больницы и вернулся к матери. Но период восстановления будет долгим.

Катрин вздохнула и провела рукой по голове. Абигэль знала, что она с юности страдает мигренями.

— Я ненавижу этого мальчишку. Что ему стоило сказать, где держат моего сыночка? Его мать даже не дала нам с ним поговорить, когда мы приезжали с мужем. Чертова стервозная эгоистка. Как мать может так поступить с другой матерью?

Катрин Виллеме жила за гранью. Она была зла на весь свет, как большинство жертв подобных происшествий. Как *она сама* несколько месяцев назад.

— Мой муж все еще верит, крепко верит. Он часто говорит мне: «Я знаю, что Артур жив... Я знаю, что Артур жив, и обещаю тебе, что однажды он вернется, как Виктор... похититель должен теперь отпустить именно его. Может быть, Артура тоже найдут в пижаме на обочине дороги, и мы снова сможем обнять его...» О боже мой, если бы вы знали, как это трудно!

— Да, я знаю.

— Нет, вы не знаете. Вы ничегошеньки не знаете, потому что у вас-то нормальная жизнь.

Абигэль несколько секунд помолчала.

— Вашего мужа нет? Я бы хотела поговорить с вами о расследовании и кое-что показать вам обоим.

— Он будет с минуты на минуту. Он редко возвращается к обеду, вам повезло. — Катрин пожала плечами и встала. — Кофе?

— Я уже выпила две чашки с утра. Чая, если у вас есть...

— Я его никогда не пью. Но кажется, где-то был.

Абигэль тоже встала, чтобы не оставаться одной с фотографиями улыбающегося Артура. Катрин рылась в кухонных шкафчиках.

— Знаете, мы не трахаемся уже несколько месяцев.

— Мадам Виллеме, я...

— Мой муж разъезжает по всей Франции со своей охранной сигнализацией, часто ночует в отелях, а я... у меня своя жизнь. И так уже четыре месяца. Пока я глажу его чертовы брюки, он трахается на стороне.

Нервный тик вздернул ее верхнюю губу справа. Абигэль представился оскалившийся доберман.

— С кем — понятия не имею. Может, с проститутками. Я хочу сказать, это я предполагаю, что он трахается, потому что, мать его за ногу, какого черта ему делать в отелях, если объекты по большей части находятся всего в десяти километрах отсюда?

Пока грелся чайник, Катрин Виллеме налила себе кофе дрожащей рукой, пролив немного на стол.

— А я знаете что? Я ничего не говорю. Он трахается, это точно, но это потому, что ему нужна разрядка, я знаю. Уж лучше так, чем найти его с петлей на шее. Вы понимаете, что я хочу сказать. Вы ведь психолог, да? Вы, конечно, понимаете, что я хочу сказать...

Она налила чая в чашку и принесла все на журнальный столик в гостиной. Теперь она улыбалась странной улыбкой, в этом движении губ не было ничего веселого, скорее, оно отражало хаос, царивший, должно быть, у нее в голове.

Раздался шум мотора, потом хлопнула калитка на аллее сада.

— Легок на помине...

Вошел Бенжамен Виллеме. На нем был антрацитового цвета костюм, небесно-голубой галстук и шарф в серую полоску на шее. При всей элегантности лицо у него было изможденное, и каждая морщинка на нем свидетельствовала о его мучениях. Он застыл в дверях при виде Абигэль.

— Что вы здесь делаете?

— Эта дама говорит, что хочет нам что-то показать, — ответила его жена.

Абигэль прочла в поведении Бенжамена недоверие. Тысячу раз повторенным жестом он повесил шарф на загроможденную вешалку, подошел, но не пожал ей руку. Он бросил быстрый взгляд на жену — в нем не было ни малейшего тепла — и отошел к бару налить себе бурбона с горкой льда. После этого он опустился в кресло, словно обессилев, и позвенел льдинками в стакане.

— Скажите мне, что у вас есть новости. Хорошие новости.

Абигэль откашлялась:

— Вы знаете, что жандармы по-прежнему прилагают все силы, чтобы найти Артура. Они, разумеется, продвинулись, с тех пор как нашелся Виктор, он сообщил нам важные детали, но, сами понимаете, расследование остается чрезвычайно сложным.

— Плевать на ваши сложности. Уже сколько месяцев вы кормите нас завтраками, и нас, и других родителей. Что вы можете сообщить нам нового? Зачем вы приехали?

Мать Артура, съежившаяся в своем кресле, не притронулась к кофе и грызла ногти, уставившись на узел галстука мужа. Абигэль взяла свою папку с тесемками и достала тетрадь и оба рисунка, найденные на шкафу Жантиля. Она протянула отцу первый из них, с закругленной дверью. Мать вскочила с кресла и схватила бумагу.

— Скажите, вам это что-нибудь говорит?

— Ровным счетом ничего.

Едва взглянув на листок, Катрин отбросила его на стол. Ее муж надел очки и всмотрелся в рисунок.

— Вам это знакомо?

Он вернул листок Абигэль.

— Нет. Зачем вы показали мне этот рисунок?

Не ответив, Абигэль протянула ему второй, с мальчиком в футбольной майке. Бенжамен Виллеме не смог сдержать эмоций. Глаза его тотчас наполнились слезами.

— Так был одет Артур перед похищением. Откуда вы это взяли?

Абигэль показала фотографию Джоша Хеймана:

— Эти два рисунка принадлежат этому человеку, чье имя я предпочту вам не называть. Вы встречали его когда-нибудь? Посмотрите хорошенько.

Фотография Хеймана несколько раз перешла из рук в руки. Оба покачали головой:

— Никогда. Это он похититель?

— Нет.

Отец ткнул пальцем в подпись под рисунком — «Кро-Маньон»:

— Тогда откуда он может знать?

— «Кро-Маньон» — так вы называли вашего сына, верно?

Бенжамен Виллеме снял очки и утер глаза ладонью.

— Да... Катрин называла его «детка», но я всегда звал его «мой маленький Кро-Маньон».

Абигэль положила ладони плашмя на подлокотники, силясь сдержать волнение, которое могло захлестнуть ее в любой момент. Слово «Кро-Маньон» использовалось и в книге Хеймана, это было прозвище Кантена, одного из похищенных детей. Она старалась дышать спокойно. Не хватало только грохнуться перед ними.

— Кто знал, что вы его так звали?

— Какие-то люди наверняка знали. В школе, товарищи, которым Артур мог сказать... Вообще-то, только здесь, дома, я называл его так. Это было наше с ним словечко.

— Артур мог выложить это прозвище в Интернет?

— Ему девять лет... То есть теперь уже десять, — ответила жена. — Мы как раз купили ему планшет, настроили родительский контроль. Мы за ним присматривали. Но это вы уже знаете. Зачем, черт побери, он бы стал выкладывать «Кро-Маньона» не знаю куда в Интернете?

Катрин встала с кресла и взяла рисунки. Она смотрела на них снова и снова, потом повернулась к Абигэль и сунула ей под нос фотографию Жантиля:

— Это он, да? Тот самый сукин сын, который это сделал? Почему вы не говорите нам, кто он? Почему его не арестуете?

Абигэль ее не слышала, она отключилась. Она думала о Леа, Жемчужинке Любви. О кошке, нарисованной Жантилем, и его криках в палате. Много, слишком много совпадений, не верится, что писатель не замешан во всю эту историю. Катрин кинулась на нее и схватила за воротник:

— Верните мне моего ребенка!

Бенжамену Виллеме пришлось вмешаться, чтобы разнять их. Его жена ушла в другую комнату, отшвырнув тетрадь Николя Жантиля. Муж подобрал ее и уставился на бесчисленные знаки на бумаге. Абигэль, поправлявшая воротничок, увидела, до какой степени круги, квадраты и треугольники, похоже, его разволновали.

— Эти знаки вам о чем-то говорят? — спросила она.

Поколебавшись, он вернул ей тетрадь.

— Нет. Никогда не видел.

— Вы уверены? Любая зацепка может нам помочь, вы же знаете.

— Абсолютно уверен. Что они означают?

— Я не знаю. Ими была также исписана целая стена в его комнате.

Бенжамен проводил ее до калитки.

— Я прошу прощения... за мою жену.

— Не стоит.

— Скажите мне только, кто он, этот тип. У вас есть фото, есть рисунки. Вы *знаете* о моем сыне что-то важное, касающееся самого сокровенного. Почему вы до сих пор не нашли детей? Почему не можете выяснить, где их держат, черт побери? Со всеми средствами, которыми вы располагаете, давно бы могли их найти.

— Мне очень жаль, но я не могу сказать вам большего.

Абигэль снова достала свою визитку и удержала его протянутую руку.

— Если только вы захотите со мной поговорить...

Она оставила его со всеми его вопросами, села в машину и тронулась. Она смотрела на Бенжамена Виллеме в зеркало заднего вида, сколько могла, пока не скрылась за поворотом. Она была уверена, что он узнал странные символы, нарисованные Николя Жантилем.

54

6 декабря 2014
АВАРИЯ

24 июня 2015
ГОРЯЩАЯ ПРОМЫВОЧНАЯ

20 июня 2015

Фредерик кинулся к входной двери, увидев поворачивающуюся ручку. На пороге стояла Абигэль, с дорожной сумкой в руке. Усталая. Возвращение из Нанта по узким дорогам было бесконечным. Она серьезно посмотрела на своего друга и, положив сумку и сняв пальто, прошла в гостиную.

— Черт побери, Абигэль! Ты хоть иногда подходишь к телефону? Уже десятый час! Я места себе не нахожу с полудня. Думал, с тобой что-то случилось.

Абигэль опустилась в кресло. Фредерик сел рядом и погладил ее по спине.

— У тебя красные глаза, ты вообще какая-то странная. Объяснишь мне?

Она не отвечала, и он все понял сам. Взял свою подругу за левую руку. Осторожно отогнул рукав и обнаружил новую повязку. Третий ожог. Три повреждения рядом, нанесенные себе за неполную неделю.

— Боже мой...

Абигэль опустила рукав, поколебалась и, морщась, спустила брюки. Медленно отклеила пластырь с внутренней стороны правого бедра. Фредерик вытаращил глаза, увидев надписи.

Кто такой Джош Хейман?
Отыскать демонов ДжХ
ДжХ близко знает Леа и Артура. Откуда?

Последняя татуировка была только что сделана, кожа вокруг покраснела. Он встал, пригладив волосы, и принялся расхаживать взад-вперед, как математик, ищущий решение сложной задачи.

— Я не хотела больше от тебя это скрывать. После каждого ожога я делала татуировку, которая объясняла его причину. Так вдвойне надежно. Можно быть уверенной.

Она наклеила пластырь на место и оделась. Фредерик направился к бутылке виски. Тройная доза.

— А на следующем этапе что будет? Увечье? Черт, да ты соображаешь? Эти татуировки останутся у тебя на всю жизнь! Каждый раз, когда ты будешь мыться, каждый раз, когда... когда мы будем вместе, они будут мозолить глаза. Даже через годы, вместе с ожогами, они всегда будут напоминать нам об этом ужасном времени. Мы никогда не сможем забыть, похоронить это дело.

— Время все равно ничего не сотрет.

Раздосадованный, Фредерик сел рядом с ней и пригубил виски.

— Что произошло там, в Бретани? Почему ты написала такое? При чем тут Леа и Артур?

— После посещения психиатрической больницы я поехала на Большой остров, на северную сторону, туда, где живет Джош Хейман. Я вошла в его дом и кое-что обнаружила. Это кое-что привело меня к чудовищно парадоксальной ситуации.

— Постой... Ты хочешь сказать, что незаконно проникла в дом писателя?

— Да, можно сказать и так. Двери были заперты и...

— Ты сказала, что была в Кемпере.

— Я тебя обманула.

Фредерик отпил большой глоток виски и долго смотрел в свой стакан, ничего не говоря. Абигэль провела рукой по его спине, он вздрогнул, но не отстранился.

— Джош Хейман, он же Николя Жантиль, скрывает тайну, Фред. Тайну, которая заставила его отрезать себе все десять пальцев вечером двадцать седьмого марта. Он снимал в это время себя на видеокамеру. Я смогла посмотреть запись, она в моем телефоне. Если внимательно вслушаться в звуковую дорожку, кажется, что в комнате был кто-то еще: что-то вроде всхлипа слышно аккурат перед тем, как нож гильотины упал на его пальцы. Жантиль отвел глаза и прошептал едва различимое «Прости». Хочешь посмотреть фильм?

— Покажи.

Она протянула ему свой мобильный и запустила видео. Фредерик не смог сдержать брезгливой гримасы, когда пальцы отделились от руки. Он вернул телефон своей подруге.

— И кто же был с ним рядом?

— Не знаю. Я думаю, что этот всхлип исходил из ноутбука, который Жантиль подключил к своему гигантскому экрану.

— Ты нашла ноутбук?

— Жантиль спрятал его на шкафу в своей спальне. Представь себе, Фред: Жантиль подключает свой ноутбук к большому телевизору, отрезает себе пальцы и, несмотря на боль — надо полагать, ужасную, — дает себе труд выключить телевизор и спрятать ноутбук.

— Твои выводы?

— Мне кажется, он хотел, чтобы кто-то видел, как он это делает. Что-то вроде гнусной мизансцены для неизвестного наблюдателя. Это похоже на правду, в ноутбуке есть веб-камера.

— Но это не объясняет, зачем он подключил его к телевизору...

— Я думаю, Жантиль хотел, чтобы его видели, но хотел также видеть что-то или кого-то на большом экране перед самым актом. И у этого кого-то он просил прощения. Он мог быть на связи с каким-то человеком, что-то в этом роде.

— Где он, этот ноутбук?

— Операционная система защищена паролем. Я завезла его к Жизели. Ей нет равных в умении взламывать пароли.

— К Жизели? Но она же на пенсии.

— Вот именно, я не хотела, чтобы вся жандармерия была в курсе. Я сказала ей, что это связано с моими личными делами, истинное происхождение компьютера скрыла. Она так и набросилась на него, обещала что-то сообщить мне завтра.

Фредерик выпил свой стакан залпом и стукнул им о стол.

— Послушай, Абигэль. Все это чистый бред. Ты проникаешь в дом человека, лежащего в психиатрической больнице, крадешь его компьютер, возвращаешься сюда с новым ожогом и татуировками на бедре, с которыми ты похожа на карту острова сокровищ, а теперь ты...

Абигэль подвинула к нему тетрадь и три рисунка, которые вынула из папки:

— Ты лучше взгляни.

Фредерик вздохнул и взял тетрадь. Знаки ни о чем ему не говорили. Потом он перевернул первый рисунок. Абигэль протянула ему и «Четвертую дверь».

— Ты не находишь это сходство странным?

— Рисунок навеян обложкой книги Хеймана, в чем проблема?

Она указала на второй рисунок. Фредерик перевернул и его. Лицо его помрачнело.

— Фигура в футбольной майке, с номером девять. Как Артур Виллеме... Я понимаю, отчего ты всполошилась, но ведь мы знаем, что Хейман вдохновлялся нашим делом, когда писал свою книгу. После плана «Тревога: похищение» вся Франция знает, как был одет Артур в вечер своего исчезновения.

— Да. Вот только эта подпись внизу, «Кро-Маньон», слово, которое фигурирует и в книге, — она открыла роман на странице 387, — как прозвище маленького Кантена, — это настоящее прозвище Артура. Так называл его дома отец. И Леа Жемчужинкой Любви называла только я.

— Откуда ты это знаешь?

— Я ездила к его родителям в Нант.

— Так... Похоже, конца сюрпризам не предвидится. Следующим номером ты сообщишь мне, что убила Фредди тремя пулями в голову?

— У меня не было выбора, я должна была удостовериться. Но это действительно еще не все.

Она показала ему последний рисунок:

— Это Николя Жантиль нарисовал в своей палате в психиатрической больнице. Смотри, это же татуировка Леа.

Абигэль вывела фотографию на экран своего мобильного телефона и положила его рядом с рисунком, который взял ее друг.

— Это прислал мне твой брат вчера вечером.

— Ты и его в это впутала?

— Он ничего не знает, я просто попросила у него фотографию, не объясняя зачем. Смотри. Кошка на правой лодыжке абсолютно идентична той, что нарисовал Жантиль. Форма, размер, все одинаковое!

Фредерик сравнил. Руки его задрожали. Это успокоило Абигэль: она была больше не одна перед непостижимым. Жандарм задумался, нервно крутя в руках телефон.

— О'кей... Попытаемся рассуждать здраво, хорошо? На этом рисунке изображена кошка с черно-белыми ушами, очень похожая на татуировку Леа. Но это всего лишь рисунок. И потом, такая картинка наверняка найдется в любом тату-салоне, она не уникальна. У сотен, тысяч людей может быть такая же.

Абигэль снова опустилась в кресло и покачала головой:

— Нет-нет. Черная кошка плюс *Жемчужинка Любви* — это характеризует Леа, так же как футбольная майка и *Кро-Маньон* — Артура. Две интимные подробности о похищенных детях оказываются в руках писателя, который отрезал себе десять пальцев в наказание. Он просит прощения, на видеозаписи слышен всхлип, похожий на детский. Черт побери, Фред, все это связано, и Хейман замешан в деле, я уверена!

— Ладно... Ты права, это странно. Но если вернуться к Леа, это только подтверждает тот факт, что писатель встретил ее в какой-то момент. Мы об этом уже говорили: он наверняка приезжал в Нор собрать информацию для своего романа, каким-то образом добрался до твоей дочери и поговорил с ней?

— И увидел татуировку на ее лодыжке? И еще встретил Артура в Нанте, тоже как бы случайно? Ты сам веришь в то, что говоришь?

Фредерик сунул ей под нос телефон и фотографию из Института судебно-медицинской экспертизы:

— А во что мне еще верить? Вот *это* — лодыжка Леа. Мы все были в институте той ночью шестого декабря две тысячи четырнадцатого года. Ты ведь опознала тела, не так ли?

— Да, да. Но... лицо было неузнаваемо.

Фредерик вздохнул:

— Вот оно что... Ты еще не смирилась с потерей. Ты во всем ищешь памятки о Леа, хоть что-то от нее живой. В тебе еще живет надежда. Но какая надежда, Абигэль? Ты знаешь исход, как и я.

— Говори что хочешь, но ты не можешь отрицать ни эти рисунки, ни тот факт, что Жантиль что-то знает.

— Я не отрицаю, и, если Жантиль как-то связан с нашим делом, поверь мне, мы это выясним. Но эти твои странные поиски не вернут тебе дочь. Какая-то сила в глубине твоей души пытается вернуть тебе смысл жизни.

Ты гоняешься за химерой. Вот уже который месяц ты разрушаешь себя и психологически, и физически, а я чувствую себя бессильным зрителем. Что я могу сделать? Скажи мне. Только скажи, и я клянусь, что сделаю все возможное.

Абигэль прижалась к нему:

— Помоги мне найти истину.

55

6 декабря 2014
АВАРИЯ

24 июня 2015
ГОРЯЩАЯ ПРОМЫВОЧНАЯ

11 июня 2015

В этом начале июня Абигэль еще не знала, что всего через несколько дней начнет обжигать себя сигаретами, сделает татуировки, купит «Четвертую дверь», разыщет писателя по имени Николя Жантиль и постепенно увязнет в расследовании, которое превзойдет все, что она могла вообразить.

Да, тогда она еще ничего этого не знала, она сидела на пляже Мало-ле-Бен, держа нос по ветру и глядя на побережье. Теплый ветер кружил песок на дюнах за ее спиной и колыхал ее бледно-зеленую тунику. Народу на берегу было немного. Горстка гуляющих да два-три воздушных змея.

Из-под солнцезащитных очков она наблюдала за женщиной и ее сыном, сидевшими вдалеке справа на разостланном синем одеяле. Женщина ела сэндвич, а мальчик сидел неподвижно, глядя на горизонт и словно не замечая красот природы, балета чаек и моря, тихонько катившего свои волны. Шестьдесят четыре дня назад вырвавшись из ада, Виктор продолжал долгий и трудный период реабилитации. Пройдет наверняка еще много месяцев, прежде чем появится надежда, что он сможет снова жить нормальной жизнью. Человеческий разум — это чудо-механизм, и даже когда его детали заедают или ломаются, он все же работает. Но если колотить по всем шестеренкам кувалдой...

С самого начала мальчика наблюдала одна и та же психолог, с ней ему даже случалось иногда смеяться, но недолго: он все больше смотрел пустым взглядом, свойственным ему теперь. Опытный невролог занимался его сном несколько раз в неделю. Без медикаментозного лечения Виктор наверняка бы уже умер.

Его мать бросила все: свою прежнюю жизнь, дом и город, в котором был похищен ее сын. Она уехала из Амбуаза и сняла квартирку в Мало, недалеко от больницы, где лечили Виктора, наверно, потому, что на данный момент ей некуда было больше деваться. Она должна была прежде всего заниматься сыном, дать ему все возможное, быть у его постели, когда он кричал ночами. Виктор был одновременно ее якорем спасения и камнем, тянувшим ее на дно океана.

Мать взяла сына за руку и повела его к воде. Она закатала штанины его джинсов, как делала это четыре года назад. Он был не по сезону тепло одет, видимо, чтобы взгляды не задерживались на двадцати четырех несводимых белых пятнышках, оставленных лазером.

Поглядывая на них, Абигэль крутила в руках листок, на котором были записаны все вытатуированные на мальчике буквы. Она, как и жандармы, провела много дней, пытаясь составить из них послание. Что хотел сказать им Фредди через Виктора? Почему он больше не подавал признаков жизни? Отпустит ли он еще одного ребенка? Когда? Ожидание для родителей, жандармов, всех людей, задействованных в этом деле, было невыносимым.

Мать зачерпнула в пригоршню немного воды и брызнула на сына, должно быть играючи. Но Виктор стоял неподвижно, и она не могла больше изображать веселье. Увидев, как она отвернулась и отошла, закрыв лицо руками, Абигэль поняла, что она плачет.

Два месяца прошло с освобождения Виктора. Два месяца, за которые дело Фредди мало продвинулось, во всяком случае меньше, чем надеялись жандармы. Они носом землю рыли, обыскав весь Лон-Пляж и его окрестности, но безрезультатно. Мальчик, правда, выдал кое-какую информацию в первые сорок восемь часов после его обнаружения, но потом его воспоминания укрылись за железным занавесом. Патрик Лемуан и Фредерик столкнулись с этой исподволь накатившей немотой: слова больше не сходили с языка Виктора, как будто кто-то повернул выключатель в его голове. Отдел розыска продолжал поддерживать тесную связь с его матерью. Может быть, когда-нибудь Виктор расскажет все подробнее, если только демон, поселившийся у него в голове, уберется наконец восвояси.

Из слов мальчика жандармы сделали вывод, что дети были заперты в помещении без окон и отделены друг от друга каменными или кирпичными стенами. В отсеках была только солома да тюфяк, чтобы спать. Одни жандармы думали о ферме, другие полагали, что это мог быть любой оборудованный подвал. Время от времени в темнице появлялся белый свет. Еще Виктор рассказывал, что часто ходил по траве, тоже между стенами. По крайней мере, так ему казалось сквозь повязку, которой Фредди закрывал его глаза, когда выводил подышать воздухом. Речь шла, очевидно, об уединенном саде где-нибудь в глуши...

Мальчик не сумел описать своих товарищей по несчастью, он не знал их имен, но мог молча трогать их лица, когда Фредди собирал их вместе, чтобы помыть из шланга. Ели они зеленую фасоль, равиоли, сосиски — в общем, продукты, которые можно купить в любом магазине, не привлекая к себе внимания. Он так и не смог объяснить назначения *машины*, которой так боялся.

О своем похитителе Виктор ничего не сказал, он знал только его голос, его запах да лисью голову. Значит, это действительно его Абигэль видела в лесу в ночь аварии, и ее отец, Ив, едва его не сбил. Виктор, кстати, утверждал, что Фредди был один. Ни разу за все время своего заточения мальчик не слышал другого голоса.

Но если у Фредди не было сообщника, то кто же был тот человек с разбитой головой в багажнике «кангу»? Эти загадки не давали покоя Абигэль ни днем ни ночью.

Благодаря терпению и упорству Патрика Лемуана и Фредерика в эти два дня до психологической блокады, Виктор сумел сказать немного о «демоне». По словам мальчика, все похищенные его боялись. Все рано или поздно видели и слышали его при первых признаках засыпания. Все, кроме Номера четыре, Золушки. Потому что ее только что привезли, она была новенькой, и ей предстояло немало времени и много часов на «машине», чтобы увидеть демона. Но Виктор знал, что демон в конце концов доберется и до нее... Он помнил стук его копыт по полу, шумное, горячее дыхание... Скрипела в потемках дверь... А потом он вскакивал им на грудь. И дети видели все пламя ада в его огненных глазах. И как ни пытались кричать, не могли. Узники своего ужаса.

Недавно психолог Виктора показала ему изображение инкуба, не сказав, что это. Реакция мальчика не оставляла никаких сомнений: этот самый монстр с козлиными ногами до сих пор пугал его время от времени. Тот, кого Абигэль видела на дороге в ночь аварии. Фредди.

Инкуб... Демон сна... Эта безобразная тварь, которую видели люди, страдающие параличом сна. Всегда одно и то же описание, с самыми небольшими расхождениями. Инкуб был, очевидно, материализацией наших самых глубинных страхов и кошмаров, образом, возможно записанным в генах и порожденным нашим подсознанием.

Абигэль считала, что отпечатки копыт, оставленные Фредди на груди Виктора — и наверняка других пленников тоже, — были лишь призваны усилить достоверность чудовища. Они конкретизировали их жуткие видения и делали демона реальным.

Вдалеке мать собирала дары моря: ракушки, моллюсков, косточки каракатиц, чтобы потом скормить их птицам. Она стояла спиной к сыну, по икры в воде. Абигэль обхватила колени, она сама толком не знала, зачем она здесь и наблюдает тайком за этими разбитыми жизнями. Наверно, потому, что она до сих пор не понимала, почему так закричал Виктор, увидев ее в больнице. Наверно, еще и потому, что она завидовала этой матери, нашедшей потерянного сына. Она бы все отдала, лишь бы ей вернули Леа. Как бы она боролась, чтобы та жила, чтобы защитить ее.

Почему же она этого не сделала? Почему ее родной отец украл у нее дочь? Абигэль этого не знала и вряд ли сможет когда-нибудь узнать. Могла ли у Ива в депрессии появиться склонность к суициду? Лечился ли он? Он не обращался ни к одному врачу из практиковавших в Этрета, Абигэль узнавала. Но не оставил ли Ксавье Иллинуа, или кто бы он ни был, где-то свою медицинскую карту? Если и так, добраться до нее все равно невозможно. И если никому не удастся когда-нибудь прочесть его проклятое послание, значит след оборвался. Окончательно. Абигэль чувствовала себя усталой. Словно разъеденной кислотой от всего этого дела.

За ее спиной с криком взлетели чайки. Абигэль обернулась, посмотрела на вершину дюны. Ей показалось, что в солнечном свете вырисовывается силуэт. Она надела темные очки — нет, ничего. Но струйка песка стекала по склону. Чайки? Ветер?

Или что-то другое?

Уже несколько недель Абигэль постоянно преследовало ощущение, что за ней следят. Она часто вспоминала «Орля» Мопассана. Фредерик говорил, что она фантазирует, и, наверно, был прав. Но она так и не смогла забыть двух типов, явившихся к ней в дом, чтобы убить ее.

Виктор прямо перед ней зашел в море еще дальше, вода была уже ему по грудь. Абигэль почувствовала, как волоски у нее на руках встали дыбом. Каждая клеточка ее тела напоминала о драме, пережитой в тринадцать лет. Тогда все было так же: Северное море, волны. Два-три гребка — и больше ничего. Она пошла ко дну, в полном сознании, сдавленная змеем, который утянул ее в глубины. Соль и песок в глазах. Вода затекает в ноздри, заливает горло. Она пыталась задержать дыхание как можно дольше, пока не возникло жуткое ощущение, что вот-вот лопнет грудь. А потом пришлось открыть рот, наполнить легкие. Вдохнуть смерть.

Мать Виктора уходила все дальше, одна, глядя под ноги. Первая волна захлестнула мальчика. Абигэль встревоженно привстала. Несмотря на опасность, Виктор продолжал идти и, как она двадцать лет назад, вдруг скрылся под водой.

Она побежала, крича, но мать не реагировала, ветер дул в противоположную сторону и относил крики. Другие гуляющие были слишком далеко. Она остановилась у кромки воды, цемент страха потек в ее жилы, мускулы затвердели. Каменная глыба, да и только. Виктор вынырнул, отчаянно барахтаясь, и снова скрылся.

Абигэль рухнула руками и коленями в песок, как ребенок в панике. Она кричала, кричала и никак не могла войти в воду, коснуться ее. Хуже колючей проволоки. А море поднималось, волны накатывали, пенясь, одна за другой. Она увидела, как из воды высунулась рука, сжалась в воздухе, словно ловя кислород. Захохотала чайка, как будто издеваясь, а издалека уже бежала мать.

И вдруг другая рука рассекла пену и потянула Абигэль в волны. Железная хватка, вцепившись в затылок, держала ее под водой. Она открыла глаза и различила гладкий овал склонившейся над ней девочки без лица.

Она закричала, но изо рта вырвались только пузыри, и вода проникла ей в трахею и легкие.

Еще раз она познала, как страшно утонуть.

56

Абигэль проснулась, икая и надсадно кашляя. Она лежала на песке возле дюн, солнцезащитные очки сползли.

Солнце, волны, смерть.

Не раздумывая, она побежала к берегу, сначала во всю прыть, потом все медленнее, по мере того как выдыхалась, ища глазами мать мальчика. Она дала бы руку на отсечение, что Виктор и она тонули на самом деле и что ее пытались убить. Но тогда ее одежда бы намокла. Были бы крики, паника, «скорая помощь»...

Она дала волю слезам, не в силах больше выносить этих повторяющихся кошмаров, отравлявших ей жизнь. Всех этих людей, пытающихся ее убить, утопить, раздавить, будь они живыми или плодом ее воображения. Она даже не знала, были ли Виктор с матерью на этом пляже, или они ей только приснились.

Ей стало гораздо хуже в последние недели. Руки, испещренные следами от иглы, свидетельствовали о хаосе в ее голове, о ее неспособности жить в реальном мире, отличать истинные воспоминания от ложных. Был ли тому виной окаянный пропидол, все больше разрушавший ее психику? Или так проявлялся у нее посттравматический шок, связанный с аварией? Или все эти вопросы без ответов, эти потемки, окутавшие прошлое отца, расстраивали ее рассудок и сводили ее с ума?

Преисполненная печали, Абигэль поискала листок с двадцатью четырьмя буквами. Тщетно; его, видимо, унес ветер. Она отправилась в Лилль, кипя от ярости, узница болезни, которая была неизлечима.

Она приехала в город около четырех. Фредерик опять вернется поздно, усталый от звонков, от ложных тревог, от людей, которые доносили на соседей, видя в каждом похитителя, и усложняли им задачу. Абигэль постоянно думала о нем, об их отношениях, об их будущем. Ей нравилось быть с ним рядом, было уютно в его объятиях, но она до сих пор не ощущала жжения внизу живота, свойственного влюбленной женщине. Может ли пара родиться и выстроиться в страдании? Фредерик ведь уже так много перенес.

Как всегда по четвергам, она зашла в ближайший книжный магазин. Чтение... Лучшее убежище, когда все из рук вон плохо... Продавец встретил ее улыбкой. Это был не Антони Крево, а его коллега Давид Лебон. Она взглянула на новинки и забыла обо всем на свете, добравшись до стеллажей. Продавец подошел к ней и снял с полки книгу «Четвертая дверь».

— Вышла в конце марта, но мы только что ее получили. Я знаю, ты любишь открывать новых авторов. Думаю, тебе это может понравиться. Торговый представитель издательства очень ее расхваливал.

Абигэль взяла книгу:

— Это его первая?

— Вторая, насколько я знаю.

Она никогда не слышала ни об авторе, ни о романе. Обложка была интригующая: большая деревянная дверь, закругленная сверху и запертая на висячий замок. Она прочла текст на спинке обложки. Похищения, полицейское расследование, парочка сыщиков...

— Я ее беру. Скажу тебе, если мне понравится.

Она расплатилась, вернулась домой, положила книгу на диван и пошла заварить себе травяного чая. Стол в гостиной был заставлен множеством всевозможных вещиц. Было во Фредерике что-то старомодное, заставлявшее его ходить по барахолкам в поисках всякой всячины, покупать, загромождать квартиру, а потом перепродавать. Какая-то неосознанная мания копить бесполезные вещи. Он собирался на блошиный рынок — в качестве продавца — в этот уик-энд в компании Жизели и ее мужа. Выйдя на пенсию, их бывший эксперт-аналитик не теряла связи с отделом и была в курсе продвижения расследования.

Было 11 июня 2015 года, 18:40, когда Абигэль записала в свою тетрадь страшный сон, приснившийся ей на пляже в Мало. Как часто бывало с ней в эти последние дни, она не могла определить, где он начинался.

Она внимательно перечитала последние страницы тетради. Они позволяли ей смотреть на вещи объективно, не смешивая ложные воспоминания — из снов — с истинными. Ей всегда вспоминалась в такие моменты цитата из Арагона: «Всегда есть бодрствующий сон». Эти тетради обеспечивали ей прошлое. Ибо она сознавала, что однажды, быть может, и эти годы сотрутся из ее жизни из-за пропидола.

Позже она приступила к чтению книги. В истории было немало изъянов, да и стиль порой хромал. И все же очень скоро она ощутила озноб: героиня, внешне похожая на нее, потеряла родителей в автокатастрофе два года назад. Роман внезапно захватил ее, и она прочла еще страниц тридцать. Речь шла об исчезновении, каких немало в такого рода литературе.

Вернулся Фредерик с двумя коробочками суши и кантонского риса:

— Ужинаем по-китайски или попросту?

Он поцеловал ее с улыбкой и направился в кухню. Сколько помнила Абигэль, он редко приходил домой в хорошем настроении и еще реже выдавал старые шутки. Она вообще долго думала, что Фредерик был единственным на земле человеком, родившимся без чувства юмора, — что-то вроде генетической болезни, унаследованной им от отца.

— Мы что-то празднуем?

Фредерик вышел с двумя бокалами розового портвейна:

— Нет. Просто я не работаю в этот уик-энд, и мне хочется подумать о чем-нибудь, кроме Фредди.

— Я же говорю: есть что отпраздновать.

Они весело чокнулись. Абигэль находила, что такие моменты у них слишком редки, и, конечно, не один Фредерик был в этом виноват. У нее тоже было когда-то чувство юмора. Но оно, как и многое другое, погибло в аварии.

— Слушай, для блошиного рынка в воскресенье я взял целую кипу книг из шкафа, — сказал Фредерик. — Их слишком много. Ты не против? Буду продавать по два евро большой формат, а карманные по пятьдесят сантимов.

— Смотря какие.

Абигэль взглянула на романы, которые выбрал Фредерик.

— Это хорошо, надо освободить место... Ты же знаешь, как мне дороги мои книги.

— Я еще подумал про две коробки с вещами твоего отца. Они занимают место в спальне. Там есть вещи, от которых ты хотела бы избавиться?

— Да, наверняка какие-то мелочи найдутся.

Фредерик принес их из спальни, чтобы разобрать. Абигэль достала радиоприемник, морской секстант, несколько пыльных безделушек, ничего для нее не значащих.

— Можешь взять все это.

— А комиксы? Их ты, я думаю, сохранишь.

Абигэль выудила из коробки два-три альбома. Они были старенькие, но не потрепанные.

— Отец берег их как зеницу ока. У меня немного осталось воспоминаний, но я помню его голос, когда он их читал. И потом, кажется, это мама дарила их ему на

Рождество, на день рождения. Я... не могу с ними расстаться.

— Конечно. Оставляем.

Абигэль задвинула коробки в угол. Обернувшись, она увидела, что Фредерик кладет роман Джоша Хеймана на стопку приготовленных для продажи книг.

— О нет, эту не надо. Я ее только что купила. Я постараюсь прочесть ее до завтрашнего вечера, тогда ты сможешь ее забрать.

57

6 декабря 2014
АВАРИЯ

24 июня 2015
ГОРЯЩАЯ ПРОМЫВОЧНАЯ

21 июня 2015

Здравствуйте, Абигэль.
Меня зовут Гислен Лопез, я увлекаюсь криптографией.
Я случайно наткнулся на зашифрованное послание, которое вы выложили на форум четыре месяца назад. Оно меня заинтересовало, я люблю головоломки и поэтому занялся им...

Глядя в свою электронную почту, Абигэль правой рукой набирала номер на своем телефоне. В этот первый летний вечер Жизель так и не позвонила ей по поводу ноутбука Николя Жантиля, который она завезла к ней накануне. Не отвечала она и на ее многочисленные звонки. Удалось ли ей найти пароль, дающий доступ к содержимому компьютера?

Абигэль попыталась сосредоточиться на электронном письме.

...Рискую вас разочаровать, но после многих дней поисков мне так и не удалось расшифровать предложенный вами код, который, учитывая наличие пунктуации, представляет собой некий набор фраз. Я, впрочем, думаю, что только тот, кто зашифровал это послание, способен его расшифровать — просто потому, что он, очевидно, использовал сложный ключ, владеет которым он один. Вам, должно быть, это уже говорили...

Кроме шуток? Да, мне это уже говорили, буркнула Абигэль, злясь на ни в чем не повинного пользователя, который хотел только ей помочь.

Она устало вздохнула и удалила письмо. Но тут же, вдруг пожалев, открыла корзину. В конце концов, этот человек дал себе труд ей ответить. И она заставила себя читать дальше.

...Приходилось ли вам слышать о книжном шифре? Принцип относительно прост, вы лучше всего поймете на конкретном примере. Предположим, вы хотите зашифровать фразу «Здравствуйте, меня зовут Гислен», используя принцип книжного шифра. Вы выбираете книгу, например Библию. Чтобы зашифровать букву «З» из «Здравствуйте», вы заменяете ее триадой цифр, локализующих любое слово по вашему выбору, начинающееся на «З». Эта триада указывает номер страницы, номер строки и номер слова в строке. Таким образом, З становится 10–8–4, то есть страница 10, строка 8, слово номер 4: «Закон». Эту операцию вы проделываете со всеми буквами послания, которое хотите зашифровать. В результате у вас получается ряд триад 10–8–4, 67–3–5, 91–11–3... и так далее. Столько триад, сколько букв в вашем послании. А теперь скажите, кто, по-вашему, сможет расшифровать послание?

Человек, который знает, какая книга была использована, чтобы его зашифровать, и имеет в точности то же издание! — подумала Абигэль. В самом деле, тогда достаточно найти в тексте слова, соответствующие каждой триаде, и взять от них первые буквы. Заинтригованная, она прокрутила письмо дальше.

...Проблема в том, что в вашем случае цифр не по три, а по две, то есть не хватает одной координаты для локализации слова в книге. И все же я убежден, что это верный путь, потому что еще один элемент навел меня на мысль о книжном шифре. Я заметил, что ни одно из чисел не превышает 48. Не имеем ли мы дело с книгой из сорока восьми страниц? Или с определенным периодическим изданием? Журналом?

Абигэль откинулась в кресле, ошарашенная. А что, если разгадка всегда была у нее под носом? Неужели все так просто? Она кинулась в спальню и вытащила из-под кровати отцовские коробки. Достала альбомы комиксов *XIII* первого и второго цикла серии. В каждом томе было ровно сорок восемь страниц. Она разложила альбомы на полу и положила перед собой зашифрованное послание, найденное во рту луны-рыбы.

10–30 9–13 1–45 6–32 12–12 19–40 1–24 4–4 6–35 5–7 9–26 14–23 10–13 15–45 8–18 7–44 5–7 1–48 8–8 9–34,

7–46 16–12 11–15 8–47 7–12 6–7 12–21 7–44 6–35 20–21 7–7 17–44 16–34 7–34 3–41,

...

Если вторая цифра в парах не превышала 48, то первая всегда была меньше 23. Ровно столько было альбомов. Абигэль поняла механику шифровки: первая цифра, очевидно, соответствовала номеру альбома (от 1 до 23), а вторая — странице в альбоме (от 1 до 48).

Первая пара, 10–30. Абигэль взяла десятый том, открыла его на странице 30. Ничего особенного на первый взгляд. Она сосредоточилась на картинках, на пузырях с текстом — и вдруг увидела.

Две буквы в разных пузырях были слегка подчеркнуты черными чернилами: «a» и «l» на этой странице. Она едва не запрыгала от радости.

— Отлично сыграно, папа.

Подумать только, Фредерик чуть не унес эти альбомы на блошиный рынок на прошлой неделе. А три месяца назад один из двух напавших на нее бандитов держал их в руках. Абигэль ощутила одновременно облегчение и возбуждение. За этими картинками и пузырями ждали ее ответы. Она скрупулезно занялась каждой парой цифр: одни вели только к одной букве на странице, другие к двум или трем, но не больше.

Расшифровав первые пары, она получила: *«All the leaves are...»* Начало текста на английском. По мере того как послание обретало смысл, Абигэль все больше казалось, что она его узнает.

All the leaves are brown,
And the sky is grey
I went for a walk,
On a winter's day[1].

Кошмар... Кошмар, материализовавшийся напрямую перед ее глазами. Ее пальцы так сжали карандаш, что грифель сломался...

California dreamin', On such a winter's day.

Проклятая песня ее отца. Та, что звучала перед аварией. Слова ввинчивались в ее нервные клетки. Перед широко раскрытыми глазами Абигэль встал черный седан, лицо отца, большой улыбающийся рот неотвратимо надвигался на нее.

Она помассировала ладонями виски и с опаской огляделась. Перспективы, цвета, формы... Она выпустила из рук альбом, чтобы убедиться, что он упадет на пол, как яблоко Ньютона. Потом она кинулась в гостиную и стала приподнимать вещицы, проверяя, стоят ли они на ее метках. Но некоторые оказались сдвинуты на несколько сантиметров. Она закатала левый рукав свитера и убедилась, что три ожога на месте. Татуировки с бедра тоже никуда не делись.

Абигэль не знала, что делать. Это послание, от которого она так многого ожидала, — неужели это снова чистое порождение ее ума или оно все же реально? Действительно ли отец зашифровал слова своей любимой песни? Она больше не могла. Ей надо было знать, здесь и сейчас. Принять наркотик боли. Ее единственное прибежище.

---

[1] Все листья коричневые, и небо серое, я пошел на прогулку в зимний день *(англ.)*.

— Во сне не бывает больно. Не бывает, не бывает...

Повторяя эту фразу до жжения в языке, она достала «Зиппо», которую всегда держала при себе, и сигарету из пачки Фредерика. Подожгла кончик, втянула воздух через фильтр. Пошла в ванную и встретила свой взгляд в зеркале.

— Ты уверена? — спросила она у своего отражения.

— Да, уверена. Давай. Жги.

Она глубоко вдохнула, закусила махровое полотенце и прижала горящий кончик к коже руки. Когда плоть с шипением потемнела, ее ноготь сломался о край раковины. Абигэль с криком рухнула.

Скорчившись на полу, до зубовного скрежета стиснув левой рукой правое запястье, словно силясь прекратить мучения, она чувствовала себя бессильной узницей своего рассудка. Она не могла больше метаться между миром снов и реальностью, будучи не в состоянии их разграничить. Где начинался сон? Когда он кончался? «Всегда есть бодрствующий сон».

В глубокой печали она продезинфицировала ожог, захмелев от запаха спирта. Не женщина, а выжженная земля, вся из кратеров и шрамов. Мертвая, враждебная планета. Она наложила новую повязку, проклиная себя. Что не так в ее голове, в ее теле? Эти повторяющиеся жестокие действия доказывали, что с ней что-то неладно; Абигэль это знала, но ничего не могла поделать. Она была как наркоманка на краю бездны, испытывая потребность сделать еще шаг. Снова и снова.

Она вернулась в спальню. Коль скоро все вполне реально, надо было пережить глубокое разочарование: даже мертвый, ее отец ухитрился сыграть с ней злую шутку. Чем был этот дурацкий шифр? Кукишем жизни? Отравленным подарком двум громилам, искавшим ключ к тайне? Способом заставить их попусту потерять время, поиметь их с того света? Или Ив просто-напросто рехнулся?

Она решила все же закончить расшифровку. Ожог ныл, казалось, будто колючки прорастают внутри ее плоти и циркулируют с кровью по венам.

On such a winter's day (California dreamin'), On such a winter's day.

Все, это были последние строчки песни. Однако оставалось еще два десятка чисел справа, — очевидно, это было название группы. На грани срыва Абигэль применила метод расшифровки к последним цифрам. Она записала:

50 33 58.30N, 3 11 2.58E
XIII

Это было похоже на GPS-координаты.

Три часа она ломала глаза о цифры и пузыри комиксов, и вот Ив Дюрнан, или, вернее, Ксавье Иллинуа, выдал ей часть своей тайны. Абигэль ощутила всплеск адреналина и сказала себе, что это стоит нового ожога сигаретой. Она кинулась к компьютеру, открыла интерактивную карту, ввела координаты и стала ждать. Карта задвигалась, и программа сосредоточилась на рощице, окруженной полями, в неполных трех километрах от аэропорта Лилль-Лескен, в двадцати минутах езды отсюда. Вокруг никакого жилья, только зелень и деревья.

Что можно было найти там, в чистом поле? Какая скрытая грань Ксавье Иллинуа ждала Абигэль на этот раз? Она вспомнила оставленную отцом записку: «Я надеюсь, что ты отыщешь истину, так же, как желаю, чтобы ты никогда ее не нашла...»

Зазвонил ее телефон. Жизель. Абигэль показалось, что все вдруг пошло очень быстро, словно водоворот затягивал ее в свои черные струи.

— Абигэль! Я видела твои звонки, но была занята ноутбуком, который ты мне привезла... Приезжай. Боже мой, я такое нашла!

58

6 декабря 2014
АВАРИЯ

24 июня 2015
ГОРЯЩАЯ ПРОМЫВОЧНАЯ

21 июня 2015

Жизель открыла Абигэль, прежде чем та успела нажать на кнопку звонка. Пенсионерка жила в одном из частных домов, построенных в 1970-е годы. Она никогда не была красавицей, но от нее исходила природная аура такой эмпатии, что хотелось ее обнять. Ее муж, спокойный шестидесятилетний мужчина, выпалывал сорняки в саду. Он дружески помахал двум женщинам и продолжал заниматься своим делом.

— Цеце... Заходи!

Жизель всю жизнь слишком много курила, что сказалось на ее голосе и горле. Она аккуратно закрыла дверь и повела Абигэль наверх, где благоустроенный чердак походил на музей жандармерии. Антропометрические таблицы с лицами убийц, кепи 1940-х годов, шлемы стражей порядка с защитными решетками, карнавальные маски жандармов XIX века. Но никакого оружия — Жизель его терпеть не могла. Среди всех этих древностей — компьютерное оборудование по последнему слову. Ноутбук Николя Жантиля стоял рядом с большим системным блоком, из которого слышалось урчание вентилятора. Стойкий запах табачного дыма пропитал стены.

— Ты напустила туману вчера, — начала Жизель, — но прежде чем я все тебе объясню, ты должна мне сказать, откуда взяла этот ноутбук.

— Он принадлежит писателю по имени Джош Хейман, который сейчас находится в психиатрической больнице в Бретани. Он был спрятан у него дома.

— Понятно. А что тебя связывает с этим писателем?

— Это долгая история...

— Которую тебе придется мне рассказать. А эта история связана каким-то образом с делом Фредди?

— Мне так кажется. Слишком много совпадений. Хейман, чье настоящее имя Николя Жантиль, написал детективный роман под названием «Четвертая дверь». Я прочла эту книгу, и даже, по-моему, дважды, вот только первого раза я не помню. Короче, писатель использовал наше дело Фредди, чтобы построить интригу своей истории. Но самое интересное, что одному из похищенных детей в своей книге он дал прозвище, которым отец Артура Виллеме называл сына: Кро-Маньон. И это еще не все...

Жизель придвинула стул, чтобы Абигэль села. Сама она устроилась рядом в кресле на колесиках, которое было, наверно, таким же старым, как карнавальные маски.

— Рассказывай.

— Это связано с моей дочерью. Джош Хейман страдает распадом психики. Он отказывается общаться, но рисует целыми днями. Среди его рисунков я обнаружила татуировку, которая была у Леа на лодыжке, — маленькую кошку с одним белым и одним черным ухом.

Абигэль показала фотографию лодыжки Леа из Института судебно-медицинской экспертизы в своем мобильном телефоне.

— Вот такая, почти точь-в-точь. И он использовал в своем романе выражение «Жемчужинка Любви». Этим прозвищем называла Леа только я.

Жизель была не из тех, кто выказывает свои эмоции, но ее лицо каменного идола с острова Пасхи помрачнело.

— Что ты накопала? — спросила Абигэль.

Молодая пенсионерка тронула указательным пальцем тактильную панель ноутбука. Экран засветился. Она открыла меню.

— Ты, конечно, об этом не распространяйся, но я прихватила массу программ жандармерии, когда уходила на пенсию. Сама понимаешь, не факт, что у меня было бы разрешение. У моего мужа жизнь — сад, а у меня... — она показала на компьютерное оборудование, — все это. Жак думает, что я тут ищу кулинарные рецепты и тому подобные глупости, а я тем временем передаю информацию полицейским, анонимно...

— Ты продолжаешь работать.

— Ты знаешь, что такое уйти на пенсию, потерпев неудачу? Нет ничего хуже. Кажется, что ты горбатился почти сорок лет зря. Бросить коллег и посиживать себе в кресле... Не могла я сидеть сложа руки и только печь яблочные пироги. Короче, благодаря этим программам я обнаружила десятки скрытых папок в ноутбуке твоего писателя. Это компьютер педофила, Абигэль. Машина, битком набитая омерзительными картинками.

Дрожь пробежала по телу Абигэль с головы до пят. Жизель кликала на картинки наугад, и психолог заставляла себя на них смотреть. Юные безымянные лица, из всех стран, всех возрастов, в унизительных позах, маленькие жертвы сексуальных хищников. Пенсионерка взяла пачку папиросной бумаги и табак из купленной в Бельгии коробки.

— Ничего, если я закурю?

— Фред курит больше тебя, а я терплю.

Жизель ловко свернула самокрутку.

— Я еще далеко не все просмотрела, но скажу навскидку, что там несколько десятков тысяч картинок педопорнографического характера. Хозяин этой машины, Джош Хейман, занимается этим, похоже, больше пяти лет, судя по датам самых давних файлов. Картинки разного происхождения, из разных стран, без предпочтений пола и возраста. Чудовищная мешанина. Некоторые педофилы очень организованны, они создают прекрасные альбомы, классифицируют по возрасту, по полу, по национальности, а твой Хейман ничего не сортировал. Это какая-то патологическая страсть к накоплению, он почти заполнил свой жесткий диск.

— Там есть... видео?

— Да, и немало. Любительские фильмы, сделанные мобильным телефоном или дешевой камерой, по крайней мере те, что я видела. Нужно еще немного времени, чтобы все проанализировать, все посмотреть. Рыться в таком компьютере — все равно что косить футбольное поле бритвой, если ты понимаешь, что я хочу сказать.

Она встала, открыла окно и прикурила, держа сигарету в пожелтевших пальцах.

— Ненавижу этих грязных свиней.

На чердаке было тесно, не повернуться. Мало света, нездоровая духота, сероватые лица манекенов, убийцы, смотревшие со стен. Музей пыльных ужасов.

— У Хеймана одна стена в спальне и целая тетрадь были исписаны знаками — кружками, квадратами, треугольниками. Ты не заметила ничего такого в компьютере?

— Нет. Во всяком случае, пока.

Хлопнула дверь. Жизель выглянула в окно:

— Черт! Жак вернулся...

Она заперла дверь на засов и снова уселась в свое кресло.

— Он сюда не заходит, но как знать... Достаточно одного раза.

Абигэль не разглядела педофила за жирным, потным лицом Жантиля. Она всматривалась в его глаза и ничего в них не увидела.

— Пять лет назад, говоришь, самые давние файлы...

— Априори да.

— Издатель сказал мне, что Хейман начал писать свой роман где-то в середине две тысячи четырнадцатого. Его история начинается как наше расследование и заканчивается педофильской бойней. Повествование меняется, и это тесно связано с переменами в поведении автора. Где-то в середине книги стиль становится резким, слог отрывистым, и автор погрязает в ужасах. Чувствуется, что с Хейманом что-то произошло.

— Наверняка в результате всего этого, — отозвалась Жизель, показав на экран. — Писательство — это всегда сублимация.

— Да, но ведь Хейман смотрел такие картинки уже несколько лет. Почему у него поехала крыша в середине романа, когда начиналась его история вполне классически?

— Просто переполнилась чаша?

— Я не уверена. Есть еще одна вещь, которую ты должна знать. Сразу после выхода книги писатель отрубил себе все пальцы гильотиной собственного изготовления.

Жизель затянулась сигаретой. Ее каменное лицо скрылось за дымовой завесой.

— А... Ничего себе!

— И заснял себя на видео. В какой-то момент в записи слышен то ли писк, то ли плач... Я думаю, что Хейман перевел взгляд на этот ноутбук, подключенный к огромному телевизору. Возможно, он смотрел на кого-то и кто-то смотрел на него.

— Ребенок?

— Я склонна так думать, учитывая содержимое его компьютера. Сразу после этого он прошептал: «Прости», и нож гильотины обрушился на его руки.

Жизель поморщилась:

— Всякого я наслышалась за мою карьеру, но чтобы такое... Как бы то ни было, этот тип дрочил перед мерзкими фотками. По мне, так ему нет прощения. Пусть сидит в психушке до конца своих дней. Потому что, с пальцами или без них, он опять возьмется за свое.

Жизель всегда рубила сплеча.

— Он изувечил себя в конце марта, — продолжала Абигэль. — Вот на этом времени мне бы хотелось, чтобы ты сосредоточила свои поиски. И потом, я уже тебе говорила, случился настоящий перелом на середине книги, то есть где-то в конце две тысячи четырнадцатого... Посмотри в истории, в файлах, в видео, нет ли чего примечательного в эти два периода.

Зажав губами сигарету, Жизель записала все на стикере. Абигэль почувствовала, что она польщена порученной миссией.

— О'кей. Там и буду искать. Возможно, педофил приглашал детишек к себе, если ты понимаешь, что я хочу сказать. Вечеринки с леденцами и лакричными палочками. Может быть, он тоже снимал на видео или принадлежал к какой-нибудь сети?

— Пока трудно сказать. Ты не знаешь, есть ли у него аккаунт на «Фейсбуке»?

— Я еще не успела толком посмотреть, но да, видела в его избранном.

— Можешь попробовать связаться? Я все пытаюсь понять, как он мог пересечься с Артуром Виллеме и Леа.

— У твоей дочери был аккаунт на «Фейсбуке»?

— Я не давала ей разрешения его завести, но Леа совсем отбилась от рук в последние несколько месяцев перед аварией. Мы с ней всегда были очень близки, но я стала уделять ей меньше времени, она меня постоянно за это упрекала. Возможно, она завела аккаунт без моего ведома, просто чтобы сделать мне наперекор. Я, конечно, уже проверила, нет ли на «Фейсбуке» Леа Дюрнан, и даже попробовала несколько ников, но безуспешно.

Жизель вошла в Интернет и подключилась к социальной сети.

— Не надо вбивать электронный адрес и пароль Хеймана: он ввел их в память, чтобы подключаться автоматически. Это облегчит нам задачу.

Жизель зашла в «Фейсбуке» на личную страницу «Николя Жантиля». Сообщений было немного, последнее от прошлого года, Жантиль беседовал с другими профилями на малоинтересные темы. Список его друзей состоял из двадцати двух человек. Жизель просмотрела их одного за другим. Ничего подозрительного, ни одного знакомого лица, профили взрослых, ничем не примечательные.

— Может быть, у него есть другой аккаунт на «Фейсбуке», поинтереснее? Поищи на Джоша Хеймана.

Это ничего не дало.

— Нет, это единственный аккаунт, — заключила Жизель. — Раз это его тайный компьютер, будь у него скрытый аккаунт на «Фейсбуке», мы бы на него и вышли.

Жизель принялась размышлять вслух:

— Так... Из нашего расследования мы знаем, что у маленького Артура Виллеме не было никакого аккаунта в социальных сетях. Мальчишке всего девять лет, и все гаджеты, подключенные к Интернету у его родителей были проверены, когда он пропал. Если Хейман и связался с ним до похищения, то не этим путем.

Она вытряхнула в мусорное ведро пепельницу, до краев полную пепла и окурков.

— Не исключено, что можно найти его лицо среди фотографий и видео в этом компьютере. Я хочу сказать... возможно, Фредди снимает похищенных детей, размещает фото или видео в Интернете, а наш педофил на них наткнулся? Может быть, там он и услышал это словечко, «Кро-Маньон»? Просматривая видео?

Абигэль вспомнила свою вчерашнюю встречу с отцом Артура. Как исказилось его лицо при виде ее... Как он отреагировал на рисунки и особенно на символы в тетради Николя Жантиля... Она чувствовала, что есть ниточка, связь с этими фотографиями детей, но не могла понять какая.

— Нет, не думаю. Это не работает в случае с Леа.

— Позволь, я кое-что попробую?

Жизель вбила в строку поиска «Фейсбука» «Жемчужинка». Появился бесконечно длинный список. Название дома отдыха, магазина одежды, спа-салона... Абигэль покачала головой:

— Нет-нет, бессмысленно искать. Леа не взяла бы в качестве ника прозвище, которое она ненавидела.

— Лучше не придумаешь, чтобы ты ее не нашла. За свою долгую карьеру я усвоила, что очевидное обычно у нас перед глазами.

Жизель прокрутила список. Вдруг сердце Абигэль сжалось.

Клик — и на экране появился профиль Жемчужинки Любви.

59

Наверху — фотография Леа. Селфи: она сидела на кровати с широкой улыбкой принцессы, под которой едва угадывались брекеты на зубах. Она лучилась жизнью и юностью в своих брючках в клетку, тех самых, которые Фредерик нашел в гардеробной. Волосы были связаны в конский хвост, она даже накрасилась и, пожалуй, немного перестаралась с тушью для ресниц.

Абигэль почувствовала, как рушится ее мир. Жизель бережно погладила ее по спине. Она ощутила безмерное напряжение каждого мускула.

— Если это может тебя успокоить, Николя Жантиля у нее в друзьях нет. Иначе его имя было бы здесь, слева. Но фотографии, которые выкладывала Леа, в общем доступе, и Жантиль мог их видеть, как любой, имеющий аккаунт на «Фейсбуке». Хочешь посмотреть?

Абигэль молча кивнула. Она смотрела на снимки дочери, о существовании которых даже не подозревала. Леа фотографировалась с друзьями, с подругами, в коллеже, в теннисном клубе, в своей комнате, стоя на кровати. На одной из фотографий она взяла крупным планом свою татуировку, маленькую кошку. Подпись гласила: «Моя первая татуировка», далее следовали комментарии подруг типа «Класс» или «Я хочу такую же, но папа не разрешает».

Абигэль откинулась на стуле, ошарашенная, в нокауте. Леа ее провела, Леа оказалась хитрее и обманула ее бдительность. Ее правая рука украдкой скользнула по левому запястью, она искала кратеры, ее маленькие вулканы реальности. Все казалось ей таким безумным и внезапно... нереальным. Она снова подняла глаза на экран:

— Даже не будучи другом, Николя Жантиль вполне мог смотреть профиль Леа. Он увидел фотографии, в частности эту, с татуировкой...

— Именно. И нарисовал ее в психиатрической больнице. И с «Жемчужинкой Любви» в книге теперь тоже ясно. Все это откладывалось в его голове, и воспоминания всплыли, когда он писал книгу. Вот тебе и все ответы.

Так-то оно так, но облегчения Абигэль почему-то не чувствовала.

— И... Жантиль наткнулся на профиль моей дочери случайно?

— Не обязательно случайно. Ты говорила мне, что Жантиль взял за основу дело Фредди, чтобы написать свою книгу, и даже вывел в ней тебя. Значит, он, вероятно, знал, что у тебя есть дочь. Ты говорила о ней в интервью?

— Когда они делали мой большой портрет, да, я упомянула Леа, но и только. Я не хотела засвечивать ее в прессе.

— Ты о ней говорила, этого достаточно. Так или иначе, педофил сумел найти ее аккаунт на «Фейсбуке». Может быть, набрал «Дюрнан» и вышел поэтапно через профили друзей Леа, упоминавших твое имя. Для такого компьютерного хищника, как он, к тому же писателя, собирающего материал для книги, это вряд ли было сложно.

— Как я могу прочесть сообщения моей дочери? Я хочу знать, что она писала.

— А вот это уже труднее. Надо выйти на ее личный аккаунт. Если ты знаешь, как войти в ее электронную почту, может получиться. Достаточно сообщить, что ты забыла пароль, и данные пришлют тебе на адрес Леа.

— Да. Я могу войти в ее аккаунт на Gmail. Я думала, что так смогу все держать под контролем; как же я была наивна...

— Ничего не поделаешь. Молодые поднаторели на всех этих технологиях куда лучше нас, они знают все хитрости. Да и вообще, кого из нас не водили за нос? Посмотри на моего мужа, он думает, что я целыми днями изучаю кулинарные рецепты.

За пять минут Жизель выполнила все необходимые манипуляции и вошла в сеть как Жемчужинка Любви. На экране появились сообщения Леа. Записочки девчонки — о тряпках, школе, дружках... Она даже выложила несколько стихотворений, ее хвалили, отзывались лестно. У Абигэль защемило сердце, и она прокрутила экран к более старым данным. Леа писала по пять-шесть сообщений в неделю, обычно после уроков, пока мать еще была на работе или в жандармерии. Она обнаружила свою собственную фотографию: «Моя мама, зануда, но клёвая». Это было как яростная пощечина, шквал эмоций в лицо.

— Боже мой, как я могла упустить все это?

— Это бы ничего не изменило, Абигэль, что случилось, то случилось. Твоя дочь все равно вышла бы туда — такая уж сегодня молодежь. Планшеты, телефоны, сети... Все это их притягивает как магнит.

Абигэль посмотрела наверх страницы. У Леа был сорок один друг. Были видны фотографии десяти первых — все совсем юные. Белокурые головки, зубные брекеты, улыбки отличников... Сколько свежей плоти для хищников вроде Жантиля. С появлением Интернета гидра педофилии больше не знала границ. Абигэль с горечью прокручивала дальше, и вдруг Жизель схватила ее за руку:

— Подожди секундочку, я кое-что увидела.

Жизель поднялась чуть выше по странице, заинтересовавшись сообщением Леа о фильме «Титаник», который она посмотрела в первый раз по телевизору в октябре 2014-го. Текст был датирован тем же периодом.

— Мы смотрели его вместе, я помню. Я уснула, как всегда, очень устала.

Жизель ее даже не слышала. Она навела курсор на фотографию одного из друзей, который ответил: «А я в первый раз посмотрел „Титаник" в восемь лет». При виде этого лица Абигэль показалось, что она теряет сознание.

— Твою мать! — вырвалось у Жизель.

Друга звали Матье Пексото, тринадцати лет, это был красивый подросток с темно-синими глазами и черными как смоль волосами, настоящий Ален Делон для девчонок. Этот тип Абигэль и все жандармы отдела розыска отлично знали: фотография была идентична той, которую использовал некий Грег Паччарелли, — под этим ником создал аккаунт Фредди, чтобы войти в контакт с первой жертвой, Алисой.

Жизель откинулась в кресле, тоже оглушенная этими открытиями.

— Фредди общался с твоей дочерью.

60

Три часа спустя Абигэль сидела на кровати с отсутствующим взглядом, свесив руки между колен, в одной из палат Безумной Вдовушки. Она чувствовала себя голой, как новорожденный младенец, истерзанной, вымотанной этими днями, каждый из которых был хуже предыдущего.

К ее дочери Леа подобрался, на нее нацелился, ее выбрал Фредди. Он искал ее во Всемирной паутине, нашел, втерся к ней в друзья, выложив фотографию подростка с идеальной внешностью.

Приходилось признать очевидное: Леа входила в планы похитителя с самого начала. Что бы произошло, не случись аварии? Леа была бы сейчас в руках чудовища, превратившего Виктора в зомби?

Эта мысль была так невыносима, что отодвинула на второй план обнаруженные ею GPS-координаты, которые зашифровал отец. Сначала надо было узнать побольше об этом аккаунте на «Фейсбуке» и содержимом ноутбука Жантиля.

Скрипнула дверь, и она вздрогнула. Безумная Вдовушка любила играть со страхами. Абигэль казалось, что каждый звук здесь усиливается и бьет ее по мозгам с немыслимой яростью. Голова раскалывалась от боли.

В палату вошли Фредерик и Патрик Лемуан. От обоих пахло куревом, этот мерзкий едкий запах пропитал насквозь их одежду. Ее друг протянул ей картонный стаканчик с чаем и таблетку дафалгана. Она приняла лекарство.

— Мы просмотрели аккаунт Леа на «Фейсбуке» и передали ноутбук Жантиля в отдел криминалистики, — сказал Фредерик, садясь рядом с ней. — Они там все разберут по косточкам.

— Я сам что-нибудь наплету судье о том, как он попал в наши руки. Лучше нам не поднимать волну, — добавил Лемуан.

Абигэль отхлебнула чая. В горле пересохло.

— Что дал аккаунт моей дочери?

— Матье Пексото создал свой профиль в начале сентября две тысячи четырнадцатого и в первый раз вступил в контакт с Леа в конце сентября, то есть дней через десять после похищения Артура. Стало быть, на тот момент он держал в плену троих детей. С учетом обстоятельств можно сказать почти наверняка, что Леа должна была стать четвертым и последним похищенным ребенком.

Фредерик чувствовал, что у Абигэль могут сдать нервы в любой момент. Горячий чай был не лучшей идеей. Он взял у нее из рук стакан и поставил на тумбочку.

— Он действовал так же, как с Алисой, — объяснил он, стараясь говорить как можно спокойнее. — Красивое фото веселого обаятельного подростка, который якобы живет в Париже с отцом-врачом и матерью-дантисткой, — легенда для Леа. Девочка приняла его в друзья, и с тех пор он вошел в ее жизнь, как вирус. Твоя дочь не могла ничего заподозрить. Фредди использовал тот же набор фотографий, что и для Алисы, это позволило ему создать достоверный профиль и заморочить девчонке голову. Снимки эти взяты, вероятно, из какого-нибудь банка фотографий.

Патрик Лемуан прислонился к стене, сцепив за спиной руки.

— Опробованный метод — метод хищника, готового на все, чтобы завладеть добычей. Леа раскрывалась ему в личных сообщениях, все более откровенных...

— Таких же сообщениях, какие писала Фредди Алиса? — спросила она, держась за голову. — Она... она влюбилась в него?

— Похоже, что да.

Абигэль падала в черную дыру, все глубже и глубже. Почему она не следила внимательнее за Леа, которая становилась все более скрытной и явно влюбленной? Как могла она не понять, что Фредди, этот паразит, проник в ее дом и постепенно распространял свой яд в ее кровиночке?

— А... Леа посылала ему фотографии в личных сообщениях?

Лемуан кивнул:

— В точности как Алиса... Свои, вашего дома и даже твои. Фредди выяснил, где вы живете, точно знал, в какие дни и в котором часу Леа ходит в теннисный клуб и когда ты возвращаешься с работы. Есть переписка, в которой он мало-помалу подводит Леа к разговору о доме и выясняет, что он не защищен сигнализацией. За четыре дня до аварии. Это, кстати, была их последняя переписка на «Фейсбуке». Фредди был на низком старте.

В разговор вступил Фредерик:

— Он готовил почву, собирался действовать на днях, что совпадает со сроком в три месяца между похищениями. Когда Леа погибла, он, очевидно, был полностью выведен из равновесия. Он переключился на Золушку, девочку, наверняка на нее похожую, мы ведь нашли длинные светлые волосы, как у твоей дочери, на чучеле. Это, видимо, объясняет, почему ему понадобилось еще два месяца, чтобы нанести новый удар. Новая жертва, должно быть, обладала физическими данными, сходными с Леа. Так или иначе, что-то связывает твою дочь с другими детьми.

— Что? — воскликнула Абигэль, глядя на обоих. — Что у нее может быть общего с другими? Нет никакой связи!

Патрик отошел от стены.

— И все-таки, похоже, есть. Почему Виктор закричал, когда тебя увидел? Почему говорил в больнице эти непонятные фразы, касающиеся тебя? А котенок, подвешенный в доме с привидениями? Если допустить, что это Фредди повесил игрушку, зачем он это сделал? Ты составляла профили похищенных детей, знаешь все обо всех родителях. Наверняка есть что-то общее. С тобой, с Леа, с другими семьями.

В голову словно ввинтился стальной брус, и Абигэль не могла больше думать. Все эти слова, все сведения сталкивались в мозгу и разлетались большим внутренним фейерверком.

— Еще одно... — продолжал Лемуан. — Когда твой отец свернул на Д151 в ту ночь примерно в 3:40, ты говорила, что «кангу» уже стоял на обочине. До сих пор мы предполагали, что Фредди в это время вешал свое чучело и авария ему помешала. Но ведь Фредди всегда делает чучело *после* похищения. Леа была четвертой в списке, он собирался похитить ее на днях, но еще не начал действовать. Таким образом, он не мог делать чучело в ночь на шестое, как мы все время думали. Он просто осматривался на местности. Искал, где лучше прибить свой будущий шедевр.

Он принялся расхаживать взад-вперед, как профессор Турнесоль[1], разговаривая сам с собой:

— Сначала он ориентируется на местности, потом похищает Леа, после этого делает чучело через несколько дней. Все это логично. Остается большой вопросительный знак: кем он заменил Леа? На какую девочку переключился и почему родители, дяди-тети этой неизвестной жертвы так и не объявились? Кто такая Золушка?

У Абигэль не было больше сил, но она сумела собраться и заговорила уверенным голосом, без дрожи:

— Я хочу вернуться к делу.

---

[1] Персонаж популярных комиксов о приключениях репортера Тинтина (автор — бельгийский художник Эрже).

Лемуана это, кажется, не обрадовало. Он выбил из пачки сигарету и повертел ее в пальцах, словно жезл мажоретки.

— Послушай, Абигэль, это зависит не только от меня и...

— Не пори чушь.

Капитан жандармерии покачал головой. Он обменялся с Фредериком быстрым взглядом, который Абигэль перехватила.

— Что?

Лемуан откашлялся:

— Фредерик говорил мне о твоих ожогах сигаретой...

Абигэль почувствовала себя преданной. Фредерик открыл было рот, но она не дала ему и слова сказать.

— Кто ездил к Николя Жантилю? Кто привез ноутбук педофила, связанный с нашим делом, к вам в отдел? Леа должна была быть сейчас в руках этого мерзавца, понимаешь? Моя родная дочь! Я хочу сама его прижать и понять, почему он творит такое.

Лемуан задумался, взвешивая все за и против.

— Послушай, ноутбук Жантиля в хороших руках. Если мы найдем что-то связанное с твоей дочерью или с нашим делом, ты сразу же об этом узнаешь, обещаю. Но пока отдохни немного. Глаза у тебя красные, как у кролика-альбиноса.

— Ага, отдохнуть...

Абигэль вышла, не попрощавшись с ними. Фредерик догнал ее уже на улице и пошел рядом, засунув руки в карманы.

— Я ничего не могу поделать, Аби. Мы выпили с Патриком на днях, и мне так захотелось с ним поделиться.

— А что еще ты ему рассказал? Сколько раз в неделю мы занимаемся любовью?

— Аби...

— Ты *не должен был* об этом говорить.

Абигэль не замедляла шага, пригнув голову, как бык на арене. Он загородил ей дорогу, подняв руки:

— Ладно, я сделал глупость. Настоящую большую глупость. А с тобой этого не бывает?

Абигэль остановилась. Она тяжело вздохнула:

— Я их столько наделала, с тех пор как мы вместе, что можно взобраться на Эверест, нагромоздив одну на другую.

Она не смогла удержаться от смеха, словно пузырьки шампанского полопались в ее горле.

— Ну вот, теперь я смеюсь. Я на пределе, у меня болит голова, я только что узнала, что Фредди нацеливался на мою дочь, и я смеюсь.

Фредерик крепко обнял ее:

— Смейся, смейся сколько хочешь. Будет легче.

Потом пришли слезы. Фредерик не знал, что делать.

— Если ты действительно этого хочешь, я уговорю Патрика принять тебя обратно в команду, можешь на меня рассчитывать.

Они зашагали дальше и вышли к больничной парковке.

— Я отвезу тебя домой, — сказал Фредерик. — Это неблагоразумно, что ты...

— Все в порядке. Я уже давно бы упала, если бы сегодня должен был случиться приступ катаплексии.

Они поцеловались. Абигэль уехала, имея в голове четкую цель. Полчаса спустя она припарковалась на узкой улочке и вошла в салон своего татуировщика. Он сразу узнал ее и приветливо улыбнулся:

— О какой странности вы попросите меня на этот раз?

Абигэль вышла из салона с новой надписью. Теперь четыре фразы украшали ее бедро.

Кто такой Джош Хейман?
Отыскать демонов ДжХ
ДжХ близко знает Леа и Артура. Откуда?
Леа должна была быть 4-й

Эти татуировки погружали ее в бездну, но это был залог того, что ее путь к истине существует на самом деле. Благодаря им Абигэль была уверена, что пережила все это в реальном мире. И каждый раз на шажок приближалась к истине.

Добравшись до дому, она легла на кровать. Было 21 июня, и в голове у нее осталась только одна мысль: надо снова сесть за руль своей машины, включить навигатор и ввести координаты, расшифрованные в таинственном послании отца. Еще один пласт истины наверняка ожидает ее там.

Но, не успев додумать, она зевнула, и вскоре ее сморил сон.

61

Уже начинало темнеть в этот летний вечер. Последние лучи солнца скрывались за облаками, и силуэты стальных громад вырисовывались вдоль аэропорта Лилль-Лескен. Под рев самолетов и гул машин, кативших по автостраде А1 неподалеку, Абигэль механически следовала указаниям навигатора, в то время как мысли ее были далеко. Перед глазами стояли фотографии Леа в Интернете, ее улыбка, сообщения, в которых она открывалась Фредди...

Проехав несколько километров по сельской местности, она остановилась на обочине у кукурузного поля и пошла пешком среди стеблей. Прибор показывал, что ей осталось пройти семьсот метров в этом направлении. Она дошла до небольшой рощицы метров тридцати в ширину, с густой и буйной растительностью и, сделав еще несколько шагов, углубилась под сень деревьев. Навигатор показывал, что она была у цели.

Что теперь искать? Что ее отец делал в этом богом забытом углу? Она всмотрелась в заграждение аэропорта, в горизонт, рассеченный стволами. Отец долго работал на таможне, недалеко отсюда. Тут наверняка была какая-то связь.

Абигэль покружилась на месте в нерешительности. Кроме деревьев и кустарника, ничего не было. Она снова сверила координаты — место было то самое. Она всмотрелась в каждый квадратный сантиметр вокруг себя и наконец увидела в нескольких метрах число *XIII*, вырезанное ножом на стволе точно на уровне глаз.

Значит, ее отец был здесь, в той самой точке, где находилась она. И, судя по всему, он вырезал этот знак *XIII* для нее. Фраза, оставленная в одном из его комиксов: «Я надеюсь, что ты отыщешь истину, так же, как желаю, чтобы ты никогда ее не нашла», обретала здесь свой смысл. А ведь Абигэль могла никогда не найти этого места.

Она опустилась на колени у корней дерева и, не раздумывая, принялась рыть рыхлую землю. Что мог здесь делать Ив, как не закопать что-нибудь?

Очень скоро ее наитие подтвердилось. Черные от земли пальцы наткнулись на плоскую поверхность. Это был огромный черный чемодан, твердый, с металлическими уголками. Она вытащила его из земли. Весил он килограммов тридцать, не меньше. Абигэль чувствовала, как сердце ее бьется все чаще, представляя себе, что может быть внутри. Ей вспомнилось, как приходили к ней Земан и апач, как они во что бы то ни стало хотели заполучить этот чемодан.

Замок запирался на четыре колесика, по двадцать шесть букв на каждом. Последнее препятствие перед истиной, последний трюк Ива, ловкого стратега. Без тени колебания Абигэль набрала X — I — I — I.

Щелчок. Крышка открылась.

Большой чемодан был полон маленьких белых параллелепипедов одинакового размера, сложенных рядами, словно пачки банкнот. Каждый из них был аккуратно упакован в прозрачную пленку. Абигэль достала один и сорвала упаковку. Сначала брусочек сохранил свою форму, но, когда она поскребла его немного, рассыпался белым порошком.

Тут было на целое состояние.

Картины теснились в ее голове. Ей вспомнились следы иглы на руках отца, когда он держал руль... Фальшивое имя Ксавье Иллинуа... Яхта в Гавре, вероятно использовавшаяся для транспортировки... Два напавших на нее громилы, которые рылись в доме, искали порошок... Все было связано с этим проклятым чемоданом.

Абигэль выронила брусочек кокаина. Так вот в чем дело? Ее отец Ив Дюрнан перешел на ту сторону? Стал наркоторговцем? Абигэль яростно заколотила кулаками по кусочкам искусственного рая. Карточный домик ее жизни, и без того шаткий, рухнул окончательно. Ив отнял у нее Леа, а теперь украл и все остальное.

Среди этих килограммов белого золота лежал запечатанный конверт. Она вскрыла его и достала несколько исписанных листков, датированных 5 декабря 2014 года, накануне аварии. Они были адресованы ей.

Она хотела опереться на ствол за спиной, но упала в пустоту. Обернулась: дерево было гораздо дальше, чем она думала. Нахмурив брови, она огляделась: ее вдруг одолели сомнения. В просвете между деревьями напротив виднелась высокая красно-белая башня с вращающимся радаром. Повеял теплый ветерок, письмо затрепетало в ее руке. Она задрала рукав свитера и, убедившись в наличии ожогов, успокоилась.

Сидя на земле, она прочла:

Моя дорогая,

ты, должно быть, считаешь меня чудовищем, последним из негодяев, и у тебя есть все основания так думать. Прости, мне так жаль. Я хотел бы быть перед тобой и объяснить тебе все это, глядя в глаза, потому что это долгая, очень долгая история. Но если ты здесь и откопала чемодан, битком набитый наркотиками, это значит, что я не смог сделать это сам, а стало быть, в этот час меня нет в живых.

Я все тебе объясню, а потом ты пойдешь в полицию, отдашь письмо и тридцать пять килограммов этого ультрачистого кокаина из Мексики. Но прежде позволь тебя поздравить, ибо если ты находишься здесь, значит тебе удалось размотать ниточку, которую я оставил для тебя, и только для тебя на случай, если со мной что-нибудь случится. Я хотел, чтобы ты пришла сюда однажды, и так же хотел, чтобы не пришла никогда. Все было задумано достаточно сложно, чтобы это потребовало времени, что-

бы никто не смог найти этого чемодана и чтобы — почему нет — тебе это тоже не удалось. Но ты справилась.

Первым делом ключ от яхты в моих вещах должен был тебя заинтриговать. Потом ты отправилась в Этрета забрать мое скудное добро, увидела мою фотографию перед яхтой, связала с ключом... И потом еще одна странная фотография луны-рыбы в качестве закладки в одном из моих комиксов, предназначенная тебе, тоже не могла не вызвать у тебя вопросов. Ты открыла мое второе имя, побывала на яхте и получила зашифрованное послание. Думаю, остальное сделало время, и его должно было пройти много, чтобы люди, которые могли за тобой следить, бросили это дело. Сколько недель, месяцев прошло, Абигэль, между сегодняшним днем и той ночью 6 декабря 2014 года? Я этого никогда не узнаю...

Каждое слово било Абигэль в солнечное сплетение. Отец говорил о ночи 6 декабря, а письмо было написано накануне. Она сглотнула слюну, с трудом, словно горсть песка, и вдруг услышала неподалеку шорох. Словно хрустнула под ногой ветка. Она быстро обернулась, вгляделась в растительность, которая постепенно тонула в темноте. Больше ни звука.

Теперь ты знаешь, что я не тот, за кого ты меня принимала. Но я всегда стоял за правое дело, Абигэль, ты должна мне верить. Все это было необходимо, чтобы мы втроем — Леа, ты и я — начали новую жизнь. Сменить имя, уехать — это стоит много денег. Эти наркотики были нашим пропуском к новому рождению и жизни без опасностей. Я хотел лучшего для нас троих.

Я пишу это письмо 5 декабря, уже шестой час, на улице темно и холодно, и моя рука дрожит в салоне машины. Я смотрю, как взлетают самолеты, люди летят к новым горизонтам, и мне бы так хотелось быть на их месте. Я на краю поля и скоро пойду закопаю наркотики в этой роще, той самой, где ты сейчас находишься. Я немало поработал в таможенной службе аэропорта Лескен в прошлом, ты знаешь, хорошо изучил окрестности и думаю, это место будет хорошим тайником. Я нанес его GPS-координаты на карту, зашифровал их и спрятал в луну-рыбу, перед тем как отправиться в путь из Гавра. Завтра я буду с вами, а следующей ночью мы все втроем уедем на восток. Все готово, все сработает, я верю. Будет трудно, но в конце концов мы встретимся все втроем, и я надеюсь, что пишу это письмо только для самого себя. У меня на глазах слезы, потому что я уже представляю, какой болезненный отпечаток авария 6 декабря оставит в твоей душе...

Абигэль потерла покрасневшие от слез глаза. Одна ее рука ушла в землю, пальцы скрючились, точно когти.

...Оставит или, вернее, оставила, ведь эта авария теперь наверняка уже далеко. Я даже не знаю, какое употребить время. Я, шахматист, человек расчета, теряюсь, потому что для меня еще ничего не произошло, но для тебя все уже случилось.

Как бы то ни было, если ты в этой роще в твоем настоящем, значит что-то не заладилось. Авария произошла, но не так, как планировалось.

Теперь пора объяснить тебе все...

Абигэль дошла до конца первой страницы. Она взяла следующий листок, как вдруг почувствовала на виске что-то холодное.

— Тихо, тихо...

Этот голос, этот запах застарелого пота... Абигэль подняла голову. На нее был направлен пистолет, и держал его усатый тип, приходивший к ней домой несколько месяцев назад, эта индейская морда, которая рылась в ее доме. На сей раз он был один и улыбался улыбкой гиены. Он вырвал листки у нее из рук, быстро взглянул на первую страницу, скомкал их и бросил на землю. Абигэль прижалась спиной к стволу дерева, на котором был вырезан знак *XIII*. У нее мелькнула мысль, что это будет эпитафия на ее собственной могиле.

Мужчина наклонился к чемодану:

— Наконец-то! Наконец-то, наконец-то, наконец-то...

Он поднял распакованный брусочек кокаина, взял крошечную щепотку порошка и шумно вдохнул. Потом потер нос.

— Чистейший.

Он положил брусочек на место и закрыл чемодан.

Над рощей пролетел самолет и заложил вираж, подлетая к посадочной полосе. Индеец смотрел на него несколько секунд, потом достал сигариллу и чиркнул спичкой. Он не спешил, тянул время, наслаждаясь успехом. Его глаза стервятника блестели.

— Эти самолеты напоминают мне финальную сцену в «Схватке»[1], ты видела этот фильм? Де Ниро и Аль Пачино лицом к лицу на площадке аэропорта. Хрестоматийная сцена.

— Как вам удалось...

— Оказаться здесь, с тобой? Маячок под твоей машиной. Я никогда не терял тебя из виду, идиотка! Черт побери, ты знаешь, на сколько здесь десятков миллионов евро? Стоило присматривать за тобой, цыпочка, а?

Он присел перед Абигэль с револьвером на коленях. Его подбородок уродовал небольшой шрам в форме дуги. Резким движением он схватил ее сзади за волосы и потянул. От его дыхания разило смертью.

— Я не хочу валандаться с трупом — годы уже не те. Не гони волну, детка, и все будет хорошо. Наркота у меня, твой отец и девчонка мертвы, можно сказать, что мы квиты. Если рыпнешься отсюда, пока не пройдет десять

---

[1] *«Схватка»* (1995) — криминальная драма Майкла Манна с Аль Пачино и Робертом Де Ниро в главных ролях. Фильм является ремейком телевизионного фильма 1989 г. «Сделано в Лос-Анджелесе», автором сценария и режиссером которого был также Майкл Манн.

минут, всажу тебе пулю в лоб. А если еще мне попадешься, получишь по тому же тарифу.

С сигариллой в уголке рта он, морщась, выпрямился. Кости хрустнули.

— Стар я уже для таких дел...

Со вздохом он подхватил чемодан и пошел прочь. Абигэль не могла шевельнуться, не чувствовала ни рук, ни ног, хоть и не была в катаплексии. Она нашла в себе силы спросить:

— Человек, который пришел с вами в прошлый раз, сказал, что я должна была умереть вместо моего отца. Почему? Какое отношение я имею к этим наркотикам?

Усач едва оглянулся:

— Забудь все это. Считай, что наша встреча тебе приснилась, и будешь жить лучше и дольше...

Он скрылся. Абигэль бросилась к комку бумаги. Она хотела узнать разгадку всей этой истории. Она разгладила листок, но не увидела никакого текста: чистая бумага. Чист был и второй листок, и третий, и четвертый. Все слова, написанные на бумаге ее отцом, больше не существовали.

Далеко впереди зашелестели листья деревьев, хоть ветра не было. Ветви закачались и раздвинулись. Захрустели сучья, и большой черный седан появился между стволов. Сквозь ветровое стекло Абигэль разглядела улыбающееся лицо отца.

Она закричала.

62

— Дорогая... что с тобой?

Абигэль открыла глаза. Зебры, львы, жирафы. Желтые и охряные стены, запах простыней и пота. Она была насквозь мокрая, одежда липла к телу.

— Что...

Голову сжимали тиски, затылок ломило. Она огляделась, ничего не понимая. Спальня, квартира Фредерика... Она перекатилась на бок, посмотрела на часы на радиобудильнике. 21 час.

— Давно я сплю?

— Не знаю, я только что пришел.

Абигэль села с ощущением, будто выпросталась из бетона.

— Не может быть, опять начинается. Я была в лесу не далее как... минуту назад. Гудели самолеты... Я помню красно-белую башню... это, наверно, был аэропорт Лескен. Потом чемодан, полный наркотиков... Письмо...

Абигэль посмотрела на свои руки, на ногти. Чистые, как у хирурга. Фредерик взял с тумбочки стакан воды и протянул ей:

— На, выпей. Ты так вспотела, ты обезвожена. Я никогда не видел тебя в таком состоянии. Как будто ты пробежала стометровку.

Фредерик потрогал ее лоб. Горячий.

— Наверно, стоит вызвать врача.

Абигэль выпила воду залпом.

— Не надо врача, я не... больна. Мой отец... закопал наркотики в лесу, это точно. Килограммы и килограммы кокаина. Он был наркоторговцем, Фред! Это объясняет и яхту, и второе имя, и типов, которые приходили ко мне, — они искали эти проклятые наркотики.

Абигэль изо всех сил напрягла память. Образы мало-помалу меркли, все становилось расплывчатым, неясным. Воспоминания разлетались, как бабочки. Что с ней? Она закрыла глаза, сосредоточилась, попыталась увидеть четкую картину.

— В чемодане было письмо моего отца, адресованное мне. Он хотел все мне рассказать. Он написал, что... что авария шестого была запланирована, что... О боже мой...

Она села на кровати. Фредерик уселся рядом.

— Это всего лишь очередной кошмар.

— Нет! Это было реально! Я была там! Я уверена!

— В таком случае скажи мне где, и мы сейчас же туда поедем.

Абигэль встала, кинулась в ванную и заперлась там. Быстро спустив брюки, она посмотрела на последнюю татуировку. «Леа должна была быть 4-й». Что это значило? И когда она сделала эту татуировку? Она понятия не имела!

Фредерик стучал в дверь. Она открыла и показала ему татуировку.

— «Леа должна была быть 4-й». Что это может, по-твоему, значить?

Он явно видел надпись впервые.

— Ты не помнишь? Наши открытия, касающиеся компьютера Хеймана.

— Нет. Я... я помню, что была у Жизели сегодня днем... Помню карнавальные маски в ее кабинете, помню... запах табака... Но... остальное — черная дыра.

Фредерик вытаращил глаза:

— Сегодня днем? Какой, по-твоему, у нас сегодня день?

— Двадцать первое.

— Вечер двадцать второго, Абигэль.

Она лишилась дара речи. Как это может быть? Увидев ее в такой растерянности, Фредерик сжалился и все ей рассказал: про педопорнографические картинки, обнаруженные вчера в ноутбуке Жантиля, аккаунт Леа на «Фейсбуке», связь с Фредди, который планировал похитить ее дочь.

По мере этих откровений Абигэль казалось, что она все глубже погружается в пучину.

— Похитить Леа? Нет, Фред. Это... это неправда.

— Мы легли вчера вечером, ты очень разволновалась из-за этих открытий, но быстро уснула после лекарства. Эту татуировку ты, наверно, сделала по пути из казармы, не хотела забыть... Сегодня утром я ушел на работу, как обычно. Все было хорошо, ты еще была в кровати, но уже проснулась. Я сказал тебе, что позвоню, если будет что-нибудь новое о содержимом компьютера Николя Жантиля, но эксперты над ним еще работают. Ты действительно ничего не помнишь?

Она прислонилась к стене, обхватив голову руками.

— Ничего, ничего!

Абигэль дрожала всем телом. Фредерик взял ее за руку:

— Пойдем, тебе надо чего-нибудь поесть. Ты вся белая.

— Я должна записать свой сон, пока все не забылось.

Абигэль бросилась к своей новой тетради снов. Она опомниться не могла после откровений Фредерика: половина дня 21-го и весь день 22-го совершенно стерлись из ее памяти. «Фейсбук», Леа, Фредди... Абигэль записала все, что помнила. Роща возле аэропорта (Лескен?), наркотики, усач, пришедший за чемоданом... Он говорил о маячке. И она помнила несколько слов отца, который давал понять, что авария 6 декабря была запланирована.

Почему, почему, почему?

Кроме визита к Жизели, что последнее она помнила? Она не знала. В голове крутилась песня *California Dreamin'*. Она включила компьютер, посмотрела историю в Интернете, нашла свои поиски об инкубах и суккубах. Вспомнила мучения Виктора, серое лицо Жантиля в психиатрической больнице... Заглянула в почту. Новых сообщений не было, только две-три рекламы. Она встала и спустилась в подземный паркинг, не предупредив Фредерика. Когда тот пришел следом, она уже успела забраться под машину и вылезла с перепачканными смазкой руками.

— Я хотела проверить, есть ли маячок...

Она почти извинялась перед ним. Он ушел, не сказав ни слова, а Абигэль так и осталась сидеть, несчастная, на полу паркинга. Что она делала весь день, пока Фредерик был на работе? Действительно ли ездила в этот лес? Она посмотрела на свои раскрытые ладони, на черные от смазки ногти. Во сне она рыла землю и выкопала наркотики.

Еще одна идея пришла ей в голову, она встала и полезла в машину. Навигатор, последний маршрут: поездки в сторону аэропорта нет. Ей хотелось одного: раздавить горящий кончик сигареты о свою руку. Чтобы причинить себе боль. Чтобы доказать себе, что она существует. Аби поднялась в квартиру и заглянула в свою записную книжку, но и это не дало ничего нового. Фредерик сидел за столом с ведерком мороженого в руках. Он заглатывал карамельный пломбир, как страдающий булимией, не разбирая вкуса, выскребая стенки ведерка, чтобы не потерять ни грамма сладкого. Ему было нехорошо, Абигэль это видела. Она подошла, хотела его обнять, но удержалась и направилась в кухню.

Она машинально что-то поела, поглощенная своими мыслями и этими черными дырами, поселившимися в ее голове, которые засасывали ее воспоминания, оставляя место страшным и до жути реальным снам.

— Я не сумасшедшая, Фред.

Но Фредерик ничего не ответил и ушел блевать в туалет. Она слышала, как его выворачивает наизнанку, и ей было бесконечно больно. Сколько времени они еще продержатся вдвоем? Остаток вечера они провели подальше друг от друга, оба терзаемые своими демонами. Только телефонный звонок в 22 часа положил конец океану молчания. На том конце провода Лемуан просил срочно приехать.

Они кое-что нашли в компьютере Хеймана.

63

6 декабря 2014
АВАРИЯ

24 июня 2015
ГОРЯЩАЯ ПРОМЫВОЧНАЯ

22 июня 2015

— Идите сюда. Все происходит на экране.

Патрик Лемуан сидел с Жизелью перед ноутбуком в помещении группы. В слабом освещении свет экрана создавал впечатляющие зоны тени на лице капитана. Стол был заставлен пустыми стаканчиками из-под кофе, в пепельницах высились горы окурков.

Фредерик и Абигэль уселись рядом с ними. На экране компьютера шефа они увидели комнату, освещенную голой лампочкой. Кирпичная стена в полумраке. А перед ней круглый надувной бассейн с прозрачными стенками, глубиной примерно в метр. Такие устанавливают в углу сада для детей. На поверхности воды плавал толстый диск из плексигласа, заросший мхом, в метр диаметром, прицепленный к колышку из того же материала. К этому колышку на «островке» крепился черный ящик, на котором светились красным светом символ в форме звезды и глазок камеры.

— Что это за штука? — спросил Фредерик.

— Мы еще точно не знаем, — ответил Лемуан. — Но Виктор упоминал остров, воду, говорил, что боялся утонуть. Мы думаем, это та самая машина, что так его пугала.

Абигэль всмотрелась внимательнее. С круга на поверхности воды электрические провода змеились до земли и терялись в сумраке. Рядом с бассейном лежали стопки пижам, подушек и махровых полотенец.

— Я уже видела этот символ в форме звезды, — сказала она, показывая на красное свечение. — Он был скопирован на многих страницах в тетради Николя Жантиля, с квадратами, треугольниками.

— Это веб-камера снимает и передает нам изображение? — спросил Фредерик.

— Похоже, да.

— Как вы вышли на этот сайт?

— В недрах компьютера Жантиля наши эксперты нашли интернет-адрес — IP-адрес, — который ведет к этой веб-камере. Она установлена на высоте в одном из углов помещения. Окон нет, кирпич, пол, похоже, земляной.

На экране все было статично, безмолвно. Поверхность воды походила на серебряное зеркало. Лемуан указал на лежавшую перед ним на столе распечатку — сотни, тысячи строк.

— Здесь все соединения Жантиля с этим IP-адресом. Компьютер их запомнил. Самое первое соединение датируется сентябрем две тысячи четырнадцатого года, а последнее — мартом этого года. Больше полугода Жантиль выходил на этот сайт каждый день и даже по нескольку раз в день. Ни дня не пропустил. Двадцать пятого декабря был тут как тут. В Новый год тоже...

— Этот период примерно совпадает со временем написания и выхода его книги, — заметила Абигэль.

Интернет-адрес в адресной строке был лишь чередой цифр и точек. Лемуан открыл новое веб-окно, расположив его рядом с первым, вбил тот же адрес и прибавил: «/1hd3h5dfg». Он объяснил, перед тем как кликнуть:

— Этот адрес тоже был в памяти его компьютера. Жантиль не мог попасть на этот сайт случайно. Наши эксперты предполагают, что он мог найти этот адрес на каком-то форуме, но это маловероятно. Они думают, что, скорее, его ему прислали.

— Фредди прислал? — спросил Фредерик.

— В этом-то и вопрос. Мы еще не знаем, входили ли Фредди и Жантиль когда-нибудь в контакт, и если да, то по какому поводу.

Лемуан нажал на клавишу «Enter». Снимала другая веб-камера. Полная темнота, но два маленьких, расположенных рядом огонька мерцали и порой двигались, словно два синхронных светлячка.

— Здесь кто-то есть... И этот кто-то, я бы сказал, носит огоньки на лице.

— Я тоже об этом подумал, — отозвался Лемуан. — Похоже на светящиеся очки. В этом помещении есть звук, иногда слышен шорох соломы, стоны. Я думаю, это то самое место, где был в заточении Виктор. Детей держат в соседних отсеках, должно быть похожих на этот.

Фредерик сжал кулаки, положив их перед собой на стол.

— А можно найти компьютер, который передает эти ужасы?

— Наши эксперты работают, но, похоже, это очень сложно. Фредди не лыком шит. Избавлю вас от технических подробностей, но система защищена. Первые поиски привели к серверам стран Востока.

— Ты думаешь, что... люди смотрят?

— Кроме нас, на данный момент никто, если верить ребятам из киберкриминалистики. Они отслеживают соединения с IP-адреса. Благодаря их программам они сразу узнают, если кто-то подключится к этому адресу. Но, судя по всему, эти записи наверняка кому-то адресованы. И Жантиль был в числе адресатов.

Абигэль попыталась размышлять вслух:

— Возможно, эти камеры также позволяют Фредди наблюдать за детьми, когда он на работе. Даже издалека он за ними присматривает. Глаз не спускает. Вероятно, другие камеры снимают другие комнаты, других детей. Эксперты смогут найти адреса этих камер, если они существуют?

— Это непросто, но люди работают.

— Я полагаю, Фредди имеет возможность узнать, что за ним наблюдают? — спросил Фредерик.

— Если мы можем, значит и он тоже.

Фредерик нервно вскочил. Он так и видел Фредди за компьютером: вот он обнаруживает их соединение, представляет, как они проникают в его безумный мир. Но если так, его это не беспокоило, иначе он бы закрыл доступ к сайту.

— Может быть, ему по фигу, что за ним наблюдают, — сказал он. — Может быть, ему это даже нравится, усиливает его чувство превосходства.

Он прошелся по комнате, чтобы остудить поток лавы, кипевший в его артериях.

— Дети, которых мы ищем больше года, где-то там, по ту сторону этого экрана, — сказала Абигэль. — Что мы можем сделать, чтобы найти их?

— При нынешнем положении вещей пока ничего, — ответила Жизель своим зычным голосом. — Эксперты начеку, они отслеживают все, что происходит на экранах, пытаются выйти на след. Можно надеяться, что Фредди появится в комнате, где стоит эта машина, что он попадет в объектив камеры и мы увидим наконец его лицо.

Абигэль взяла список соединений Николя Жантиля с сайтом:

— Надо понять, как Жантиль вышел на этот сайт. Надо снова его допросить, получить доступ к его психиатрическому прошлому, разобраться, кто он и как вошел в контакт с Фредди. За полгода он наверняка видел и слышал немало. Он мог бы нам помочь.

— Мы займемся этим, и как можно скорее, — отозвался Лемуан. — Жантиль давно понял, что это те самые дети, связанные с нашим делом. И вместо того чтобы сообщить об этом нам, он все держал при себе несколько месяцев. Он подпитывался их страданиями, чтобы писать свою чертову книгу.

Абигэль посмотрела на последнюю строчку.

— Его последнее соединение датировано днем, когда он отрезал себе пальцы. Двадцать восьмого марта, в 21:10. Он подключил свой компьютер к гигантскому экрану, и... и перед ним был один из этих детей. Это у него он просил прощения. Прости, что ничего не сказал. Прости, что ничем тебе не помог.

Абигэль всмотрелась в темную комнату с двумя огоньками. Подумала о маленьких жертвах. Комната номер четыре, должно быть, находилась рядом. Позволяла ли камера наблюдать и за ее безымянной жилицей? Кто заменил Леа? Абигэль все бы отдала, лишь бы увидеть на пару секунд лицо Золушки.

Свет в помещении с бассейном погас, но камера продолжала работать. Экран показывал что-то вроде крупного снега. Наблюдатели затаили дыхание, но больше ничего не произошло. Почти полночь. Патрик Лемуан встал и закурил в дверях помещения.

— Похоже, Фредди ушел спать. Я думаю, этой ночью ничего не произойдет. Идите по домам, отдохните немного, у экрана так или иначе все время кто-нибудь будет. Будем держать вас в курсе, если появится что-то новое. Всякое может случиться в ближайшие часы. Нам понадобится вся ваша энергия.

— Мы в логове монстра, а ты нас гонишь? — возмутился Фредерик. — Мы остаемся.

64

Абигэль вздрогнула от хлопка двери. Удар хлыстом по организму, адреналин, пробуждение, сканирование окружающей обстановки. Безумная Вдовушка... Над головой потрескивала лампочка, защищенная решеткой.

Она села на кровати в этой пещерной духоте. Отопление шпарило вовсю, кипящая вода в трубах мучила Безумную Вдовушку. Провести рукой по ожогам — уже ритуальная проверка. Реальность. Она посмотрела на часы: 3:50. Она уснула минут на пятнадцать.

Фредерик и Патрик еще сидели, прилипнув к экрану, когда она вернулась в помещение группы. В кухне Жизель наливала кофе.

— Тебе удалось отдохнуть немного?

Абигэль пригубила напиток, который подала ей Жизель.

— Все в порядке... Но ты-то разве не должна быть при муже в этот час? Скоро ему трудно будет поверить, что ты ищешь кулинарные рецепты.

— Я сказала ему, что меня потребовали по срочному делу, что это в последний раз, короче, такие объяснения неизбежно кончаются ссорой. Но ничего страшного, за тридцать лет брака и не такое бывало.

Она указала на рабочее помещение, и в глазах ее мелькнула ностальгия.

— Что ни говори, а я чувствую себя хорошо здесь, с ними. Когда мы аж наизнанку выворачиваемся. Нелегко мне бросить эту работу. Она впечаталась в мою ДНК, понимаешь?

Жизель принесла мужчинам полные чашки.

— Есть новости? — спросила Абигэль, подходя к монитору.

— Есть, есть, — ответил Патрик. — Наши эксперты звонили мне десять минут назад. Кто-то вышел на два адреса сайта в 3:45. Сначала на бассейн. Потом на другое помещение.

Она уставилась на экран. По ту сторону веб-камер по-прежнему ничего не происходило.

— Наши люди сейчас вычисляют место, откуда идет соединение, это дело недолгое. Куда больше времени займет добиться всех нужных разрешений, чтобы точно отследить пользователя. Новицки сейчас отправит запросы. Если все сработает как надо и соединение не защищено, можно надеяться на результаты в ближайшие часы.

— Зашевелилось! — выкрикнул Фредерик.

Наступила полная тишина. Все затаили дыхание. Хлопнула дверь в комнате, где держали ребенка. Две светящиеся точки, казалось, летали в темноте, потом исчезли из объектива камеры. Щелкнул засов. Через две минуты в помещении с бассейном зажегся свет. Появился мальчик.

— Ему требуется время, чтобы перейти из одного помещения в другое, — выдохнул Фредерик шепотом, боясь, как бы Фредди его не услышал. — Может быть, это подвал большого дома... Или пристройки...

Ребенок был в пижаме, такой же, как та, в которой нашли Виктора. Исхудавший, с ввалившимися, словно втянутыми изнутри, щеками. На нем было что-то вроде привязанных к голове ремешками самодельных очков, которые излучали свет в глаза.

— Похоже, это Артур, — обронил Лемуан, хмуря брови.

Абигэль всматривалась в каждую деталь. Это действительно был тот самый Артур, последний похищенный мальчик, мечтавший стать футболистом. Как и Виктор, он теперь казался лишь тенью себя прежнего. Другой силуэт появился в объективе и схватил ребенка за руку. Мальчик тихонько всхлипнул, но не противился.

— Это он! Это Фредди.

Абигэль почувствовала себя словно наэлектризованной, когда Фредди повернулся лицом к веб-камере. На нем было одеяние, похожее на длинное черное платье, все изорванное, на голове страшная лисья маска с длинной рыже-белой мордой, шерсть свисала до шеи. На одной руке у него была перчатка с короткими когтями, заостренными, как кинжалы. Похоже, это был металл.

Жандармы и Абигэль смотрели во все глаза. Видеть этот экран, бедного мальчика и тащившего его монстра было все равно что получить удар ножом в живот и смотреть на льющуюся кровь, не в силах удержать жизнь, утекающую между пальцев. Артур был искоркой жизни в окружении тьмы.

Фредди снял ремешки с головы Артура, убрал очки. Мальчик заморгал, потом — с жестом, очевидно привычным, — взял подушку и забрался на диск в бассейне. Он лег на него, прямо под глазком камеры, по всей вероятности снимавшей.

— Он знает, что надо делать, — заметила Абигэль. — Всю процедуру знает наизусть. Это место для опытов, для психологической обработки.

Было ровно четыре часа, когда Фредди нажал кнопку на черном ящике над бассейном. Несколько секунд — и светящаяся звезда превратилась в треугольник. Потом свет в комнате словно пригасили, он стал мягким, и зазвучала музыка — плеск волн и отзвуки далеких гроз. Фредди исчез из поля зрения.

— Что это он делает? — спросил Фредерик.

— Создает атмосферу покоя, что-то вроде комнаты отдыха: гипнотические звуки, легкие вариации света, отражающиеся в воде. Смотрите, Артур уже задремал.

Действительно, мальчик уснул почти сразу, и весь экран, казалось, застыл. Только светящийся символ изменился минут через десять. Треугольник стал кругом.

— Эту последовательность Жантиль скопировал в своей тетради и на стене в спальне, — объявила Абигэль. — Каждый день он сидел у экрана, как мы сейчас. Наблюдал за всем, что происходило в этой комнате. И записывал символы.

— Почему эти символы меняются? Что они означают?

— Понятия не имею.

Лемуан встал, чтобы ответить на звонок. Он расхаживал взад-вперед у них за спиной, прижимая к уху телефон.

— Неизвестный наблюдатель по-прежнему подключен, — сказал он, дав отбой. — Этот поганый извращенец смотрит, как и мы, что происходит.

Фредерик курил одну сигарету за другой, кофе лился в глотки, чтобы прогнать усталость. Они все были словно красные рыбки, мечущиеся в аквариуме: наблюдали действительность сквозь призму. Человек, за которым они так давно охотились, был здесь, по ту сторону стекла, но им было никак до него не добраться.

Прошло еще двадцать минут, и остров начал потихоньку наклоняться, приведенный в движение поршнем. Рядом с бассейном появился Фредди. Диск клонился все сильнее, тело Артура соскользнуло с него и упало в воду. Мальчик проснулся и закричал при виде жуткой лисьей морды. От страха он нахлебался воды и чуть не утонул. Абигэль убежала в туалет, где ее вырвало. Когда она вернулась, остров уже выровнялся, а Артур надсадно кричал.

Потрясение и ужас отразились на лицах двух мужчин и двух женщин, пытавшихся понять причину такой жестокости. Они молчали, лишь растерянно переглянулись и снова устремили глаза на экран. Крепко удерживаемый Фредди, Артур вылез из бассейна, разделся, вытерся, весь дрожа. Повинуясь резким жестам своего палача, он надел другую пижаму, взял другую подушку и снова лег, скорчившись, на остров. Он пытался держать глаза открытыми, боролся со сном.

Фредерик не мог усидеть на месте. Он вскочил и принялся расхаживать вслед за своим шефом. Пока он не смотрел на экран, символ изменился дважды меньше чем за десять секунд. Квадрат, круг. Артур уснул на несколько долгих минут. Тело его постепенно расслабилось, сон одолел его, увлекая в свои бездны.

Потом — снова наклон острова, падение в воду, пробуждение, крик, появление Фредди. От страха утонуть у Абигэль крутило живот, но она пересилила себя и повернулась к жандармам.

— Мне кажется, что Фредди пытается контролировать сон Артура. Очки с лучами света, направленными на зрачки, нужны, чтобы не дать ему заснуть, пока его похититель этого не захочет. Фредди приводит его в эту комнату, снимает очки. Артур так измучен и испытывает такое облегчение без бьющего в глаза света, что тотчас же засыпает. Тогда Фредди дает ему пройти через разные фазы сна. Медленный сон, медленный глубокий, глубокий. Но он будит его, когда все его мускулы расслабляются, как раз перед входом в парадоксальную фазу сна. Взгляните на камеру прямо над ним: Фредди, должно быть, отслеживает движения век Артура. И насколько я понимаю, когда они начинают двигаться очень быстро, Фредди включает механизм, наклоняющий остров, отчего ребенок просыпается.

— Безумие какое-то, — вздохнул Патрик. — Зачем он это делает?

— Каждый раз, когда мальчик засыпает вновь, организм пытается компенсировать нехватку парадоксального сна, сокращая другие предварительные фазы. Фазы медленного глубокого, а потом и медленного сна в конечном счете исчезнут вовсе в пользу восстанавливающего силы и необходимого для жизни сна. Я думаю, что… что после нескольких недель такого кошмарного режима мозг Артура уже не ориентируется. Он так нуждается в глубоком и парадоксальном сне, что паралич наступает, прежде чем он успевает заснуть.

— В точности то же, что происходило с Виктором, когда его нашли. Вот, значит, как Фредди трансформирует их сон. «Лечение», достойное нацистского экспериментатора. Страхи и лишения порождают галлюцинации. И появляется инкуб.

Глядя на экран, Патрик изнемогал. Бессилие снедало его. А время шло, и Артур тонул, и все начиналось сызнова. Словно в унисон с мальчиком, Абигэль не могла больше бороться, голова ее клонилась, змей был голоден.

— Простите, мне надо... мне...

Не закончив фразу, она уснула на стуле, уронив голову на руки. Фредерик загасил сигарету.

— Когда она так падает, ее и бомба не разбудит. Я отвезу ее домой, ей надо отдохнуть. Через полчаса вернусь.

— Помочь тебе донести ее до машины?

— Спасибо, не надо, я сам справлюсь.

Он закинул руку молодой женщины себе за шею и скрылся с ней в коридоре.

Через полчаса он вернулся с новой пачкой кофе, печеньем и баночками кока-колы. Жизель ушла в палату перевести дух.

— Заодно растряс запасы. — Фредерик показал на экран. — Ну что?

— Иди посмотри.

Артур сидел, забившись в угол тесного отсека, без очков, прижав колени к груди. Он смотрел на лампочку под потолком, и в глазах его был ужас. Помещение представляло собой бетонный куб примерно три метра на три, без окон, пол был застлан соломой. В углу — тюфяк, бутылка воды, металлическое ведро.

— В точности так описывал это место Виктор, — сказал Патрик.

Двое жандармов не могли больше этого выносить, их тела напряглись, словно завязались узлами. Они закурили по очередной сигарете, чтобы хоть немного расслабиться. Фредерик прикурил от «Зиппо» Ива. Он взял зажигалку со стола у себя в гостиной. Фредерик повертел ее в руке.

— Абигэль проснулась, когда мы вошли в квартиру. И опять пыталась себя обжечь. В четыре часа утра, представляешь? Она хотела удостовериться, что «все правда», сохранить след этих часов, которые мы провели, наблюдая за бедным ребенком, подвергавшимся пытке. Мне пришлось вырвать у нее из рук эту проклятую зажигалку — она не хотела ее отдавать. Я все увез с собой: блоки сигарет, зажигалки, спички.

Он грустно посмотрел на выгравированного на металле шахматного слона.

— Я тебе не говорил, но...

— Что — но?

— Внутренняя сторона ее бедра покрыта свежими татуировками. Она сделала их тайком и показала мне только несколько дней назад.

— Что за татуировки?

— Фразы, имеющие отношение к ее дочери, к Фредди, к писателю, типа: «Кто такой Джош Хейман» или еще: «Отыскать демонов ДжХ». Она использует свое тело как что-то вроде... пергамента. И мне кажется, что с каждым днем ей все хуже. Все больше черных мыслей, и ожогов, и уколов иглой. От всей этой истории у нее едет крыша.

— Что ты намерен делать?

Фредерик пожал плечами:

— А ты что бы сделал на моем месте?

— Не знаю, у меня дети, жена, которую я знаю больше двадцати лет, это другое дело. Но если бы с ней случилось что-то подобное, я думаю, что... что я бы, наверно, сам рехнулся. Я не могу представить, чтобы она обжигала себя сигаретами. Это была бы уже не Элен. Но вздумай она действительно это сделать, я бы испугался, что она зайдет еще дальше. Сделает себе больно по-настоящему. Ножом, бритвой — понимаешь, о чем я? Я не врач, но мне очень не нравится то, что происходит с Абигэль. На твоем месте я отвел бы ее к психиатру.

— Мы об этом уже говорили. Она отказывается.

Фредерик указал на лицо Артура:

— Я знаю, что ей не на пользу смотреть на эти ужасы. Она думает об этих детях и постоянно вспоминает свою дочь. Ее затянуло в какую-то саморазрушительную спираль. Поэтому я хотел бы, чтобы ты оказал мне услугу.

— Слушаю тебя.

— Было бы лучше не давать ей больше доступа к досье и не позволять заходить сюда, как к себе домой.

— Ты хочешь сказать, отстранить ее от дела?

Фредерик кивнул. Патрик Лемуан с минуту подумал.

— Хорошо. Если так лучше для нее.

65

Около одиннадцати Абигэль вышла из табачной лавки с пачкой сигарет и новенькой «Зиппо» в руках. Ей необходимо было ощущать присутствие огня поблизости, чтобы успокоиться и реагировать на ключевые события. Она должна была держаться за реальность, эти шрамы продвигали ее вперед, помогали жить и бороться. Фредерик, что правда, то правда, не спускал с нее глаз, но он не мог помешать ей пойти до конца в своих поисках, лишив ее этой вещицы курильщика.

Она вернулась в квартиру и села за письменный стол, положив перед собой новую зажигалку.

Взглянула на светящийся экран: пришло электронное письмо. От некоего Гислена.

> Добрый вечер, Абигэль.
> Я так и не получил от Вас весточки, удалось ли Вам в конце концов расшифровать Ваше закодированное послание благодаря книжному шифру? Держите меня в курсе. Я Вам уже говорил, Ваша задачка меня заинтриговала.
> Искренне Ваш,
> Гислен (форум криптографии)

Абигэль понятия не имела, кто такой этот Гислен, и не помнила, чтобы когда-нибудь слышала о книжном шифре. Она порылась в своей почте, во входящих, отправленных, в корзине, но не нашла никаких следов переписки с ним. Она ответила ему, попросив прислать информацию заново, и стала ждать, не отходя от компьютера. Ответ, к сожалению, так и не пришел.

Она собралась и отправилась в казарму. Когда она подъехала к посту охраны Безумной Вдовушки, шлагбаум перед ней не открылся. Она опустила стекло и помахала часовому; тот вышел из будки.

— Прошу прощения, но вас приказано больше не пускать.

— Вы, должно быть, ошибаетесь. Проверьте, пожалуйста.

Жандарм не соизволил заглянуть в свои бумаги.

— Я знаю, кто вы, мадам Дюрнан, и говорю вам, вас приказано больше не пускать.

— И кто это приказал, могу я узнать?

— Капитан Лемуан.

Это наверняка была ошибка. Абигэль дала задний ход, припарковалась поодаль и достала телефон. Но ни Фредерик, ни Патрик Лемуан не ответили. Она оставила сообщения. Почему Лемуан вот так вдруг ее отстранил? Конечно, она не вернулась к делу официально, но все же...

Дома Абигэль поколебалась, не подключиться ли к сайту Фредди: интернет-адрес она ввела в память и ей не терпелось узнать, что там происходит. Но она удержалась, чтобы не мешать работе жандармов, создавая новые соединения.

Просмотрела почту. Пользователь с форума криптографии Гислен ей так и не ответил. Она принялась кружить по комнате. Сил больше не было ждать, сидеть в четырех стенах, ничего не делать. Ухватившись за последнюю соломинку, она позвонила Жизели, которая сняла трубку.

— Патрик действительно отстранил меня от дела? — спросила она напрямик.

— Да. Он говорит, что все это тебе...

— Он рядом с тобой?

— Ушел с Фредериком полчаса назад.

— Куда?

— Я тебе доверяю, Аби, и я тебе ничего не говорила. Команды компьютерщиков установили, что интернет-соединение осуществляется от сети мобильного телефона, совмещенного с компьютером, который постоянно подключен к сайту Фредди. Ретрансляционная антенна находится на востоке Сент-Омера. Они сейчас доводят связь до ума, чтобы локализовать телефон. Вероятно, получат информацию через два часа. Я не могу сказать тебе больше, я...

Абигэль уже повесила трубку. Сент-Омер. Еще один город, который она хорошо знала, потому что несколько лет там училась. Частный коллеж Сен-Жюльен, комплекс серых строгих зданий в окружении болот... Он упоминался в прессе, в большой статье о ней, и закрыл свои двери в 2001 году из-за проблем с финансированием. Там протекала ее жизнь до конца третьего класса. Воспоминания об этом периоде были уже не очень четкими, но все же устояли перед черной дырой в ее памяти.

Как и с заброшенным домом в Лон-Пляж, это не могло быть случайностью. Расследование всякий раз заставляло Абигэль возвращаться к детству. Кошмары, сон... Абигэль виделось уравнение со многими неизвестными, решения у которого не было.

Через четверть часа она выехала из Лилля в направлении Па-де-Кале, безоружная, не зная, что ее ждет, в голове одни вопросы. Какой-то тип, возможно, подключился к сайту Фредди, чтобы наблюдать за мучениями ребенка, из знакомого ей места.

Она ехала, упираясь ногой в пол, выключила радио и силилась совладать со своими мыслями, подавить любые эмоции, которые могли разбудить змея. Считала белые полосы на асфальте. Шоссе, автострады. Через час пейзаж изменился, солнце между тем было уже в зените. Растительность вытеснила бетон и кирпич, все заполонила природа. Мимо проносились деревья с изумрудной листвой, черные каналы, поблескивающие под бледно-голубым небом. Воздух был насыщен влагой, гудели тучи насекомых, заслоняя горизонт. Одомаруа, болотистый край. Абигэль смутно помнила, как приезжала из Сент-Омера в Лон-Пляж на выходные. Как отец спихнул ее в интернат и пропадал всю неделю, а то и дольше. Как строги были учителя и как часты наказания, всякий раз, когда она засыпала в классе. Здесь в нее вколачивали знания ударами линейкой по пальцам.

Она свернула на дорогу, вдоль которой тянулись канавы с водой и густой кустарник. До города было меньше километра, и вот она увидела вдали ворота интерната, сплошь увитые колючими побегами ежевики. Она припарковалась на обочине и вышла, одна, отрезанная от мира.

Ржавый замок на воротах был не заперт. Взломали его или открыли? Абигэль толкнула створку и проскользнула в образовавшуюся щель. Так странно было вернуться в эти места из прошлого, уже почти нереальные. Слишком спокойно все, слишком тихо. Две-три птицы сидели высоко на ветках, точно стражи древнего храма. Сорная трава, облюбовав трещины в асфальте, буйно проросла среди двора, на котором когда-то играли дети. Абигэль вспомнились «Птицы» Хичкока. Здесь царила та же атмосфера, что ощущалась в фильме, перед тем как пернатые напали на школу.

Скользнув за кирпичную стену бывшего административного здания, она набрала сообщение Патрику Лемуану и Фредерику: «Я в моей бывшей частной школе в Сент-Омере/Клермаре. Я в опасности». Сообщение она посылать не стала, но держала телефон в руке, готовая нажать «ОК» в любую минуту. Опасность она чувствовала повсюду вокруг, словно рука с крючковатыми пальцами тянулась к ней, чтобы задушить. Какие-то хлорофилловые инкубы, растительные Орля подстерегали ее в лесной чаще.

Ничто, однако, не указывало на присутствие человека. Ведь если бы здесь кто-то был, то где-нибудь стояла бы машина?

Четыре главных здания располагались вокруг большого парка, в котором уцелели лишь остатки скамеек, ржавые футбольные ворота, баскетбольные площадки с обрывками сетки на корзинах. Абигэль прошла вдоль столовой, заглядывая в окна, серые от грязи или разбитые. Десятки сваленных пирамидой посреди зала стульев, перевернутые или придвинутые к стенам столы. Там и сям надписи, знаки, корявые рисунки — собачьи морды, змеи, звезды. Она ускорила шаг, осматривая на ходу все уголки. В неподвижности всей этой мертвечины было что-то жуткое.

Она направилась к корпусу, где был когда-то интернат для девочек. Вокруг входной двери была нарисована огромная акулья пасть. Абигэль осторожно поднялась по бетонным ступенькам. Дверь недавно открывали: крапива у порога была вытоптана.

Она крепче сжала в руке мобильный телефон, и пасть поглотила ее.

Внутри здания оказалось гораздо прохладнее. Перед ней тянулся длинный коридор, строгий и бездушный... Растрескавшаяся плитка на полу... Спальни по обе стороны, пустые, без мебели... В голове у Абигэль звучали тяжелые шаги надзирателя... Смех в соседних комнатах, иногда плач, чаще всего ее. Годы, проведенные здесь, не были счастливыми, и ее нарколепсия сыграла в этом немалую роль: «лентяйка», «притворщица» — сыпалось на нее со всех сторон... Вечное ее бремя.

Она смотрела то направо, то налево, шагая быстро; тоска из прошлого сжимала ей горло. Абигэль вдруг остановилась: что она делает в этом месте, пустующем много лет? Бред какой-то. Сценарий, достойный одного из худших ее кошмаров.

Она хотела задрать правый рукав свитера, но застыла, вдруг услышав телефонный звонок. Он донесся из душевой на другом конце коридора. Абигэль стояла неподвижно, затаив дыхание, и ей казалось, что, сделай она хоть маленький шажок, весь мир его услышит. Наконец звонки смолкли. Никто не ответил.

Выждав еще минуту или две, она пошла дальше на цыпочках, стараясь не задеть осколки стекла на полу. Ее пульс участился, внутри все кипело. Напрягшееся тело уже готовилось к бегству. Глубоко вдохнув, она шагнула в душевую и замерла, словно натолкнулась на невидимое стекло.

Сотни газетных листов устилали каждый квадратный сантиметр плиточного пола. Листов, тщательно скленных между собой и прикрепленных скотчем к плинтусам, до самых душевых кабин с сорванными дверями. Настоящая работа психопата.

С большинства этих разворотов смотрело одно и то же лицо: ее. Это была та самая большая статья о ней, повторенная бесконечное множество раз. Абигэль стояла перед сотнями своих копий в зеркальном дворце.

Волна эмоций захлестнула ее с такой силой, что у молодой женщины подкосились ноги. Мобильный телефон выпал из ее руки и разбился о бетон. Она едва успела подумать *катаплексия* — и рухнула вслед за аппаратом, сначала на колени, потом с силой ударилось об пол левое плечо, а за ним и голова. Она услышала глухой звук под черепом, у левого виска. Боль пронзила ее. Теперь она была не в состоянии шевельнуть ни единым мускулом.

И любой мог делать с ней что угодно.

66

Абигэль распласталась перед незнакомым телефоном, лежавшим в нескольких метрах рядом с закрытой тетрадью и включенным ноутбуком. Ее щека прижималась к полу, ноздри вдыхали пыль. Глаза не могли вращаться в орбитах — глазные мышцы тоже отказали — и были прикованы к экрану компьютера, который показывал Артура в тесном, слабо освещенном помещении. Мальчик сидел на матрасе, подтянув колени к груди, печальный и неподвижный. Он повернул голову в ее сторону, и что-то изменилось в выражении его лица. На нем мелькнуло удивление.

Тут Абигэль отчетливо поняла: он ее видит. Должно быть, веб-камера компьютера была включена. Он больше не сводил с нее глаз. Абигэль прекрасно помнила, как закричал Виктор при виде ее. Очевидно, Артур тоже ее боялся.

Она постаралась успокоиться и ни о чем не думать. Ее мозг должен был понять, что она не спит, чтобы избавить ее от этого паралича тела. Катаплексия могла длиться минуту, две, десять, правил тут не было. Никогда.

На экране появился Фредди, сначала со спины. Спина широкая, массивная. На нем была все та же лисья маска, жуткий балахон, перчатка с когтями. Он посмотрел в ту же сторону, что и мальчик. На Абигэль. Голова его склонилась влево, потом приблизилась к экрану, очевидно находившемуся в камере Артура. Потом, выпрямившись, он стал расхаживать взад-вперед в глубине подвала. Он явно нервничал.

Запертая в карцере своего тела, Абигэль боролась. Мобильный телефон будто дразнил ее в десяти сантиметрах перед носом. Достаточно было нажать на экран, чтобы послать сообщение жандармам, но даже на это у нее не было сил. По ту сторону камеры Фредди был теперь так же неподвижен, как и она. Он пристально смотрел на нее. Черный лисий нос, должно быть, прижался к веб-камере: он занимал почти весь экран.

Вдруг Абигэль расслышала шум автомобильного мотора. От далекого урчания, проникавшего в самую глубину ее организма, завибрировали плитки пола под ушибленной щекой. Тиски страха сжимались, мозг приказывал ей бежать, одновременно парализуя. Невыносимый парадокс, терзавший и тело ее, и разум.

Машина уже въехала во двор. Шум мотора смолк. За стеной хлопнула дверь. Один человек. Значит, это не жандармы.

Это был он. Хозяин компьютера.

Абигэль не могла даже сглотнуть. Каждый палец весил тонны, бетонная плита придавила ее к полу. Дыхание ее участилось, ею овладевала паника, она была подобна медузе, выброшенной морем на песок. Беззащитная. Фредди приник к экрану, чтобы лучше видеть, чтобы чувствовать ее. Слышал ли он, как подъехала машина? Она угадывала в темных прорезях лисьей маски черноту его глаз, цвет его ненависти.

В коридоре интерната послышались шаги. В ту минуту, когда вдалеке хлопнула дверь, Абигэль ощутила трепет движения в руках. Нервный импульс распространился до плеч, и она смогла ими пошевелить. Прилив отступал. Она едва чувствовала свои ноги, когда прямо перед ее глазами возникла пара ботинок. Один из них опустился ей на лицо, расплющив его о ее собственный портрет на газетной бумаге.

И тут из компьютера донесся голос. Голос Фредди.

— Бей ее.

Абигэль хотела закричать, но из горла вырвался лишь едва слышный хрип.

— Бей ее, кому говорю! — приказал Фредди тверже.

Голова взорвалась болью. И наступила темнота.

67

Расплывчатость... Фокусирование... Поверхность стен, поколыхавшись, стала гладкой... Спиной к ней стоял на коленях перед компьютером в молитвенной позе мужчина... Рядом с ним на газетах лежал большой окровавленный кухонный нож.

Абигэль чувствовала ноющую боль в голове, в плечах. Везде. Кто-то перенес ее в угол и посадил, руки и ноги были связаны пыльным электрическим проводом, да так крепко, что он врезался в тело. В рот была засунута пахнувшая бензином тряпка, едва позволявшая дышать. К горлу подступала тошнота, крутило желудок. Несколько слоев клейкой ленты сдавливали щеки и рот. Она наклонила голову, рассмотрела свой живот, ноги, руки. Откуда взялась кровь на ноже? Куда мужчина ее ударил? Страшные картины пронеслись в голове: ее усыпили, украли какой-то орган и зашили. Она хотела сглотнуть и закашлялась.

У мужчины была сутулая спина, поникшие плечи, короткая стрижка. Помятая зеленая куртка. Его облик о чем-то говорил Абигэль. Этот силуэт она уже где-то видела.

Когда мужчина повернул к ней голову, в животе у нее разлился страх. Она знала этого человека, она была у него всего несколько дней назад.

Этот человек оплакивал своего сына. Это был отец Артура.

Глаза его были полны слез. Рубаха нараспашку, грязная, пропитанная солью и потом. На экране компьютера перед ним зрелищем наслаждался один Фредди: Артур из камеры исчез.

— Он хотел, чтобы было так, — прошептал Бенжамен Виллеме. — Хотел, чтобы это было здесь, с газетами, и я посередине. Чтобы...

Лицо у него было мертвенно-бледное, глаза налиты кровью. Он с трудом поднялся и повернулся к Абигэль, раскинув руки ладонями вперед. Два пореза пересекали его запястья, две широкие улыбки вишневых губ.

Он истекал кровью.

— ...чтобы меня нашли мертвым среди всех этих статей. Только так, и никак иначе.

Снова зазвонил его мобильный телефон. Бенжамен вздрогнул и уставился на аппарат, утирая лоб алой от крови рукой.

— Это моя жена... О боже мой!

— Заткнись! — крикнул Фредди по ту сторону экрана. — И смотри на меня!

Отец Артура поднес раскрытые ладони к лицу, кровь брызнула на рубашку. Он по-прежнему не сводил глаз с Абигэль.

— Скажите ей, что бы ни случилось, что бы она ни думала, я любил ее. Я...

Снова зазвучал голос Фредди, резкий, угрожающий. Бенжамен задрожал и повернулся к нему.

— На колени! — скомандовал Фредди.

Бедняга повиновался, как завороженный глядя на экран. Кровь текла на брюки и уже образовала лужицу у его ног. Абигэль попыталась высвободиться из пут, но тщетно. Она умоляла сквозь кляп, понимая, что отец Артура вот-вот умрет на ее глазах.

Но Бенжамен уже ничего не слышал, голова его моталась из стороны в сторону, жизнь уходила. Он с трудом протянул руку к экрану.

— Мне так жаль, что я слишком долго ждал, — прошептал он.

Потом вздрогнул, качнулся влево и рухнул на пол. В последнем усилии скорчился в позе эмбриона. Его тело еще раз содрогнулось и замерло. Абигэль уставилась на экран, на это чудовище, которое тоже смотрело на нее, прячась за своей маской. Жуткая морда дикого зверя. Приоткрытая пасть с острыми зубами. Демон, крадущий сон.

— Скоро и твоя очередь, — произнес Фредди нараспев.

Потом он встал и исчез из поля зрения. Через несколько секунд экран стал черным, а кровь Бенжамена Виллеме мало-помалу впитывалась в газетные листы с едва уловимым шелестом намокающей бумаги.

И когда послышался шум других машин, когда захлопали двери и военные сапоги захрустели по битому стеклу, устремляясь в интернат, Абигэль посмотрела в мертвые глаза отца Артура, уверенная в одном: он не покончил с собой.

68

Она стояла, прислонившись к машине жандармерии, на школьном дворе. Голова ее была перевязана там, куда ударил отец Артура. Кровоточащих ран не было, только две большие шишки, одна в результате падения. Вокруг нее шелестели деревья, и птицы, как зрители в первых рядах, все так же невозмутимо щебетали на ветках. Фредерик принес ей картонный стаканчик с водой, а люди в форме тем временем мелькали в дверях интерната: кто-то входил, кто-то выходил.

Она выпила большими глотками, чтобы отбить мерзкий вкус бензина в горле. Фредерик обнял ее за плечи, но она едва заметно отстранилась.

— Я так испугался. Как тебе только в голову пришло действовать в одиночку, черт побери? Тебя могли убить.

— Но этого не случилось. Фредди не хотел, чтобы я умерла. Не здесь и не так.

Абигэль скрестила руки, опустив голову, ей не давали покоя последние слова Фредди: «Скоро и твоя очередь».

— Ты на меня сердишься? — спросил Фредерик.

— С чего бы мне на тебя сердиться? Вы с Патриком отстранили меня от дела.

— Не вини Патрика, инициатива исходила от меня. Я просто хотел тебя защитить. Надо понимать, мне это не удалось.

К ним подошел Патрик Лемуан.

— Я только что узнал, что Фредди оборвал все контакты, его сайт стал недоступен, — сообщил он. — Черная страница, *nada*. Больше никакой возможности выйти на него, и соединения не отследить.

Он прикрыл пламя зажигалки рукой, держа в другой сигарету. Абигэль посмотрела на мечущийся на ветру огонек, поджав губы, и нащупала в кармане свою новенькую зажигалку. Прикосновение к холодному металлу успокоило ее.

— Тебе придется объяснить нам, что произошло, — сказал капитан жандармерии. — Как ты оказалась здесь раньше нас? Как ты узнала?

Абигэль подробно рассказала о последних часах. Как она пыталась связаться с ними по телефону, как позвонила Жизели, услышала о Сент-Омере, вспомнила эту частную школу, связанную с ее юностью...

— Бенжамен Виллеме не покончил с собой.

— У него два глубоких разреза на запястьях, сделанные кухонным ножом, на котором еще наклеен ценник. Что же это, если не самоубийство?

— Экзекуция. Он подчинялся приказам.

— Приказам?

— Это Фредди приказал ему приехать в мою бывшую школу, разложить на полу все эти старые газеты со статьей обо мне и вскрыть себе вены. Фредди был в первом ряду, он хотел насладиться его смертью в прямом эфире.

Она посмотрела на пустой стаканчик в своих руках, думая о каждой пережитой минуте. Потом подняла на двух жандармов решительный взгляд:

— Мы не там искали. Дети — всего лишь орудия его мести. Это в родителей он метит через их кровиночек. Это они его цель.

— Уточни, — попросил Лемуан.

— Он держит их на привязи, берет измором, день за днем. Сначала похищение, потом чучела, чтобы показать свою власть над жизнью и смертью, потом нескончаемое ожидание и...

Она наклонила голову, как будто все узлы разом развязались в ее черепной коробке.

— В комнате была тетрадь, недалеко от компьютера. Что в ней?

— Я не знаю, — ответил Патрик. — Эксперты сейчас осматривают место преступления, и...

— Мне надо ее увидеть. Если в ней то, что я думаю, значит... О боже мой!

Она пошатнулась и снова оперлась о машину. Фредерик открыл дверь:

— Сядь.

— Ничего, все в порядке. Тетрадь, Патрик, пожалуйста...

Он забрал тетрадь у эксперта, надев пару латексных перчаток. Абигэль сделала то же самое. Потом взяла тетрадь и стала ее листать.

— Смотрите, вот они, знаки, на множестве страниц. Круги, квадраты, звезды, как на стене и в тетради Жантиля.

— Что они означают?

— Когда я говорила с матерью Артура, она была уверена, что муж ей изменяет. Он ночевал в отелях, часто всего в нескольких километрах от дома. Но это не из-за женщины, это потому, что Фредди заставлял его подключаться по ночам к его сайту и смотреть, как угасает его сын. Бенжамен не мог сидеть у экрана дома. Он должен был быть один, без свидетелей.

Патрик раздавил каблуком едва начатую сигарету. Он даже не ощущал вкуса табака, и курить больше не хотелось. Абигэль машинально поглаживала свою левую руку.

— Фредди вынуждал его смотреть всякий раз, когда помещал Артура на остров в бассейне. Как только знак менялся, Бенжамен Виллеме должен был заносить его в тетрадь, чтобы ни одного не пропустить. Настоящая пытка для отца: видеть своего сына в таких условиях и не иметь возможности отвернуться. Я полагаю, что потом Бенжамен передавал записанные знаки Фредди, возможно, посылал по электронной почте или размещал в Интернете. Если знака недоставало, если была хоть какая-то ошибка, наверняка следовали репрессии. Он наказывал Артура, угрожал смертью.

Фредерик и Патрик молчали и внимательно слушали. Абигэль была погружена в свои рассуждения:

— Бенжамен сказал перед смертью: «Мне так жаль, что я слишком долго ждал». Я думаю, Фредди ждет действия с их стороны, он хочет, чтобы...

Она щелкнула пальцами и прошлась по растрескавшемуся асфальту.

— Виктор... Мы так и не поняли, почему Фредди отпустил его первым. Что мы знаем о Беатрис Кодиаль, его матери?

Патрик помнил эту женщину, примчавшуюся к сыну в больницу, когда они нашли Виктора. Зомби, да и только. Такая же сломленная, как ее дитя.

— Ты думаешь, что она тоже выходила на этот сайт? Что Фредди и ее заставлял смотреть на Виктора, запертого в комнате с машиной, и заносить в тетрадь знаки?

Абигэль покачала головой:

— Не она, нет. Но вспомните: Беатрис Кодиаль, тридцати двух лет, кассирша в супермаркете. Мать-одиночка, живет с Виктором, единственным ребенком. Никогда не была замужем, и мужчин, судя по тому, что она нам рассказала, в ее жизни нет. Виктора она родила совсем молоденькой. Девушка бедная, простая, произошло это летом: Беатрис семнадцать, она хороша собой, легкомысленна и меняет мужчин как перчатки, выражаясь ее словами. Стало быть, сама не знает, кто отец Виктора. Мы не покопались в этом эпизоде ее жизни, а надо было.

— Почему? Что ты хочешь сказать? — спросил Фредерик, уже не в силах устоять на месте.

— Я думаю, что Николя Жантиль и есть отец Виктора.

69

После заявления Абигэль наступило долгое молчание. Сделать такое открытие для жандарма — значит расписаться в собственной несостоятельности.

— Вспомните, Николя Жантиль начал подключаться к сайту сразу после появления чучела, связанного с Виктором, в сентябре две тысячи четырнадцатого. В его компьютере мы обнаружили два интернет-адреса: комнаты с машиной и камеры ребенка. Каждые четыре дня Фредди заставляет его подключаться и смотреть на мучения сына, требуя записывать знаки. В чем убедил его Фредди? Что он отпустит мальчика, если Жантиль никому ничего не скажет и будет соблюдать правила. А если обмолвится хоть словом, он убьет Виктора, изувечит его по образу и подобию чучела, которое он вывесил. Жантиль один на своем острове. Поговорить ему не с кем. Он поглощен написанием романа, позволяющего сублимировать жуткие видения, которые навязывает ему Фредди. Бередя свои раны, он вдохновляется нашим расследованием, чтобы рассказать свою историю. Он пишет, и это помогает ему держаться, но с каждым словом он все глубже погружается во мрак и в безумие. Если он ослушается, один Бог знает, на что еще Фредди заставит его смотреть... Потом наступает момент, когда Фредди ставит Жантилю условие: чтобы его сын вышел на свободу, он должен отрезать себе все пальцы. Таков контракт. Таково наказание. Что может быть хуже для писателя?

Патрик Лемуан убежденно закивал:

— Жантиль изувечил себя в конце марта, Виктора нашли в начале апреля. Все сходится.

— А все эти педофильские фото и видео в его ноутбуке? — спросил Фредерик. — Какая тут связь?

— Никакой, — ответила Абигэль. — Этот заскок у Николя Жантиля был несколько лет. Его врач в Бретани сказал мне, что у писателя имеется богатое психиатрическое прошлое. Вот где надо копать в первую очередь. Добраться во что бы то ни стало до его истории болезни. И расспросить мать Виктора о том пресловутом лете, когда она забеременела. Если она и не знает, что Жантиль — отец Виктора, это знает Фредди.

— Он выходил на связь каждые четыре дня... Четверо похищенных детей... Ты думаешь, что...

— ...что Фредди занимается детьми по очереди каждую ночь, вот именно. Он выработал очень четкий график. Николя Жантиль смотрел передачу с веб-камеры... Бенжамен Виллеме смотрел... Ручаюсь, что отец или мать Алисы тоже тайно выходили на сайт не одну неделю... И очень скоро этот человек окажется в том же положении, что Бенжамен Виллеме и Николя Жантиль. Фредди потребует от него действия.

— В таком случае кто-то из родителей Золушки тоже. Возможно, поэтому он так и не объявился: Фредди запретил ему с самого начала.

Абигэль посмотрела на дортуар для девочек. Солнце клонилось к закату, скрываясь за верхушками деревьев. Спускались тени, длинные и холодные, точно гигантские оборотни.

— Фредди хотел, чтобы отца Артура нашли здесь, в моей бывшей школе, с компьютером, содержащим адрес его сайта в Интернете, и сотнями газетных страниц, касающихся меня. Наш похититель больше не прячется, он показал лицо, открыл свои сокровенные тайны. Он перешел к новой фазе своего плана. С другой стороны, ему хочется, чтобы... чтобы все внимание переключилось на меня. Он хотел похитить Леа, ему не удалось, но это ничего не изменило в его изначальном плане. — Она покачала головой. — У меня нет ничего общего с другими родителями, я их не знаю, но я наверняка, как и они, когда-то пересеклась с Фредди. В разное время, в разных местах, но всякий раз он должен был встретиться на пути. Все мы повязаны прошлым. Нашим прошлым...

— Помнишь, ты сама говорила: в детстве Фредди мучения и кошмары, очевидно, сыграли большую роль, — сказал Лемуан. — Глубоко раненный, истерзанный ребенок. Малыш, которому никто из вас не смог помочь выбраться из комплексов. Ты подчеркнула тогда, что он, возможно, страдал каким-то расстройством сна, как и ты. Ты не могла не встретиться с ним в какой-то момент своей жизни.

Абигэль уже рассматривала эту гипотезу.

— Это могло быть до моих тринадцати лет, до того как я поступила в этот коллеж. Беда в том, что я больше ничего не помню. Вы все знаете, что творится с моей памятью из-за лечения.

— Фредди одержим тобой до такой степени, что раздобыл сотни газет со статьей о тебе и заставил человека выстлать ими пол в твоей бывшей школе. Да еще и котенок Леа, подвешенный в том доме в Лон-Пляж. Он на тебе просто помешан. Аби, я знаю, что у тебя проблемы с памятью, но решение этой задачки где-то в твоей голове.

Он посмотрел на часы и повернулся к Фредерику:

— Быстро к матери Виктора, пусть расскажет нам все, что было тем летом, когда она забеременела. Я выделю людей для всего остального, а сам лично займусь родителями Алисы. А Абигэль поедет с тобой. — Он показал на голову Абигэль и добавил: — Если, конечно, ты в силах.

— Да, все в порядке.

— Ты и другие родители, может быть, и забыли Фредди, но он-то — нет, — вставил Лемуан. — Я хочу, чтобы ты посмотрела этой женщине в глаза и покопалась в собственном прошлом. Какой-нибудь пустяк для вас может вырасти в мировую проблему в голове психопата. Отыщи его след в своей голове, Абигэль, и поскорее!

70

Они доехали меньше чем за час. Фредерик вел машину, не сводя глаз с дороги. Абигэль чувствовала, что он нервничает, не в своей тарелке. Наверно, потому, что, как и она, ничего не понял и не разгадал глубинных мотиваций Фредди. Столько усилий потрачено зря...

Абигэль же рылась в дальних уголках своей памяти. *Что-то связанное со сном... Обида из детства... Ребенок, непохожий на других...* Когда они выходили из машины, она спросила своего друга:

— Мой отец когда-нибудь говорил тебе о Центре сна в горах? Где я лечилась в детстве. Скорее всего, до тринадцати лет.

— Никогда. Ты что-то об этом помнишь?

— Нет, просто в голове возникла картина недавно, когда я шла в психиатрическую больницу, где держат Жантиля. Странное ощущение, как будто мне знакомо здание среди снегов и это Центр сна. Я видела его в моих кошмарах и воплощала в фотомонтажах, которые у меня украли, я уверена.

— Где ты могла лечиться? Ты думаешь, что встречала там Фредди?

— Говорю же тебе, не знаю.

— Хорошо, что ты мне сказала, попробую покопать в этом направлении. Если ты была в таком лечебном учреждении, должен где-то остаться след.

Они вошли в дом. Квартира Беатрис Кодиаль находилась на третьем этаже, неподалеку от марины[1] Дюнкерка.

[1] *Марина* — порт для стоянки яхт и катеров.

Фредерик предварительно позвонил по телефону, мать Виктора их ждала. Она приняла их в скромной гостиной, очень скудно обставленной, не от недостатка вкуса, скорее от отсутствия желания. Хоть жандармы часто справлялись о мальчике, Абигэль спросила, как он себя чувствует.

— По совету психолога я записала его на уроки музыки. Он проводит там по два часа трижды в неделю, — ответила мать. — Ему очень нравится. Он выбрал контрабас, не знаю почему, но теперь вся его жизнь в этом инструменте. Ему там хорошо. Он снова становится самим собой. — Она посмотрела на часы. — Я вас предупреждала, через сорок пять минут мне надо идти за ним. Я больше никогда не оставляю его одного на улице.

— Не беспокойтесь, — ответил Фредерик. — Мы пришли задать вам только один вопрос. Подумайте и скажите нам, говорит ли вам о чем-нибудь имя Николя Жантиль.

Беатрис сидела на краешке кресла, наклонившись вперед. Абигэль следила за каждой переменой в выражении ее лица, за каждым жестом. Мать Виктора подняла глаза, посмотрела налево, вспоминая, потом покачала головой:

— Нет, ничего.

Абигэль вывела на экран своего телефона фотографию Джоша Хеймана/Николя Жантиля и протянула своей собеседнице. Та нахмурила брови, надолго задумалась.

— Теперь, когда вы его показали, мне кажется... кажется, что я его где-то встречала. Смутно припоминаю. А кто это? Это он похищал детей?

— Нет, это не он. Но у нас есть все основания полагать, что вы встречались с Николя Жантилем летом две тысячи второго, когда вы забеременели Виктором.

Беатрис снова всмотрелась в фото и долго молчала.

— Да, да, теперь я вспомнила. Я была воспитательницей в детском лагере, в ущельях Тарна, в Пиренеях. Это было в Вилларе, кажется, что-то в этом роде. Он работал там поваром. Боже мой, и правда это он. Мы...

Она прижала правую руку к губам, как будто ее вдруг осенило.

— Вы думаете, что он может быть отцом Виктора?

Абигэль забрала у нее телефон.

— А вы?

Беатрис стиснула руки, зажала их между колен. Она нервничала и старалась не смотреть в глаза собеседникам. Абигэль добавила:

— Когда мы были у вас после похищения Виктора и спросили, кто его отец, вы признались нам, что у вас были отношения со многими мужчинами в то лето и вы не знаете, от кого забеременели. У вас были мужчины в лагере, возможно, и после него. И Николя Жантиль был в их числе.

— Да, у меня были разные связи, по большей части короткие. Я гуляла, это же были каникулы. И потом, я вам уже говорила, я... мне нравилось спать с парнями, и я особо не предохранялась. Но в лагере был только он. Мы были вместе несколько дней. Недельку, не больше.

— А кто был в курсе? Другие воспитатели, персонал, дети? — спросил Фредерик.

— Дети были маленькие, по пять лет. Но да, все, конечно, знали. Вы же понимаете, как это бывает в лагерях...

Фредерик откинулся в кресле и почесал подбородок.

— Расскажите нам о Николя Жантиле.

Беатрис покачала головой:

— Я не помню. Я его и не знаю совсем, с тех пор больше не видела.

— Послушайте, мадам Кодиаль. По данным расследования, очень велика вероятность, что похититель Виктора знал, кто его отец. Похитив ребенка, он метил именно в него, в Николя. Хотел причинить ему боль, уничтожить его морально и физически. Мы думаем, что целью каждого похищения были родители, по крайней мере один из двух, потому что когда-то, в какой-то момент, он встретил на своем пути похитителя и обидел его.

Глаза Беатрис Кодиаль наполнились слезами.

— Боже мой!

— Тот, кто держал вашего сына в плену больше девяти месяцев, наверняка знал о вашей связи с Николя Жантилем. Очевидно, он был тогда в лагере. Там, должно быть, что-то произошло. Что-то серьезное. Постарайтесь вспомнить... Другие воспитатели, персонал. Вам ничего не врезалось в память?

Она покачала головой:

— Все это было так давно. Мне очень жаль.

— Вы сказали, что ваша связь длилась меньше недели, — вмешалась Абигэль. — Кто порвал? Вы или он?

От этого вопроса Беатрис на минуту растерялась.

— Э-э... Это я... Я все прекратила.

— Почему?

— Мне было с Николя Жантилем не по себе. Ему было лет двадцать — двадцать один, и детина он был здоровенный не по годам. Настоящий силач. Никто в лагере не сказал бы ему слова поперек. Он так смотрел на детей, что мне было не по себе...

Абигэль и Фредерик быстро переглянулись: оба вспомнили о педопорнографических картинках в компьютере. Беатрис Кодиаль продолжала:

— Я это заметила, когда он подавал им в столовой. Он часто поглаживал малышей по рукам, и мальчиков и девочек. Такие вот мелочи. Даже в свой перерыв он не отходил от детишек. В лагере это нормально, скажете вы, все живут вместе, но... для него это было что-то другое.

Она встала и включила свет. Небо потемнело, тяжелые тучи наползали с запада. Она снова села.

— Вы хотите сказать, что его тянуло к этим детям? — спросила Абигэль.

— Думаю, да. Однажды вечером я застала его возле дортуара мальчиков, там была лесная тропа, он прятался за деревьями и запросто мог туда заглянуть. Я уверена, что он подсматривал. Сам-то он отпирался, говорил, мол, просто ходит туда покурить, но я в этом сильно сомневаюсь. Вот я и порвала с ним, да еще и пригрозила. Сказала, что если это будет продолжаться...

— Кто-нибудь еще был в курсе?

— Нет-нет. Я никому не сказала, потому что после моих угроз он, похоже, прекратил свои глупости.

Она посмотрела на фотографию Виктора на стене:

— Я совсем не помню Николя Жантиля. Мне кажется, я... в глубине души я очень не хотела, чтобы именно он был отцом моего ребенка. Вот и забыла его. А теперь... — У нее вырвался долгий вздох. — Что с ним сталось? Вы говорите, что это в него метил похититель? Что он похитил МОЕГО сына из-за него? Вы думаете, что... что все это может быть связано с тем лагерем? Все эти истории с детьми.

— Не все, но отчасти, — ответил Фредерик, доставая блокнот. — Нам нужны все сведения, касающиеся этого лагеря. Место, даты, все, что помните.

— Где-то у меня, кажется, была старая платежка.

Она скрылась в другой комнате и, вернувшись через несколько минут с бумагой, протянула ее жандарму. Он встал и дал ей визитную карточку.

— Она у вас уже есть, но, если вдруг вспомните что-то еще об этом лагере, сразу же позвоните мне. Это очень важно.

71

Около одиннадцати вечера в помещении «Чуда-51» все кипело. Большинство членов группы будто получили заряд энергии, и это читалось на их лицах. Патрик Лемуан провел полдня на телефоне, согласуя с другими командами сыщиков различные действия, вытекающие из их открытий в заброшенной школе близ Сент-Омера. Теперь перед десятком жандармов и Абигэль он подводил итог:

— Это, без сомнения, наш самый плодотворный день с начала этого дела. Но этот день также требует срочных действий: Фредди ускорил события, и, пока не доказано обратное, он до сих пор удерживает трех детей. — Стоя у доски, он указал на большой белый лист, исписанный всевозможными сведениями. — Теперь мы не сомневаемся, что Фредди использует детей, чтобы манипулировать одним из родителей, вынуждая его совершить нечто тяжкое, вплоть до самоубийства или нанесения себе увечья. Мы попытались связаться с родителями Алисы Мюзье. К телефону подошел отец. Дозвониться до матери не удалось: ее мобильный отключен. По его словам, она отправилась в командировку в Париж три дня назад. Мы позвонили в ее компанию: Карина Мюзье взяла отпуск на две недели. Ее муж, разумеется, об этом не знал. Он сказал нам о частых отлучках супруги в последние недели и ее странном поведении. Он чувствовал, что она на грани срыва, как еще держалась — непонятно. Я отправил к Мюзье Хорька и Дубловски и подключил команды криминалистов к розыску матери. Но если она скрывается — а скорее всего, это так, потому что локализовать ее телефон невозможно, — это может занять много времени. Совершенно очевидно, что она в контакте с Фредди, который изолировал ее и наверняка заставит действовать в ближайшие дни. — Он посмотрел в свои записи и кивнул Фредерику, сидевшему в конце стола. — Теперь ты.

Фредерик поднялся:

— Все указывает на то, что Николя Жантиль, писатель, который отсек себе все пальцы и в настоящее время находится в психиатрической больнице, — отец Виктора. Это в него метил Фредди, похитив ребенка, как метил он и в отца Артура, заставляя обоих смотреть на мучения их детей, у которых крал сон. Мы поговорили с матерью Виктора и думаем, что ненависть Фредди к Николя Жантилю родилась в детском лагере в Аквитании в две тысячи втором году. Жантиль работал там на кухне и уже тогда проявлял тягу к детям.

— Я говорил по телефону с его психиатром, который выказал готовность к сотрудничеству, учитывая серьезность ситуации, — вставил Лемуан. — Если коротко, после гибели родителей в авиакатастрофе писатель рос у дяди и терпел его посягательства, откуда и психиатрические проблемы, уходящие корнями в отрочество Николя. Случай, увы, классический. Продолжай, Фредерик.

— Я навел справки о детском лагере, координаты которого были указаны в платежке. Его больше нет, но мне удалось раздобыть телефон тогдашнего директора. Я дозвонился ему не далее как два часа назад. Он сказал мне, что в том году была проблема. Через несколько недель после каникул с ним связался один из родителей: его сын жаловался, что Николя Жантиль его будто бы трогал. До суда не дошло, но очень вероятно, что этот ребенок был не единственным. Дети в этом возрасте мало говорят и вряд ли отдают себе отчет в серьезности происходящего.

— Фредди мог быть одним из тех детей, которых трогал Николя Жантиль в лагере? — спросил один из жандармов.

— Это маловероятно, — ответила Абигэль. — Детям было лет по пять, это значит, что сегодня Фредди должно быть восемнадцать. А он куда старше, он из моего поколения, как Карина Мюзье и Николя Жантиль. Если он был в лагере, то, скорее всего, в составе персонала. Возможно, он что-то видел или сам чему-то подвергся со стороны Жантиля.

— Бывший директор лагеря работает теперь в мэрии Лиона, а все тогдашние документы давно сданы в архив, — продолжал Фредерик. — Но он обещал завтра же поискать и представить нам как можно скорее список персонала лагеря за август две тысячи второго года. Я сказал ему, что это очень срочно.

Лемуан кивнул. Поднялась Абигэль и взяла слово.

— Это еще надо проверить, но я думаю, что Николя Жантиль не знал о существовании сына до этого дела. Во всяком случае, Беатрис Кодиаль больше никогда его не видела после той встречи в лагере и даже совершенно вычеркнула его из памяти. Тем не менее Фредди заставил писателя совершить чудовищный поступок, который, наверно, хуже смерти: отрезать себе все пальцы. Жантиль — педофил и, вероятно, очень страдал от своего извращения. Картинки в его компьютере неупорядоченны, это было просто болезненное накопление, и вряд ли он получал удовольствие. Я думаю, когда Фредди показал ему Виктора на экране и сказал, что это его сын, писатель сразу же ощутил некое сострадание к этому ребенку. И, как бы очищаясь от живущего в нем зла, счел своим долгом спасти сына. Он сказал «Прости», обращаясь ко всем детям, чьи фотографии скопились в его компьютере...

Она села. Патрик Лемуан поблагодарил ее и указал на четыре имени на доске, за которыми следовал большой вопросительный знак.

— Николя Жантиль, Бенжамен Виллеме, Карина Мюзье, наш неизвестный родитель Золушки и... Абигэль Дюрнан.

Все взгляды устремились на молодую женщину.

— Вы знаете, что она имеет отношение к этому делу, что ее дочь Леа должна была оказаться в числе похищенных детей и стать четвертой, — продолжал Патрик. — Если автомобильная авария изменила расклад и заставила Фредди похитить другую девочку, то его глубинные мотивации остались прежними. И его ненависть тоже. Надо покопаться в прошлом всех этих людей. Узнать, где они жили, где учились, раздобыть список их дружков и подружек, выяснить все, вплоть до цвета глаз их дантиста. Да, я хочу знать все с того дня, когда они вышли из чрева матери. Наверняка найдется точка соприкосновения. Фредерик, тебе сподручнее заняться прошлым Абигэль.

Капитан жандармерии посмотрел на доску с удовлетворенным видом и хлопнул в ладоши:

— Отлично! Я практически все сказал. Тиски сжимаются. Всем оставаться на связи. Скоро мы прижмем этого сукина сына!

72

Было далеко за полночь, когда Абигэль села за письменный стол, обложившись своими досье, при слабом свете ночника. Они с Фредериком наскоро перекусили, и теперь ее друг принимал душ.

Замешана она была серьезно. Тайны этой истории крылись где-то в ее голове, в нейронах, убитых или лишь усыпленных пропидолом. Вспомнить она не могла, но собиралась завтра же с утра пойти посмотреть свою историю болезни, чтобы узнать, лечилась ли она в детстве в Центре сна в горах.

Пока же она открыла профили родителей похищенных детей. Многие страницы сведений о них, собранных в ходе расследования для подпитки огромной массы информации по делу Фредди. Она чувствовала себя Шерлоком Холмсом с лупой в углу футбольного поля, точно зная, какой крошечный участок лужайки надо осмотреть. Тот, на котором были Бенжамен Виллеме и Карина Мюзье, отец Артура и мать Алисы.

Она сосредоточилась на Карине Мюзье, больше не подававшей признаков жизни. Тридцать пять лет, родилась в Париже, медсестра, двенадцать лет замужем. Жили супруги в Ретеле, близ Реймса, оттуда и похитили девочку Алису, когда она возвращалась с урока танцев.

Абигэль внимательно просматривала все прочие сведения о жизни Карины, как вдруг взгляд ее зацепился за город, где та училась на медсестру с 1999 по 2001 год: Монтобан в департаменте Тарн-и-Гаронна. Там же, где

Николя Жантиль и, по всей вероятности, Фредди были в детском лагере летом 2002 года.

Вот и точка соприкосновения. След в прошлом Николя Жантиля и Карины Мюзье, которые были в одном регионе примерно в одно время. Карина жила в Монтобане до 2003 года, когда познакомилась со своим будущим мужем, приехавшим туда по делам. Они влюбились друг в друга, и она уехала с ним в Реймс.

Абигэль переключилась на отца Артура и пролистала относящиеся к нему страницы. Бенжамен Виллеме, коммерческий представитель в области охранной сигнализации, не принадлежал к их поколению. Сын Артур был поздним ребенком, рожденным во втором браке, когда Виллеме было уже за сорок. Прежде чем заняться охранной сигнализацией, он больше десяти лет, до 2000 года, был директором Департаментского управления по санитарным и социальным делам. Новая жена, новая работа и новое место жительства... Директором он работал в Бордо. Не в том же департаменте, что двое других родителей, но недалеко: тоже Юго-Запад.

Трое из четверых родителей похищенных детей находились меньше чем в двухстах километрах друг от друга в конце 1990-х — начале 2000-х. Абигэль не помнила, чтобы когда-нибудь бывала в этих краях, она всегда жила в Лон-Пляж, в школе и университете училась тоже в Норе. Но может быть, она была там до коллежа и забыла об этом?

Она вывела на экран карту Франции. Всмотрелась в горный рельеф на границе Франции и Испании. Пиренеи... Эти ли горы с заснеженными вершинами увидела она в том странном воспоминании? Был ли там Центр сна, где она могла лечиться?

Абигэль запустила поисковик, набрала «Центр сна», «Пиренеи», «горы». Система выдала бесчисленное множество результатов: лечение сном в Пиренеях, сеть клиник, исследовательские программы. Она порылась, так ничего и не отыскав, потом сказала себе, что подождет до завтра, возможно, в ее истории болезни найдется информация. Она устала, голова болела постоянно после падения и удара. На электронную почту пришло письмо.

Абигэль,
Простите, что отвечаю так поздно, но я сегодня весь день был в разъездах. Странно, что Вы говорите, будто не получали моего письма, в моей почте есть подтверждение получения, значит, Вы его открывали... Но я посылаю Вам его заново во вложении. Счастливо, и на этот раз держите меня в курсе.
Гислен

-------- Исходящее сообщение --------
Тема: Ваше зашифрованное послание
Дата: 21 июня 2015 13:21:51
От: Гислен Лопез /Ghislain.Lopez@gmail.com/
Кому: Абигэль Дюрнан /Abigaeldurnan@free.fr/

Прежде чем прочесть дальнейшее, Абигэль констатировала, что письмо датировано 21 июня, около половины второго. Этот день она помнила смутно. Чердак у Жизели... Карнавальные маски... Удушающая жара... Она проснулась 22-го вечером. До этого — черная дыра.

Здравствуйте, Абигэль.
Меня зовут Гислен Лопез, я увлекаюсь криптографией.
Я случайно наткнулся на зашифрованное послание, которое Вы выложили на форум четыре месяца назад. Оно меня заинтересовало, я люблю головоломки и поэтому занялся им...

Она дочитала до конца. Книжный шифр... Книга, страницы, служащие ориентирами... Числа в шифре, не превышавшие 48... В голове вдруг щелкнуло: она вспомнила о коллекции комиксов своего отца. Неужели Ив использовал *XIII*, чтобы зашифровать свое пресловутое послание? Неужели все было так просто, так очевидно и разрешилось благодаря неизвестному ей пользователю?

Абигэль кинулась в спальню Фредерика, вытащила из-под кровати две коробки со странным ощущением дежавю, воспоминанием, которое никак не удавалось поймать. Она уже делала что-то подобное, этот жест был записан где-то в ее нейронах.

Она порылась в вещах отца, но комиксов не нашла. А между тем она была уверена, что положила туда альбомы и просила Фредерика ни в коем случае не продавать их на блошином рынке. Он переложил их в другое место? Она поискала на книжных полках, но тщетно. Огляделась вокруг. Вещи, мебель. Задрала рукав свитера, проверяя, на месте ли ожоги.

Где же эти проклятые комиксы? Она вернулась к компьютеру и перечитала письмо Гислена Лопеза. Если она действительно получила этот мейл 21 июня, то куда он делся? Он исчез из папки «Входящие». Кто его удалил — Фредерик?

Абигэль напрягла память мучительно — и бесплодно. В своей тетради снов она внимательно перечитала последнюю запись: «Передо мной был чемодан, полный наркотиков... кокаин...» Абигэль ничего больше не помнила, даже этого сна. Как будто все постепенно стиралось из ее памяти. Как будто сон через несколько дней ей уже не принадлежал. «Гул самолетов... красно-белая башня впереди, между деревьями...»

А что, если она уже читала письмо Лопеза, поняла тайный код отца и сумела расшифровать его послание? А что, если это была реальность? Если она действительно ездила в этот лес и откопала там чемодан, полный наркотиков, 21 или 22 июня? Но в таком случае почему она не сделала татуировку или хотя бы не обожглась, чтобы сохранить след?

Она рвала и метала: никакой возможности проверить. Ни единого шанса убедиться, что *это* было на самом деле.

Услышав, как хлопнула дверь ванной, она удалила письмо Гислена и вернулась на страницы Интернета. Фредерик встал за ее спиной. От его кожи хорошо пахло, и он зачесал свои темные волосы назад.

— Свободно, можешь идти.

Он обнял ее. Абигэль ощутила, как волоски на ее руках встали дыбом. В ней словно сработал сигнал тревоги.

— Ты нашла что-нибудь в прошлом родителей?

— Возможно. Есть географическая точка соприкосновения между тысяча девятьсот девяностым и двухтысячным. Отец Артура был директором Департаментского управления по санитарным и социальным делам в Бордо. Лагерь был расположен в сотне километров оттуда, как и Монтобан, где мать Алисы училась на медсестру.

— Фредди мог пройти через учреждение, подведомственное Бенжамену Виллеме в то время?

— Это вполне соответствует его профилю. Ребенок без ориентиров, без твердой семейной базы. Попадает в сферу Департаментского управления по санитарным и социальным делам.

— А при чем тут ты?

— Не знаю. Я ищу Центр сна в Пиренеях, это могло бы стать новой точкой соприкосновения. Эта картина так и стоит у меня в голове.

Фредерик направился в кухню:

— Пойду заварю травяной чай. Уже поздно, надо немного восстановить силы. Завтра с утра пораньше займемся этим.

Абигэль встала и, уже выходя в коридор, спросила:

— Кстати, ты не знаешь, где комиксы моего отца?

Фредерик уже запустил руку в кухонный шкафчик.

— Я их продал вместе со всеми старыми вещами Ива, которые ты мне отдала; там были, кажется, секстант и компас. А что?

— Я же сказала, чтобы ты их не продавал!

Фредерик вытаращил глаза и чуть не выронил пакетики с ромашкой.

— Ты шутишь? Никогда ты мне такого не говорила, наоборот: ты хотела от них избавиться именно потому, что они принадлежали твоему отцу. Черт побери, Абигэль, ты даже этого не помнишь?

У Абигэль дрожали руки, но она через силу улыбнулась. Фредерик не сводил с нее глаз.

— Извини, я забыла...

Шатаясь, она дошла до ванной и заперлась на ключ. Опираясь обеими руками о раковину, втянула голову в плечи. Она была убеждена, что Фредерик ей солгал.

73

Запершись в ванной, Абигэль подняла глаза на закрытый аптечный шкафчик. Достала из выдвижного ящика ключ, отперла замок, открыла дверцу и толкнула ее, сильно не прижимая. Через несколько секунд дверца распахнулась. Сколько раз Абигэль находила эту дверцу приоткрытой, хоть и была уверена, что закрыла ее как следует? Сколько раз она списывала это на счет своей памяти, своих снов?

А что, если Фредерик совал туда нос? А что, если...

Нет, она не могла поверить в такое. Все это были лишь ужасные совпадения. Зачем бы Фредерику лгать ей о комиксах? Неужели ей в очередной раз все померещилось?

Она долго стояла неподвижно, устремив взгляд на флаконы с пропидолом. Это снадобье использовал отец без ее ведома, чтобы усыпить ее перед аварией. Это лекарство могло, подобно наркотику насильника, создавать черные дыры, если принимать его в слишком больших количествах.

А что, если и Фредерик тоже ее им опаивал?

Нет, бред какой-то. С какой целью он стал бы это делать? Он вытащил ее из депрессии, помог встать на ноги, жертвовал своим временем, лишь бы она могла просто жить. И он любил ее, по-настоящему любил. Если бы не он, ей бы не выкарабкаться.

Но Абигэль все же сомневалась, думая о последних неделях, когда память ей изменила, а сны и реальность смешались. Эти неожиданные пробуждения в зале ожидания или на пляже... Целые дни, начисто исчезнувшие из головы. И ощущение, что истина ускользает всякий раз, когда она подходит к ней слишком близко.

В аптечном шкафчике стояли два нераспечатанных флакона и один начатый. Она долго колебалась, потом все же взяла его, вылила содержимое в раковину и с помощью пипетки налила воды примерно на прежнем уровне. Глупо, но... она хотела удостовериться.

Она записала на инструкции из коробки дафалгана содержимое флакона: «327 капель, 24 июня», сложила ее и спрятала под таблетками. Поставила флакон пропидола на видное место в шкафчике. Заперла дверцу и убрала ключ в ящик.

Вдруг дверная ручка повернулась. Абигэль вздрогнула.

— С каких это пор ты запираешься? — спросил Фредерик, тихонько постучав в дверь.

Она метнулась в душевую кабину и до упора повернула кран.

— Я машинально. Я под душем, скоро выйду, я сейчас.

— Я буду в спальне.

Абигэль юркнула под теплые струи. Намылилась и снова вспомнила о синяке на лопатке. Он мог быть только результатом физического контакта, удара. А что, если не все ее сны были снами? Что, если ее *действительно* ударили в спину? Что, если она *действительно* хотела ехать в Кемпер поездом — когда в первый раз решила встретиться с Жантилем, — но ей дали дозу пропидола, достаточную, чтобы все забыть? Что, если она *действительно* была в лесу и откопала чемодан с наркотиками?

От этих жутких мыслей у Абигэль разболелась голова. Нет, не может быть, только не Фредерик... Она заблуждается.

И тут, как очевидность, ей пришла в голову мысль о травяном чае, который он заваривал каждый вечер, с тех пор как она поселилась у него. Как он всегда настаивал, чтобы она его пила.

А что, если именно поэтому он хотел, чтобы она была рядом?

Ей надо было успокоиться и прийти в спальню так, чтобы Фредерик ничего не заподозрил. Она должна делать вид, что все в порядке, только так удастся что-то выяснить. Она снова встревожилась: Фредерик уже заварил чай. И он ходил в ванную. Значит, мог отлить дозу пропидола, чтобы подмешать ее в питье.

Тогда она снова проснется, ничего не помня. Забудет свои поиски, забудет, что правда о деле Фредди была здесь, у нее перед носом. Забудет даже, что Фредерик опаивал ее лекарством. И тогда он убедит ее, в чем захочет. И все опять придется начинать с нуля.

Как знать, не произошло ли это уже?

Она чувствовала себя Сизифом, толкающим камень к вершине, с которой тот скатывался вниз. Замкнутый круг.

Не закрыв кран, она закуталась в полотенце, поспешно вытерлась, прогоняя гусиную кожу. Быстро достала спрятанную в шкафчике коробку дафалгана, написала на инструкции указания, потом оторвала чистый клочок и нацарапала на нем: «Срочно. Возьми инструкцию к дафалгану в аптечном шкафчике и прочти ее».

Она сложила бумажку и спрятала ее в трусики.

Потом огляделась, проверяя, не совершила ли какой ошибки. Боже! Чуть не забыла... Она налила воды в стаканчик и выплеснула его в раковину: принимать пропидол сегодня она не будет, но надо сделать вид, будто она пила.

Глубокий вдох. Абигэль открыла дверь ванной и вздрогнула: Фредерик стоял прямо перед ней.

— Ох, ты меня напугал!

Он как-то странно на нее посмотрел, потом заглянул в ванную. Нашел глазами раковину.

— Что-то ты долго.

— День был долгий. Хорошо постоять под душем.

Она через силу улыбнулась ему и направилась в спальню, спиной чувствуя тяжелый взгляд Фредерика. Паранойя или реальность? Чашки с дымящимся чаем ждали их на тумбочках у кровати. У Абигэль сжалось горло, но она ничего не сказала. Возможно, она сделала глупость, заговорив с ним о комиксах. Теперь она была уверена, что он следит за каждым ее движением.

Малейшее колебание, нарушение ритуала, и он все поймет.

Но может быть, она все же заблуждается. Она надеялась на это всем сердцем.

Фредерик прошел к своей тумбочке, сел на кровать и взял чашку. Отпил глоток, словно приглашая ее сделать то же самое.

— Мне кажется, ты действительно ухватила серьезную ниточку с этим Центром сна, — сказал он. — Если мне удастся узнать его название и выяснить, когда ты там была, я смогу получить список пациентов, среди которых может быть Фредди. Сравним его со списком персонала детского лагеря. И возможно, выплывет имя. Он будет у нас в руках, Абигэль, Фредди наконец-то будет у нас в руках. Ты понимаешь? Мы сможем прижать этого сукина сына.

Его взгляд ускользал от нее. Он смотрел в стену прямо перед собой. Абигэль уже не мыслила его иначе как человека, пытающегося ей навредить. Но он казался таким искренним.

Она взяла блюдечко. Фарфор слегка звякнул. Фредерик теперь не сводил с нее глаз.

— Ты что-то нервничаешь. Надеюсь, не просидишь всю ночь за компьютером. Ты приняла лекарство?

— Конечно.

Ей надо было успокоиться во что бы то ни стало. И выпить чай, потому что ей полагалось быстро уснуть. Фредерик уставился на ее тонкие, стройные ноги под ночной рубашкой. Его рука легла ей на бедро. Абигэль напряглась.

— Черт-те что эти твои татуировки. Зачем они тебе понадобились? Я же с тобой.

— Я знаю, но...

— Когда все кончится, мы их сведем, договорились?

Она кивнула:

— Да. Обещаю.

— Поцелуй меня.

Она прижалась губами к его губам и не испытала ничего, кроме отвращения, потом через силу улыбнулась. Его большие кошачьи глаза пугали ее. Она уткнулась в чашку и отпила глоток чая. Потом второй, третий. Легла на бок... Рука Фредерика поглаживала ее плечо, эта рука могла, когда она уснет, сжать ее горло, убить... Она закрыла глаза и сосредоточилась на бумажке, спрятанной в трусиках, надеясь, что в случае потери памяти найдет ее. Потому что если нет...

Через несколько минут все закружилось у нее в голове. Фосфеновые облака взрывались под веками, брызгами рассыпался свет. Сон навалился яростно, непреклонно, это было, вне всякого сомнения, действие изрядной дозы пропидола.

Абигэль успела подумать, что человек рядом с ней — чудовище.

Потом она провалилась в черную дыру, и забвение овладело каждой клеточкой ее организма.

74

Абигэль проснулась с ощущением, будто наглоталась крупной соли. Она умирала от жажды, а дыхание ее пахло водкой. Простыни были мокрые насквозь. Она с трудом вырвалась из тисков сна и пощупала постель рядом. Пусто. Будильник показывал 13:22.

Она хотела было встать, но почувствовала острую боль в животе. Ночная рубашка, прилипшая к коже, была вся в бурых пятнах. Кровь. Она вскрикнула, пытаясь руками отодрать ткань. Казалось, в ее тело вонзали скальпель. Что с ней случилось?

Абигэль дотащилась до ванной, ничего не понимая, и смочила ткань, чтобы легче отделить ее от кожи. Потом осторожно приподняла рубашку.

Она чуть не упала в обморок. Живот был весь расчерчен тонкими порезами. Кто подверг ее такой пытке? Зачем? И главное, почему она ничего об этом не помнит?

Стиснув зубы, она разделась. Знал ли Фредерик об этих порезах? Почему от нее разит спиртным? Она достала вату, антисептик, бинты и как могла обработала раны. Посмотрела на татуировки на внутренней стороне бедра. «Леа должна была быть 4-й». Новой, которая могла бы объяснить причину этих отметин, не было.

Иглы, ожоги сигаретой, а теперь дошло и до холодного оружия. Ужас нарастал. Воспоминания терялись. Сама не своя, она кинулась к мобильному телефону. Набрала номер Фредерика, но он не ответил. Она оставила паническое сообщение: «Фредерик, я должна понять, что со мной! Пожалуйста, перезвони мне поскорее! Это

СРОЧНО!» Потом она попыталась дозвониться Патрику Лемуану и Жизели. Ответа не было.

Сняв трусики, тоже окровавленные, она увидела на полу клочок бумаги. Он был сложен и выпал из ее белья.

Срочно. Возьми инструкцию к дафалгану в аптечном шкафчике и прочти ее.

Ее почерк... Послание, адресованное самой себе, спрятанное в самом интимном месте. Зачем? Абигэль ничего не понимала. Она нашла коробку с лекарством и увидела текст, написанный ее собственной рукой, очень мелко:

~~237 капель, 24 июня.~~
Сегодня 24 июня, 23:47
В начатом флаконе пропидола 327 капель воды.
Все нижеследующее — чистая правда: если ты читаешь этот текст и не понимаешь, если ты ничего не знаешь, ничего не помнишь, значит Фредерик опаивает тебя пропидолом, и уже давно. Не знаю, с каких пор и зачем, выяснить это придется тебе. Но вспомни свой сон, двойной, многослойный, с поездом. Я думаю, ты действительно хотела ехать в Кемпер, чтобы увидеть Жантиля, но Фредерик умышленно стер все из твоей памяти. То же самое, возможно, и с папиным чемоданом кокаина. Все это могло быть на самом деле. Что касается Кемпера, должен остаться след, если я покупала билеты на поезд, проверить я не успела. Ищи и найди.

Не забудь еще одно: посмотреть твою историю болезни. Лечилась ли ты до тринадцати лет в Центре сна в Пиренеях или еще где-то в горах? Если да, не исключено, что ты встретилась там с Фредди и что он тоже страдал расстройством сна... Он люто ненавидит тебя, как ненавидит и других родителей.

Ты наверняка мало что понимаешь, но действуй.
Это дело первостепенной важности!

Абигэль замерла, ошарашенная, опустошенная. Ей пришлось сесть и перечитать написанное несколько раз. Фредерик... Она не могла в это поверить. Автор этих слов — она сама вчерашняя — наверняка заблуждалась. Была ли это причина ее порезов? Желание запечатлеть на своем теле присутствие опасности?

Все нижеследующее — чистая правда...

Она лихорадочно кинулась к компьютеру, включила его, посмотрела дату. 26 июня. Этот текст она написала два дня назад. Два дня пустоты. Два забытых дня, в которые могло произойти что угодно.

Зазвонил ее мобильный. Это был он. Выброс адреналина, стресс. Думать, быстро. Непременно надо подойти. Глубоко вдохнув, она ответила. Зазвучал голос Фредерика, он, похоже, ехал в машине.

— Это я. Получил твое сообщение. Что у тебя такого срочного?

Абигэль искала слова. Сказать правду, не открывая, что она знает...

— Я проснулась и обнаружила, что у меня все тело в ранах. Что случилось?

— А ты сама не помнишь?

— Нет.

— Я не знаю точно, что произошло. Я нашел тебя в таком состоянии вчера вечером. Хотел отвезти тебя в больницу, но ты отказалась, билась в истерике и даже угрожала мне, размахивая моей бритвой. Ты много выпила, Абигэль, ты больше не была собой. Ты говорила, что... что хочешь вернуться к делу, тебе, мол, невыносимо, что тебя отстранили.

— Меня отстранили?

— Мы с Патриком предпочитаем держать тебя подальше от этого. Это дело губит тебя. В первую очередь тебе надо лечиться, иначе я в один прекрасный день найду тебя... — Короткая пауза. — В общем, я нашел тебя в таком состоянии, продезинфицировал раны, крови уже почти не было, они, к счастью, неглубокие. А потом ты легла спать.

— Фред, я... я ничего не помню!

— А что последнее ты помнишь?

— Мы у компьютера Николя Жантиля в помещении «Чуда-51»... Фредди крадет у детей сон на этом странном острове в надувном бассейне... Потом — ничего.

— Боже мой, Абигэль, это было два дня назад! С тех пор столько всего произошло. Труп Бенжамена Виллеме ты тоже не помнишь?

Абигэль сдерживалась изо всех сил, чтобы не заорать. Нет, она ничего не помнила. Она чувствовала себя нагой, поруганной, преданной. Изнасилованной до нутра, до памяти. Вернувшись в ванную, она нашла опасную бритву в выдвижном ящике. Чистую, сложенную.

— Нет, нет. Расскажи мне обо всем, что произошло. Как продвигается расследование? Расскажи мне... пожалуйста...

— Позже. Оставайся дома, хорошо? Ни в коем случае никуда не выходи. Я вернусь через час. Мы что-нибудь придумаем.

Он отключился. Абигэль долго смотрела на свой телефон. Надо было взять себя в руки и до конца проверить все, о чем говорилось в записке. У нее был на это час.

Действительно ли она покупала билеты на поезд до Кемпера? Банковская выписка за июнь еще не пришла; она вышла на сайт банка и стала проверять списания, строчку за строчкой. Сосредоточиться было трудно, в глазах мутилось, — очевидно, действие пропидола еще сказывалось на ее организме.

Вдруг сердце ее так и подпрыгнуло: списание средств на счет Национальной компании железных дорог в субботу, 13 июня, в сумме 242,90 евро. 13 июня... Она задумалась, посмотрела в свои записи. Тот многослойный сон приснился ей накануне визита к неврологу... Значит, 15 июня. Но между 13 и 15 июня она не помнила ничего.

Абигэль попыталась разобраться: она, стало быть, собиралась ехать в Кемпер 13 июня. Причина этой поездки могла быть только одна: книга Хеймана. Она, должно быть, прочла ее раньше и наткнулась на выражение «Жемчужинка Любви». Значит, она связывалась с парижским издателем. Но если она уже была в том маленьком издательстве, почему же ей не сказали, что с ней уже встречались, когда она пришла во второй раз?

Абигэль осенило: она просто встречалась с разными людьми. Взяв телефон, она позвонила Людовику Шатильону, издателю:

— Господин Шатильон, это Абигэль Дюрнан, я психолог и работаю над делом о похищении детей. Вы меня помните? Я приходила к вам в издательство несколько дней назад по поводу Николя Жантиля.

— А, да, мадам Дюрнан. Я вас помню.

— Скажите, я уже бывала в вашем издательстве до нашей встречи? У меня были проблемы с памятью в последнее время, и мне очень важно это знать.

— Да-да, в самом деле. Я говорил о вашем визите с одним коллегой, когда он вернулся из отпуска, и он сказал, что вы приходили к нему и задавали в точности те же вопросы, что и мне! И он тоже сообщил вам, что Жантиль находится в психиатрической больнице в Бретани. Это было за несколько дней до вашего визита ко мне.

— Когда точно?

— Э-э... Подождите секунду, не вешайте трубку...

Абигэль услышала, как он вышел из кабинета и вскоре вернулся.

— Это было в пятницу утром, двенадцатого июня.

Абигэль поблагодарила его и отключилась. Еще один камень был заложен в здание, которое позволит ей проследить свой путь в эти забытые дни: она купила, наверняка по совету продавца в книжном магазине, книгу Джоша Хеймана 11 июня. Пришла домой, прочла ее залпом, обнаружила прозвище своей дочери, «Жемчужинка Любви». И с тех пор вела свое расследование. На следующий день она связалась с издательством, получила информацию о Николя Жантиле и собиралась ехать в Бретань на встречу с ним в субботу. Но она так и не поехала, бретонский психиатр никогда ее не видел.

Кто-то ей помешал. Фредерик.

Абигэль пришлось сесть. Костяшки домино падали одна за другой. Глядя на нагромождение стикеров и графиков, она вспомнила кражу со взломом, исчезновение своих тетрадей и фотомонтажей: Фредерик тогда пришел в квартиру первым, он вызвал полицию. А что, если он сам это сделал? Взломал дверь собственной квартиры и украл тетради, чтобы выбить ее из колеи? Чтобы стереть все следы?

Она вспомнила и мебель, безделушки, вещи, оказывавшиеся не на своих местах, все эти странные передвижения, которые она списывала на свои сны, на свою нарколепсию. Но это был он. Каждый раз.

Фредерик пытался заставить ее сомневаться в себе. Свести с ума. Мало-помалу, с терпением паука, ткущего свою паутину, он подводил ее к порогу душевной болезни. Она потрогала рукой свой израненный живот, вспомнила бритву. Представила, как Фредерик склонился над ней, одурманенной наркотиком. Он задрал ночную рубашку и принялся ее кромсать.

Псих.

«В первую очередь тебе надо лечиться, иначе я в один прекрасный день найду тебя...» — сказал он по телефону. «Найду тебя мертвой»? И тут она поняла. Фредерик сделает все, чтобы ее сочли сумасшедшей, самоубийцей.

Абигэль не в состоянии была больше думать. Слишком много всего навалилось сразу. Она была лишь марионеткой. Подумать только, что этот человек ее тронул, что она доверилась ему, выплакала все слезы в его объятиях. С каких пор он опаивал ее наркотиком? Почему помешал ее поискам? По какой окаянной причине не позволил ей встретиться с Николя Жантилем в первый раз?

Чего он боялся?

До его возвращения оставалось полчаса. Абигэль вернулась к схемам и графикам на стене, отражавшим узловые моменты дела и аварии. Сосредоточилась на важных деталях. Поразмыслила об эпизоде с яхтой, о тени, которая спустилась по лестнице и напала на нее с электрошокером, после чего она проснулась в машине, ничего не помня. Фредерик вырос в семье моряков, он наверняка умел управлять яхтой. А если он был на сине-белом судне одновременно с ней, значит последовал за ней в Этрета. Не спускал с нее глаз. Боялся, что она что-то там обнаружит. Фредерик мог быть связан с делами ее отца. С аварией. Тогда понятно, почему он, очевидно, опоил ее наркотиком и после того, как она нашла чемодан с кокаином.

Фредерик, должно быть, скрывал тайну, связанную с ее отцом.

Тайну, которую он хотел сохранить во что бы то ни стало.

Она поднялась по временно́й оси повыше, к самому началу. Еще одна картина всплыла в голове: лицо Фредерика перед ней, когда она очнулась в больнице Салангро утром после аварии. Он был уже там. Откуда он узнал? Абигэль уже не помнила его слов, но ему будто бы *сообщили* об аварии, и он тут же помчался на место, а потом в больницу.

Кто же ему сообщил? Как мог Фредерик приехать так быстро?

Она чувствовала себя плохо в плену у всех этих гипотез одна другой безумнее. Связан ли Фредерик с аварией? Был ли он тоже на той дороге в ночь на 6 декабря? Сколько вопросов без ответов.

Что же теперь делать? Она оделась, выпила стакан воды в кухне. Надо будет где-нибудь записать все это, на случай если ее память опять станет играть с ней шутки. И сделать новую татуировку, но какую? «Фредерик — чудовище»? Немыслимо.

Абигэль представила, как Фредерик поймет, что она знает... И заставит ее выпить напиток забвения... Ее затрясло при одной мысли, что он не раз делал это в последние дни.

Вдруг она увидела в окно машину «скорой помощи», проехавшую на малой скорости по улице, перпендикулярной тупику. Замигали сигнальные огни, и Абигэль приникла к стеклу, ощущая подкативший к горлу страх.

Спустя минуту два дюжих парня в белых халатах появились в тупике и кинулись к дому, следом за ними Фредерик. Все трое бежали.

Они приехали за ней.

75

Меньше минуты, чтобы действовать. Она схватила ключи от машины и бросилась вон из квартиры. Единственная возможность бежать — спуститься на сотню ступенек по лестнице. Прямо к волку в пасть.

Она сбежала на этаж и, юркнув в коридор, прижалась к двери соседа снизу. В следующую секунду трое мужчин стали подниматься по лестнице, не произнося ни слова, стараясь быть как можно незаметнее. Абигэль затаила дыхание. В голове пронеслись жуткие картины: смирительные рубашки, уколы, струйки слюны на губах. Слева промелькнули тени. Удаляющиеся шаги. Глухой стук прямо над головой. Она метнулась на лестничную клетку и помчалась вниз так быстро, как только могла. Когда она была между третьим и вторым этажом, раздался крик:

— Она внизу!

Абигэль стонала — так болели порезы на груди и животе. Резкие движения разбередили раны. Превозмогая боль, она выскочила во двор. В конце тупика повернула направо и продолжала бежать, уже задыхаясь, не от усилий, но от страха: больше всего она боялась оказаться в четырех стенах палаты психиатрической больницы. Боялась выкрикнуть правду, которую превратят в ложь, потому что ясно же, что сумасшедшие лгут. Она простучала каблуками по брусчатке улицы Данель, перебежала на красный свет, вызвав отчаянные гудки. Быстро оглянулась назад. Фредерик преследовал ее метрах в пятидесяти, быстрый, напряженный, с перекошенным лицом: должно быть, его мучила боль в плече. Поток машин задержал его, он наорал на водителей. Абигэль выскочила на красную землю Марсова поля, отперла, нажав кнопку на дистанционном пульте, припаркованную чуть подальше машину и схватилась за руль.

Тронулась на второй скорости, погнала прямо вперед, не раздумывая. Фредерик попытался загородить ей дорогу, потом с криком отскочил. Чуть дальше двое санитаров стояли у автоматического шлагбаума на выезде с паркинга. Они тоже бросились в разные стороны от мчащегося на них болида. Красно-белый шлагбаум разбил ее ветровое стекло и раскололся пополам. Буфер снес два пластмассовых столбика. Абигэль свернула на бульвар Вобан, проехала по нему стремглав и запетляла по узким улочкам, то направо, то налево, чтобы ее наверняка не нашли.

Она оторвалась от них. Пока.

На маленькой площади за рынком Ваземм она остановила машину между двумя грузовичками и отдышалась. Убежав и едва не задавив санитаров, она лишь ухудшила свое положение. Куда теперь идти? С кем поговорить, кому объяснить, что она не сумасшедшая и что Фредерик пытается ее уничтожить? Жандарм из кожи вон вылезет, чтобы ее найти. Сообщит во все комиссариаты, всем коллегам, убедит их, что она опасна. В чем в чем, а в этом можно было не сомневаться.

Морщась, она задрала свой свитер с длинным рукавом. Сквозь повязки сочилась кровь. У нее не было ни документов, ни даже денег, чтобы купить чистые бинты. Настоящая беглянка.

Она огляделась. Увидела аптеку в десятке метров слева. Осторожно выбралась из машины, зашла. Четыре-пять человек стояли в очереди. Она высмотрела повязки и антисептики на стойке справа. Взяла все, что нужно, и вернулась в очередь. Воспользовавшись моментом, когда аптекари отвлеклись, занятые другими покупателями, вышла за дверь и побежала. Через десять секунд она уже тронулась и скрылась из квартала, обещая себе потом вернуться и заплатить за лекарства.

Теперь у Абигэль не оставалось выбора. Она должна была бежать и прятаться. И рассчитывать только на себя. Но куда податься? В свой дом в Эллемме — слишком рискованно: там ее могли поджидать полицейские.

Завибрировал телефон в кармане. Сообщение:

Вот и начался путь к истине. У тебя три часа, чтобы добраться до старой сортировочно-промывочной станции в Перонне, коммуна Бенш в Бельгии. Скажешь кому-нибудь об этом сообщении — я убью детей. Увижу тень полицейского — убью детей. Я сделаю это без колебаний.
Фредди

76

Абигэль больше не было страшно.

Терять ей нечего. Нет ни прошлого, ни будущего. Она была готова вступить в игру, затеянную тем, кто хотел отнять у нее дочь и в каком-то смысле стремился сломать ей жизнь.

Бельгийская автострада... Руки, судорожно сжимающие руль... На долю секунды ей подумалось, что, может, Фредерик — это и есть Фредди. Что он мог похищать и прятать где-то детей, вешать чучела, давить на психику. Такое бывало, встречались полицейские-преступники, серийные убийцы, похитители, отцы семейств, опровергающие всю криминальную статистику и успешно ведущие двойную жизнь. Но по зрелом размышлении эта гипотеза не выдерживала критики. В ее самых последних воспоминаниях Фредерик был в помещении «Чуда-51», когда Фредди появился по ту сторону экрана в своей лисьей маске. Нет, она была убеждена, что Фредерик по-настоящему преследовал похитителя и прилагал все силы, чтобы его найти. По крайней мере, в этом он не лгал.

Она в сотый раз перечитала сообщение. Номер отправителя был ей незнаком. А как Фредди сумел раздобыть номер ее мобильного? Кто-то близкий... знавший ее прошлое... И в курсе методов полиции... Фредди был на ее орбите, он всегда находился где-то неподалеку.

«Вот и начался путь к истине». Какую истину он имел в виду? Она не знала, ничего больше не знала, Фредерик убил ее память. К счастью, она записала все нужное на инструкции к дафалгану.

Лечилась ли ты до тринадцати лет в Центре сна в горах? Если да, не исключено, что ты встретилась там с Фредди.

Она остановилась среди бельгийских полей, позвонила своему неврологу и попросила посмотреть ее историю болезни: есть ли там упоминание о лечении в Центре сна в детстве?

После нескольких минут ожидания врач, пару раз кликнув мышкой, смогла ей ответить:

— Да, действительно. Вы три недели были в Валь-дю-Бель-Эр, центре, расположенном близ Баньер-де-Бигора в Пиренеях. Это было в тысяча девятьсот девяносто четвертом году, вам тогда...

— Мне было двенадцать лет. Что вы знаете об этом центре?

— Хм... Он специализируется на лечении самых серьезных расстройств сна у детей, один из немногих во Франции. У него прекрасная репутация, и он может принимать около сорока юных пациентов на срок от трех до четырех недель. Очевидно, ваши родители относились к вашей болезни очень серьезно... Извините, пришел пациент, и мне, собственно, больше нечего вам сказать об этом центре. Я могу дать вам координаты его нынешнего директора, если хотите.

— Да. Номер его телефона, пожалуйста.

Абигэль все записала, поблагодарила и отключилась. Итак, отец отправил ее в детский Центр сна на другой конец страны. Фредди, вероятно, тоже был там больше двадцати лет назад. Там их с Абигэль пути пересеклись, и произошло что-то серьезное, если сегодня он так зациклился на ней и крадет сон у своих пленников. Какой же болезнью он страдал? Бессонницей? Параличом сна? Сомнамбулизмом? Болен ли он и сегодня, как она своей нарколепсией? Терзают ли его демоны ночи?

Абигэль набрала номер директора пиренейского центра, но трубку никто не снял. Она оставила недвусмысленное сообщение: она психолог, специализирующийся в криминологии, работает над нашумевшим делом о похитителях детей, о котором он наверняка слышал, просьба срочно перезвонить ей.

Она поехала дальше, снова сосредоточившись на дороге. Судя по навигатору, оставалось всего несколько минут. Места были серые и унылые, достойные «Жерминаля» Золя[1]. Эта часть Бельгии знавала лучшие времена и пережила в прошлом невиданный подъем промышленности благодаря богатым залежам угля. Сегодня же все словно вымерло. Пшеничные поля тянулись до горизонта. Фредди мог увидеть ее за километры. Вне всякого сомнения, потому он и выбрал это место.

После почти двух часов пути наконец показалась огромная сортировочно-промывочная станция в окружении колючих зарослей и беспорядочно росших деревьев. Собор без жизни, сотни сероватых окошек, глядящих в небо, между бетонными опорами. Эрзац старого здания из Готэм-Сити[2] в варианте угольной шахты. Абигэль припарковалась у ограды, на которой было вывешено объявление о предстоящих работах: разваливающееся сооружение, очевидно, собирались реставрировать. Долг памяти. Она прошла через ворота и огляделась: никакой машины не было видно, но Фредди вполне мог припарковаться подальше, там, за стеной деревьев или тучами зарослей.

Она вошла, настороженно озираясь, каждый нерв был наэлектризован. Огромные бетонные конусы торчали из потолка, разинув черные пасти, словно готовились выплюнуть смерть. Здесь маленькие руки промывали, сортировали, расфасовывали куски добытого из шахт угля на продажу. Повсюду угольная пыль, маслянистая грязь, по-

---

[1] В романе Золя «Жерминаль» описаны унылые будни шахтерского поселка.

[2] *Готэм-Сити* — вымышленный город, в котором происходит действие историй о Бэтмене.

темки. Абигэль представляла себе, как здесь кашляли от силикоза, как катили нагруженные тележки, видела осунувшиеся черные лица, согнутые под тяжестью мешков спины. Озираясь, она прошла между перевернутыми конусами вглубь здания, сама не зная, что искать.

Она ступила на единственную деревянную лестницу, зигзагами поднимавшуюся до самого верха сооружения. Узенькие похрустывающие ступеньки, перильца только с одной стороны, большие грязные окна слева, а справа — пустота. Сильно пахло бензином. Ее шаги звучали гулко, вибрировала сталь, промывочная тяжело дышала, точно выдохшийся шахтер. Абигэль углубилась в лабиринт деревянных балок, узких скрипучих платформ, наклонных мостиков. Ржавые лебедки, неработающие подъемники, огромные баки, гигантские воронки. Она чувствовала себя Эллен Рипли в «Чужом»[1].

Никак не укладывалось в голове, зачем она здесь, в этой декорации научно-фантастического фильма. Мобильный телефон не ловил сеть. Странно. Черная птица взмыла вверх, захлопала крыльями и скрылась за большим металлическим X.

— Где ты? Что тебе от меня нужно?

Ответом Абигэль была лишь тишина. Что-то здесь было не так. Она снова закричала и поняла, в чем дело: ее голос не давал эха. Она ничего не смыслила в акустике, но должно же оно быть в таком здании?

Ее одолело сомнение. Она тихонько подняла голову и посмотрела на большую металлическую букву «X», за которой укрылась птица. Рядом опускались вниз три бетонные опоры. Хорошенько вглядевшись, можно было увидеть гигантское «XIII».

Не может быть.

Абигэль тряхнула головой, в таких ситуациях повсюду видятся совпадения. Она зажмурилась, открыла глаза —

---

[1] *«Чужой»* — научно-фантастический триллер режиссера Ридли Скотта (1979).

XIII никуда не делось. Нет, это не мог быть очередной сон. Она повернулась, всматриваясь в каждую деталь, и разглядела что-то висевшее над гигантской воронкой и почти невидимое против света.

Она подошла ближе. Это была старенькая видеокамера, подвешенная на высоте больше двух метров. Абигэль остановилась, задрала рукав свитера, осмотрела каждый ожог... Они были на месте, все пять. Но возможно, это ничего больше не значило, ее рассудок мог включить их в мир сновидений, снова пытаясь ее обмануть. Абигэль достала из кармана зажигалку, подержала ее в руке. Готовая подвергнуть себя новой пытке, если понадобится.

Она осторожно взобралась на металлический край гигантской воронки и села на него верхом. Если сорваться, черная пасть проглотит ее, и она разобьется двадцатью метрами ниже. Наклонившись и протянув руку, она сумела достать пальцами камеру и схватить ее. Но, как ни силилась, не смогла оторвать ее от цепи, запертой на висячий замок.

Это была довольно старая цифровая модель, на которой остались только две кнопки: включение и воспроизведение. Остальные были выломаны, похоже нарочно. Фредди указывал ей, что делать. Она открыла маленький жидкокристаллический экран, включила камеру и нажала на воспроизведение.

77

На экране камеры появилась фраза: «Досмотри до конца, если хочешь выйти отсюда». Она исчезла через три секунды. Экран потемнел. Абигэль с трудом сглотнула слюну, ожидая худшего. Она думала о Николя Жантиле и его отрубленных пальцах... О Бенжамене Виллеме и его перерезанных венах... Какую участь уготовил Фредди ей?

На цифровой поверхности появилось знакомое лицо: Карина Мюзье, мать Алисы. Женщина плакала, тушь текла по щекам, оставляя длинные темные полосы. Она сидела, похоже, на заднем сиденье машины. Вокруг угадывались деревья, автомобиль, должно быть, стоял в лесу. Изображение было усеяно темными пятнышками, и Абигэль сказала себе, что экран, которым снимали эту женщину, — компьютер, планшет — был, очевидно, прижат к ветровому стеклу снаружи.

Губы Карины шевелились, но звука не было. К кому она обращалась? К Фредди? К своей дочери Алисе?

Абигэль услышала далекий шум откуда-то снизу промывочной. Она напряглась и огляделась, сжимая в кулаке зажигалку. Фредди? Он прячется где-то здесь? Наблюдает за ней сейчас? Она снова посмотрела на экран. Карина Мюзье держала в руках канистру и разливала вокруг ее содержимое.

Только не это...

В любом случае то, что должно было произойти, уже произошло, ведь Абигэль смотрела запись. Карине больше ничем нельзя было помочь. Мать Алисы держала перед собой зажигалку, рот ее перекосился в гримасе. Она умоляла, снова и снова. И, как будто видеозапись вдруг воплотилась в жизнь, Абигэль ощутила запах гари. Метрах в двадцати от нее слева поднимался серый дым.

Не теряя ни секунды, она спрыгнула с края воронки, пробежала по мостику и кинулась к лестнице. Но огненный дракон уже пожирал ступеньки и надвигался на нее. Абигэль тотчас вспомнила запах бензина... Лестница была пропитана горючей жидкостью. И теперь непреодолимая преграда вздымалась перед ней, начиная свой разрушительный танец.

Абигэль заметалась во все стороны в поисках другого выхода. Подъемник не работал. Окна выходили на отвесную стену головокружительной высоты. Спуститься можно было только по лестнице. Она закричала. Прийти ей на помощь было некому.

Она сгорит здесь заживо.

Назад, к воронке. *Досмотри до конца, если хочешь выйти отсюда.* Фредди хотел, чтобы она видела страшную смерть Карины Мюзье. Чтобы не упустила ни одной мелочи. Она взобралась на край, ухватила камеру, которая вертелась на цепочке, и ей открылся ужас в чистом виде. Женщина горела заживо в своей машине, ее кулаки колотили по стеклу, волосы охватило пламя, кожа лопалась от жара, и победоносные алые языки плясали вокруг нее долго-долго, пока экран не потемнел. Три минуты чудовищной пытки.

Те же проклятые языки были уже метрах в двадцати от нее и наступали. Скоро они окружат ее и пожрут, как мать Алисы. Абигэль смотрела на экран, ожидая, что он подскажет выход, но ничего не было. Она повертела в руке зажигалку. Быть может, спасение придет отсюда: ей просто снится дурной сон. На сей раз Абигэль хотелось в это верить.

Она уже собралась было выпустить пламя, как вдруг на экране появилась комната, погруженная в полумрак. Матрас, металлическое ведро, солома, стены оклеены газетами с ее портретом... Она поняла, почему так кричал Виктор в больнице. Он тоже, наверно, был заперт в такой камере и связывал ее лицо с заточением, с му́кой.

Из соломы внизу, в правой части экрана, торчали босые ноги: кто-то был в мертвом углу комнаты. Другая жертва. Артур? Алиса? Шли секунды, здание стонало и трещало сверху донизу, дым поднимался к потолку, лизал окна. Абигэль хотелось ускорить видео, но Фредди все предусмотрел. Она должна была посмотреть каждый кадр, каждую деталь.

Вдруг там, где были ноги, появилась фигура, спиной к ней. Похоже, девочка, высокая, с короткими светлыми волосами и длинной шеей. На ней была такая же мерзкая пижама, в какой нашли Виктора. Абигэль поняла: перед ней была Золушка. Фредди решил их познакомить.

Она резко подняла голову. От металлического X летела живая комета с жутким шелестом крыльев. Огненный шар разбился недалеко от нее, и несколько обугленных перьев упали в воронку.

И снова фильм. Золушка по-прежнему стояла спиной в углу камеры, не двигаясь, свесив руки вдоль тела. Потом, словно повинуясь приказу, она медленно повернулась лицом к камере, и ее глубокие синие глаза уставились в объектив.

У Абигэль перехватило дыхание, и все ее тело разом обмякло. Она рухнула вперед, врезавшись грудью в толстый край воронки. Ударилась лбом, в голове что-то хрустнуло. Она не могла шевельнуться, лежа, точно разнежившаяся кошка на теплой каменной стене, руки и ноги свисали по обе стороны.

В каком-то невероятном равновесии.

Там, на экране, она успела увидеть лицо Золушки.

Это было лицо ее дочери.

Леа.

78

Две минуты. Две минуты полного, абсолютного паралича, когда Абигэль не могла больше видеть экран, только расплывчатую поверхность металлического края воронки. Ей померещилось, Леа не могла быть жива. Вокруг трещало, свистело. Огонь играл, дразнил ее. Наконец она вновь обрела власть над своими мускулами и, не думая больше о боли, повернулась к монитору.

Новый шок. Леа по-прежнему была там, стояла неподвижно, устремив на нее взгляд. Абигэль прижала пальцы к лицу дочери за цифровым экраном:

— Леа, Леа! Скажи мне что-нибудь!

Та, казалось, отвечала ей, ее глаза наполнились слезами, губы едва заметно шевелились. Абигэль почудилось, что она прочла по ним: «Мама». Потом девочка опустила голову, шагнула вперед и исчезла из поля зрения.

— Нет! Леа!

Абигэль надсадно кричала, зовя дочь, хоть и знала, что это всего лишь запись и Леа не может ее услышать. Она накинулась на аппарат, попыталась нажать выломанную кнопку обратной перемотки, но тщетно. Изображение застыло. Она выронила камеру, выпрямилась, шатаясь, оглушенная, почти теряя сознание, и едва не соскользнула в пасть воронки. Ухватившись за край, перекатилась на другую сторону и упала.

Она лежала на полу, и ей было хорошо. Леа не могла вернуться с того света. Все это был лишь сон, построение ее разума. Леа не было, как не было ни огня, ни промывочной.

Дурная шутка ее мозга, ничего больше.

И она сейчас это докажет.

Она села, неспешным жестом достала «Мальборо» и зажала сигарету губами. Прислушалась к щелчку «Зиппо», потом залюбовалась формой этих оголодавших языков, их цветом, извилистым и таким эстетичным танцем, который они исполняли. Они казались ей такими реальными, такими живыми и такими трудными для имитации.

Абигэль задрала рукав свитера и открыла руку, усеянную темными отметинами. Глубоко затянулась, и кончик сигареты заалел. Она поднесла его к запястью.

Что же это — горящая промывочная или сон о горящей промывочной?

Проворный огонь разгорался все ярче, она, глубоко вдохнув, зажмурилась и раздавила пламенеющий кончик о свою руку.

Боль была такой острой, что, казалось, ввинтилась в каждый нерв. Открыв полные слез глаза, она увидела, что по-прежнему лежит посреди охваченной огнем промывочной. Рухнула большая балка совсем рядом, обдав ее печным жаром. Абигэль снова взобралась на воронку и дотянулась до видеокамеры. На экране было написано: «Тебе место только в дыре...»

Она прокляла Фредди всеми силами своей души. Вот, стало быть, как она кончит? Обугленная, одна на целом свете? Она цеплялась за образ Леа. Ее дочь, живая... Ее дочь нуждалась в помощи. Боже милостивый...

Огненные черти плясали уже в нескольких метрах, хищные, смеющиеся. Абигэль закашлялась и, прикрыв нос свитером, попыталась соображать как можно быстрее. «Тебе место только в дыре...» Она поняла. Большой черный зев воронки... Выбираться, очевидно, надо через него. Она попыталась сорвать камеру с цепочки, чтобы забрать с собой фильм, доказательство, что Леа жива, что она не сумасшедшая. Но это ей не удалось.

Образ ее дочери сгорит со всем остальным.

Абигэль соскользнула вниз рыбкой, как с русских горок. Дыра поглотила ее, она съехала на метр в темноту, попала в изгиб, чуть не переломала все кости и полетела вниз с еще большей скоростью. Снова падение — на этот раз бесконечное, — внезапный свет, и ее выбросило на черную кучу угольной пыли. Приземление было жестким, но безболезненным. Абигэль встала и, прихрамывая, дотащилась до выхода, вся исцарапанная, в пятнах крови и угля.

Она добралась до машины, проехала несколько километров по полям, разминулась с пожарными машинами, которые мчались ей навстречу, и, свернув на проселочную дорогу, остановилась. У нее ныли кости, мускулы, все тело. И душа тоже. *Леа.* Что же теперь будет? Чего ждет от нее Фредди? Когда он снова выйдет на связь? Через день, через десять дней, через месяц?

Она плакала так долго, что заболела голова. Леа, живая, на ногах и так прямо держится. Шесть месяцев заточения, страданий... Она представила свою дочь на месте Артура: вот она лежит на острове, падает в воду всякий раз, когда засыпает, и, просыпаясь, видит перед собой лисью морду. Леа, одна-одинешенька в холоде и темноте... Абигэль тысячу раз вспоминала каждую секунду, когда она могла видеть лицо дочери на нескольких сантиметрах экрана. Она цеплялась за эти образы, хотела верить в них: она ВИДЕЛА Леа!

Но ведь она была в зале вскрытий и опознала ее, она видела, как ее гроб уехал в недра крематория. А эта татуировка на лодыжке трупа? А ключ от чемодана в ее кармане?

Ей хотелось выложить свои открытия жандармам, позвонить Лемуану и все ему рассказать. Нет, невозможно. Ее ищут, никто не станет ее слушать, да и история слишком невероятная. Мертвые не воскресают.

Зазвонил ее мобильный телефон. Фредерик... Чудовище... Она выключила его и вынула сим-карту. Они ее не засекут. Потом она протянула руки к рулю, устремив взгляд на желтые колышущиеся поля. В голове у нее бушевала буря, черные тучи событий громоздились друг на друга, образуя чудовищную грозу. Но в этом хаосе Абигэль начала прозревать частицы ответов на вопросы, не дававшие ей покоя уже много месяцев.

Если Леа не погибла, кто же была та, кого нашли разбившейся о дерево? Кто-то подменил тело, этот кто-то смог воспроизвести татуировку на неизвестном трупе и разбил лицо, чтобы Абигэль не смогла его узнать.

Столько всего прояснялось: тот факт, что в теле якобы Леа в машине не обнаружили следов пропидола, в то время как Абигэль была теперь уверена, что Леа тоже опоили. Вспомнила она и письмо, найденное в лесу: «Очень скоро я умру. Тебя я, мамочка, люблю». Фредди, наверно, заставил Леа написать ей эту записку. Потому что он был при аварии. И он тоже решил с ней поиграть. Свести ее с ума. Куда более извращенная месть, чем потребовать изувечить себя или покончить с собой.

Абигэль пошла в своих рассуждениях еще дальше: если тело Леа подменили, то вполне могли подменить и труп ее отца. В Институте судебно-медицинской экспертизы Абигэль видела тело в одежде Ива, примерно его сложения, с теми же следами от уколов на руках. Но и его лицо опознать было невозможно.

Так что, может быть, в ночь аварии никто не погиб.

От перспективы такого сценария у нее голова шла кругом.

Ей казалось, что ее затягивает в водоворот, а детали головоломки продолжали складываться в ее голове. Ей непременно надо было кое-что проверить. И пусть упадут маски. Она включила зажигание и тронулась в путь.

В Институт судебно-медицинской экспертизы в Лилле.

79

Припарковавшись в сторонке у шоссе, Абигэль отлично видела морг. Она ждала, когда выйдет брат Фредерика, чтобы пробраться в его кабинет. Места она хорошо знала: пройдя через холл, можно было попасть куда угодно, от залов вскрытий до кабинетов на втором этаже, которые персонал никогда не запирал на ключ. Она точно знала, где лежали отчеты Эрмана Мандрие о вскрытиях и, главное, рентгеновские снимки каждого трупа, прошедшего через Институт судебно-медицинской экспертизы.

Судмедэксперт мог закончить работу поздно. Только его машина еще оставалась на стоянке. Поджидая его, Абигэль снова попыталась дозвониться директору пиренейского Центра сна. На этот раз, к ее великому облегчению, он снял трубку. Она объяснила, что уже звонила ему несколько часов назад по поводу похитителя детей. Последовала пауза, встревожившая ее.

— Простите?

— Да-да, я здесь, и я получил ваше сообщение. Это вы были пациенткой нашего центра в тысяча девятьсот девяносто четвертом? Абигэль Дюрнан?

Она удивилась: на автоответчике она не оставляла ничего подобного.

— Откуда вы знаете?

— Мне звонил жандарм, не далее как час назад. Мы говорили о вас.

— Его звали Фредерик Мандрие?

— Да, он самый.

У Абигэль защемило в груди. Фредерик шел по ее следу. Он, должно быть, звонил ее неврологу или был у нее. Она и направила его в Центр сна.

— Чего он хотел?

— Список пациентов, которые были в центре одновременно с вами. Он думает, что человек, которого вы разыскиваете по этому ужасному делу о похищении детей, тоже у нас лечился. Обычно я не даю такую информацию по телефону, но...

— Но?..

— Мне придется заново объяснять то, что я уже сказал вашему коллеге?

— Пожалуйста.

— Примерно полтора года тому назад страшный случай не сходил с первых полос местных газет. Труп моего предшественника Пьера Манжена нашли привязанным к дереву в глухом лесу в Пиренеях.

Абигэль никогда не слышала об этом деле.

— Как его убили?

— Его наполовину растерзали дикие звери. Все тело было в следах когтей и укусах. Они были повсюду, но больше всего на лице. Эксперты предположили, что это укусы лисицы или другого похожего зверя.

Лисица... Абигэль представила, как Фредди в темном лесу терзает и мучает привязанного человека. Как бьет его своей перчаткой по груди, по щекам. Кромсает его тело настоящими лисьими челюстями. Оставалось понять причину такой жестокости.

— Ниточки у следствия были?

— Ни одной, дело так и осталось нераскрытым. Полицейские выдвигали все возможные гипотезы, от действий психопата до мести. Они изучили часть досье в Центре сна, но не дошли до тысяча девятьсот девяносто четвертого, это было больше двадцати лет назад. Короче, я вам все это говорю, потому что ваш коллега-жандарм утверждал, что тут есть связь с его делом. Что человек, убивший моего предшественника, — тот самый, что держит в плену детей, и это, мол, связано с Центром сна и тысяча девятьсот девяносто четвертым годом.

— И вы дали ему список пациентов этого года?

— Да. Я не нарушаю профессиональной тайны: историй болезни этих детей больше нет, у нас мало что осталось до тысяча девятьсот девяносто девятого. Помещение архива затопило, когда было печально известное наводнение. Все, что я смог ему дать, — это имена и фотографии на маленьких карточках. Его интересовали только пациенты мужского пола. Их было двадцать три.

— Вы можете назвать мне их имена? — спросила Абигэль.

— Почему вы не спросите у вашего коллеги? Я как раз собирался отсканировать карточки и послать ему по электронной почте.

Абигэль закрыла глаза, провела рукой по лбу.

— Это сложно, он сейчас на операции, а мне нужны эти имена срочно.

— Хорошо.

Он продиктовал ей список. Абигэль вслушивалась в каждое имя, но ни одно ни о чем ей не говорило.

— Эти сканы, которые вы пошлете моему коллеге... можете послать их мне тоже, только отдельным письмом?

Абигэль рассчитывала на фотографии, может быть, она узнает чье-то лицо?

— Почему отдельным? — удивился он. — Ваш звонок кажется мне все более странным. Я...

— Моя дочь в числе жертв похитителя. Один из тех, кто сейчас у вас перед глазами, держит в плену моего ребенка больше шести месяцев. Он мстит, понимаете? Он похитил мою дочь, чтобы нанести удар мне. Прошу вас, пришлите мне эти карточки.

Короткая пауза.

— Вы получите их через час.

— Огромное спасибо. И последнее. Вы сказали тому жандарму о сообщении, которое я оставила на вашем автоответчике?

— Да, конечно сказал. Если два человека звонят мне с разницей в четверть часа по одному и тому же вопросу...

Абигэль поблагодарила и отключилась. Итак, теперь Фредерик знает, что она ведет свое расследование. И наверно, догадывается, что отчасти разоблачен. Что она не совсем потеряла память. Не поэтому ли он звонил? От ее молчания он, должно быть, сходил с ума.

Девятый час. Абигэль посмотрела на Институт судебно-медицинской экспертизы. Раз Фредерик в курсе, больше нет смысла действовать тайно, надо менять план, идти напролом. Выложить Эрману Мандрие мысль, которую она держала в голове.

Она перебежала дорогу и оказалась на автостоянке института. Вошла, миновала пустой холл, поднялась по лестнице. Через три секунды она была уже перед кабинетом судмедэксперта. Он стоял у стола и складывал в стопку какие-то бумаги, собираясь уходить.

Абигэль встала на пороге:

— Можешь уделить мне две минуты?

80

Эрман Мандрие смотрел на нее удивленно. Ее одежда была перепачкана угольной пылью и вся в кровавых пятнах. Глаза покраснели, и при каждом движении от нее исходил запах дыма.

— Боже мой, Абигэль, что случилось? Ты ранена?

Она напряженно следила за его реакцией.

— Все в порядке, ничего страшного. Пожалуйста, отыщи для меня одно досье. Это очень важно.

Немного поколебавшись, судмедэксперт кивнул, отложил бумаги и вернулся за стол. Он включил свой компьютер, нажал какие-то кнопки на мобильном телефоне и положил его рядом.

— Слушаю тебя.

— Это касается трупа, найденного в багажнике «кангу».

Эрман поднял бровь:

— Что ты, собственно, хочешь знать?

— Я хочу увидеть рентгеновские снимки, в частности левой берцовой кости. Ты можешь показать мне те, что хранятся в твоем компьютере, или те, которые находятся прямо у тебя за спиной, в одной из этих папок.

Эрман Мандрие был не склонен выказывать свои эмоции, но Абигэль почувствовала, что он вдруг занервничал. Он откинулся на стуле, помолчал и снова наклонился к столу. Приподнял стопку папок, достал одну и подвинул ее к своей собеседнице:

— Вот копия отчета о вскрытии. Там все. Смотри.

— Мне нужен не отчет. Мне нужны снимки. Те, оригиналы которых я смогу найти в досье рентгенолога, если захочу. Или он тоже замешан?

— Замешан? Что ты несешь?

Абигэль открыла судебно-медицинский отчет и нашла часть, касающуюся анализа скелета. Торопливо пробежала ее глазами, захлопнула папку и отшвырнула ее на стол. Эрман Мандрие загородил ей дорогу, когда она направилась вглубь кабинета. Быстрым движением она схватила со стола нож для разрезания бумаги и приставила к его груди.

— Если ты меня не пропустишь и не дашь посмотреть эти проклятые снимки, я воткну его тебе в брюхо. Клянусь, я это сделаю.

Мандрие понял, что это не шутки и что она не в себе. Он отошел в сторону.

— Не делай этого.

Поглядывая на него краем глаза, она принялась рыться в аккуратно уложенных папках. Ей не понадобилось много времени, чтобы найти нужную, которую она положила на стол и стала просматривать.

— Я хорошо помню ту ночь, когда мы с Фредериком приехали на вскрытие. Левая нога трупа была отделена от тела, и ты положил ее на другой стол... Не потому ли, что я могла увидеть шрам на бедре?

— Да что ты несешь?

— Запах был такой ужасный, что мы с Патриком Лемуаном вышли, но Фредерик остался с тобой. Что вы сказали друг другу?

Эрман Мандрие молча стоял посреди кабинета, свесив руки вдоль тела, и холодно смотрел на Абигэль. Молодая женщина нашла нужные снимки, подняла один к свету. Сердце ее разбилось, когда она увидела на левой берцовой кости прямоугольную металлическую пластину.

— Это был он... Труп в багажнике — это был мой отец...

Она без сил опустилась в кресло, совершенно раздавленная.

— Он был ранен во время одной операции. Тогда-то он и познакомился с Фредериком. Они вместе лежали в больнице и...

Руки ее задрожали. Она сжала ими колени.

— Фредерик попросил тебя скрыть этот стержень, прежде чем мы войдем в зал вскрытий, да? И тогда ты... отделил ногу от тела. Боже мой... Не говори мне, что это он, Эрман. Не говори, что это Фредерик выпустил пулю в голову моего отца, что он разбил ему лицо домкратом, а потом попросту сбросил в реку.

Эрман подошел к ней:

— Тебе нехорошо, ты бы лучше...

— Те два трупа, которыми заменили мою дочь и моего отца, они были из твоих чертовых ящиков морга, да? Моя Леа в руках Фредди уже больше полугода! А ты — ты все знал!

Судмедэксперт был теперь лишь тенью самого себя. Он протяжно вздохнул, словно смирившись:

— Что тебе известно?

— Что мой отец скрывался от типов, которые хотели его убить. Что он промышлял наркоторговлей и что больше тридцати килограммов кокаина были зарыты в лесу недалеко отсюда. Что он опоил нас пропидолом, Леа и меня, в ночь аварии. Что он хотел, чтобы все считали его и мою дочь мертвыми...

Медик несколько секунд помолчал.

— Тебя вряд ли утешит, если я скажу, что мне не дает покоя эта история, что я не сплю ночами, что... каждый день, когда сюда заходит полицейский, я только что не обделываюсь от страха, что это за мной, что все кончено, и в то же время мне хочется все рассказать. Потому что я так больше не могу.

Он покачал головой.

— Эта история так скверно обернулась... Это был всего лишь вопрос времени. И кажется, время пришло.

Он долго смотрел на рамку с фотографией на своем столе. Потом поднял глаза на свою собеседницу:

— Я расскажу тебе правду.

81

— Все началось вечером четвертого декабря, за два дня до аварии. Брат пришел ко мне в зал вскрытий. Я был завален работой: в начале недели мы получили двадцать шесть трупов в результате пожара в многоэтажном доме в Южном Лилле. Бойня, да и только. Дети, родители — они даже не проснулись, отравленные токсичными газами. Были и сгоревшие, но большинство отравилось газами. Сюда поступили целые семьи. Фредерик знал об этой драме, команды жандармерии были вызваны на пожар. И вот он пришел в тот вечер и попросил меня сделать нечто ужасное. Он хотел, чтобы я предоставил ему два трупа завтра вечером.

Глаза его затуманились. Абигэль поняла, что он заново переживает тот вечер.

— Один должен был быть большой, не меньше метра восьмидесяти, крепкого сложения, лет шестидесяти, с короткими волосами. А второй — девочка лет тринадцати-четырнадцати, желательно блондинка... Когда он показал мне фотографию, чтобы я составил представление, я узнал твою дочь. Боже мой, Абигэль, ты должна мне поверить, я и слушать его не хотел, у нас чуть не дошло до драки. Это же надо — просить меня о таком... С ума он, что ли, сошел? В какие темные дела впутался? И тут он позвал твоего отца. Представительный мужчина, Фред мне много о нем рассказывал. Этакий Пигмалион. В общем, все, что повлекло за собой ужасные последствия, произошло в тот вечер в зале вскрытий. Я выслушал твоего отца, он рассказал мне свою историю. Объяснил, что твоя жизнь и жизнь твоей дочери под угрозой. Что вы можете стать побочными жертвами его дел, если я не предоставлю ему два трупа до завтрашнего вечера.

— Но... зачем?

— Ты наверняка слышала о мексиканском картеле «Чаполас», страшной преступной сети, снабжающей кокаином весь мир. У них есть ответвление в Европе, основные пути ввоза идут через Испанию, Швецию, Нидерланды и Францию. Несколько лет назад они послали своих людей в Старый Свет для развития бизнеса. Бывшие военные, продажные полицейские, наемники из Центральной Америки... Настоящие дикие звери, и они заваливают наши кварталы этим ядом.

Он уже успокоился. Слова лились сами собой.

— Твой отец не уходил из таможни, то есть, во всяком случае, не так, как ты думаешь. Он по-прежнему работал на них, но все, в том числе его коллеги, родные и даже часть его начальства, думали, что он отошел от дел... Его отставка была липой, прикрытием. Сначала твой отец получил задание внедриться в организацию и передавать информацию на самый верх. Таможенники знали, что в порту Гавра делались большие дела. Для всех твой отец ушел на покой и мирно жил в Этрета. Неофициально же высокие чины из министерства внутренних дел сделали ему новые документы, новое небезупречное прошлое и предоставили яхту, изъятую в другом деле. Так он стал Ксавье Иллинуа, мелким правонарушителем, замешанным в кое-какие делишки.

— Продолжай, — холодно обронила Абигэль.

— Твой отец успешно внедрился под новым именем. Я не знаю всех подробностей, но под прикрытием туристической транспортной компании он провернул несколько сделок, и картель его заметил. Потом он начал работать на них. Он перевозил наркотики, получал их в открытом море и доставлял в порт посредникам. Но через несколько месяцев сверху поступил приказ свернуть эту операцию, не знаю, по какой причине. Ив отказался, повздорил с единственным человеком, с которым был связан в министерстве внутренних дел, и ушел в отставку — на этот раз по-настоящему. Он больше не был таможенником, но хотел пойти до конца, уничтожить эту часть картеля; он считал, что способен на это. И он продолжал «стучать» в таможню, остался осведомителем, только у него больше не было прикрытия в случае чего. Его могли арестовать и даже убить бывшие коллеги в ходе операции задержания. В глазах закона он из внедрившегося стал настоящим наркоторговцем...

Абигэль вспоминала отца, похудевшего, осунувшегося, со следами уколов на руках. Похоже, он внедрился слишком глубоко.

— Картель «Чаполас» — один из самых жестоких и кровавых на планете, — продолжал медик. — Знаешь, как они наказывают своих врагов и предателей? Они оставляют их в живых, но пытают и убивают их семьи самым страшным образом, какой только можно себе вообразить. Вскрытие по сравнению с этим — игрушки. Твой отец показал мне видеозаписи того, что они делали, в Интернете, потому что вдобавок эти психопаты выкладывают их в Сеть, чтобы все видели. Даже я не мог на это смотреть. И хоть ты беги за границу, хоть прячься, хоть обеспечь себе какую хочешь защиту, они все равно тебя найдут. Спасения нет. Вот что ожидало вас, тебя и Леа, если бы мы ничего не сделали. Хуже смерти...

Абигэль злилась на таможенников, на чиновников, на трусов, бросивших ее отца на произвол судьбы. Чем был для них Ив? Пушечным мясом? Пешкой, которую двигают как хотят и выбрасывают за ненадобностью?

— У твоего отца с его прикрытием было только одно слабое место: ты и Леа. Он, должно быть, в какой-то момент дал маху. Позвонил вам, когда нельзя было, оставил какой-то след вашего существования, фотографию. Как только картель понял, что твой отец — не Ксавье Иллинуа, ваши дни были сочтены. Эти люди не убивают сразу, они не спешат, им в кайф потянуть время, покружить вокруг своих жертв хищными косатками.

Он кивнул на папки за спиной Абигэль:

— Трупов было в избытке после пожара, и по большей части в хорошем состоянии, потому что, как я уже говорил, они отравились, а не сгорели. Взрослого мужчину возраста и комплекции Ива найти было легко, ну плюс-минус несколько килограммов. А вот с девочкой нам крупно повезло. Среди жертв нашлась светловолосая малышка двенадцати лет, ее должны были похоронить пятого декабря утром...

Он снова взял в руки рамку с фотографией своих детей. Со вздохом посмотрел на их лица.

— Ты знаешь, как это делается, Абигэль. Полицейские приходят опечатывать гроб в морге внизу, в присутствии представителей похоронного бюро. Мне только и надо было остаться одному с гробом, сразу после того, как его опечатали, минут на десять, пока его не забрали похоронные агенты; это было несложно. Фредерик дал мне воск и печать Национальной полиции. Я открыл гробы... Вынул тела... Восстановил печати. Никто ничего не заметил. В гробу девочки, когда его унесли, лежал мешок цемента, который я заранее спрятал в ящиках, в гробу мужчины — три мешка. А трупы, которые должны были лежать в гробах, вернулись в ящики морга. Вот так все просто.

Абигэль слушала с отвращением и гневом, но заставляла себя молчать и не перебивать его.

— Твой отец все продумал — не мозги, а компьютер. Он разостлал карту местности на столе для вскрытий и показал мне точное место, где произойдет «авария»: вираж на этом пресловутом шоссе, где шли работы, через несколько километров после выезда из Орши, у двенадцатого километрового столбика. Он ездил туда днем, готовился. По его замыслу в дерево должна была врезаться машина с двумя жертвами пожара внутри. А он забрал бы с собой Леа и скрылся на несколько месяцев в Испании, пока не утрясется все с наркокартелем. Потом он связался бы с тобой. Вам, вероятно, пришлось бы уехать из Нора, но вы были бы живы.

— Но... почему Леа? Почему он хотел забрать ее с собой?

— Будь он единственной жертвой аварии, картелю это показалось бы подозрительным. Их на мякине не проведешь. Он погиб, а ты и твоя дочь уцелели, как бы случайно? Это была бы слишком грубая работа. Твоя боль, Абигэль, твое горе стало гарантией, которая нужна была этим типам, — гарантией реальности случившегося. Это было необходимо, чтобы они не сомневались, что твой отец и твоя дочь мертвы. И стало быть, нет больше никакого резона трогать тебя.

Абигэль вспомнила слова громилы: «Ты должна была бы быть уже мертва. Но вместо тебя разбился твой отец. Легко отделался, паршивец. И ты тоже». Она закрыла глаза. Внутри все кипело. Эти люди из картеля были на похоронах, бродили вокруг ее дома, разнюхивали, не пытается ли Ив их провести.

— Но вот в чем твой отец дал промашку: эти люди из организации не отступились, из-за тех самых наркотиков, которые они хотели вернуть во что бы то ни стало. Этот клад белого порошка, припрятанный, чтобы обеспечить бегство и вашу новую жизнь. Такой человек, как он, легко бы его толкнул и выручил миллионы евро...

Когда Абигэль подняла веки, в глазах стояли слезы.

— Анализы ДНК... — прошептала она. — Их же сравнивали в лаборатории, жандарм Пальмери из аварийной бригады был здесь со своим коллегой, когда ты брал образцы тканей с трупов. Все было под контролем. Вы не могли смухлевать.

— Могли, еще как могли, надо было просто кое-что сделать заранее. Провести зубной щеткой во рту трупа, оставить немного его волос на расческе, сунуть все это в чемодан... Когда знаешь процедуры, обмануть систему всегда можно, даже самую совершенную. Твой отец снова пришел сюда накануне аварии с зубными щетками и расческами, своей и твоей дочери. Мы поводили щетками у трупов во рту...

Абигэль вспомнила: ее отец якобы ездил в Лилль вечером пятого. На самом же деле он пришел сюда с вещами Леа, оставил на них следы трупов, вернулся и положил их на место в чемоданы.

— Мы искололи руки трупа мужчины иглой, потому что у Ива были следы уколов. Обрили ему голову, чтобы он был похож на твоего отца. А татуировку — кошку — на теле девочки Фред поручил сделать одному надежному человечку из морга. Разумеется, не было никакого покраснения, указывающего на то, что татуировка недавняя, трупы ведь не реагируют.

— А «кангу»?

— В ночь трагедии Фредерик не хотел ехать на своей машине, это было слишком рискованно. В такие моменты всегда боишься не поломки, так аварии. По крайней мере, он мог, случись что, бросить угнанную машину. И потом, нужен был пикап, чтобы спрятать в нем два трупа. Он угнал «кангу» в пригороде и приехал на нем в ночь на шестое сюда, в Институт судмедэкспертизы. Было около часа, здесь никого не осталось, я сделал так, чтобы и служителя не было. Мы загрузили тела в пикап, и Фредерик уехал... Я молился, чтобы все прошло как планировалось, чтобы не возникло никаких проблем. Когда он позвонил мне около пяти утра и сказал, что все в порядке, я вздохнул с огромным облегчением. Дальнейшее было просто. Я получил тела с аварии назавтра, сделал вскрытие с соблюдением всех процедур...

Впервые Абигэль увидела, как глаза ее собеседника увлажнились.

— ...и я заставил тебя поверить в худшее. Ты была здесь, передо мной, совершенно раздавленная. И ты опознала чужих людей как твоего отца и твою дочь. Это был для меня один из самых тяжелых моментов за всю мою карьеру, уверяю тебя, но я говорил себе, что скоро ты с ними увидишься и вы будете жить счастливо, все трое.

Он шмыгнул носом, стараясь не расплакаться перед ней.

— Но самое ужасное было впереди, когда четыре месяца спустя поступил труп, найденный голым в багажнике «кангу»...

82

— В тот день, в начале апреля, я сразу не связал это с «кангу», который угнал Фредерик пятого декабря. Он все это время говорил мне, что сжег машину близ Туркуэна, что твой отец с твоей дочерью в безопасности в Испании, что он звонит ему время от времени и сообщает, что у них все хорошо. И потом, этот разложившийся труп из багажника появился через четыре месяца после аварии, иными словами, прошла целая вечность. Но за два часа до вашего приезда в ту ночь брат позвонил мне в панике: ни в коем случае нельзя обнаружить наличие стержня в берцовой кости. И тут я сразу понял, что Фредерик меня морочил и что это был труп Ива, твоего отца.

Абигэль помнила эту ночь: впервые, с тех пор как она поселилась у него, они с Фредериком спали вместе. Потом был звонок Лемуана, сообщение о трупе, обнаруженном в багажнике. Она, должно быть, снова уснула, а потом, когда пришла к Фредерику в ванную, он сказал ей, что едет в Институт судебно-медицинской экспертизы. Наверно, в этот промежуток времени он и позвонил брату.

— Что произошло в ночь на шестое декабря?

— Фредерик мне все рассказал, когда вы с Патриком вышли и мы остались одни. В ночь аварии ты и Леа были под пропидолом. Фредерик ждал с «кангу» и двумя трупами в багажнике в сотне метров от виража... Ты очень долго не засыпала, их план чуть не рухнул из-за этого. Ив затормозил в последний момент в нескольких метрах от дерева, как раз когда ты наконец вырубилась...

Абигэль переживала его рассказ в реальном времени. Она так и видела растущий ствол перед самым капотом машины, а оказывается, на самом деле машина и не думала в него врезаться.

— Потом мой брат с твоим отцом приступили к самой сложной части плана — изобразить аварию. Фредерик рассказал мне, как все произошло: надо было вынести вас обеих из машины, положить Леа на заднее сиденье «кангу», раздеть ее, чтобы одеть труп, то же самое сделать с одеждой Ива, потом перенести два тела из «кангу» в «вольво»... Твой отец даже взял игрушку Леа из ее чемодана, он ведь знал, как ей будет тяжело, когда она проснется и узнает, что не увидит тебя несколько месяцев и что придется полностью изменить жизнь. Эта игрушка была единственной вашей с ней связующей ниточкой. Вещицей, в которой Леа могла бы черпать силы в трудные моменты.

Эрман стиснул зубы и посмотрел на свой стол, втянув голову в плечи.

— Они больше не смотрели за Леа, оставили ее там, на заднем сиденье «кангу», потому что надо было приступать к самой сложной части — инсценировке аварии. Заклинить педаль акселератора машины Ива с включенной третьей скоростью и отпустить ее с двумя трупами внутри в надежде, что она поедет прямо и врежется в одно из деревьев на уровне виража. Так и получилось. Тела вылетели через ветровое стекло на скорости больше восьмидесяти километров в час и с размаху ударились о дерево. Далее надо было положить тебя рядом с разбитой машиной. По... поранить тебе лицо, грудь, иначе это выглядело бы подозрительно.

Абигэль представила себе эту бредовую картину: ее родной отец, склонившись над ней, режет ей стеклом лоб, щеки, губы. Фредерик бьет ее в грудь, чтобы остались синяки якобы от удара. Два варвара, совершенствующие свой жуткий сценарий.

— Надо было еще сделать трупы неузнаваемыми. Все это заняло у них больше получаса, они не могли позволить себе ни малейшей ошибки, знали, что будет кропотливое расследование, анализы, замеры. Когда они вернулись к «кангу»... можешь себе представить. Катастрофа, причем непостижимая. Леа и этот пресловутый плюшевый котенок исчезли. Вместо них на полу лежала фотография мальчика, запертого в чем-то вроде карцера: это был маленький Артур...

У Абигэль едва укладывался в голове весь ужас этой чудовищной мизансцены и положения, в котором оказались ее отец и Фредерик. Рассказ медика превосходил все, что она могла вообразить.

— Твой отец видел лицо этого мальчонки на стене в твоем кабинете несколько часов назад.

Он сразу понял, что Леа похитил у них из-под носа Фредди. Он как спятил, хотел вызвать полицию, чтобы как можно скорее оцепили зону и нашли его внучку. Свой мобильный телефон он оставил в «кангу», когда переодевался. Он пошел за ним и сел на пассажирское сиденье, чтобы позвонить. Тут его догнал Фредерик и стал просить не делать этого, не то нас всех посадят. В какой-то момент он достал пистолет, хотел просто урезонить твоего отца, припугнуть. Но поди ж ты, неловкое движение, случайность — и пистолет выстрелил. Думай что хочешь, Абигэль, считай Фредерика чудовищем, но я клянусь тебе, что он не лгал мне, когда говорил, что это был несчастный случай. Он плакал, как дитя... Что было дальше, ты знаешь.

Да, она знала, что было дальше. Фредерик разбил ее отцу лицо и столкнул машину в реку. Хищник, готовый на любое зверство, лишь бы спасти свою шкуру и выжить.

Абигэль, психолог-криминолог, для которой люди должны были быть открытой книгой, не смогла раскусить человека, с которым жила четыре месяца. Она вспоминала, сколько раз Фредерик ее утешал... Как они вместе встречали праздники, как она плакала на его плече — а он знал, что Леа находится в когтях Фредди. И все это мороженое, которое он заглатывал и затем исторгал, словно пытаясь очиститься от мерзостей, живущих в его голове.

Судмедэксперт перед ней развел руками:

— Ну вот, я все тебе сказал. Как бы то ни было, то, что мы сделали, уже ничем не загладить.

— Отчего же, — произнес голос за спиной Абигэль. — Забвение. Забвение может загладить все.

83

Абигэль почувствовала, как напряглись все ее мускулы. В ее затылок уперлось дуло пистолета. Она хотела обернуться, но Фредерик нажимал так, что ей стало больно. Эрман Мандрие тоже не двигался, оцепенев при виде собственного брата.

— Ты правильно сделал, что предупредил меня, — бросил Фредерик Эрману. — Но, черт побери, тебя никто не просил рассказывать ей все!

Эрман взял со стола свой мобильный телефон и провел пальцем по экрану. Абигэль поняла: он ухитрился набрать номер Фредерика, когда она пришла, и оставил телефон на связи. Фредерик слышал весь их разговор.

— Только так можно было ее удержать, — устало ответил медик. — И потом, что это меняет? — Эрман вскинул глаза на Абигэль, потом перевел взгляд на фотографию своих детей. — Не смотри на меня так. Мне очень жаль... Но я не хочу, чтобы мои дети росли без отца.

— Ты уверен, что в институте больше никого нет? — спросил Фредерик.

Судмедэксперт метнул на брата убийственный взгляд:

— Что ты собираешься делать?

— Не твоя забота. Иди вниз, убедись, что никто не зайдет...

Эрман помедлил, избегая встречаться глазами с Абигэль, потом вышел из кабинета, громко хлопнув дверью. Фредерик бросился на молодую женщину и сжал ей горло захватом правой руки. Другой рукой он отвинтил крышку маленького флакона и поднес его к ее губам.

— Пей!

Как ни вырывалась Абигэль, Фредерик был сильнее. Он стиснул ее голову и силой открыл рот. Через несколько секунд она проглотила все содержимое флакона. Фредерик ослабил хватку и утер ладонью лоб. С него градом лил пот.

— Мне надо было прикончить тебя еще на яхте. Вляпался я с тобой по самое не балуй.

Абигэль закашлялась:

— Сколько... Сколько пропидола ты мне дал?

— Достаточно, чтобы ты забыла два-три последних дня.

Фредерик смотрел почту в своем мобильном телефоне, каждые десять секунд обновляя соединение с сервером.

— Когда же этот идиот-директор пришлет мне свой мейл с лицами? — Он повернулся к Абигэль. — Ты не оставила мне выбора, понимаешь? Я любил тебя, Абигэль, правда любил и был готов для тебя на все. Я принимал твою болезнь, был тебе опорой. Мы могли бы жить простой и счастливой жизнью. Но тебе понадобилось повсюду совать свой нос. Это стало слишком опасно. Вот почему я поехал за тобой, когда ты отправилась в Этрета. Я хотел быть рядом, если ты что-то выяснишь насчет своего отца. Когда ты нашла яхту, я шел за тобой по пятам. Я дал денег типу в конторе, чтобы он сказал, будто никогда тебя не видел, и готово дело.

— Когда... Когда ты начал меня опаивать?

— Не так давно. Все началось с этой истории с книгой Хеймана. Эта твоя мания покупать все детективы, какие только выходят... Ты позвонила мне сама не своя в тот день и сказала, что писатель употребил выражение, которое могла знать только твоя дочь. Я-то знал, что Леа жива, и подумал тогда, что Хейман наверняка имеет отношение к нашему делу. Я не мог допустить вашей встречи, но ты уже позвонила издателю, заказала билет на поезд до Кемпера... Я ломал голову, как помешать тебе поехать в Бретань, и кое-что придумал. Ты была уже в поезде, когда я приехал за тобой и сказал, что нас срочно вызывают по делу Фредди. Когда мы вернулись домой, ты поняла, что я тебя обманул, и опять хотела ехать в Бретань. Я дал тебе пропидол, достаточно большую дозу, чтобы ты все забыла. Я сказал себе, что это сработает, как наркотик насильника. Ты отбивалась, вот откуда тот злосчастный синяк у тебя на спине. Я не хотел причинять тебе боль, но ты меня вынудила.

Абигэль открывалась вся правда без прикрас. Фредерик манипулировал ею. Жандарм покачал головой. Что-то зловещее блеснуло в его глазах.

— Это был чистый эксперимент, и он удался, последние дни начисто стерлись из твоей памяти. Но твои свихнутые мозги упирались, тебе надо было видеть эти окаянные сны, которые каждый раз наводили тебя на след. Поэтому я продолжал подливать пропидол в чай вдобавок к твоему лечению, чтобы окончательно сбить тебя с толку. И это сработало. Ты начала путать реальность с вымыслом, теряла почву под ногами. Это дискредитировало тебя в глазах команды. В итоге все должны были считать, что ты все выдумала и вообще не в себе: про письмо в лесу, яхту твоего отца, котенка, которого Фредди повесил в заброшенном доме...

У Абигэль не было сил ответить, а жандарм уже снова смотрел в свой телефон. Сообщение, которого он ждал, наконец пришло. В теме значилось: «Пациенты Валь-дю-Бель-Эр мужского пола. 1994». Фредерик открыл письмо. Стал просматривать череду фотографий, имен пациентов и их диагнозов. Юные лица, безусые, невинные, по большей части лет двенадцати-тринадцати.

— Где же ты прячешься, Фредди?

Абигэль искала способ убежать, но он наблюдал за ней краем глаза. Меньше чем через пять минут она уснет и все забудет. На этот раз спасения нет. Яд уже проникал в ее кровь. Фредерик просматривал отсканированные карточки, и вдруг его взгляд остановился на одной из них. Мальчика звали Жак Ламбье, двенадцати лет, черные, очень близко посаженные глаза. Имя ему ни о чем не говорило, а вот лицо было знакомо. Он всмотрелся в него, поворачивая так и этак.

Да, он знал этого мальчика, ставшего мужчиной.

— Черт возьми, не может быть! Он!

Он долго стоял, ошарашенный, потом убрал телефон и присел на корточки перед Абигэль:

— Фредди с самого начала был здесь, рядом с нами, а мы ничего не видели. Мы ничего не видели, Абигэль!

— Скажи мне хотя бы, кто он...

— Зачем? Ты все равно забудешь.

Он взял ее за подбородок и заглянул в глаза:

— Я не хотел, чтобы это кончилось вот так. Но ты не оставила мне выбора. Я найду Фредди и прикончу его. Потом Леа...

— Нет!

— Не от хорошей жизни, поверь мне, но это единственный способ сохранить тайну. Никто не должен найти твою дочь, понимаешь? Потому что, если узнают, что она жива, сделают те же выводы, что и ты. Тогда моему брату крышка, и мне тоже.

Он поводил дулом своего пистолета по лбу Абигэль.

— Ты проснешься в больнице и ничего не будешь помнить. Или, может быть, всадишь себе нож в живот, а я найду тебя, вернувшись с работы...

Абигэль вдруг метнулась и, схватив его за руки, бросилась на него. Он потерял равновесие и упал. Они покатились по полу, но Фредерик быстро взял верх и ударил ее в левый висок.

Абигэль больше не двигалась. В голове зазвенел набат, и наступила темнота.

84

Стойкий запах кожи и табачного дыма... Танец теней вокруг... Вой ветра в ветвях деревьев...

Веки, казалось, были склеены. В голове что-то пульсировало. Словно там рассыпали кнопки. Абигэль поднесла руку к распухшему глазу, и на пальцах осталось немного крови.

Она осторожно приподнялась. Одна, на заднем сиденье машины Фредерика, кажется, в лесу. Часы на приборной панели показывали 23:10, 23 июня. Прошло несколько часов с тех пор, как Фредерик ее оглушил.

Абигэль помнила все: свои открытия о Центре сна Бель-Эр, признания Эрмана Мандрие в его кабинете, приход Фредерика... Он, должно быть, взял из аптечного шкафчика флакон с водой вместо пропидола.

Помнила она и последние слова Фредерика, его безумные глаза, кровавые планы. Он никого не пощадит, лишь бы спасти свою шкуру. Возможно, даже устранит всех детей как свидетелей существования ее дочери.

Она поискала свой телефон, чтобы вызвать полицию, но тщетно. Она была в незнакомом лесу, наверно недалеко от логова Фредди. Выбравшись из машины, она огляделась. Вокруг был темный лес, полная луна играла бликами на листве и рисовала жутковатые тени. Абигэль заметила крошечные огоньки, мерцавшие вдали между деревьями. Она открыла багажник, взяла тяжелую монтировку и побежала в ту сторону.

Жилище возникло перед ней на опушке, уединенный островок между лесом и полями. Ферма в виде буквы «U» из старого кирпича, осыпающаяся кровля, кругом заросли. Абигэль ускорила шаг. Вход в центральный двор загораживали ворота, явно кем-то взломанные. Она протиснулась в щель, сжимая в руках свое оружие, казавшееся ей теперь смехотворным.

Внедорожник и маленький фургончик — вероятно, его и использовали для похищений — стояли у старой риги. Сквозь закрытые ставни главного строения напротив просачивался свет. Справа и слева — многочисленные надворные постройки. Где же Фредерик? Удалось ли ему захватить Фредди? Совершил ли он уже задуманное злодейство?

Дети... Спасти детей... Они могли быть где угодно, но Абигэль помнила отдельные камеры, солому на полу, бетонные стены... Она бесшумно скользнула к длинному строению без окон, похожему на конюшню. На крепкой деревянной двери висел замок — открытый. Значит, кто-то побывал недавно внутри и рассчитывал вернуться. Или еще был там. На миг перед глазами Абигэль пронеслись страшные картины: дети на коленях в ряд, со связанными за спиной руками. Нож, перерезающий горло. Кровь, стекающая в поилки. И жуткие лица Фредерика и Фредди, склонившиеся над ними.

Она сняла замок как можно тише и юркнула в дверь. В лицо ударила темнота. Она ощупью направилась вглубь конюшни, ориентируясь только на узенькую полоску лунного света на полу. Пахло затхлостью и мочой. У стен она различала вилы, лопаты, косы. Наткнулась бедром на сложенные тюки соломы.

— Есть здесь кто-нибудь? — прошептала она. — Пожалуйста, отзовитесь. Я вызволю вас отсюда.

Она ждала, но ответа не было. Вдруг в ночи прогремели один за другим три выстрела. Стреляли в главном строении. Абигэль услышала шорох соломы, потом едва уловимое попискивание в нескольких метрах. Ей представилась мышь, попавшая в мышеловку.

— Леа! Леа, ты здесь? Это я! Это мама!

На этот раз она уже не шептала. Прошло несколько секунд, показавшихся ей вечностью.

— Мама? Это ты?

Всплеск эмоций. Ценой неимоверных усилий Абигэль удержалась на ногах. Теперь кричали двое, Леа и Артур, они умоляли вызволить их. Молодая женщина ощупью пошла на голоса: бетон, дерево, металл. Ее руки наткнулись на первый засов. Положив на пол монтировку, она отодвинула тяжелую задвижку. От прогорклого запаха пищи ее затошнило. Что-то ударилось о ее правую ногу и метнулось в темноту. Артур.

— Спасайся! — прошептала Абигэль. — Беги в лес, не останавливайся!

Леа тем временем все умоляла освободить ее. Абигэль отперла соседнюю дверь. За ней стонала, скорчившись в углу, Алиса. Абигэль шагнула в камеру и, наклонившись, взяла ее за руки:

— Надо бежать, Алиса! Беги скорей как можно дальше. Ну же!

Но Алиса не двигалась, она лежала на полу, словно в прострации, как ни силилась Абигэль вытащить ее из камеры. Молодая женщина вышла и взялась двумя руками за следующий засов, как цепляется утопающий за спасательный круг. За этой дверью была вся ее жизнь. Ее прошлое, настоящее и будущее.

Она открыла дверь. Ее дочь, ее девочка, которую она считала мертвой, упала ей на руки. Это казалось Абигэль одновременно прекраснейшим из снов и худшим из кошмаров. Леа была совсем без сил, приходилось ее поддерживать. Выйдя из камеры, Абигэль снова позвала Алису, но тщетно: девочка не хотела выходить из камеры. Двоих Абигэль было не дотащить.

— Я вернусь за тобой.

Прижимая к себе дочь, она кинулась к выходу. Им оставалось всего несколько метров до свободы, как вдруг в конюшне вспыхнул яркий свет.

Черная тень стояла в дверях с ружьем в руке. И на фоне лунного диска отчетливо вырисовывалась лисья морда.

85

Стоя на пороге, Фредди целился из двустволки в Абигэль и Леа. Пурпурное пятно расплывалось на левом рукаве его футболки. Его ранили в руку или в плечо. Он повел стволом своего оружия.

— К стене! Живо!

Абигэль почувствовала, как дрожит дочь. Она отступила на несколько шагов и повиновалась. Сидя в пыли на соломе, она обняла Леа, защищая ее. Фредди подошел к ним на три метра. Переломил ружье, вставил второй патрон. Потом тоже сел, положив оружие у своих ног и направив его дулом на пленниц. Оно было слишком далеко, Абигэль не могла даже попытаться его захватить. Только попробуй броситься — даже если он промахнется по ней, Леа пристрелит, как кролика.

Они были в западне, в его власти.

Фредди снял маску и отбросил ее в сторону. Абигэль не поверила своим глазам. Человеком, которого они преследовали больше года, был Николя Тевенен, служитель морга Института судебно-медицинской экспертизы. Скромный, молчаливый молодой человек, которого она встречала столько раз.

— Этот сукин сын убил мою собаку.

Абигэль гладила голову дочери. Этот человек всегда был рядом с ними. Много знал об их расследовании. Он, очевидно, только что застрелил Фредерика из ружья и теперь без колебаний закончит дело.

— Ты не помнишь меня, когда я был маленьким?

Как ни рылась Абигэль в глубинах своей памяти, вспомнить она не могла.

— Нет, конечно нет, — продолжал Фредди, не дожидаясь ее ответа. — Я для тебя никто. Тысяча девятьсот девяносто четвертый год... Центр сна в Пиренеях... Маленький Жак Ламбье... Мальчонка, который спал два часа в сутки... Мы были в соседних палатах, когда ты там лечилась. Теперь вспоминаешь?

Абигэль покачала головой:

— Мне очень жаль, но нет, я не помню. Ничего не помню...

— Я освежу тебе память. Бенжамен Виллеме, отец Артура, сживал меня со свету в приюте Управления по санитарным и социальным делам. Этот тип вообще с детьми не церемонился. А уж со мной и подавно. Ему было невыносимо, что я встаю ночью, мешаю спать другим. Он думал, что я это делаю ему наперекор, провоцирую. Взрослые бывают такими тупыми... Я ведь не нарочно. Я просто не хотел спать, никогда не хотел. Ночью мне надо было жить, двигаться, как днем. Он преследовал меня, наказывал, унижал сотни раз, а потом отправил туда, в Валь-дю-Бель-Эр, где будто бы должны были восстановить мой сон.

Он помолчал, глядя на кровь на кончиках своих пальцев, потер большой об указательный, как скатывают в шарик жевательную резинку.

— Год... Я был игрушкой Пьера Манжена, тамошнего директора, целый год, хотя курс лечения продолжался три недели. Но Манжен просто зациклился на моем расстройстве. Мальчишка, который почти не спит и при этом нормально растет. Ты представляешь, сколько можно выиграть, проводя так мало времени в постели? Сколько всего сделать, когда не спишь? Не так давно я узнал, что Манжен написал книгу. Я прочел ее. У этого мерзавца всегда был пунктик: свести до минимума время сна без потери умственных способностей. Он работал с эпидемиологами, с неврологами и даже с фармацевтической промышленностью, чтобы проникнуть в тайны сна. Ты это знала?

Абигэль покачала головой.

— Он был убежден, что можно жить и нормально развиваться, уделяя минимум времени сну. Конечно, меня он в своей книге не упоминает, потому что этот паршивец даже не пытался меня лечить. Наоборот. Я был его игрушкой для опытов. Его морской свинкой. В сущности, он был в десять раз хуже Виллеме. Поэтому и я обошелся с ним по-особому...

Он взял с пола немного соломы. Изо всех сил сжал ее в кулаках.

— Там была эта комната, в подвале института, куда он водил меня дважды в неделю. Множество электродов и круглая платформа... Я один ходил туда, он сделал все это для меня, он сам мне в этом признался, когда я пытал его и убил... Он сажал меня на платформу и не давал спать, опутав всего электродами, твердил, что это такое лечение. Платформа наклонялась, как только я засыпал. Манжен не пытался продлить мой сон, наоборот, он хотел еще сократить его. Сделать из меня существо, вообще не спящее. Вечно бодрствующего.

Он, казалось, ушел в свои мысли. Его глаза вращались в орбитах быстрыми прерывистыми движениями. *Nystagmus*[1], подумала Абигэль.

— Ты только что приехала, а я уже полгода томился в этой тюрьме. Наши палаты были рядом. Я ни с кем не разговаривал, Манжен мне не разрешал, я его боялся. Однажды ты упала в коридоре прямо передо мной. Я думал, что ты умерла. Твои глаза застыли, рука лежала под странным углом к телу. Но через минуту ты снова задвигалась и сказала мне, мол, ничего страшного, с тобой это

[1] Нистагм, непроизвольные колебательные движения глаз высокой частоты.

часто бывает. Ты показала мне несколько шрамов. Мы подружились, каждый вечер беседовали тайком. О тебе, о твоих родителях, о твоей жизни на севере. А я рассказывал тебе о своих мучениях. О моей тюрьме, об этой странной комнате, где я проводил ночи. Ты обещала, что поможешь мне, когда выпишешься, с кем-то поговоришь, приедешь за мной. Кусочком железа мы порезали кончики больших пальцев и смешали нашу кровь, чтобы скрепить твое обещание. Я тебе поверил, Абигэль. Каждый день после твоего отъезда я смотрел в окно и ждал тебя. Но больше я тебя так никогда и не увидел. Ни весточки, ни письма — ничего. Ты забыла меня, бросила. Ты была не лучше других.

— Я жила на другом конце Франции. Я была больна, как и ты. Я наверняка поговорила с отцом, когда выписалась, сделала все, чтобы тебе помочь. Но мы были детьми, мало ли что можно наобещать в детстве. Центр был одним из самых известных во Франции. Что мы могли против взрослых?

— Ну и что? Ты думаешь, это все оправдывает? Я провел еще полгода в этом аду после твоего отъезда. Я был один, я люто ненавидел тебя, ненавидел Манжена и Виллеме, который отправил меня туда. А когда Манжен вдоволь наигрался, я вернулся в приют еще на два года и спал даже меньше, чем прежде. Виллеме доставал меня еще сильнее, и я с ума сходил от этих бессонных ночей, до утра не смыкая глаз. Однажды я сбежал без документов. У меня не было больше корней, да и жизни не было. Я кочевал по больницам, по социальным центрам, назвался вымышленным именем, мне выправили новые документы. Я стал подрабатывать по мелочи в школьных буфетах, летних лагерях. Не сидел на месте, все время переезжал. Мне было пятнадцать, когда я встретил в лагере Николя Жантиля. Мы оба работали на кухне. Я сразу понял, чтó это за фрукт. Все его боялись, но никто ничего не говорил. В последний вечер он поймал меня в лесу и заставил у него отсосать. Кончил мне в рот.

Он сплюнул. Каждое его слово било Абигэль наотмашь.

— Каждый раз, когда я это вспоминаю, чувствую во рту вкус его спермы... Я долго не мог оправиться, но пережил и это. Потом я устроился санитаром в больницу и встретил там мать Алисы. Влюбился, мы даже хотели пожениться. Впервые в жизни я чувствовал себя хорошо, был в ладу с самим собой. Но через четыре месяца после нашей встречи она бросила меня, выбросила, как мусор, и ушла к другому. Я не отступался, торчал под ее окнами, ходил за ней по пятам. Однажды она вызвала полицию. Мне категорически запретили к ней приближаться. Мол, попробуй еще хоть раз подойти — сядешь. Я всматривался в каждую черточку ее лица, когда она горела в своей машине три дня назад.

По его левой руке текла кровь. Он поднес к ней правую ладонь и, морщась, зажал рану.

— Я уехал как можно дальше... На север. Я мало что умел, работал на бойнях, в мясных лавках, а потом устроился служителем в морг. Привлекает меня, видишь ли, мороженое мясо. Что мертво, то тебя не обидит.

Он ухмыльнулся. Леа вздрогнула.

— И вот там-то я и увидел тебя, Абигэль... Это было три года назад. Ты работала по делу об убийстве. Ты не узнала меня, я носил бороду, очки, прошло ведь двадцать лет. Я видел, кем ты стала, читал про тебя в газете. Красавица, блестящий психолог, спец по уголовным делам. Ты преуспела, несмотря на болезнь. Достаток, дочь... Мне так не повезло в жизни. Каждый раз, стоило мне встать на ноги, меня сваливали... Когда спишь меньше двух часов в сутки, есть, знаешь ли, время поразмыслить обо всем этом. О смысле жизни. Ночью приходят самые черные мысли и рождаются монстры и демоны. Да, Номер четыре?

Леа крепче прижалась к матери. Фредди зашелся смехом, перешедшим в долгий кашель.

— Когда я увидел тебя, все это дерьмо во мне всколыхнулось. Как бы ты это назвала? Детскими травмами? Очень скоро я задумал отомстить вам, тебе и остальным. Эти навязчивые мысли я больше не мог прогнать из головы, особенно ночами. Вы должны были заплатить, все четверо. Я хотел заставить вас страдать, как вы заставили страдать меня. Уничтожить в вас самое сокровенное. Я стал искать остальных и нашел, это проще простого сегодня, когда есть Интернет. Вводишь имена, города и в несколько кликов получаешь адреса и семейные фотографии. Как же люди бывают наивны и беспечны... Я навел справки. У всех вас были дети. Вот куда я решил нанести удар. Отнять их у вас и уничтожить вас, уничтожив их. Ты знаешь, что было дальше... Алиса, Виктор, Артур и Леа. Порядок похищений имел значение. Начав от самого недавнего, возвращаться в прошлое. Ведь это ты в конечном счете первая по-настоящему обидела меня.

Он помолчал, глядя на четырнадцатилетнюю девочку.

— Я должен был забрать ее из вашего дома в Эллемме, когда ты будешь, как всегда, на работе. Все было готово. Но мои планы в последний момент изменились. Еще один перст судьбы.

Он порылся в кармане, достал маленькую коробочку и бросил ее Абигэль.

— Диктофон... Я прятал его под столом для вскрытий больше двух лет... Часы и часы разговоров. Можно ли найти лучшее место, чтобы быть в курсе расследований? Чтобы знать методы полиции? Представлять, как тебя будут ловить? ДНК, отпечатки, токсикология, карточки... Я все узнал, слушая вас, я строил мои планы благодаря вам всем... Зал вскрытий — это все равно что рыночная площадь, через него проходит вся информация по всем делам. Вы берете убийц, потому что они по большей части действуют поспешно. Но если между двумя преступлениями проходит много времени, это совершенно выводит вас из равновесия, вы перестаете понимать. Вот почему я выжидал по три месяца между похищениями. Каждый раз вам приходилось все начинать с нуля. А мне это позволяло хорошенько все продумать и не попасться. Я как бы брал отпуск перед каждым похищением. Выезжал на места, наблюдал, действовал, готовил чучела... Они вас здорово сбили с толку, а, мои чучела? Особенно последнее, с длинными светлыми волосами. Волосами твоей дочери.

Абигэль гладила Леа, которая была в полузабытьи. Даже раненный, Фредди наслаждался своей победой.

— Благодаря этим записям я постоянно был в курсе развития *моего* дела, знал, как продвигается расследование, слышал ваши рассказы о страданиях родителей. Это ведь я выгребал дерьмо из зала каждый день. Заодно забирал диктофон и заменял его другим, с заряженной батарейкой. Я знал все до мелочей. Ночами у себя дома слушал ваши разговоры, маленькие секреты каждого из вас. Я просвещался, мне было чем заняться. Это стало смыслом моей жизни. Ну вот, ты можешь догадаться, каково было мое удивление, когда я услышал разговор твоего отца, судмедэксперта и жандарма. Как они собирались подстроить аварию, украсть тела, где и когда это должно было произойти... Ты представляешь, Абигэль? Это был... подарок судьбы. Я прослушал этот разговор три или четыре раза, просто не мог поверить своим ушам. И мне пришла в голову идея... Воспользоваться их тайной. У меня появилась возможность заставить тебя страдать еще сильнее и заодно взять за яйца этого паршивца-легавого. Всех вас свести с ума. Это изрядно добавляло перчика игре.

Он оперся на руку и застонал. Встал на колени, держа в другой руке ружье, и сумел подняться. Абигэль поняла, что это конец.

— Ты видела меня в ту пресловутую ночь шестого декабря, да, думаю, видела. Я спрятался в лесу и ждал аварии. Видел, как поодаль припарковался «кангу» с погашенными фарами. Мне надо было быть поблизости от машины, я знал, что твой отец с жандармом положат туда твою спящую дочь, и тогда придется действовать быстро. Я хотел перебежать дорогу в темноте, но тут, как на грех, вырулил твой отец. Я нырнул в чащу, вы остановились. Ты вышла, ты была совсем рядом со мной... Потом вы поехали дальше. Махинация, задуманная твоим отцом и легавым, начала претворяться в жизнь. Фальшивая авария... Твою бесчувственную дочь перенесли в «кангу» прямо у меня перед носом. Пока они занимались аварией, я забрал ее, скрылся в лесу и добрался до своей машины, которую спрятал с другой стороны. Не буду тебе рассказывать, что было дальше.

Он с трудом поднял ружье и взял Абигэль на мушку.

— Ты последняя из четырех. Я готовил для тебя другую смерть: хотел запереть тебя в стеклянном кубе и смотреть, как ты будешь медленно тонуть, но... я уже не в той форме, и надо все закончить быстро. Встретимся все в аду.

Леа закричала, прижимаясь к матери. Абигэль зажмурилась и изо всех сил обняла дочь. Фредди прицелился.

Его палец не успел нажать на курок. Он покачнулся и рухнул наземь.

Сжимая двумя руками монтировку, за ним стояла Алиса.

Она набросилась на неподвижное тело и била, била, била...

86

On such a winter's day (California Dreamin')
On such a winter's day

Абигэль повернулась на бок и ощупала верх комода, еще в полузабытьи. Ей понадобилось несколько секунд, чтобы вырваться из сна и понять, что она лежит в постели. И эта музыка... Она хотела было встать, но тут чья-то рука легла ей на плечо и сжала грудь. Она вскрикнула.

— Ты так меня боишься?

Абигэль оцепенела. Голос... Запах кожи, пропитанной табаком... Этого не может быть. Не он. Не Фредерик.

Он крепче прижался к ней, не отпуская:

— Тебе, похоже, опять приснился кошмар. Ты вся мокрая.

Абигэль задрожала. *Нет...* Она ухитрилась перекатиться на бок и тяжело упала. Голова кружилась, стены плясали вокруг. Под черепной коробкой гулко прозвучало слово: пропидол. Она поспешно поднялась и, шатаясь, доплелась до гостиной. Входная дверь оказалась заперта, ключа нигде не было. В глазах мутилось; Абигэль поискала на столе, на журнальном столике, на тумбочках, вернулась к двери и попыталась ее взломать.

— Ты это ищешь?

Когда она обернулась, Фредерик стоял на пороге гостиной. Он помахивал ключом, точно извращенец-тюремщик.

— Не подходи ко мне! — закричала Абигэль.

Она схватила лежавшие на письменном столе ножницы. Фредерик шел к ней медленно, выставив вперед раскрытые ладони: успокаивал.

— Не делай глупостей, Аби, ладно? Ты можешь пораниться. Ты не в себе.

Абигэль оказалась зажата в угол перед лицом невозможного. Фредерик мертв! Она взглянула на свою левую руку. Все было на месте: следы уколов, пять ожогов от сигарет. Тогда она задрала подол ночной рубашки. На бедре белела свежая повязка. Под ней — новая татуировка, пятая.

Ты все выдумала

Абигэль сползла по стене. Сил бороться больше не было. Она подняла на Фредерика печальные глаза:

— Это ты. Ты сделал эту татуировку на моем теле.

Он направился к тумбочке в гостиной.

— Нет, Абигэль, это ты. Ты сама поняла, что ничего из того, что ты себе навоображала, не существует. Ты несла какую-то чушь, бессмыслицу. Что я-де причастен ко всей этой истории. Что твоя дочь жива. Ты правда не помнишь или притворяешься?

Абигэль ничего уже не знала, не понимала. Где сон? Где реальность? Правда, ложь? Фредерик выдвинул ящик.

— Все будет хорошо, поняла? Я просто возьму свой телефон. У тебя приступ, я вызову «скорую», они тобой займутся. А то еще, чего доброго, поранишься этими ножницами.

— Как ты... Как тебе удалось уцелеть?

Ничего человеческого больше не было в голосе Абигэль. Мертвые звуки. Вместо телефона Фредерик достал пистолет и направил на нее:

— Знаешь что? Я вовсе не разговариваю с тобой сейчас. Нет-нет, я еще сплю в своей постели. А проснувшись, обнаружу, что место рядом со мной пусто. Я приду сюда и найду тебя мертвой, с вонзенными в живот ножницами. Самоубийство.

Он приблизился, не опуская пистолета, и вырвал ножницы из рук Абигэль. Потом наклонился. И воткнул металлические острия ей в живот на уровне печени.

— Уцелеть нехитро, лишь бы голова работала.

И он нажал, вонзив острия в ее тело до самых колец.

87

— ...ма... Мама? Что с тобой?

Аромат свежесваренного кофе прогнал застоявшийся запах табака. Абигэль открыла глаза и увидела перед собой лицо Леа. Улыбка, тепло. Она привстала и несколько секунд осматривалась. Потом прижала дочь к себе и долго обнимала ее.

— Он опять приходил? — спросила Леа.

— Да. В многослойном сне. Я проснулась в постели в его квартире, а на самом деле еще спала.

Абигэль закуталась в толстый махровый халат и подошла к окну. Перед ней вздымались округлые вершины Коннемары[1], а у их подножий синело лазурью озеро. Инстинктивно она ощупала каждый маленький кратер на правой руке.

— Они были на левой, — прошептала она.

Леа тоже подошла к окну и встала рядом с матерью.

— Что ты говоришь?

— В моем сне ожоги от сигарет были на левой руке. А я этого не осознала. Я должна была, Леа! Должна была. Тогда бы я не...

Она потрогала руками свой живот на уровне печени. Леа теснее прижалась к ней. Девочка любила смотреть на эти бескрайние дали, на это буйство красок, не имеющее себе равных. Ирландия была землей ее предков, родиной сказок и легенд. В конце ноября здесь от холода треска-

[1] *Коннемара* — географическая область в графстве Голуэй на западе Ирландии, в юго-западном Коннахте.

лись камни. Только старый пес и его хозяин-ирландец прогуливались по берегу озера, где-то там, вдали.

— Все это непременно когда-нибудь кончится. Для нас обеих...

Абигэль надеялась на это от всего сердца. Четыре месяца прошло с той страшной ночи в конюшне, но все было еще так свежо. Они с Леа бежали подальше от Нора и пытались построить новую жизнь, но Фредерик и Фредди по-прежнему преследовали ночами их обеих. На территории воображаемого чудовища были бессмертны.

В ту злосчастную ночь ужасов тело Фредерика нашли в комнате Фредди с двумя пулями в груди. Ему не повезло, похититель узнал о его присутствии: у входа на ферму была установлена бесшумная охранная сигнализация. Когда он вошел, Фредди ждал его во всеоружии.

Расследование жандармерии окончательно внесло ясность. «Машина» была установлена в сарае в нескольких метрах от конюшни. На этой отрезанной от мира ферме Орля нового типа хотел высосать сон четверых невинных детей. И ему это отчасти удалось.

Патрик Лемуан по окончании следствия попросил о переводе. С отделом розыска для него было покончено. Разоблачение Фредерика глубоко его потрясло, и теперь он пытался спасти то, что осталось от его брака. Жизель же вновь уединилась на своем чердаке, окутанная клубами дыма и окруженная карнавальными масками, без устали преследуя педофилов и других сетевых подонков. Команда «Чудо-51» существовала теперь только на бумаге.

Позже Абигэль и Леа вышли пройтись по берегу озера, тепло одевшись, в шерстяных шапочках, шарфах и перчатках. Точно хлопья ваты, рассыпались по серым склонам барашки. Абигэль всегда любила эти пейзажи вне времени и вдали от людей. Дождь ли, ветер, это был их ритуал, с тех пор как они поселились в двух шагах от деревни Леттерфрак, на западном побережье острова. Следующим летом они собирались превратить свой большой дом в «bed & breakfast» и принимать до десятка путешественников.

В школу Леа предстояло вернуться только в январе. Что до других детей, Артура, Алисы, Виктора... каждый выкарабкивался как мог, на свой лад.

Они шли молча. Ничего не говорить, думать о будущем, держаться за руки и слышать только свои вязнущие в зелени шаги.

Абигэль наслаждалась каждой минутой, проведенной с дочерью, надеясь, что эти воспоминания не затеряются в извилинах ее мозга. Она верила в науку и во врачей. На этих кельтских землях умели лечить и нарколепсию. Через несколько недель ей предстояло пройти новый курс лечения без пропидола, этой молекулы, разрушавшей ее память. Однажды она сама отрубит голову окаянному змею лихим ударом сабли.

Прямо перед ними вспорхнула птица, пронеслась над самой водой и захлопала крыльями в солнечном луче. Мать и дочь остановились, глядя на колышущуюся долину, на пологие склоны гор, в последний раз полюбовались дивным осенним светом и повернули назад. Они уже видели огонь, горящий в камине.

Их фигурки уменьшались, пока не исчезли совсем, и пейзаж застыл, словно самая последняя картинка сновидения, этот цветной фаянс, запечатленный на сетчатке, перед тем как поднимутся веки.

И начнется другая история.

Тилье Ф.
Т 40 Сновидение : роман / Франк Тилье ; пер. с фр. Н. Хотинской. — СПб. : Азбука, Азбука-Аттикус, 2020. — 480 с. — (Звезды мирового детектива).
ISBN 978-5-389-13892-6

Абигэль — выдающийся психолог, специалист, которого полиция часто призывает на помощь в серьезных расследованиях. Однако ее жизнь с давних пор омрачает нарколепсия — таинственная болезнь, из-за которой сны перепутаны с действительностью. Теперь Абигэль идет по следу человека, который уже похитил троих детей, и, похоже, вскоре у полиции будет четвертая жертва... Вопросы множатся, похититель где-то совсем рядом. Но кто он? Ответ хранится в памяти Абигэль — памяти, где реальность неотвратимо сжимается, как шагреневая кожа...

УДК 821.133.1
ББК 84(4Фра)-44

Литературно-художественное издание

ФРАНК ТИЛЬЕ

СНОВИДЕНИЕ

Ответственный редактор Янина Жухлина
Художественный редактор Виктория Манацкова
Технический редактор Татьяна Раткевич
Компьютерная верстка Ирины Варламовой
Корректоры Светлана Федорова, Валентина Гончар

Главный редактор Александр Жикаренцев

Подписано в печать 06.12.2019. Формат издания 75 × 100 $^1/_{32}$.
Печать офсетная. Тираж 3000 экз. Усл. печ. л. 21,15.
Заказ № 9319/19.

Знак информационной продукции
(Федеральный закон № 436-ФЗ от 29.12.2010 г.): 16+

ООО «Издательская Группа „Азбука-Аттикус“» —
обладатель товарного знака АЗБУКА®
115093, г. Москва, ул. Павловская, д. 7, эт. 2, пом. III, ком. № 1
Филиал ООО «Издательская Группа „Азбука-Аттикус“»
в Санкт-Петербурге
191123, г. Санкт-Петербург, Воскресенская наб., д. 12, лит. А
ЧП «Издательство „Махаон-Украина“»
Тел./факс: (044) 490-99-01. E-mail: sale@machaon.kiev.ua
Отпечатано в соответствии с предоставленными материалами
в ООО «ИПК Парето-Принт».
170546, Тверская область, Промышленная зона Боровлево-1,
комплекс № 3А.
www.pareto-print.ru

H-MBD-22090-05-R